大学入試シリーズ

274

芝浦工業大学

前期日程

〈英語資格・検定試験利用方式を含む〉

教学社

はしがき

入力した質問に対して，まるで人間が答えているかのような自然な文章で，しかも人間よりもはるかに速いスピードで回答することができるという，自然言語による対話型のAI（人工知能）の登場は，社会に大きな衝撃を与えました。回答の内容の信憑性については依然として課題があると言われるものの，AI技術の目覚ましい進歩に驚かされ，人間の活動を助けるさまざまな可能性が期待される一方で，悪用される危険性や，将来人間を脅かす存在になるのではないかという危惧を覚える人もいるのではないでしょうか。

大学教育においても，本来は学生本人が作成すべきレポートや論文などが，AIのみに頼って作成されることが懸念されており，AIの使用についての注意点などを発表している大学もあります。たとえば東京大学では，「回答を批判的に確認し，適宜修正することが必要」，「人間自身が勉強や研究を怠ることはできない」といったことが述べられています。

16 ～ 17世紀のイギリスの哲学者フランシス・ベーコンは，『随筆集』の中で，「悪賢い人は勉強を軽蔑し，単純な人は勉強を称賛し，賢い人は勉強を利用する」と記しています。これは勉強や学問に取り組む姿勢について述べたものですが，このような新たな技術に対しても，侮ったり，反対に盲信したりするのではなく，その利点と欠点を十分に検討し，特性をよく理解した上で賢く利用していくことが必要といえるでしょう。

受験勉強においても，単にテクニックを覚えるのではなく，基礎的な知識を習得することを目指して正攻法で取り組み，大学で教養や専門知識を学ぶための確固とした土台を作り，こうした大きな変革の時代にあっても自分を見失わず，揺るぎない力を身につけてほしいと願っています。

＊　＊　＊

本書刊行に際しまして，入試問題や資料をご提供いただいた大学関係者各位，掲載許可をいただいた著作権者の皆様，各科目の解答や対策の執筆にあたられた先生方に，心より御礼を申し上げます。

編者しるす

そもそも

赤本とは…

受験生のための大学入試の過去問題集！

60年以上の歴史を誇る赤本は，600点を超える刊行点数で全都道府県の370大学以上を網羅しており，過去問の代名詞として受験生の必須アイテムとなっています。

Q. なぜ受験に過去問が必要なの？

A. 大学入試は大学によって問題形式や頻出分野が大きく異なるからです。

マーク式か記述式か，試験時間に対する問題量はどうか，基本問題中心か応用問題中心か，論述問題や計算問題は出るのか――これらの出題形式や頻出分野などの傾向は大学によって違うので，とるべき対策も大学によって違ってきます。
出題傾向をつかみ，その大学にあわせた対策をとるために過去問が必要なのです。

赤本で志望校を研究しよう！

赤本の掲載内容

傾向と対策

これまでの出題内容から，問題の**「傾向」**を分析し，
来年度の入試にむけて具体的な**「対策」**の方法を紹介しています。

問題編・解答編

年度ごとに問題とその解答を掲載しています。
「問題編」ではその年度の試験概要を確認したうえで，実際に出題された過去問に取り組むことができます。
「解答編」には高校・予備校の先生方による解答が載っています。

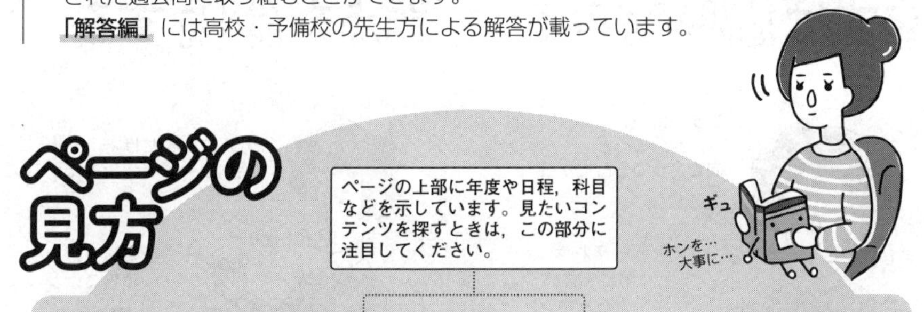

ページの見方
ページの上部に年度や日程，科目などを示しています。見たいコンテンツを探すときは，この部分に注目してください。
ギュ
ホンを…大事に…
●●大・前期　2022年度　問題　3
■前期日程
問題編
日程・方式などの試験区分
各学部・学科で課された試験科目や配点が確認できます。
問題編冒頭
●●大・前期　2022年度　英語　7
英語
◀文学部▶
（70分）
試験時間は各科目の冒頭に示しています。
各科目の問題

他にも赤本によって，大学の基本情報や，先輩受験生の
合格体験記，在学生からのメッセージなどが載っています。

● 掲載内容について ●

著作権上の理由やその他編集上の都合により問題や解答の一部を割愛している場合があります。なお，指定校推薦入試，社会人入試，編入学試験，帰国生入試などの特別入試，英語以外の外国語科目，商業・工業科目は，原則として掲載しておりません。また試験科目は変更される場合がありますので，あらかじめご了承ください。

受験勉強は過去問に始まり，過去問に終わる。

STEP 1 まずは解いてみる

なにはともあれ

過去問をいつから解いたらいいか悩むかもしれませんが，まずは一度，**できるだけ早いうちに**解いてみましょう。**実際に解くことで，出題の傾向，問題のレベル，今の自分の実力がつかめます。**
赤本の「傾向と対策」にも，詳しい傾向分析が載っています。必ず目を通しましょう。

STEP 2 弱点を分析する

じっくり具体的に

解いた後は，ノートなどを使って自己分析をしましょう。**間違いは自分の弱点を教えてくれる貴重な情報源です。**
弱点を分析することで，今の自分に足りない力や苦手な分野などが見えてくるはずです。合格点を取るためには，こうした弱点をなくしていくのが近道です。

合格者があかす赤本の使い方

傾向と対策を熟読

（Fさん／国立大合格）

大学の出題傾向を調べることが大事だと思ったので，赤本に載っている「傾向と対策」を熟読しました。解答・解説もすべて目を通し，自分と違う解き方を学びました。

目標点を決める

（Yさん／私立大合格）

赤本によっては合格者最低点が載っているものもあるので，まずその点数を超えられるように目標を決めるのもいいかもしれません。

時間配分を確認

（Kさん／公立大合格）

過去問を本番の試験と同様の時間内に解くことで，どのような時間配分にするか，どの設問から解くかを決めました。

過去問を解いてみて，まずは自分のレベルとのギャップを知りましょう。
それを克服できるように学習計画を立て，苦手分野の対策をします。
そして，また過去問を解いてみる，というサイクルを繰り返すことで効果的に学習ができます。

STEP 3 重点対策をする

志望校にあわせて

分析した結果をもとに，参考書や問題集を活用して**苦手な分野の重点対策**をしていきます。赤本を指針にして，何をどんな方法で強化すればよいかを考え，**具体的な学習計画を立てましょう**。
「傾向と対策」のアドバイスも参考にしてください。

STEP 1▸2▸3… 実践を繰り返す

サイクルが大事！

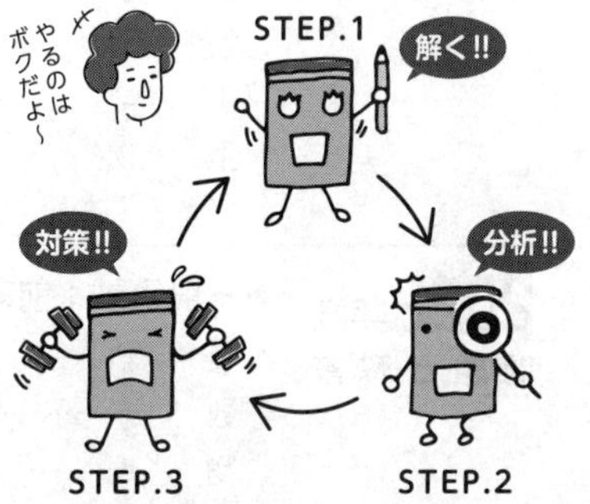

ステップ1～3を繰り返し，足りない知識の補強や，よりよい解き方を研究して，実力アップにつなげましょう。
繰り返し解いて**出題形式に慣れること**や，試験時間に合わせて**実戦演習を行うこと**も大切です。

添削してもらう
（Sさん／国立大合格）

記述式の問題は自分で採点しにくいので，先生に添削してもらうとよいです。人に見てもらうことで自分の弱点に気づきやすくなると思います。

繰り返し解く
（Tさん／国立大合格）

1周目は問題のレベル確認程度に使い，2周目は復習兼頻出事項の見極めとして，3周目はしっかり得点できる状態を目指して使いました。

他学部の過去問も活用
（Kさん／私立大合格）

自分の志望学部の問題はもちろん，同じ大学の他の学部の過去問も解くようにしました。同じ大学であれば，傾向が似ていることが多いので，これはオススメです。

目次

掲載内容についてのお断り

- 学科別3日程のうち1日程分を掲載しています。
- 著作権の都合上，下記の英文および全訳を省略しています。
  2023年度：「英語」大問Ⅶ
  2022年度：「英語」大問Ⅶ

下記の問題に使用されている著作物は，2023年7月26日に著作権法第67条の2第1項の規定に基づく申請を行い，同条同項の規定の適用を受けて掲載しているものです。
2023年度：「英語」大問Ⅷ

University Guide

大学情報

大学の基本情報

学部・学科の構成

大　学

工学部※　1・2年：大宮キャンパス／3・4年：豊洲キャンパス

機械工学課程（基幹機械コース 114 名，先進機械コース 114 名）

物質化学課程（環境・物質工学コース 104 名，化学・生命工学コース 104 名）

電気電子工学課程（電気・ロボット工学コース 104 名，先端電子工学コース 104 名）

情報・通信工学課程（情報通信コース 104 名，情報工学コース 114 名）

土木工学課程（都市・環境コース 104 名）

先進国際課程（IGP: Innovative Global Program）* 9 名

＊英語のみで教育を行う課程。なお，対象者は国内インターナショナルハイスクールや先進的な国際教育を実践している高校，国外の高校の卒業（見込）者となっている。

※　2024 年 4 月より，学科制から課程制に移行予定。

システム理工学部　大宮キャンパス

電子情報システム学科

機械制御システム学科

環境システム学科

生命科学科（生命科学コース，生命医工学コース）

数理科学科

デザイン工学部　1・2年：大宮キャンパス／3・4年：豊洲キャンパス

デザイン工学科（生産・プロダクトデザイン系，ロボティクス・情報デザイン系）

建築学部　豊洲キャンパス

建築学科（AP コース―先進的プロジェクトデザインコース，SA コース―空間・建築デザインコース，UA コース―都市・建築デザインコース）

大学院

理工学研究科

大学所在地

大宮キャンパス

豊洲キャンパス

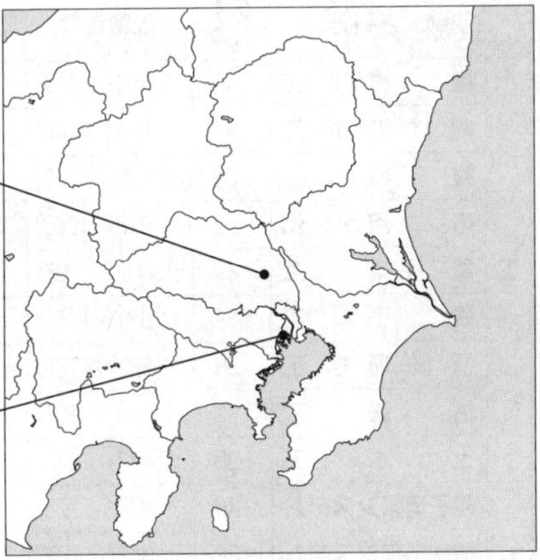

大宮キャンパス　〒337-8570　埼玉県さいたま市見沼区深作 307

豊洲キャンパス　〒135-8548　東京都江東区豊洲 3 - 7 - 5

入試データ

入試状況（志願者数・競争率など）

- 競争率は受験者数÷合格者数で算出。
- 合格者数および合格最低点には，追加合格者を含む。
- 個別学力試験を課さない大学入学共通テスト利用方式は１カ年分のみ掲載。

2023 年度　一般入試状況・合格最低点

前期日程

（　）内は女子内数

学部・学科等		募集人員	志願者数	受験者数	合格者数	競争率	合格最低点／満点
工	機械工	42	1,554(107)	1,520(104)	463(27)	3.3	163.49/300
	機械機能工	42	634(49)	611(47)	215(22)	2.8	158.14/300
	材料工	39	503(71)	487(69)	270(42)	1.8	149.83/300
	応用化	39	910(240)	863(226)	276(69)	3.1	163.82/300
	電気工	39	1,002(68)	964(65)	340(24)	2.8	155.86/300
	電子工	39	611(45)	581(41)	198(18)	2.9	158.01/300
	情報通信工	39	882(105)	858(102)	223(28)	3.8	167.23/300
	情報工	42	1,680(161)	1,621(157)	352(39)	4.6	173.00/300
	土木工	39	413(48)	395(45)	192(21)	2.1	147.09/300
システム理工	電子情報システム	40	808(76)	766(72)	149(13)	5.1	170.14/300
	機械制御システム	28	353(37)	334(35)	204(22)	1.6	140.03/300
	環境システム	28	427(90)	413(89)	89(15)	4.6	168.32/300
	生命科（生命科学）	18	444(174)	421(165)	163(69)	2.6	154.90/300
	生命科（生命医工学）	18	355(121)	334(117)	148(52)	2.3	152.53/300
	数理科	20	547(63)	513(58)	299(33)	1.7	194.27/400
デザイン工	デザイン工（生産・プロダクト）	30	490(172)	475(165)	98(41)	4.8	166.94/300
	デザイン工（ロボティクス・情報）	30	567(111)	543(108)	127(26)	4.3	165.40/300
建築	建築（AP コース）	10	253(76)	236(70)	55(12)	4.3	171.07/300
	建築（SA コース）	35	1,085(338)	1,046(330)	192(52)	5.4	176.55/300
	建築（UA コース）	35	972(254)	933(241)	236(68)	4.0	167.73/300
合計		652	14,490(2,406)	13,914(2,306)	4,289(693)	—	—

■■英語資格・検定試験利用方式

（　）内は女子内数

学部・学科等		募集人員	志願者数	受験者数	合格者数	競争率	合格最低点／満点
工	機械工	4	148(12)	146(12)	29(1)	5.0	110.30/200
	機械機能工	4	89(7)	85(7)	34(4)	2.5	100.78/200
	材料工	4	74(5)	74(5)	34(3)	2.2	101.18/200
	応用化	4	131(33)	127(33)	29(6)	4.4	111.43/200
	電気工	4	132(10)	130(9)	47(4)	2.8	104.21/200
	電子工	4	94(8)	92(8)	37(4)	2.5	100.00/200
	情報通信工	4	144(21)	142(21)	37(3)	3.8	113.30/200
	情報工	4	260(25)	255(25)	37(1)	6.9	120.22/200
	土木工	4	97(10)	92(9)	41(2)	2.2	101.89/200
システム理工	電子情報システム	4	135(16)	133(16)	13(1)	10.2	121.01/200
	機械制御システム	4	95(8)	94(8)	39(4)	2.4	101.18/200
	環境システム	4	69(20)	68(20)	17(4)	4.0	110.79/200
	生命科（生命科学）	3	77(35)	73(33)	11(4)	6.6	103.27/200
	生命科（生命医工学）	3	67(28)	65(26)	22(8)	3.0	103.97/200
	数理科	3	122(19)	119(19)	59(8)	2.0	154.85/300
デザイン工	デザイン工（生産・プロダクト）	4	111(37)	111(37)	20(6)	5.6	114.95/200
	デザイン工（ロボティクス・情報）	4	126(39)	121(39)	21(6)	5.8	114.10/200
建築	建築（APコース）	2	58(20)	54(20)	9(3)	6.0	117.35/200
	建築（SAコース）	4	180(68)	172(65)	20(8)	8.6	121.96/200
	建築（UAコース）	4	182(60)	175(57)	30(12)	5.8	117.09/200
合計		75	2,391(481)	2,328(469)	586(92)	—	—

■■全学統一日程

（　）内は女子内数

学部・学科等		募集人員	志願者数	受験者数	合格者数	競争率	合格最低点／満点
工	機械工	12	217(16)	201(14)	33(1)	6.1	173.41/300
	機械機能工	12	162(11)	154(11)	51(3)	3.0	159.49/300
	材料工	12	113(10)	108(9)	45(2)	2.4	147.63/300
	応用化	12	114(27)	110(26)	45(8)	2.4	157.57/300
	電気工	12	123(9)	117(9)	50(5)	2.3	153.25/300
	電子工	12	149(15)	141(15)	58(9)	2.4	153.45/300
	情報通信工	12	181(26)	175(26)	35(5)	5.0	168.45/300
	情報工	12	251(30)	235(28)	45(3)	5.2	175.00/300
	土木工	12	148(26)	134(21)	47(4)	2.9	152.76/300
システム理工	電子情報システム	12	143(18)	137(18)	39(4)	3.5	165.74/300
	機械制御システム	10	120(15)	111(13)	39(9)	2.8	152.82/300
	環境システム	10	126(37)	116(32)	20(2)	5.8	168.35/300
	生命科（生命科学）	7	65(31)	60(30)	24(12)	2.5	148.18/300
	生命科（生命医工学）	7	64(19)	59(17)	21(5)	2.8	151.86/300
	数理科	8	85(10)	77(7)	25(4)	3.1	226.91/400
デザイン工	デザイン工（生産・プロダクト）	8	101(38)	97(37)	14(6)	6.9	173.28/300
	デザイン工（ロボティクス・情報）	8	128(26)	124(24)	18(4)	6.9	170.76/300
建築	建築（SAコース）	10	235(68)	216(60)	20(6)	10.8	189.41/300
	建築（UAコース）	10	206(61)	188(52)	20(4)	9.4	182.87/300
合計		198	2,731(493)	2,560(449)	649(96)	―	―

後期日程

（　）内は女子内数

学部・学科等		募集人員	志願者数	受験者数	合格者数	競争率	合格最低点／満点
工	機械工	7	120(12)	108(10)	38(6)	2.8	150.93/300
	機械機能工	7	141(23)	130(21)	10(2)	13.0	173.78/300
	材料工	7	136(23)	126(21)	27(4)	4.7	158.16/300
	応用化	7	123(38)	115(35)	12(4)	9.6	163.90/300
	電気工	7	172(15)	158(15)	40(6)	4.0	152.31/300
	電子工	7	127(12)	117(9)	20(4)	5.9	169.88/300
	情報通信工	7	87(16)	76(15)	12(3)	6.3	173.92/300
	情報工	7	132(19)	116(17)	29(5)	4.0	163.45/300
	土木工	7	96(21)	87(19)	20(6)	4.4	156.41/300
システム理工	電子情報システム	7	90(11)	81(8)	13(0)	6.2	170.05/300
	機械制御システム	6	66(5)	62(5)	12(0)	5.2	162.58/300
	環境システム	6	65(26)	61(26)	10(8)	6.1	160.87/300
	生命科（生命科学）	4	78(40)	68(34)	7(3)	9.7	170.32/300
	生命科（生命医工学）	4	44(18)	38(16)	4(2)	9.5	176.37/300
	数理科	5	62(6)	58(6)	14(1)	4.1	220.49/400
デザイン工	デザイン工（生産・プロダクト）	4	69(27)	65(25)	16(7)	4.1	163.65/300
	デザイン工（ロボティクス・情報）	4	106(28)	92(25)	28(10)	3.3	162.52/300
建築	建築（APコース）	3	54(22)	53(22)	23(10)	2.3	162.28/300
	建築（SAコース）	5	96(42)	90(40)	11(5)	8.2	186.65/300
	建築（UAコース）	5	127(47)	118(44)	31(12)	3.8	169.89/300
合計		116	1,991(451)	1,819(413)	377(98)	—	—

■■大学入学共通テスト利用方式（前期）

（　）内は女子内数

学部・学科等		募集人員	志願者数	受験者数	合格者数	競争率	合格最低点／満点
工	機械工	18	1,022(79)	1,012(78)	249(20)	4.1	467.00/600
	機械機能工	18	679(64)	678(63)	240(23)	2.8	436.00/600
	材料工	16	661(99)	656(99)	312(55)	2.1	415.00/600
	応用化	16	891(221)	887(220)	302(81)	2.9	444.00/600
	電気工	16	776(66)	764(66)	229(18)	3.3	445.00/600
	電子工	16	725(75)	723(75)	240(25)	3.0	440.00/600
	情報通信工	16	896(120)	888(120)	153(20)	5.8	476.00/600
	情報工	18	1,069(125)	1,053(124)	192(25)	5.5	480.00/600
	土木工	16	649(91)	644(91)	226(36)	2.8	422.00/600
システム理工	電子情報システム	18	830(92)	823(92)	196(22)	4.2	463.00/600
	機械制御システム	16	643(73)	641(72)	223(31)	2.9	428.00/600
	環境システム	16	673(136)	667(135)	169(43)	3.9	443.00/600
	生命科（生命科学）	8	683(261)	680(260)	129(44)	5.3	457.00/600
	生命科（生命医工学）	8	493(141)	491(139)	178(57)	2.8	438.00/600
	数理科	10	566(62)	561(62)	274(29)	2.0	420.00/600
デザイン工	デザイン工（生産・プロダクト）	12	536(163)	531(161)	100(35)	5.3	464.00/600
	デザイン工（ロボティクス・情報）	12	606(141)	601(140)	122(34)	4.9	462.00/600
建築	建築（APコース）	3	296(63)	296(63)	52(14)	5.7	474.00/600
	建築（SAコース）	17	716(200)	711(198)	104(29)	6.8	488.00/600
	建築（UAコース）	17	765(206)	761(206)	160(57)	4.8	474.00/600
合計		287	14,175(2,478)	14,068(2,464)	3,850(698)	—	—

■大学入学共通テスト利用方式（後期）

（　）内は女子内数

学部・学科等		募集人員	志願者数	受験者数	合格者数	競争率	合格最低点／満点
工	機械工	18	57(4)	57(4)	20(1)	2.9	452.00/600
	機械機能工		49(5)	49(5)	16(1)	3.1	450.00/600
	材料工		52(6)	52(6)	20(3)	2.6	441.00/600
	応用化		50(13)	50(13)	11(5)	4.5	482.00/600
	電気工		52(6)	52(6)	15(1)	3.5	450.00/600
	電子工		52(5)	52(5)	20(2)	2.6	450.00/600
	情報通信工		50(6)	50(6)	12(1)	4.2	482.00/600
	情報工		55(8)	55(8)	16(2)	3.4	482.00/600
	土木工		38(2)	38(2)	9(1)	4.2	452.00/600
システム理工	電子情報システム	10	49(7)	49(7)	14(3)	3.5	473.00/600
	機械制御システム		44(5)	44(5)	22(3)	2.0	443.00/600
	環境システム		35(12)	35(12)	7(4)	5.0	469.00/600
	生命科（生命科学）		39(11)	39(11)	9(4)	4.3	466.00/600
	生命科（生命医工学）		29(9)	29(9)	11(5)	2.6	466.00/600
	数理科		32(4)	32(4)	16(2)	2.0	444.00/600
デザイン工	デザイン工（生産・プロダクト）	4	41(11)	41(11)	9(4)	4.6	456.00/600
	デザイン工（ロボティクス・情報）		61(11)	61(11)	21(5)	2.9	452.00/600
建築	建築（APコース）	4	30(8)	30(8)	7(2)	4.3	476.00/600
	建築（SAコース）		46(14)	46(14)	10(3)	4.6	488.00/600
	建築（UAコース）		48(15)	48(15)	14(4)	3.4	476.00/600
合計		36	909(162)	909(162)	279(56)	—	—

2022 年度　一般入試状況・合格最低点

■前期日程

（　）内は女子内数

学部・学科等		募集人員	志願者数	受験者数	合格者数	競争率	合格最低点／満点
工	機械工	45	1,321(90)	1,265(85)	546(39)	2.3	161.8/300
	機械機能工	45	675(59)	643(54)	362(29)	1.8	142.9/300
	材料工	40	522(67)	491(61)	297(36)	1.7	141.2/300
	応用化	40	1,000(231)	965(221)	430(103)	2.2	169.1/300
	電気工	40	907(51)	861(47)	410(23)	2.1	150.1/300
	電子工	40	680(44)	650(40)	230(12)	2.8	160.3/300
	情報通信工	40	842(80)	799(72)	223(18)	3.6	164.3/300
	情報工	45	1,709(173)	1,641(167)	217(17)	7.6	192.6/300
	土木工	40	370(53)	354(50)	192(27)	1.8	146.5/300
システム理工	電子情報システム	40	925(78)	882(74)	198(18)	4.5	170.9/300
	機械制御システム	29	417(31)	403(28)	144(11)	2.8	158.5/300
	環境システム	32	337(60)	315(53)	179(33)	1.8	145.0/300
	生命科（生命科学）	19	384(136)	373(133)	165(62)	2.3	160.1/300
	生命科（生命医工学）	18	335(118)	312(105)	158(50)	2.0	152.4/300
	数理科	25	534(58)	512(57)	268(26)	1.9	204.4/400
デザイン工	デザイン工（生産・プロダクト）	33	464(150)	440(141)	122(47)	3.6	165.5/300
	デザイン工（ロボティクス・情報）	33	479(86)	460(84)	175(34)	2.6	147.3/300
建築	建築（AP コース）	12	370(98)	352(91)	66(20)	5.3	182.8/300
	建築（SA コース）	37	1,161(339)	1,119(323)	158(48)	7.1	193.6/300
	建築（UA コース）	37	879(215)	845(208)	199(45)	4.2	180.5/300
合計		690	14,311(2,217)	13,682(2,094)	4,739(698)	—	—

■英語資格・検定試験利用方式

（ ）内は女子内数

学部・学科等		募集人員	志願者数	受験者数	合格者数	競争率	合格最低点／満点
工	機械工	4	150(17)	145(17)	14(3)	10.4	128.7/200
	機械機能工	4	102(16)	98(14)	29(2)	3.4	114.1/200
	材料工	4	62(12)	58(11)	21(4)	2.8	110.2/200
	応用化	4	123(30)	121(29)	32(7)	3.8	125.2/200
	電気工	4	129(8)	122(7)	42(4)	2.9	113.3/200
	電子工	4	92(6)	89(6)	33(1)	2.7	108.0/200
	情報通信工	4	146(18)	142(18)	35(4)	4.1	113.0/200
	情報工	4	221(43)	217(43)	28(3)	7.8	128.7/200
	土木工	4	61(9)	59(9)	32(6)	1.8	101.4/200
システム理工	電子情報システム	5	146(16)	143(16)	30(5)	4.8	115.2/200
	機械制御システム	4	81(12)	78(12)	30(2)	2.6	105.5/200
	環境システム	4	53(17)	52(16)	17(6)	3.1	105.3/200
	生命科（生命科学）	4	72(34)	70(32)	27(14)	2.6	112.5/200
	生命科（生命医工学）	4	57(25)	54(22)	20(7)	2.7	101.6/200
	数理科	4	79(13)	76(13)	53(7)	1.4	141.4/300
デザイン工	デザイン工（生産・プロダクト）	4	83(35)	82(35)	18(5)	4.6	111.6/200
	デザイン工（ロボティクス・情報）	4	77(13)	77(13)	20(3)	3.9	106.2/200
建築	建築（APコース）	3	89(30)	83(27)	7(2)	11.9	125.3/200
	建築（SAコース）	4	138(56)	133(53)	12(3)	11.1	138.0/200
	建築（UAコース）	4	107(36)	106(35)	19(2)	5.6	130.5/200
合計		80	2,068(446)	2,005(428)	519(90)	—	—

■全学統一日程

（　）内は女子内数

学部・学科等		募集人員	志願者数	受験者数	合格者数	競争率	合格最低点／満点
工	機械工	16	214(17)	197(15)	38(5)	5.2	180.1/300
	機械機能工	16	143(16)	132(14)	55(8)	2.4	160.8/300
	材料工	16	104(10)	94(7)	36(4)	2.6	153.1/300
	応用化	16	151(32)	142(31)	30(7)	4.7	173.1/300
	電気工	16	150(3)	141(3)	45(2)	3.1	165.3/300
	電子工	16	147(6)	139(5)	55(1)	2.5	158.5/300
	情報通信工	16	204(14)	194(14)	51(2)	3.8	175.1/300
	情報工	16	314(30)	293(29)	28(1)	10.5	202.9/300
	土木工	16	111(16)	102(15)	43(6)	2.4	150.8/300
システム理工	電子情報システム	15	203(14)	190(14)	39(4)	4.9	179.0/300
	機械制御システム	11	133(10)	123(9)	42(3)	2.9	155.8/300
	環境システム	11	94(21)	85(19)	27(3)	3.1	157.4/300
	生命科（生命科学）	6	74(31)	69(29)	16(7)	4.3	171.0/300
	生命科（生命医工学）	6	59(12)	52(11)	18(2)	2.9	159.7/300
	数理科	9	97(9)	87(7)	23(1)	3.8	244.1/400
デザイン工	デザイン工（生産・プロダクト）	10	141(57)	131(53)	18(5)	7.3	177.7/300
	デザイン工（ロボティクス・情報）	10	108(23)	103(21)	27(4)	3.8	167.9/300
建築	建築（SAコース）	13	247(84)	232(80)	14(4)	16.6	211.1/300
	建築（UAコース）	13	215(64)	202(62)	18(4)	11.2	204.0/300
合計		248	2,909(469)	2,708(438)	623(73)	—	—

後期日程

（　）内は女子内数

学部・学科等		募集人員	志願者数	受験者数	合格者数	競争率	合格最低点／満点
工	機械工	7	149(11)	128(9)	11(0)	11.6	195.2/300
	機械機能工	7	162(15)	153(13)	30(4)	5.1	178.0/300
	材料工	7	166(29)	160(28)	40(13)	4.0	165.9/300
	応用化	7	151(46)	136(44)	42(18)	3.2	158.0/300
	電気工	7	102(5)	95(4)	28(1)	3.4	165.3/300
	電子工	7	178(13)	165(12)	25(0)	6.6	182.7/300
	情報通信工	7	205(20)	174(15)	4(1)	43.5	219.9/300
	情報工	7	207(27)	184(24)	17(3)	10.8	214.5/300
	土木工	7	136(18)	124(18)	22(3)	5.6	177.8/300
システム理工	電子情報システム	7	162(18)	143(16)	9(0)	15.9	208.7/300
	機械制御システム	6	161(13)	153(13)	9(2)	17.0	200.7/300
	環境システム	5	76(18)	72(16)	13(4)	5.5	186.5/300
	生命科（生命科学）	4	71(33)	63(30)	10(7)	6.3	176.9/300
	生命科（生命医工学）	4	54(21)	49(20)	4(3)	12.3	188.5/300
	数理科	5	97(7)	83(6)	14(0)	5.9	247.1/400
デザイン工	デザイン工（生産・プロダクト）	5	121(44)	116(41)	6(3)	19.3	198.4/300
	デザイン工（ロボティクス・情報）	5	147(31)	138(29)	12(3)	11.5	192.7/300
建築	建築（AP コース）	3	149(51)	141(48)	8(5)	17.6	220.2/300
	建築（SA コース）	5	202(70)	183(63)	5(1)	36.6	227.4/300
	建築（UA コース）	5	198(64)	185(62)	12(3)	15.4	213.9/300
合計		117	2,894(554)	2,645(511)	321(74)	—	—

2021年度　一般入試状況・合格最低点

前期日程

（　）内は女子内数

学部・学科等		募集人員	志願者数	受験者数	合格者数	競争率	合格最低点／満点
工	機械工	45	1,382(86)	1,330(82)	400(29)	3.3	174.0/300
	機械機能工	45	627(49)	595(47)	277(26)	2.1	153.7/300
	材料工	40	475(49)	444(44)	223(19)	2.0	150.4/300
	応用化	40	921(205)	874(195)	386(80)	2.3	175.0/300
	電気工	40	776(44)	741(43)	328(19)	2.3	154.4/300
	電子工	40	729(34)	685(30)	242(11)	2.8	157.3/300
	情報通信工	40	991(83)	946(76)	213(20)	4.4	176.2/300
	情報工	45	1,647(140)	1,565(128)	250(17)	6.3	190.1/300
	土木工	40	410(53)	400(52)	184(24)	2.2	150.0/300
システム理工	電子情報システム	40	950(82)	888(73)	264(20)	3.4	160.5/300
	機械制御システム	29	380(30)	355(27)	156(15)	2.3	150.0/300
	環境システム	32	364(61)	351(58)	152(29)	2.3	164.2/300
	生命科（生命科学）	19	338(127)	316(122)	152(61)	2.1	153.1/300
	生命科（生命医工学）	18	347(103)	326(96)	159(51)	2.1	157.2/300
	数理科	25	498(43)	479(43)	267(31)	1.8	200.2/400
デザイン工	デザイン工（生産・プロダクト）	33	446(157)	427(154)	110(50)	3.9	169.8/300
	デザイン工（ロボティクス・情報）	33	484(98)	462(89)	158(33)	2.9	152.3/300
建築	建築（APコース）	12	225(70)	215(64)	55(15)	3.9	171.9/300
	建築（SAコース）	37	1,034(277)	983(261)	157(43)	6.3	192.9/300
	建築（UAコース）	37	829(173)	785(158)	161(28)	4.9	194.6/300
合計		690	13,853(1,964)	13,167(1,842)	4,294(621)	—	—

■英語資格・検定試験利用方式

（　）内は女子内数

学部・学科等		募集人員	志願者数	受験者数	合格者数	競争率	合格最低点／満点
工	機械工	4	133(14)	127(14)	22(2)	5.8	120.7/200
	機械機能工	4	76(7)	73(7)	17(2)	4.3	116.6/200
	材料工	4	51(7)	48(6)	15(1)	3.2	110.5/200
	応用化	4	86(26)	84(26)	37(10)	2.3	117.5/200
	電気工	4	80(9)	78(9)	31(5)	2.5	110.6/200
	電子工	4	84(6)	81(5)	32(3)	2.5	108.6/200
	情報通信工	4	97(12)	96(12)	30(4)	3.2	118.6/200
	情報工	4	181(20)	177(20)	29(2)	6.1	129.5/200
	土木工	4	65(12)	64(11)	21(3)	3.0	108.9/200
システム理工	電子情報システム	5	148(12)	144(12)	24(1)	6.0	120.1/200
	機械制御システム	4	70(5)	66(5)	21(2)	3.1	104.7/200
	環境システム	4	37(12)	37(12)	14(5)	2.6	115.6/200
	生命科（生命科学）	4	36(17)	35(17)	18(9)	1.9	113.7/200
	生命科（生命医工学）	4	48(16)	45(16)	17(6)	2.6	111.0/200
	数理科	4	56(9)	52(9)	27(5)	1.9	165.9/300
デザイン工	デザイン工（生産・プロダクト）	4	80(38)	79(38)	15(7)	5.3	117.8/200
	デザイン工（ロボティクス・情報）	4	81(23)	78(21)	17(4)	4.6	112.6/200
建築	建築（APコース）	3	35(15)	34(14)	5(1)	6.8	128.7/200
	建築（SAコース）	4	116(45)	114(45)	4(1)	28.5	155.3/200
	建築（UAコース）	4	85(24)	80(23)	5(1)	16.0	150.0/200
合計		80	1,645(329)	1,592(322)	401(74)	—	—

■全学統一日程

（　）内は女子内数

学部・学科等		募集人員	志願者数	受験者数	合格者数	競争率	合格最低点／満点
工	機械工	16	278(21)	261(20)	38(3)	6.9	199.1/300
	機械機能工	16	148(11)	138(10)	34(3)	4.1	175.6/300
	材料工	16	104(12)	95(10)	25(4)	3.8	157.1/300
	応用化	16	141(32)	133(31)	44(8)	3.0	161.4/300
	電気工	16	171(13)	161(11)	46(2)	3.5	170.3/300
	電子工	16	221(20)	203(18)	60(3)	3.4	164.0/300
	情報通信工	16	234(22)	225(22)	52(4)	4.3	178.7/300
	情報工	16	354(35)	337(35)	36(3)	9.4	207.3/300
	土木工	16	122(13)	114(13)	45(4)	2.5	159.8/300
システム理工	電子情報システム	15	240(21)	221(20)	38(5)	5.8	178.9/300
	機械制御システム	11	139(15)	129(14)	45(2)	2.9	158.1/300
	環境システム	11	108(23)	102(22)	40(9)	2.6	162.0/300
	生命科（生命科学）	6	57(18)	52(16)	21(6)	2.5	156.0/300
	生命科（生命医工学）	6	58(17)	56(16)	19(8)	2.9	164.6/300
	数理科	9	102(8)	98(6)	27(3)	3.6	230.3/400
デザイン工	デザイン工（生産・プロダクト）	10	139(59)	132(56)	22(10)	6.0	187.2/300
	デザイン工（ロボティクス・情報）	10	130(31)	123(29)	20(4)	6.2	185.2/300
建築	建築（SAコース）	13	322(92)	308(89)	13(1)	23.7	231.2/300
	建築（UAコース）	13	265(69)	255(67)	13(2)	19.6	226.0/300
合計		248	3,333(532)	3,143(505)	638(84)	—	—

■後期日程

（　）内は女子内数

学部・学科等		募集人員	志願者数	受験者数	合格者数	競争率	合格最低点／満点
工	機械工	7	170(12)	154(10)	46(3)	3.3	172.4/300
	機械機能工	7	140(7)	122(5)	47(2)	2.6	156.2/300
	材料工	7	111(9)	102(8)	40(4)	2.6	150.6/300
	応用化	7	83(24)	76(22)	11(1)	6.9	175.1/300
	電気工	7	172(14)	156(14)	35(2)	4.5	175.6/300
	電子工	7	179(17)	161(16)	46(2)	3.5	164.0/300
	情報通信工	7	183(18)	164(17)	34(4)	4.8	184.4/300
	情報工	7	174(18)	153(16)	17(1)	9.0	204.8/300
	土木工	7	100(17)	84(13)	42(9)	2.0	152.0/300
システム理工	電子情報システム	7	129(8)	121(8)	19(1)	6.4	191.9/300
	機械制御システム	6	129(12)	121(10)	44(2)	2.8	150.7/300
	環境システム	5	67(13)	63(12)	15(5)	4.2	183.4/300
	生命科（生命科学）	4	72(24)	69(24)	10(3)	6.9	174.9/300
	生命科（生命医工学）	4	58(12)	53(11)	11(3)	4.8	168.7/300
	数理科	5	77(6)	66(4)	33(2)	2.0	200.8/400
デザイン工	デザイン工（生産・プロダクト）	5	104(37)	99(36)	27(11)	3.7	165.4/300
	デザイン工（ロボティクス・情報）	5	160(29)	148(26)	32(4)	4.6	179.8/300
建築	建築（AP コース）	3	112(38)	105(35)	32(9)	3.3	192.6/300
	建築（SA コース）	5	179(66)	157(54)	15(3)	10.5	217.7/300
	建築（UA コース）	5	163(56)	149(49)	15(5)	9.9	204.9/300
合計		117	2,562(437)	2,323(390)	571(76)	—	—

募集要項の入手方法

芝浦工業大学は一般入学者選抜（大学入学共通テスト利用方式（前期・後期），前期日程，英語資格・検定試験利用方式，全学統一日程，後期日程）において，すべてWeb出願です。一般入学者選抜要項は，8月上旬頃より芝浦工業大学の入試情報サイト「SOCIETY」からダウンロードしてください。

大学案内の発送をご希望の方は，「SOCIETY」からお申込みを受け付けています。Webで閲覧可能なデジタル版も公開しています。

問い合わせ先

芝浦工業大学　入試・広報連携推進部入試課
〒135-8548　東京都江東区豊洲３-７-５
TEL　03-5859-7100（直）
Webサイト　https://admissions.shibaura-it.ac.jp/

芝浦工業大学のテレメールによる資料請求方法

スマートフォンから　QRコードからアクセスしガイダンスに従ってご請求ください。
パソコンから　教学社 赤本ウェブサイト(akahon.net)から請求できます。

Trend & Steps

傾向と対策

傾向と対策を読む前に

科目ごとに問題の「傾向」を分析し，具体的にどのような「対策」をすればよいか紹介しています。まずは出題内容をまとめた分析表を見て，試験の概要を把握しましょう。

■注意

「傾向と対策」で示している，出題科目・出題範囲・試験時間等については，2023 年度までに実施された入試の内容に基づいています。2024 年度入試の選抜方法については，各大学が発表する学生募集要項を必ずご確認ください。

また，新型コロナウイルスの感染拡大の状況によっては，募集期間や選抜方法が変更される可能性もあります。各大学のホームページで最新の情報をご確認ください。

分析表の記号について

☆印は全問マークセンス方式，★印は一部マークセンス方式採用であることを表す。

英　語

年度	番号	項　目	内　容
★2023	〔1〕	会　話　文	空所補充
	〔2〕	文法・語彙	共通語による空所補充
	〔3〕	文法・語彙	空所補充
	〔4〕	文法・語彙	空所補充
	〔5〕	文法・語彙	語句整序
	〔6〕	読　解	空所補充，内容真偽
	〔7〕	読　解	内容真偽
	〔8〕	読　解	文整序
	〔9〕	読　解	同意表現，空所補充，内容説明，内容真偽
★2022	〔1〕	会　話　文	空所補充
	〔2〕	文法・語彙	共通語による空所補充
	〔3〕	読　解	内容説明
	〔4〕	文法・語彙	空所補充
	〔5〕	文法・語彙	空所補充
	〔6〕	文法・語彙	語句整序
	〔7〕	読　解	文整序
	〔8〕	読　解	空所補充
	〔9〕	読　解	空所補充，内容説明，同意表現，内容真偽
★2021	〔1〕	会　話　文	空所補充
	〔2〕	文法・語彙	空所補充
	〔3〕	文法・語彙	空所補充
	〔4〕	読　解	文整序，空所補充
	〔5〕	読　解	内容真偽，内容説明　＜グラフ＞
	〔6〕	文法・語彙	共通語による空所補充
	〔7〕	文法・語彙	語句整序
	〔8〕	読　解	空所補充，内容説明，同意表現，英文和訳，内容真偽

▶読解英文の主題

年度	番号	主　題
2023	〔6〕	三目並べの遊び方
	〔7〕	好感の持てるロボットを開発するには
	〔8〕	イルカの意思疎通
	〔9〕	発明家ラルフ＝ベアの生涯とスミソニアン博物館の取り組み

2022	〔7〕	摩擦力とその効果
	〔8〕	OriHime の使命
	〔9〕	引き算の力
2021	〔4〕	飛行機での太平洋横断
	〔8〕	太陽光発電の画期的な方法

傾向　読解問題を中心としたオールラウンドな出題

1 出題形式は？

2021 年度までは大問 8 題で，英文和訳が 1 問と，単語を答える問題が数問記述式で出題されているほかは，すべてマークセンス方式であったが，2022 年度からは大問 9 題，英文和訳がなくなり，記述は単語のみとなった。試験時間は 90 分。

2 出題内容はどうか？

会話文，読解，文法・語彙という構成が続いている。会話文問題では空所補充，文法・語彙問題では空所補充，語句整序などが出題されている。長文の読解問題は，科学的な内容の文章を中心に，さまざまなトピックが出題されており，空所補充，内容説明，英文和訳，同意表現，内容真偽が出題されている。また，短めの英文読解問題ではグラフを使った出題や数学的発想をみる出題もある。文整序は毎年出題されている。

3 難易度は？

読解問題の英文はやや難しく，内容・設問は標準～やや難である。会話文問題，文法・語彙問題は標準的なレベルといえる。

対策

1 長文読解力の養成

読解力の養成には，精読と多読を両輪として実践していく必要がある。読解問題は，年度によっては英文量が多く，内容も標準的なものから幾分難しいものまで含まれているので，教科書のほかにやや長めの英文を読んでおく必要がある。精読用として，教科書をしっかりと予習して授業に臨み，多読用に長文読解問題集などを利用して，1 日 1，2 題ずつ，科学的なものを中心にいろいろなテーマの英文を読んでいくとよい。標準的なレベルの読解問題集を選んで，できるだけ多くの問題に当たっておこう。

2 文法・語彙

基本的な文法力は読解問題を解くうえでも必要なので，最低限身につけておかなければならない。文法・語彙問題への対策は，基礎力を身につけたうえで，短文の空所補充問題などを繰り返し行うこと。語彙に関する出題も多いので，語彙力の養成も欠かせない。長文読解問題をきちんとこなしていけば語彙は増えるが，単語集・熟語集なども併用すればいっそう効果的である。2021 ～ 2023 年度と続けて共通語による空所補充問題が出題されているので，多義語にも注意を払っておこう。

3 過去問の研究

年度によって細かい違いはみられるものの，出題傾向はある程度一定しているので，本書を利用して過去問を検討しておくことは有効である。ここ数年はいずれの日程も出題内容・レベルが似ているので，他の日程の過去問にも取り組むとよいだろう。環境問題，エネルギーや資源の問題，ロボットや AI についてなど，時事問題に関する英文がよく出題されているので，新聞や雑誌などにも目を通しておこう。また，文法・語彙問題では著名人の発言が取り上げられたこともある。

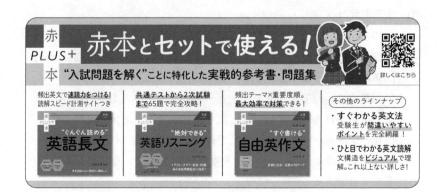

数学

年度	番号	項目	内容
2023	〔1〕	小問2問	(1)2次不等式，必要条件・十分条件 (2)ベクトルの内積，円のベクトル方程式
	〔2〕	場合の数，数列	領域の塗り分け方の総数，2項間漸化式
	〔3〕	複素数平面	ド・モアブルの定理，共役な複素数，複素数の絶対値，区分求積法
	〔4〕	微・積分法，極限	関数の最大値，回転体の体積，極限
2022	〔1〕	小問3問	(1)集合と2次不等式 (2)対数方程式 (3)領域における最大値
	〔2〕	数列	数列における和と一般項の関係，階差数列
	〔3〕	ベクトル，図形と計量	余弦定理，内積，角の二等分線の性質，円周角の定理，二倍角の公式，四角形の面積，平面ベクトル
	〔4〕	複素数平面，微・積分法	定積分の計算，直線に関する対称移動，媒介変数表示された曲線と直線で囲まれた図形の面積
2021	〔1〕	小問3問	(1)4桁の整数の個数 (2)正弦定理・余弦定理・三角形の面積 (3)対数方程式
	〔2〕	ベクトル	中点を表す位置ベクトル，内積の計算，垂線の足を表す位置ベクトル
	〔3〕	式と曲線	極座標，極方程式
	〔4〕	微・積分法	微分の計算，極値，区分求積法

傾向　総合的な力をみる問題

1 出題形式は？

大問4題の出題である。すべて記述式であるが，2題は答えだけを記す完成形式で，あとの2題は計算過程も要求される。試験時間は90分。

2 出題内容はどうか？

出題範囲は「数学Ⅰ・Ⅱ・Ⅲ・A・B（数列・ベクトル）」である。

よく出題される項目としては，微・積分法，ベクトル，数列，複素数平面などがある。微・積分法の問題は毎年必ず出題されており，他の分野に比べて比重が大きい。2021年度は出題されていないが，複素数平面も要注意である。

3 難易度は？

試験時間 90 分に対して，標準からやや難しい問題まで幅広く出題されている。理論の確実な理解を求められるものや，計算の面倒なものが多い。また，限られたスペースに記述をまとめる必要があることを考え合わせると，全体として水準の高い出題といえる。

対　策

1 基礎事項の確認

基礎固めのため，教科書または参考書で定理や公式などの基本事項を学習し，数学的な考え方を身につけておきたい。代表的な定理の証明もできるようにしておくとよい。定理の証明には大切な数学的処理方法が含まれている。

2 微・積分法の強化

微・積分法は必出分野である。基本的には面積や回転体の体積，定積分で表された関数，不等式の証明などの問題が軸である。ただし，題材を絶対値つき関数にしてあったり，複素数平面との融合問題であったりするなど，通り一遍の学習では太刀打ちできないであろう。また，過去には導関数を用いて数列の和を計算するといった問題や，2 変数の不等式に関する問題も出題されている。時間がかかってもよいから，まずは過去の問題を自力で解く努力をしてみること。そのあとに解答・解説を読むと，自分の足りない部分がわかるだろう。

3 簡潔かつ正確な記述力の養成

試験時間・解答欄のスペースを考えると，短時間で簡潔かつ正確な答案をつくる必要がある。省略してよいところと絶対に書き落とせないところを的確に判断して，要点を押さえた簡潔な答案が書けるよう心がけたい。

物　理

年度	番号	項　目	内　容
2023	〔1〕	総　合	仕事とエネルギーの関係，エネルギー保存則，運動量保存則，気体の変化と状態方程式，荷電粒子の運動
	〔2〕	力　学	単振り子，エネルギー保存則，運動量保存則，反発係数
	〔3〕	電磁気	レール上で運動する導体棒による電磁誘導，コンデンサー
	〔4〕	波　動	屈折の法則，薄膜による干渉
2022	〔1〕	総　合	音の伝わる時間と距離，ドップラー効果，コンプトン効果，光量子仮説，エネルギー保存則，運動量保存則，気体の変化と P-V 図，等温変化，熱力学第一法則，T-V 図 ⇨描図
	〔2〕	力　学	ばね振り子と周期，単振り子と小球の衝突，斜面への水平投射，動摩擦力と等加速度運動
	〔3〕	電磁気	LRC 交流回路，電気振動 ⇨描図
	〔4〕	波　動	回折格子と明線，レンズと結像・倍率
2021	〔1〕	総　合	円錐振り子，円運動，水に浮く木片，浮力，単振動，X 線の発生，固有 X 線と最短波長
	〔2〕	力　学	水平面と斜面での物体の運動，ばねの弾性エネルギー，衝突，単振動，仕事とエネルギー ⇨描図
	〔3〕	電磁気	ホイートストンブリッジ回路，CR 直流回路，ジュール熱
	〔4〕	熱力学	気体の変化，熱力学第一法則，断熱変化

(注)「物理・化学」として出題。物理と化学から各４題，計８題の中から４題を任意に選択し解答する。

傾向　力学，電磁気はややハイレベルな内容　文字計算・数値計算いずれもレベルアップを

1 出題形式は？

物理４題・化学４題の計８題の中から任意に４題を選択して解答する形であり，試験時間は４題で 90 分。解答のみを記述する形式。描図問題が出題されることもある。

2 出題内容はどうか？

出題範囲は「物理基礎・物理」である。

小問数問の総合問題，力学，電磁気，熱力学または波動から各１題の出題であることが多い。

力学については，運動量保存則，力学的エネルギー保存則を用いる問題，運動方程式を立てて考える問題，力のモーメントの問題と，幅広く出題されており，力学をしっかり理解していることが要求される。また，電磁気についても深い理解が要求され，電気回路，電磁誘導を中心に全分野を網羅した内容となっている。

3　難易度は？

熱力学，波動，原子は標準問題が多い。力学，電磁気はやや難しく，思考力が要求される。試験時間に対して問題の量は適当〜やや多めといえるが，難度が高めの問題や，計算量が多い問題など，解答に時間のかかる問題も含まれている。時間を取られそうになったら，適度に見切りをつけて先の設問や別の大問に取り組むことも大切である。

対　策

1　教科書よりワンランク上を

熱力学，波動，原子は教科書の章末問題よりやや難しい標準入試問題といったところ。受験用の標準問題集を丁寧にこなすことが第一である。力学，電磁気は難度が高めなので，物理的思考力を養成し，スピーディーに問題を解く力が必要になる。

2　力学・電磁気はやや難

力学と電磁気の分野では難問もみられるので，少し難しい問題集にも挑戦して力をつけておこう。特に力学では，計算が難しく，時間のかかるものが多いので，数学的な処理能力を身につけることも必要である。

3　過去の問題演習を

過去の問題は積極的に解いてみるとよい。誘導形式が多いので，しっかり問題を読み，誘導に乗れる柔軟な思考力を身につけたい。さらに，答えの表記では文字指定，単位指定にも留意したい。

4　有効数字を意識しよう

大問の多くに１〜３桁の有効数字の指示があるので，普段から有効数字を意識して計算していく癖をつけておきたい。

化　学

年度	番号	項　目	内　容
2023	〔1〕	総　合	物質の分類，状態変化，混合物の分離，シキミ酸の構造，元素分析，リンの化合物の反応と性質　⇨計算
	〔2〕	理論・有機	亜鉛と塩酸の反応，酸・塩基の水溶液の pH，ベンゼン誘導体の反応，ダイヤモンドと炭化ケイ素の構造　⇨計算
	〔3〕	理論・有機	溶液の調製，混合気体の圧力，ポリペプチドの構造，溶解度積　⇨計算
	〔4〕	総　合	酸と塩基の定義，アルミニウムの製法，グラフト共重合体，有機化合物の構造決定（15 字）　⇨論述・計算
2022	〔1〕	理論・有機	物質の分類，同素体，化学結合，反応速度式，合成繊維，逆浸透と減圧蒸留　⇨計算
	〔2〕	理論・有機	炭酸ナトリウムと炭酸水素ナトリウムの反応，格子エネルギー，フロンガスの反応，トルエンの反応　⇨計算
	〔3〕	総　合	元素の周期律，空気中の二酸化炭素濃度，アミンの異性体，アクリル繊維の合成と性質（15 字）　⇨論述・計算
	〔4〕	総　合	極性分子，溶液の pH，化学平衡，金属メッキ，酸化還元滴定，有機化合物の構造決定，金属イオンの系統分離　⇨計算
2021	〔1〕	理論・有機	第一イオン化エネルギー，電子配置，電気陰性度，溶液の性質，塩化ナトリウム水溶液の電気分解，アミノ酸の性質　⇨計算
	〔2〕	理論・有機	イオン結合，界面活性剤，メタンの燃焼，物質の精製　⇨計算
	〔3〕	総　合	ハーバー・ボッシュ法，マグネシウムの反応，ニトロベンゼンの反応，エステル化反応（12 字）　⇨計算・論述
	〔4〕	総　合	炭酸ナトリウムの二段階滴定，反応速度，有機化合物の構造決定，ケイ素の反応と性質　⇨計算

(注)「物理・化学」として出題。物理と化学から各 4 題，計 8 題の中から 4 題を任意に選択し解答する。

傾向　基礎力重視の総合問題，計算力重視！短い論述問題に注意

1　出題形式は？

物理 4 題・化学 4 題の計 8 題の中から任意に 4 題を選択して解答する形式である。試験時間は 4 題で 90 分。各大問は小問 4 問に分かれており，選択式の問題も含まれるが，多くは記述式である。また，各大問はほぼすべての分野の小問からなっている総合問題であることが多い。計

算では，かなり複雑な数値計算を要するものがある。また，10 ～ 15 字程度の論述問題も出題されている。

2 出題内容はどうか？

出題範囲は「化学基礎・化学」である。

理論・有機分野が重視されているが，無機分野についても必ず出題されている。有機分野では，元素分析から構造式を示すものや，分子式と反応性から構造式を示すものなどがよくみられる。物理と合わせて任意の 4 題を選択解答という形式のせいか，大問間に大きな難易度の差が生じないように工夫されている。計算問題が必出で，化学反応式を正しく書き，化学反応の量的関係を用いる形の出題が多い。かなり面倒な計算もときおり出題されている。また，高分子化合物とともに，電離平衡や化学平衡に関するものがよく出題されている。

3 難易度は？

基本事項の理解度が広範囲で試されている。基本的な設問がほとんどであるが，問題量や試験時間を総合してみると，標準レベルの難易度であるといえる。物理・化学 8 題のうち 4 題を任意に選択という形式であるため，物理も同程度に力のある受験生は，易しい問題や得意分野を含む問題をうまく選択すると高得点が期待できる。1 題 20 分程度で解き，残りの時間で見直しなどができるとよい。

対 策

1 理論分野

基本事項の反復学習が大切である。一部には応用的なものも含まれているが，まずは化学の基本公式や法則の理解を心がけること。基礎理論を完全に理解するには，基本ないし標準レベルの問題，特に計算問題を繰り返し解くのがよい。幅広い分野から出題されているので，過年度に出題がなかった分野も軽視せず復習しておこう。また，混合物の混合比や純度を求めさせるものがよくみられるので練習しておきたい。金属結晶，熱化学も十分に演習してほしい。

2 無機分野

周期表を中心に各元素の性質を復習しておくこと。金属イオンの性質と反応も重要である。化学工業では，ハーバー法，オストワルト法，アンモニアソーダ法，接触法，イオン交換膜法などが重要なので整理しておこう。無機の学習は暗記が中心になりがちだが，理論と関連づけて出題されることが多いので注意しておくこと。化学反応式を記述する問題が多いので，重要な反応についてはしっかり書けるようにしておきたい。

3 有機分野

教科書に出てくる主な化合物の名称と構造式は覚えておくこと。元素分析値からの実験式・分子式・構造式の推定では，対象となる化合物は複雑なものではなく，計算の方法の理解を試すものが中心である。分子式からいろいろな構造異性体を書くといった練習が必要であり，その際，官能基の性質や検出に関する知識が必要となるのでまとめておこう。また，アルコールやベンゼン誘導体については，それらの関係や名称などを中心に整理し，高分子化合物についても基本構造や用途を理解しておこう。デンプン，タンパク質などについても十分に演習しておきたい。

4 計　算

基本公式を正確に暗記していれば数値を代入するだけで解ける問題が多い。化学反応における量的関係を理解しつつ，計算問題の演習を普段から電卓に頼ることなく実践しよう。有効数字が指定されている問題が多いので，その扱いにも慣れておきたい。

5 論　述

字数が 12 ～ 15 字程度の短い論述であり，的確に表現できるように練習しておきたい。過去問を参考にして，要点をしっかり書けるようにしておこう。

生　物

年度	番号	項　目	内　容	
☆ 2023	〔1〕	進化・系統	化学進化と生物の変遷	
	〔2〕	細胞，体内環境	細胞の情報伝達，ホルモン分泌調節	
	〔3〕	動物の反応	神経系と興奮の伝達	⇨計算
	〔4〕	生殖・発生	減数分裂	
	〔5〕	遺伝情報	DNA 複製	
☆ 2022	〔1〕	生殖・発生	被子植物の生殖と発生	
	〔2〕	細胞	細胞の構造	
	〔3〕	生態	個体群	⇨計算
	〔4〕	体内環境	血液の循環	⇨計算
	〔5〕	遺伝情報	遺伝子組換え	⇨計算
☆ 2021	〔1〕	細胞	細胞の構造，顕微鏡	⇨計算
	〔2〕	進化・系統	生物の出現と繁栄	
	〔3〕	代謝	光合成と呼吸，光合成の限定要因	⇨計算
	〔4〕	体内環境	自律神経系，心臓の構造と機能	
	〔5〕	生態	遷移，バイオーム	

傾向　幅広い分野からの出題
計算問題，考察問題に注意

1　出題形式は？

大問５題の出題で，全問マークセンス方式による選択式となっている。全問選択式ではあるが，計算問題や実験の考察，グラフの読み取りなどもあり，単なる知識問題だけではない。試験時間は 90 分。

2　出題内容はどうか？

出題範囲は「生物基礎・生物」である。

各分野から幅広く出題されており，１つの大問で複数の分野にまたがる総合的な問題もある。特に 2023 年度では，細胞の情報伝達の分野で，生物と生物基礎の融合問題が出題された。詳しい知識や高度な思考力を求めるものもみられるので注意したい。

3 難易度は？

内容的には教科書レベルの問題が多いが，複雑な選択肢が多く，難度を上げている。細かい知識を問う問題や計算問題，難解な考察問題も出題されているので，全体としてはやや難レベルといえる。ただの丸暗記で終わるのではなく，覚えた知識どうしを結びつけて理解し，現象やしくみの意義や理由まで考えて学習する姿勢が求められている。考察問題や計算問題に時間をかけられるように，知識を確実に定着させることが必要である。

対策

1 教科書をすみずみまで読む

まずは教科書の知識で対応できる問題を正答できるようにしなくてはならない。基本は教科書であるから，教科書をすみからすみまで丁寧に読むこと。かなり細かい点まで出題されているので，脚注，図の説明，グラフの読み方，表の読み取りなどもきっちり学習しておこう。

2 問題演習に取り組む

教科書で１つの分野の学習を終えたら，同じ分野の標準レベルの問題集に取り組んでみよう。自分の知識が確実かどうか，誤解しているところはないかなどを確認しながら，再度その分野を学習する。その際，まとめたノートや教科書，図説や参考書などをそばに置き，曖昧なところはすぐに調べる習慣をつけるとよい。途中でやめずに繰り返し学習することが大切である。

3 知識の幅を広げる

やや詳しい知識を要求する問題もみられるので，教科書や問題集での学習の合間に，図説や参考書を読み，知識の幅を広げておこう。生命現象の詳しいしくみ，最新の話題を扱うコラムなどはじっくり読み，理解しておきたい。

4 過去問研究

一通り基礎学力が身についたら，過去問に挑戦して出題形式や苦手分野を把握したり，時間配分の感覚を身につけたりすることが大切である。詳しい知識がなかったとしても，教科書レベルの知識を使い，消去法を用いれば正解にたどりつける問題も多くみられるので，慣れておこう。苦手な分野は教科書や問題集に戻って克服し，得意分野や頻出分野は図説などでさらに幅広い知識を得るなど，過去問から実戦的な対策を立てよう。

2023年度

問題と解答

■一般選抜：前期日程，英語資格・検定試験利用方式

問題編

●前期日程

▶試験科目・配点

学部等	教科	科目	配点
工・システム理工（電子情報システム・機械制御システム・環境システム）・デザイン工・建築	外国語	コミュニケーション英語Ⅰ・Ⅱ・Ⅲ，英語表現Ⅰ・Ⅱ	100点
	数学	数学Ⅰ・Ⅱ・Ⅲ・A・B（数列・ベクトル）	100点
	理科	「物理（物理基礎，物理）・化学（化学基礎，化学）」	100点
システム理工（生命科）	外国語	コミュニケーション英語Ⅰ・Ⅱ・Ⅲ，英語表現Ⅰ・Ⅱ	100点
	数学	数学Ⅰ・Ⅱ・Ⅲ・A・B（数列・ベクトル）	100点
	理科	「物理（物理基礎，物理）・化学（化学基礎，化学）」または「生物（生物基礎，生物）」のいずれかを出願時に選択	100点
システム理工（数理科）	外国語	コミュニケーション英語Ⅰ・Ⅱ・Ⅲ，英語表現Ⅰ・Ⅱ	100点
	数学	数学Ⅰ・Ⅱ・Ⅲ・A・B（数列・ベクトル）	200点
	理科	「物理（物理基礎，物理）・化学（化学基礎，化学）」または「生物（生物基礎，生物）」のいずれかを出願時に選択	100点

▶備　考

- 学科別に実施された３日程分のうち１日程分を掲載。
- 「物理・化学」は物理と化学から各４題，計８題の出題の中から，試験時間中に４題を任意に選択し解答する。物理のみ，または化学のみ解答してもよい。

●英語資格・検定試験利用方式

英語資格・検定試験利用方式は，前期日程の各日程と併願が可能。指定の英語資格・検定試験のいずれかのスコアが基準値以上であることが出願資格となる。

▶試験科目・配点

学部等	教科	科目	配点
工・システム理工（電子情報システム・機械制御システム・環境システム）・デザイン工・建築	数学	数学Ⅰ・Ⅱ・Ⅲ・A・B（数列・ベクトル）	100点
	理科	「物理（物理基礎，物理）・化学（化学基礎，化学）」	100点
システム理工（生命科）	数学	数学Ⅰ・Ⅱ・Ⅲ・A・B（数列・ベクトル）	100点
	理科	「物理（物理基礎，物理）・化学（化学基礎，化学）」または「生物（生物基礎，生物）」のいずれかを出願時に選択	100点
システム理工（数理科）	数学	数学Ⅰ・Ⅱ・Ⅲ・A・B（数列・ベクトル）	200点
	理科	「物理（物理基礎，物理）・化学（化学基礎，化学）」または「生物（生物基礎，生物）」のいずれかを出願時に選択	100点

▶備　考

数学，理科は前期日程と同一問題。

英語

（90分）

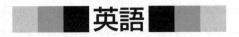

I　次の会話の空所に入る最も適切なものを，下のa～dから1つ選びなさい。

1. A: I got accepted into college and now I'm moving.

   B: ______________________________

   A: No, actually I have no idea yet. Do you know of any good places?

   B: You'll need to pay for a lot of things, so a student dormitory would be a good idea, at least in the beginning. Some places offer meals.

   a. Great! How have you shaped your course in life?

   b. Good for you! Have you decided which college to go to?

   c. Congratulations! Have you thought about where to live?

   d. Wow! Have you decided when to move in?

2. A: This report lacks the introduction that it should have.

   B: ______________________________

   A: No, this is not an introduction. It's your opinion. This is insufficient. The introduction should provide some general background information about the topic.

   B: Understood. Thank you for pointing that out. I'll rewrite it and resubmit it.

   a. I thought I had written one.

   b. I don't think that I have written one.

   c. I'm not sure which part is wrong.

   d. What is an introduction?

3. A: What is the biggest problem?

B: The number of heatstroke patients is increasing rapidly even when the temperature is not at its hottest because people are not accustomed to the heat.

A: ______________________________

B: Drink water frequently and avoid excessive exercise.

a . What about other problems?

b . What should we do?

c . What should we not do?

d . What causes heatstroke?

4. A: ______________________________

B: Tomorrow... Oh, we are already fully booked.

A: I see. How about the same time next week?

B: Next week is fine. We recommend that you make a reservation one week in advance.

a . Hi, how about going to lunch tomorrow?

b . Hi, I have a reservation for tomorrow, and I would like to reconfirm it.

c . Hi, what's my reservation status for tomorrow?

d . Hi, I would like to reserve a lab for third period tomorrow. Is that possible?

5. A: This red mark means that it is a required subject. All students are required to take these subjects. This blue mark means that it is a compulsory elective subject. Students are required to earn eight credits from among these twelve subjects.

B: ______________________________

A: Yes, I think that is a good way to proceed.

a．So, it means I can take any subjects I want.

b．So, is it better to take the required subjects first?

c．So, you're saying that required subjects and compulsory elective subjects are the same thing.

d．So, you're saying that I have to take eight required subjects.

Ⅱ　次の１～５のそれぞれの（　　　）に同じ綴りの単語を入れて適切な文を完成させなさい。すべて小文字で書きなさい。

1. A: What do you (　　　) in at university?　B: I study architecture.
   She played a (　　　) role in the school art festival.

2. They will (　　　) you ten dollars for parking.
   Douglas is in (　　　) of the manufacturing department in this factory.

3. He had to (　　　) a colleague he had worked with for a long time because of his misconduct.
   We always need to know how to use the (　　　) extinguisher in case of emergency.

4. He had to (　　　) the store he ran for years because of the recession.
   We've gone through a very complicated process in the project, but it is finally coming to a (　　　).

5. Students' names are listed in alphabetical (　　　).
   There are no T-shirts in this size in stock, but we could (　　　) one for you.

Ⅲ　次の各文の（　　　）に入る最も適切な語（句）を，下のａ～ｄから１つ選びなさい。

1. Given the weather conditions, he strongly suggested (　　　) our outdoor exhibit.

ａ．cancel　　ｂ．that we cancel
ｃ．us to cancel　　ｄ．to cancel

2. The teacher encouraged students (　　　) at their best at the sports festival.

ａ．can perform　ｂ．perform　ｃ．to perform　ｄ．will perform

3. I was deeply (　　　) when my favorite team lost in the finals.

ａ．disappointing　　ｂ．disappointment
ｃ．disappointed　　ｄ．disappoint

4. Tomorrow I have my first presentation. I cannot help (　　　).

ａ．anxiety　　ｂ．being anxious
ｃ．being anxiety　　ｄ．to be anxious

5. The village (　　　) 25 kilometers to the north of the city.

ａ．lie　ｂ．lay　ｃ．laid　ｄ．lain

6. I think we can get to the campground (　　　) by bus or by train.

ａ．neither　ｂ．both　ｃ．either of　ｄ．either

7. He tried his hardest to climb the mountain, (　　　) give up 50 meters from the top.

ａ．just as　ｂ．only to　ｃ．as to　ｄ．enough to

8. Anyone riding a bicycle while using a smartphone may be (　　　) penalties.

a. subjected　　b. subject as　　c. subject of　　d. subject to

9. (　　　) their help with the work, I gave the kids candy.

a. In return for　　b. In return

c. Returning in　　d. Returned on

10. (　　　) such a catastrophe, the city has recovered and is now alive with people.

a. Though　　b. Despite　　c. Because　　d. Even though

Ⅳ　次の各文の (　　　) に入る最も適切な語 (句) を，下の a ～ d から 1 つ選びなさい。

1. The company was taken (　　　) by a young manager, who quickly turned it around.

a. in　　b. over　　c. off　　d. out

2. Agricultural products (　　　) more than half of the country's exports.

a. sum up　　b. calculate　　c. account for　　d. summarize

3. The country is willing to accept a large number of (　　　) from abroad.

a. refuges　　b. appetites　　c. manifestos　　d. immigrants

4. There is no hard (　　　) that he was involved in the crime.

a. profit　　b. evidence　　c. remark　　d. reputation

5. For (　　) reasons, the names and addresses of those involved have not been disclosed.

a. security　　b. alternative
c. ancestral　　d. characteristic

6. Higher-priced products are not necessarily technically (　　) to lower-priced products.

a. susceptible　　b. superior
c. prior　　d. likely

7. There was already no hope of her winning. (　　), she ran hard.

a. Nevertheless　　b. Despite
c. In spite of　　d. Otherwise

8. It was (　　) for him to hear directly from a politician.

a. an indulgence　　b. courage
c. acknowledgement　　d. a privilege

9. It is a great (　　) to have the opportunity to be present at this event.

a. prediction　　b. pleasure　　c. presence　　d. preference

10. It's nice to know that there are still so many people who consider using polite language as a (　　).

a. classification　　b. vice
c. virtue　　d. disparity

V　次の各文の下線部にａ～ｇの語（句）を正しく並びかえて入れ，最も適切な文を完成させなさい。ＡとＢにそれぞれ何が入るか，記号で答えなさい。

1. She _____ _____ gifted __A__ _____ __B__ _____ _____ .

ａ．a　ｂ．singing　ｃ．a student　ｄ．voice
ｅ．with　ｆ．is　ｇ．great

2. The custom _____ __A__ _____ _____ __B__ _____ _____ common in Asia.

ａ．shoes　ｂ．the entrance　ｃ．at　ｄ．of
ｅ．off　ｆ．taking　ｇ．is

3. I wonder if _____ __A__ _____ _____ __B__ _____ _____ my son's recital.

ａ．would　ｂ．enough　ｃ．come to　ｄ．you
ｅ．be　ｆ．kind　ｇ．to

4. I caught my _____ just __A__ _____ _____ __B__ _____ _____ car.

ａ．his　ｂ．doctor　ｃ．into　ｄ．as
ｅ．getting　ｆ．was　ｇ．he

5. I feel _____ __A__ _____ _____ _____ __B__ _____ more and more.

ａ．his　ｂ．he　ｃ．grown to　ｄ．that
ｅ．father　ｆ．has　ｇ．resemble

Ⅵ 次の英文を読み，下の設問に答えなさい。

You probably already know how to play Tic-Tac-Toe. It's a really simple game, right? That's what most people think. But if you really wrap your brain around it, you'll discover that Tic-Tac-Toe isn't quite as simple as you think! Tic-Tac-Toe ([1] a lot of other games) involves looking ahead and trying to figure out what the person playing against you might do next.

RULES FOR TIC-TAC-TOE

1. The game is played on a grid that's 3 squares by 3 squares.
2. You are X, your friend (or opponent) is O. Players take turns putting their marks in empty squares.
3. The first player to get 3 of his/her marks in a row (up, down, across, or diagonally) is the winner.
4. When all 9 squares are full, the game is over. If no player has 3 marks in a row, the game ends in a tie.

HOW CAN I WIN AT TIC-TAC-TOE?

To beat your opponent (or at least tie), you need to [2] a little bit of strategy. Strategy means figuring out what you need to do to win. Part of your strategy is trying to figure out how to get three Xs in a row. The other part is trying to figure out how to stop your opponent from getting three Os in a row. After you put an X in a square, you start looking ahead. Where's the best place for your next X? You look at the empty squares and decide which ones are good choices—which ones might let you make three Xs in a row. You also have to watch where your opponent puts his/her O. That could change what you do next. If your opponent gets two Os in a row, you have to put your next X in the last empty square in that row, [3] your opponent will win. You are forced to play in a particular square or lose the game. If you always pay attention and look ahead, you'll never lose a game of Tic-Tac-Toe. You may not win, but at least you'll tie.

1. 文中の空所 [1] ～ [3] に入る最も適切な語（句）を，それぞれ対応する次の a ～ d から 1 つ選びなさい。

[1]　a. given　b. along with　c. more than　d. by

[2]　a. make up for　b. make believe　c. make sure　d. make use of

[3]　a. if　b. unless　c. or　d. then

2. 次の a ～ h の文で，本文の内容と合っているものを 3 つ選びなさい。

a. When all 9 squares are full, either one of the two players is the winner.

b. To win the game, you need to figure out not only how to get three Xs in a row, but also how to stop your opponent from getting three Os in a row.

c. Both of the players could win at the same time.

d. If you play carefully, you will never lose in this game.

e. Players don't need to mark three Xs or Os to win in some cases.

f. If all 9 squares are filled and no player has three marks in a row, the game is a tie.

g. Your strategy is completely dependent on where your opponent places his/her O.

h. When you are the first to play and the game ends in a tie, the number of Xs is four.

[Adapted from "TIC-TAC-TOE"
https://www.exploratorium.edu/brain_explorer/tictactoe.html]

Ⅶ　次の英文を読み，本文の内容と合っているものをa～hの中から3つ選びなさい。

著作権の都合上，省略。

注）　*1　BB-8　映画『スター・ウォーズ』に登場した「ドロイド」と呼ばれるロボット

a．How to make a robot likeable is a complex question, but scientists have identified all the steps to answer the question.

b．The experiment showed that the more playful and curious robot was perceived as more sociable.

c．Volunteers played with two types of robots: a simple reactive robot, and a playful and curious one.

d. It is predicted that it will not take many years before robots are accepted into homes.

e. There are many movie actors you can't regulate at home.

f. According to Professor Polani, it is easier to create rules about how things are placed and where people can go in a home than in a company.

g. Usually a home is a structured and predictable environment.

h. Knowing what people will accept is the first step to designing a likeable robot for your home.

[Adapted from "How to make people like robots", BBC Lingohack, April 20, 2022, https://www.bbc.co.uk/learningenglish/english/features/lingohack_2022/ep-220420]

Ⅷ 次のA～Eを並び替えて，論理的な文章を構成するのに最も適切な配列を，下の選択肢a～hから1つ選びなさい。

A. Body language can be used to indicate a number of things such as a nearby predator, to indicate to other dolphins that they have found food and to demonstrate their level of fitness and prospect for a mating partner, among other things.

B. As stated earlier, body language is also important for dolphins and their survival.

C. Each dolphin communicates at a slightly different vocal pitch which allows them to understand which dolphin is speaking.

D. Dolphins communicate with one another in a number of different ways by creating sounds, making physical contact with one another and through the use of body language. Vocally dolphins communicate using high-pitched clicking sounds and whistles.

E. This is especially important when traveling in pods that contain multiple dolphins where a mother may lose sight of her child or when two friends cannot find one another.

a. A－C－D－E－B　　b. A－B－C－D－E
c. B－D－E－A－C　　d. C－A－B－D－E
e. D－C－A－B－E　　f. D－C－E－B－A
g. D－E－C－B－A　　h. E－C－B－A－D

[Adapted from "How Do Dolphins Communicate?" https://www.whalefacts.org/how-do-dolphins-communicate/]

Ⅸ 次の英文を読み，下の設問に答えなさい。

Ralph Baer passed away on December 7, 2014. The world will remember him as the inventor(ア) of the first video game. Here at the Smithsonian*1, we also see him as a remarkable icon(イ) of American innovation. We are making him and his workshop part of our national story—and a focal point of a Year of Innovation at the Smithsonian.

I first learned of Ralph Baer [1] his son called me in 2003. "Hello, my name is Mark Baer, and I'm calling because my father invented the first video game." Now, we often get calls like this at the Smithsonian, and generally they turn out to be hoaxes*2. At the time Ralph's contributions to the field were less recognized than they are today, and I was not familiar with them. So I was very dubious, and pretty sure that Mark's call would lead to a dead end.

But we pursued the matter and soon learned about Ralph's remarkable history, first as a German émigré*3 fleeing Hitler's oppression(ウ), and then as a pioneering television engineer who decided that there must be something more that you could do with television than watch soap operas. Ralph and Mark were wondering if the Smithsonian was interested in preserving some of Ralph's objects and papers.

A team of us went to visit Ralph at his home in Manchester, New Hampshire. We found he was not only the inventor of the video game but an inveterate*4 inventor and tinkerer*5 who had invented all his adult life and was still doing so in his 80s. We found a wonderful array of things that should come to the Smithsonian.

Elsewhere, we have summarized Ralph's biography and written about his invention of the video game. We also show many of the artifacts related to this development that we acquired from him to include in our national collections. His archival papers are also in our collection.

[2] the first video game, Ralph invented crucial components for a game called Simon that became extremely popular. In this game, an electronic device produces a pattern of sounds and lights. Then the player or players are challenged to reproduce exactly the same thing. As the game goes on, the pattern gets increasingly complex. The player who reproduces the most complex pattern without a mistake wins.

[3], Ralph did more than invent objects. He also designed and built his own home. In the basement, he constructed a personal sanctuary—a workshop. Almost all inventors have a workshop somewhere, perhaps in a garage, a shed, or an attic. [4] Ralph's workshop had a special personality. It had its own front wall and front door. It was a world apart. It even had a mailbox and address.

Ralph worked on most of his inventions in his workshop, both before and after he retired. These included the original video game and lots of other toys. When we saw the workshop, we knew immediately that it was a remarkable place. It not only represented Ralph's retreat, but also symbolized the workshops or workbenches of thousands of American tinkerers and inventors.

Over the next several years, as we collected objects and archival records of Ralph's remarkable career, we talked about someday collecting his workshop as well. But even in his late 80s, Ralph was still inventing! He couldn't let it(A) go.

In July 2015, the museum will reopen the first floor of its West Wing. This will be a highlight of our yearlong exploration and celebration of the role of innovation in American History. The new West Wing will include a number of exhibits related to the theme of invention and innovation. As we planned the space, we needed to select an object that would serve as an appropriate introduction to the space: something visitors would see as they came down the hall towards it. We call this(B) a landmark display.

One day, it hit us(エ): we should ask Ralph Baer again if we could collect his workshop to serve as this landmark. Ralph was now in his 90s, but it was still a hard sell. He [5] agreed that we could acquire the workshop if his son, Mark, would build him another, more modern one. Finally, in September of this year, a team of us went back to his home and collected the objects that we will put on display as the first-floor landmark next July. What was Ralph working on in the workshop then? He told us that he was experimenting with some miniature electric cars. "I'm hoping I can get them to play bumper car hockey," he said.

Ralph's workshop exemplifies what it takes to be a successful inventor. All inventors have new ideas, but it takes more to succeed. Inventors also need broad knowledge of their field, and extensive experience. They(C) need specialized training, tools, parts, references, and prototypes. They need persistence. Ralph had them all. Indeed, his workshop was a veritable encyclopedia(オ) of the history of electronics, with materials from the 1930s all the way up to the present. He had lived the full history, beginning with ham radio and stretching to the Internet and contemporary chip design.

Ralph was sad when we packed up the workshop and hauled it away for installation in the museum. We promised him that he could come see it again next July. But he had a premonition*6 that he wasn't going to make it that long. Still, he was enthusiastic that visitors from around the world would be able to see the special place in his home where he invented for most of his life.

When I asked him why he had never stopped, he said, “I can’t ever stop. I’m German.” And all-American.

注）　*1 the Smithsonian　スミソニアン博物館（国立アメリカ歴史博物館）
*2 hoaxes　いたずら
*3 émigré　亡命者
*4 inveterate　頑固な
*5 tinkerer　いじくり回す人
*6 premonition　悪い予感

[Adapted from “Ralph Baer’s workshop, icon of American innovation” by David K. Allison, December 8, 2014, https://americanhistory.si.edu/blog/ralph-baers-workshop-icon-american-innovation]

設　問

1. 文中の下線部（ア）～（オ）について，（　　　）に入る最も適切な語（句）を，a～dから1つ選びなさい。

（ア）“inventor” in this context means “(　　　).”
a. inspector　b. creator　c. curator　d. investigator

（イ）“icon” in this context means “(　　　).”
a. pictorial figure　b. drawing
c. symbol　d. history

（ウ）“oppression” in this context means “(　　　).”
a. tyranny　b. depression
c. criticism　d. impression

（エ）“it hit us” in this context means “(　　　).”
a. it was successful　b. we regretted it
c. we were impressed　d. we had an idea

（オ） "encyclopedia" in this context means "source of (　　)."

a. knowledge　　b. cycle
c. achievement　　d. sign

2. 文中の空所 [1] ～ [5] に入る語（句）を，a～dから1つ選びなさい。

[1]　a. in which　b. when　c. whose　d. which
[2]　a. Besides　b. Without
　　　c. According to　d. Next
[3]　a. Accidentally　b. Nevertheless
　　　c. Scarcely　d. Not surprisingly
[4]　a. And　b. But　c. Since　d. So
[5]　a. annually　b. always　c. only　d. also

3. 文中の（A）～（C）が示す最も適切な語（句）を，a～dから1つ選びなさい。

（A） it

a. workshop　b. collection　c. invention　d. career

（B） this

a. display　b. the hall　c. the space
d. an object that would serve as an appropriate introduction to the space

（C） They

a. workshops　b. inventors
c. experiences　d. cars

4. 次のａ～ｈの文で，本文の内容と合っているものを３つ選びなさい。

a. When he received the call, the author of this text knew about Ralph Baer and his accomplishments, but not about Mark Baer.

b. Ralph Baer emigrated to the U.S. to escape Hitler's oppression.

c. Ralph Baer had invented all his adult life but stopped doing so in the 1980s.

d. Negotiations with the Smithsonian staff to take over Ralph's workshop were successful from the start.

e. Ralph's workshop was different from other inventors' workshops. It even had a mailbox and address.

f. Ralph had everything needed to be a successful inventor.

g. Ralph was finally able to see his workshop displayed in a museum.

h. Ralph was prouder of being an American than of his German roots.

数学

(90 分)

(注)　1・3は空欄に適する解答を，解答用紙の所定の欄に記入してください。2・4は記述式の問題です。解答用紙の所定の欄に答だけでなく，その過程も記入してください。

1. 次の [　　] に適する解答を所定の解答欄に記入せよ。

(1)　a を実数の定数，x を実数とし，条件 p，q をそれぞれ次のように定める。

$$p:(x+3)(x-2)<0,\qquad q:x^2+a<0$$

このとき，p が q であるための必要条件となる a の範囲は [(ア)] である。また，p が q であるための十分条件となる a の範囲は [(イ)] である。

(2)　平面上の異なる3点O，A，Bは，$|\overrightarrow{OA}|=2$，$|\overrightarrow{OB}|=3$ を満たし，$\overrightarrow{OA}$ と $\overrightarrow{OB}$ のなす角を $\theta\left(0\leqq\theta<\dfrac{\pi}{2}\right)$ とすると，$\tan\theta=\sqrt{15}$ である。このとき，内積 $\overrightarrow{OA}\cdot\overrightarrow{OB}$ の値は，$\overrightarrow{OA}\cdot\overrightarrow{OB}=$ [(ウ)] である。さらに，平面上の点Pに対し，ベクトル方程式 $(\overrightarrow{OP}-3\overrightarrow{OA}-\overrightarrow{OB})\cdot(\overrightarrow{OP}-5\overrightarrow{OA}-3\overrightarrow{OB})=0$ で表される円の中心をC，半径を r とする。このとき，$\overrightarrow{OC}=s\overrightarrow{OA}+t\overrightarrow{OB}$ を満たす実数 s，t の値は，$(s,t)=$ [(エ)] であり，半径 r の値は，$r=$ [(オ)] である。

2. n を正の整数とする。下図のように，円盤の片面を $n+1$ 個の扇形の領域に分け，その中の一つの扇形の領域にのみ印（★）をつける。$n+1$ 個の扇形の領域それぞれを赤，緑，青の 3 色を用いて以下のルールにしたがい塗り分ける。ただし，3 色すべてを使うとは限らない。この塗り分け方の総数を $f(n)$ とする。このとき，次の各問いに答えよ。

ルール

> 隣り合う扇形どうし，つまり辺を共有する扇形どうしは異なる色を塗り，印（★）のついた扇形の領域には必ず赤を塗る。ただし，塗った後も印（★）は見えるとする。

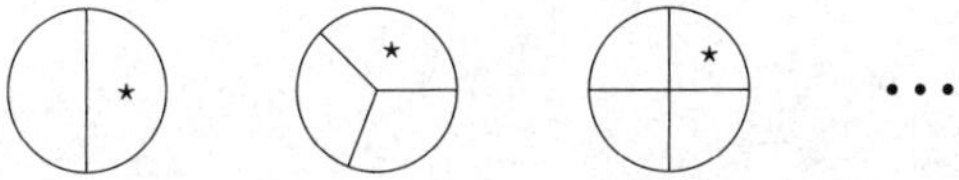

$n=1$　　　$n=2$　　　$n=3$

(1) $f(1)$，$f(2)$，$f(3)$，$f(4)$ を求めよ。

(2) $n \geqq 2$ のとき，$f(n)$ を n と $f(n-1)$ を用いて表せ。

(3) $f(n)$ を n を用いて表せ。

3. 次の □ に適する解答を所定の解答欄に記入せよ。

n, k を $n \geqq 3$, $k \geqq 1$ を満たす整数，i を虚数単位，複素数 w に対し $\overline{w}$ を w と共役な複素数とする。さらに，$z=\cos\dfrac{2\pi}{n}+i\sin\dfrac{2\pi}{n}$ とする。

このとき，$z^k+\overline{z^k}$ を k, n を用いて表すと，$z^k+\overline{z^k}=$ [(ア)] である。また，$L_k=|z^k-1|$ と定める。k が n の倍数でないとき，$L_k^2=|z^k-1|^2=a\sin^2\dfrac{k\pi}{n}$ を満たす実数 a の値は [(イ)] である。$n=6$ のとき，$L_7=$ [(ウ)] であり，

$\displaystyle\sum_{k=1}^{12} L_k=$ [(エ)] である。

また，$\displaystyle\lim_{n\to\infty}\frac{1}{n}\sum_{k=1}^{n} L_k=$ [(オ)] である。

4.　a を $a>0$ を満たす定数とし，関数 $f(x)$ を

$$f(x)=e^{-ax}\sqrt{x+1}$$

と定める。$f(x)$ の最大値を与えるただ一つの x の値を x_0 とする。また，曲線 $y=f(x)$，x 軸および直線 $x=x_0$ で囲まれた図形を x 軸のまわりに 1 回転してできる回転体の体積を $V(a)$ とする。ここで，e は自然対数の底である。このとき，次の各問いに答えよ。

(1)　x_0 を a を用いて表せ。

(2)　$V(a)$ を求めよ。

(3)　$\displaystyle\lim_{a\to\infty}\frac{V(a+1)}{V(a)}$ を求めよ。

物理

（物理・化学の任意の 4 題で 90 分）

1. 以下の設問の解答を所定の解答欄に記入せよ。導出過程は示さなくてよい。解答中の数値部分は整数もしくは既約分数で答え，平方根は開かなくてよい。

(A) なめらかな水平面上に，斜面Ｉ，斜面Ⅱおよび長さ L の水平面（以下，上面とよぶ）を持つ質量 $3m$ の台がある。この台上を質量 m の小物体が跳ねることなくなめらかに運動し，小物体が上面の両端を通過するとき，小物体の力学的エネルギーの損失はないものとする。斜面Ｉ，斜面Ⅱおよび上面はなめらかであり，台および小物体に作用する空気抵抗は無視できる。重力加速度の大きさを g とし，台は回転せず，台および小物体は同一鉛直面内を運動するものとする。

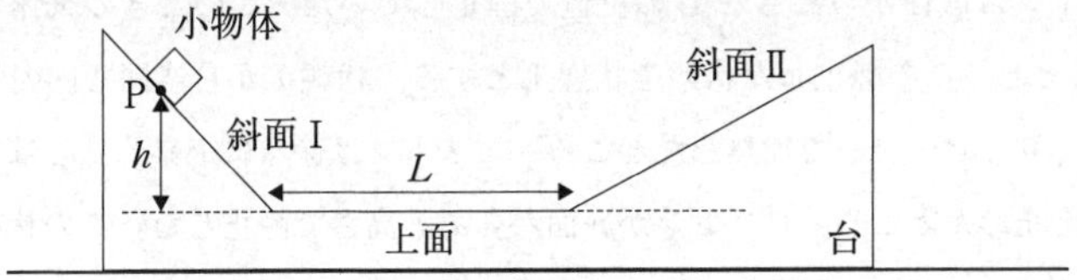

図 1

(ｲ) はじめに長さ L の上面全体を摩擦のある薄いシートで覆った。このとき，シートは台上に固定され，台も水平面上に固定されている。小物体を上面から高さ h にある斜面Ｉ上の点Ｐで静かに手をはなしたところ，小物体は斜面Ｉをすべり降りて上面を通過した後，斜面Ⅱを上った。小物体は斜面Ⅱ上のある位置で折り返し，再度上面を通過して斜面Ｉを上り始めた。摩擦のある薄いシートと小物体との間の動摩擦係数を μ とすると，μ は $\mu < \mu_0$ を満たさなければならない。μ_0 を求めよ。

次に摩擦のある薄いシートを取り除き，台と水平面の固定を外した。小物体と台が静止した状態から，小物体を斜面Ｉ上の点Ｐで静かに手をはなしたところ，小物体は斜面Ｉをすべり降りて上面を通過した。その後，斜面Ⅱを上り，斜面Ⅱ上の点Ｑで折り返した。

(ロ)　点Ｑの上面からの高さを求めよ。

(ハ)　小物体が点Ｑから折り返した後，再び上面を通過した。この上面を通過するとき，台に対する小物体の相対速度を求めよ。ただし，図１の右向きを速度の正の向きとする。

(B)　図２のように，断熱材でできた円筒容器を鉛直に設置し，その内部で鉛直方向になめらかに移動できる断面積 S のピストンを入れる。ピストンの下の空間（空間Ａ）には単原子分子理想気体Ａが密封されており，ピストンの上の空間（空間Ｂ）には単原子分子理想気体Ｂが密封されている。空間Ａと空間Ｂの高さの合計は $2L$ である。空間Ｂ内の気体分子数は空間Ａ内の気体分子数の２倍とする。ピストンは気体の出入りを許さないが，熱の出入りは自由にできる。はじめ，ピストンは底面から高さ $\frac{2}{5}L$ の位置で静止していた。このときの気体Ｂの圧力を P_0 とし，この静止した状態を状態Ｉとする。状態Ｉから空間Ａ内の気体Ａをゆっくりとヒーターで加熱したところ，ピストンは徐々に上昇し，しばらくして加熱を止めたところ，ピストンが底面からある高さで静止した。この状態を状態Ⅱとする。状態Ⅱの気体Ｂの圧力は $2P_0$ である。ピストン，容器，ヒーターの熱容量およびピストン，ヒーターの体積は無視できる。重力加速度の大きさは g とする。

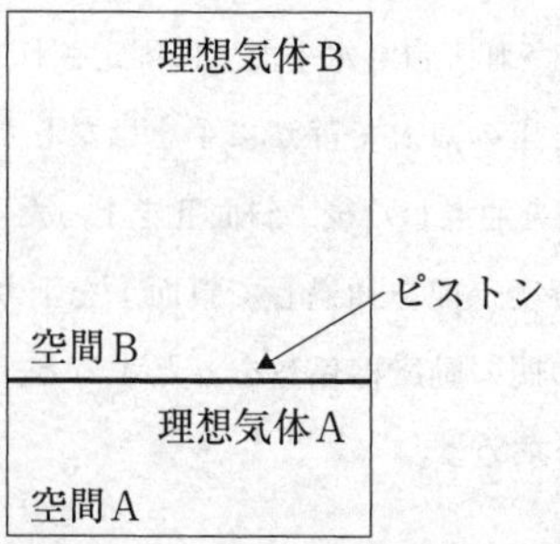

図２

(ニ)　ピストンの質量を S, P_0, g を用いて表せ。

(ホ)　状態 I から状態 II までにヒーターが気体 A に加えた熱量を S, P_0, L を用いて表せ。

(C)　図 3 のように, xy 平面上の原点 O に固定している電気量 q $(q > 0)$ を持つ荷電粒子 1 のまわりを半径 a で等速円運動している電気量 $-q$, 質量 m の荷電粒子 2 を考える。紙面に対して垂直に裏から表の向きに磁束密度の大きさが B の時間的に一定で一様な磁場（磁界）がかけられており, 荷電粒子 2 の軌道は xy 平面内にあるものとする。クーロンの法則の比例定数を k とし, 重力の影響は無視できる。

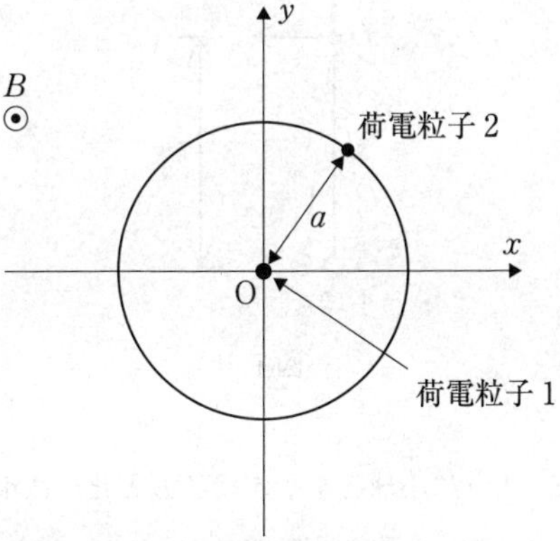

図 3

(ヘ)　荷電粒子 2 が図 3 において時計回りに速さ v_1 で等速円運動しているとき, 荷電粒子 2 に働くクーロン力の大きさを q, B, a, m, v_1 を用いて表せ。

(ト)　荷電粒子 2 が図 3 において時計回りに等速円運動しているときの速さを v_1, 反時計回りに等速円運動しているときの速さを v_2 とする。$v_2 - v_1$ を k, q, B, m, a の中から必要な文字を用いて表せ。

2. 以下の設問の解答を所定の解答欄に記入せよ。導出過程は示さなくてよい。解答中の数値部分は整数もしくは既約分数で答え，平方根は開かなくてよい。

設問中のすべての糸の質量は無視でき，糸は伸び縮みしないものとする。空気抵抗は無視でき，重力加速度の大きさは g とする。支点Oを原点（$x=0,\ y=0$）とし，水平方向を x 軸（図の右向きを正），鉛直方向を y 軸（図の上向きを正）とする。すべての物体は xy 平面を含む同一鉛直面内で運動するものとする。

(A) 図1のように長さ L の糸の一端が支点Oに固定されており，その他端には質量 m の小球Aが取り付けられている。

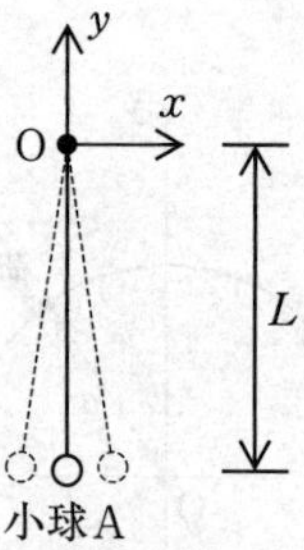

図1

(イ) 糸がたるまないように小球Aを糸の長さ L と比べ微小な距離 Δx 移動させ静かにはなしたところ，小球Aは点（$x=0,\ y=-L$）を最下点とする単振り子運動をした。単振り子の振幅が十分に小さいとき，単振り子は一直線上の往復運動，すなわち点（$x=0,\ y=-L$）を中心とした単振動をするとみなせる。この場合，小球Aを離してから最初に最下点（$x=0,\ y=-L$）に到達するまでの時間を L，m，Δx，g のうち必要なものを用いて表せ。円周率を π とする。

(B) 図2に示すように，長さ L の糸の一端が支点Oに固定されており，その他端には質量 m の小球Aが取り付けられている。支点Oを中心とする半径 L の円周上の点（$x=-\frac{4}{5}L,\ y=-\frac{3}{5}L$）の位置より，質量 m の小球Aに円周の接線方向反時計回りに大きさ v_1 の初速度を与えたところ，小球Aが円周上を運動した。

(ロ) 最下点（$x=0$，$y=-L$）の位置に達したときの小球Aの速さを L，m，g，v_1 のうち必要なものを用いて表せ。

(ハ) 小球Aが支点Oを中心に円運動をするために必要な初速度の大きさ v_1 の下限値を L，m，g のうち必要なものを用いて表せ。

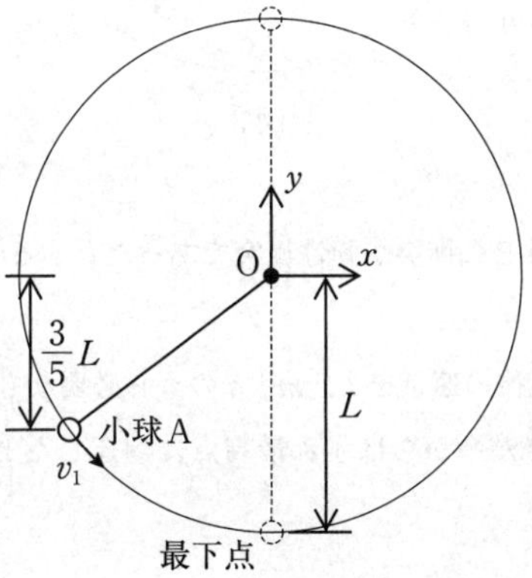

図2

(C) 図3に示すように，鉛直面内の点（$x=\frac{3}{5}L$，$y=-\frac{4}{5}L$）の位置に質量 $\frac{1}{2}m$ の小球Bが糸につり下げられ静止している。また，長さ L の糸の一端が支点Oに固定されており，その他端には質量 m の小球Aが取り付けられている。支点Oを中心とする半径 L の円周上の点（$x=-\frac{4}{5}L$，$y=-\frac{3}{5}L$）の位置より，小球Aを初速度0で静かにはなした。小球Aが支点Oを中心とする半径 L の円周上を運動し，その後，点（$x=\frac{3}{5}L$，$y=-\frac{4}{5}L$）の位置で小球Aが小球Bに瞬間的に衝突した。衝突した瞬間，小球Bをつり下げていた糸から小球Bがはずれ，小球Bは支点Oを中心とする半径 L の円周の接線方向に飛び出した。小球Bをつり下げていた糸が小球Aと小球Bの運動に与える影響は無視できるものとする。また，小球Aと小球Bが衝突する際に及ぼし合う力の大きさに比べて，重力の大きさは十分に小さいため，衝突における重力の影響は無視できるものとする。

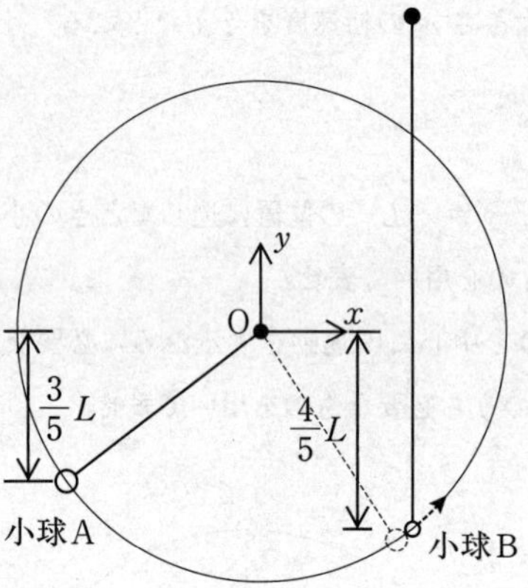

図3

(C-ⅰ)　小球Aと小球Bの衝突が弾性衝突であったとする。

㈡　小球Bの衝突直後の速さを L, m, g のうち必要なものを用いて表せ。

㈭　衝突後，小球Bが糸からはずれ最高点に到達したときの，小球Bの y 座標を L を用いて表せ。

(C-ⅱ)　小球Aと小球Bの衝突が非弾性衝突であったとする。

㈬　小球Aと小球Bの衝突の前後において失われた小球Aと小球Bの全力学的エネルギーの大きさが $\frac{mgL}{27}$ であったとき，小球Aと小球Bの反発係数（はねかえり係数）を数値で答えよ。

3. 以下の設問の解答を所定の解答欄に記入せよ。導出過程は示さなくてよい。解答中の数値部分は整数もしくは既約分数で答え，平方根は開かなくてよい。

(A) 図1のように，水平面上に2本の細い導線レールを距離 L の間隔で平行に設置し，レールの左端に起電力 V の電池と抵抗値 R の抵抗器を直列に接続した。回路全体にわたって，鉛直上向き（図1では紙面に垂直で裏から表に向かった方向）に一様で時間的に一定の磁束密度の大きさが B の磁場（磁界）をかけている。導線レールの上に，導体棒をのせた。導体棒は常に導体レールと垂直を保ったまま，摩擦なくなめらかにレール上を移動できる。抵抗器以外の電気抵抗，回路を流れる電流が作る磁場，および空気抵抗は無視できるものとする。

図1のように，一定の大きさ F_0 で水平右向きの外力によって導体棒を水平右向きに一定の速さ v_0 で導体レールと垂直を保ったまま動かした。

(イ) 導体棒に流れる電流を V, v_0, B, L, R を用いて表せ。

ただし，電流は図1に示すように導体棒の上から下向きへ流れる向きを正とする。

(ロ) 導体棒が磁場から受ける力を V, v_0, B, L, R を用いて表せ。

ただし，力は図1の水平左向き（外力と逆向き）を正とする。

(ハ) 電池がする仕事の仕事率を P_e，大きさ F_0 の外力がする仕事の仕事率を P_{F_0} とする。2つの仕事率の比 $\frac{P_{F_0}}{P_e}$ を V, v_0, B, L を用いて表せ。

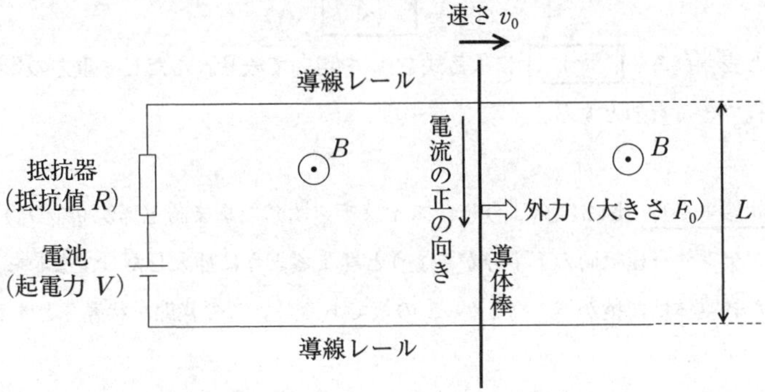

図1

(B) 図 2 (a)のように，電池，スイッチ，抵抗器，コンデンサーを接続する。電池の起電力は V，抵抗器の抵抗値は R，コンデンサーは極板面積が S，極板間隔が L の平行板コンデンサーである。極板の端部分における電場（電界）の乱れは無視でき，極板間では電場は極板に垂直であるとみなしてよい。回路全体は真空中に置かれており，回路の抵抗器以外のすべての電気抵抗は無視できるものとする。真空の誘電率を ε_0 とする。

はじめ，スイッチは開いていて，コンデンサーに電荷は蓄えられていなかった。この状態からスイッチを閉じて十分に時間が経った状態を状態 1 とする。状態 1 において，コンデンサーには電気量 Q_1 の電荷が蓄えられている。

(ニ) 状態 1 でコンデンサーに蓄えられている電気量 Q_1 を ε_0, S, V, L を用いて表せ。

状態 1 から，図 2 (b)のように，スイッチを閉じたまま平行板コンデンサーの極板をゆっくりと引っ張り，極板の平行を保ったまま極板間隔を L から $\frac{6}{5}L$ に広げて固定した。この状態を状態 2 とする。

(ホ) 状態 1 から状態 2 に変化する間に，電池のした仕事 W_e は

$$W_e = \boxed{\text{(ホ)}} \times Q_1$$

と表される。 (ホ) に入る式を V を用いて表せ。

(ヘ) 状態 1 から状態 2 に変化する間に，極板を引っ張る力のした仕事 W_F は

$$W_F = \boxed{\text{(ヘ)}} \times Q_1$$

と表される。 (ヘ) に入る式を V を用いて表せ。ただし，重力の影響は無視できるものとする。

状態 1 から，図 2 (c)のように，スイッチを閉じたまま誘電率が $9\varepsilon_0$ の誘電体をコンデンサー極板間の下半分がちょうど埋まるように挿入した（すなわち，挿入した誘電体は面積が S，高さが $\frac{L}{2}$ の板である。）。この状態を状態 3 とする。

(ト)　状態1から状態3に変化する間の，コンデンサーに蓄えられる静電エネルギーの増加分 ΔU は

$$\Delta U = \boxed{\quad(ト)\quad} \times Q_1$$

と表される。 (ト) に入る式を V を用いて表せ。

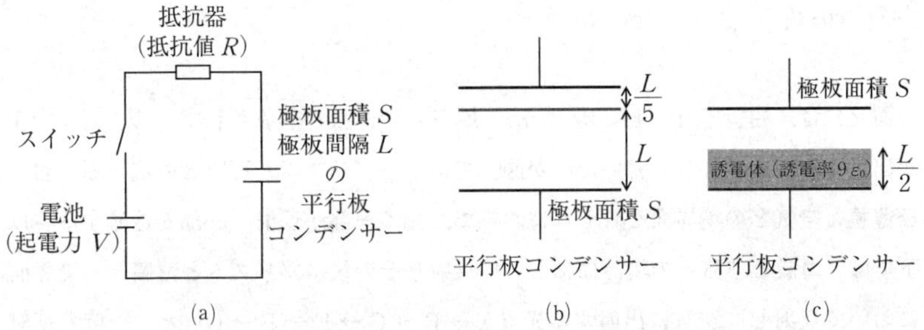

図2

4.　以下の設問の解答を所定の解答欄に記入せよ。導出過程は示さなくてよい。解答中の数値部分は整数もしくは既約分数で答えよ。

図(a)のように，空気中において波長 λ の単色光が，屈折率1の空気から，直角三角柱プリズム（屈折率 n_1）に面Pから垂直入射し，面Qで全反射し，面Rからプリズムの外へ出射する様子を考える。面Pと面Rのなす角を直角とし，面Qと面Rのなす角を θ_1 とする。

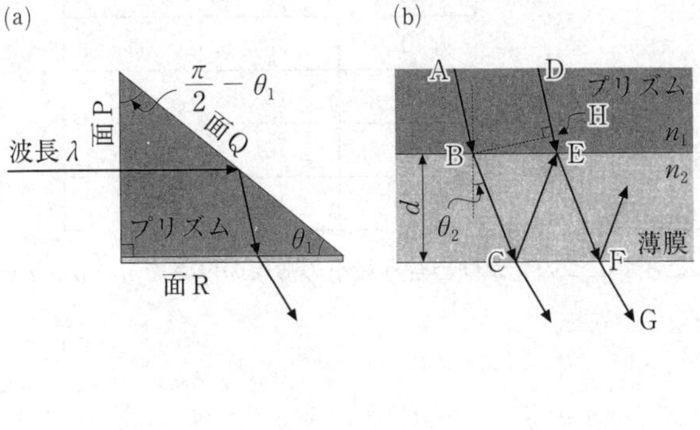

(イ)　面Qで全反射が起こったことから導かれる関係式として最も適切なものを，以下の選択肢(1)～(8)の中から一つ選び，番号で答えよ。

(1)　$\sin\theta_1 > n_1$　　(2)　$\sin\theta_1 < n_1$

(3)　$\sin\theta_1 > \dfrac{1}{n_1}$　　(4)　$\sin\theta_1 < \dfrac{1}{n_1}$

(5)　$\cos\theta_1 > n_1$　　(6)　$\cos\theta_1 < n_1$

(7)　$\cos\theta_1 > \dfrac{1}{n_1}$　　(8)　$\cos\theta_1 < \dfrac{1}{n_1}$

面Rには，屈折率 n_2（$1 < n_2 < n_1$），厚さ d の薄膜が形成されている。面Rで光が出射する付近を詳しく書いたのが図(b)である。プリズムと薄膜との境界面，および薄膜と空気との境界面それぞれにおいて，光の一部が反射，一部が透過する。以下では，薄膜と空気との境界面において反射しその後にプリズムと薄膜との境界面において反射して空気に出射する光（A→B→C→E→F→G）と，一度も反射せずに空気に出射する光（D→E→F→G）との干渉を考える。これらの光線は，図中の点B，Hにおいて同位相であった。また，どちらの境界面においても全反射は起こらなかったものとする。

(ロ)　光がプリズムから薄膜に進んだ時の屈折角を θ_2 とする。$\sin\theta_2$ を n_1，n_2，θ_1 を用いて表せ。ただし，$\theta_1 < \dfrac{\pi}{4}$ とする。

(ハ)　光がB→C→Eと進むときのBからEまでの光路長を d，n_2，θ_2，λ のうちの必要な文字を用いて表せ。

(ニ)　二つの境界面での反射によって位相がそれぞれどれだけずれるか，以下の表の選択肢(1)～(9)の中から最も適切なものを一つ選び，番号で答えよ。

		Cでの反射		
		0	$\dfrac{\pi}{2}$	π
Eでの反射	0	(1)	(2)	(3)
	$\dfrac{\pi}{2}$	(4)	(5)	(6)
	π	(7)	(8)	(9)

(ホ)　干渉によって二つの光が強め合う最小の薄膜の厚さを n_2，θ_2，λ のうちの必要な文字を用いて表せ。

(ヘ) 単色光の波長を 3.8×10^{-7} m から 7.8×10^{-7} m の範囲で変えて干渉の様子を観測したところ，4.2×10^{-7} m のときと 7.0×10^{-7} m のときにのみ干渉する二つの光が強め合った。この条件を満たす薄膜の厚さ d〔m〕の値を有効数字 2 桁で求めよ。ただし，プリズムおよび薄膜の屈折率は光の波長によらず一定とし，$n_2 = 1.50$，$\cos\theta_2 = 0.90$ とする。

化学

（物理・化学の任意の4題で90分）

(1) 原子量，各種物理定数の値，対数の値，および平方根の値は以下にまとめてあります。これらの数値を用いてください。ただし，各設問の「ただし書き」で数値が指定してある場合は，その値を用いてください。

(2) 特にことわりのない限り，気体は理想気体であるものとします。

(3) 解答欄に反応式を書く場合，1行に書き切れないときは，途中で改行し，2行にわたって書いてください。

(4) 構造式は，次の例にならって書いてください。

構造式の例：

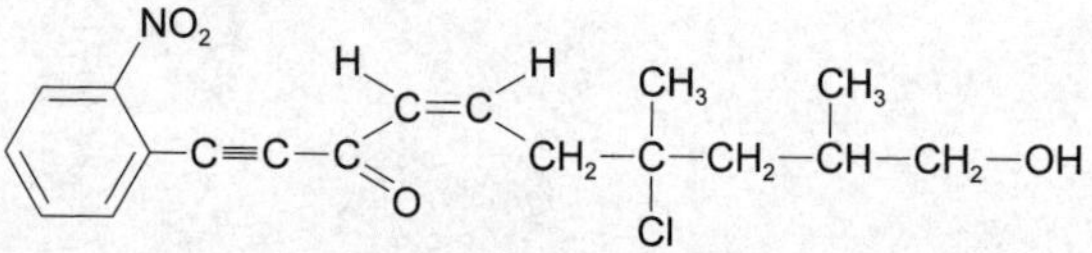

(5) 化学式や構造式で使われているR－という記号は，炭化水素基を表しています。

Rを含む構造式の例：$R-CH_2-OH$

(6) 解答欄に酸化数を書く場合，符号（“＋”や“－”）をつけて書いてください。

原子量

元素	H	C	N	O	F	Ne	Na	Mg	Al	Si	P	S	Cl
原子量	1.00	12.0	14.0	16.0	19.0	20.0	23.0	24.0	27.0	28.0	31.0	32.0	35.5

Ar	K	Ca	Cr	Mn	Fe	Co	Cu	Zn	Br	Ag	I	Ba	Pb
40.0	39.0	40.0	52.0	55.0	56.0	59.0	63.5	65.4	80.0	108	127	137	207

気体定数　$R = 8.31 \times 10^3$ Pa・L/(K・mol) ＝ 8.31 Pa・m^3/(K・mol)

＝ 0.0821 atm・L/(K・mol)

＝ 8.31 J/(K・mol)

理想気体の体積　標準状態（0℃，1.013×10^5 Pa(1 atm)），1 molで22.4 L

アボガドロ定数　$N_A = 6.02 \times 10^{23}$/mol

水のイオン積（25℃）　$K_W = 1.00 \times 10^{-14}$ $(mol/L)^2$

ファラデー定数　$F = 9.65 \times 10^4$ C/mol

絶対零度　－273℃

対数値　　$\log_{10} 2 = 0.301$　$\log_{10} 3 = 0.477$　$\log_{10} 5 = 0.699$　$\log_{10} 7 = 0.845$

平方根値　　$\sqrt{2} = 1.41$　$\sqrt{3} = 1.73$　$\sqrt{5} = 2.24$　$\sqrt{7} = 2.65$

1. **(イ)から(ニ)の各設問に答えよ。選択肢の中からあてはまるものを選ぶ問題では，複数解答もあり得る。**

(イ)　次の文章を読み，下の設問(1)〜(3)に答えよ。

2種類以上の純物質が混じり合ったものを混合物という。また，性質の違いを利用して，混合物から目的の物質を分けて取り出す操作を分離という。例えば，塩化ナトリウム水溶液から純粋な水を取り出すには，塩化ナトリウム水溶液を加熱して沸騰させ，得られた水蒸気を［　A　］させる。この分離操作を［　B　］という。

(1)　下線部について，純物質に分類されるものを次の(a)〜(f)の中から全て選び，記号で答えよ。

(a)　塩酸　　(b)　濃硫酸　　(c)　牛乳
(d)　エタノール　　(e)　空気　　(f)　岩石

(2)　空欄［　A　］に最も適した語句を次の(a)〜(e)の中から一つ選び，記号で答えよ。

(a)　融解　　(b)　蒸発　　(c)　凝縮
(d)　凝固　　(e)　昇華

(3)　空欄［　B　］に最も適した語句を次の(a)〜(f)の中から一つ選び，記号で答えよ。

(a)　蒸留　　(b)　ろ過　　(c)　再結晶
(d)　クロマトグラフィー　　(e)　抽出　　(f)　昇華法

(ロ)　酸化還元反応に関する以下の設問(1)，(2)に答えよ。

(1)　二酸化硫黄は還元剤としてはたらくことが多いが，酸化剤としてはたらく場合もある。次の反応式(ア)〜(オ)の中から，二酸化硫黄が還元剤としてはたらいているものを全て選び，記号で答えよ。

(ア)　$SO_2 + H_2O \longrightarrow H_2SO_3$

(イ)　$SO_2 + H_2O_2 \longrightarrow H_2SO_4$

(ウ)　$SO_2 + 2\,H_2S \longrightarrow 3\,S + 2\,H_2O$

(エ)　$SO_2 + I_2 + 2\,H_2O \longrightarrow 2\,HI + H_2SO_4$

(オ)　$SO_2 + Ca(OH)_2 \longrightarrow CaSO_3 \cdot \frac{1}{2}H_2O + \frac{1}{2}H_2O$

(2)　次の(カ)〜(サ)の中から，$K_3[Fe(CN)_6]$ の Fe と同じ酸化数の金属原子を含むものを全て選び，記号で答えよ。

(カ)　$Cr(OH)_3$　　(キ)　$CuSO_4$　　(ク)　Cu_2O

(ケ)　Fe_2O_3　　(コ)　$Na[Al(OH)_4]$　　(サ)　$Na_2[Zn(OH)_4]$

(ハ)　次の文章を読み，下の設問(1)，(2)に答えよ。

オセルタミビルはC，H，N，O原子から構成される分子量312の抗ウイルス薬であり，インフルエンザの治療や予防に用いられる。スイスのロシュ社から商品名「タミフル」として販売されている。オセルタミビルはマツブサ科のトウシキミとよばれる常緑樹の果実である「八角」から採取されるシキミ酸（図5ハ）から合成されている。

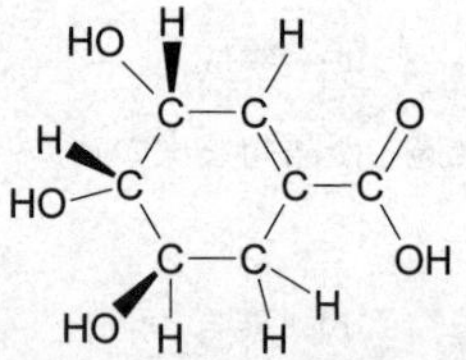

図5ハ　シキミ酸の構造

(1)　シキミ酸の不斉炭素原子の数を答えよ。

(2)　シキミ酸から合成したオセルタミビル 3.12 g を円筒状の耐熱容器に入れ，酸素ガスを通じながら完全に燃焼させた。燃焼の結果，生成した気体として水が 2.52 g，二酸化炭素が 7.04 g 得られた。また，刺激臭を有する窒素酸化物の気体も得られ，その体積は，1.00×10^5 Pa，127 ℃において 6.65×10^{-1} L であった。オセルタミビルの分子式を求めよ。

(ニ)　次の文章を読み，下の設問(1)〜(5)に答えよ。

リンは，我々の生活に欠くことのできない重要な元素である。リンを含む化合物の最も重要な用途は化学肥料で，リン酸二水素カルシウム $Ca(H_2PO_4)_2$ と硫酸カルシウムの混合物である過リン酸石灰が化学肥料として用いられている。また，

pH調整剤として食品に添加されるリン酸二水素ナトリウム NaH_2PO_4 や金属の洗浄剤として用いられるリン酸三ナトリウム Na_3PO_4，LEDに用いられるリン化ガリウム GaP，リチウムイオン二次電池の電解質として用いられる六フッ化リン酸リチウム $LiPF_6$ など，さまざまな分野でリン化合物が利用されている。

リンの天然資源はほぼ全てがリン鉱石である。リン鉱石の主成分はリン酸カルシウム $Ca_3(PO_4)_2$ で，これを硫酸と反応させることによりリン酸が得られる。リン酸をもとに，さまざまなリン酸塩が合成される。一方，GaP のような化合物を合成するためには，①リン鉱石中のリンを還元してリン単体（黄リン）を得る必要がある。

大量に使用されたリンは，排水を通して湖沼や海域などの水環境中に大量に流れ込む。その結果，湖沼や海域の水環境が富栄養化し，アオコや赤潮と呼ばれるプランクトンの異常増殖が発生し，酸素の欠乏により魚介類が死に至る。そこで，排水や下水処理場の汚泥からリンを回収して資源化することによって，湖沼や海域の富栄養化を防ぐと同時に，リンの天然資源の保護を図るという試みが進められている。例えば，②リン酸イオンとアンモニウムイオンを含む排水に塩化マグネシウム $MgCl_2$ を加えると，リン酸マグネシウムアンモニウム $MgNH_4PO_4$ が沈殿する（MAP 法）。この化合物は，そのまま肥料として用いることができる。

(1) 同じ濃度のリン酸二水素ナトリウム NaH_2PO_4 とリン酸水素二ナトリウム Na_2HPO_4 を含む水溶液は，ほぼ中性を示す。リン酸三ナトリウム Na_3PO_4 の水溶液は，(a) 酸性，(b) 中性，(c) 塩基性のいずれを示すか，(a)～(c)の記号で答えよ。

(2) NaH_2PO_4，Na_2HPO_4，Na_3PO_4 は，それぞれ，(a) 正塩，(b) 酸性塩，(c) 塩基性塩のうちのどれに分類されるか，(a)～(c)の記号で答えよ。

(3) 下線部①のようにリン鉱石からリン単体を得るには，リン鉱石にケイ砂 SiO_2 とコークス C を混ぜて，電気炉で 1200 ～ 1400 ℃に加熱して融解し，生成したリンの蒸気を冷却して水中で固体を回収する。次の反応式の空欄 $\boxed{x}$ と $\boxed{y}$ に当てはまる係数を答えよ。

$$2\,Ca_3(PO_4)_2 + \boxed{x}\,SiO_2 + \boxed{y}\,C \longrightarrow \boxed{z}\,CaSiO_3 + \boxed{w}\,CO + P_4$$

(4)　(3)に示した反応において，30.0 kg の $Ca_3(PO_4)_2$，20.0 kg の SiO_2，5.00 kg の C を原料として使うとき，最大何 kg の黄リンが得られるか。有効数字 3 桁で答えよ。ただし，この反応においては，反応物のいずれかがなくなるまで，上の反応のみが進行するものとする。

(5)　$MgNH_4PO_4$ の溶解度積は 2.5×10^{-13} $(mol/L)^3$ である。下線部②において，NH_4^+ を 2.5×10^{-4} mol/L，PO_4^{3-} を 4.0×10^{-4} mol/L 含む水溶液に $MgCl_2$ を少しずつ加えるとき，Mg^{2+} のモル濃度がいくらになれば，沈殿が生じ始めるか。沈殿生成に必要な最小濃度〔mol/L〕を有効数字 2 桁で答えよ。ただし，$MgCl_2$ を加えても，水溶液の体積は変化しないものとする。

2.　**(イ)から(ニ)の各設問に答えよ。選択肢の中からあてはまるものを選ぶ問題では，複数解答もあり得る。**

(イ)　次の文章を読み，下の設問(1)，(2)に答えよ。

細粒状の亜鉛 3.27 g に質量パーセント濃度が 3.65 % である希塩酸を少しずつ加えていき，発生した気体の体積を標準状態において測定したところ，次の図6イのようになった。気体の体積の和をたて軸，加えた希塩酸の質量の和をよこ軸に示す。なお，生じた気体の希塩酸への溶解は無視できるものとする。

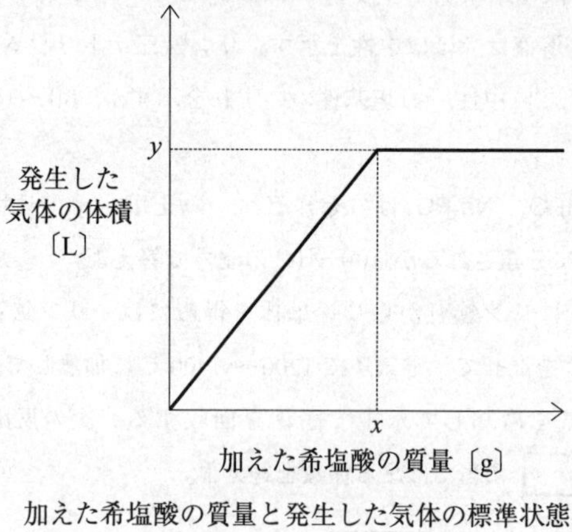

図6イ　加えた希塩酸の質量と発生した気体の標準状態における体積の関係

(1) 反応に用いた希塩酸のモル濃度〔mol/L〕を有効数字 2 桁で答えよ。ただし，希塩酸の密度は 1.00 g/cm^3 とする。

(2) 図 6 イ中の x，y の値の組み合わせとして最も適切なものを，次の(a)～(f)の中から一つ選び，記号で答えよ。

(a) $x = 25$，$y = 1.1$　(b) $x = 50$，$y = 1.1$　(c) $x = 100$，$y = 1.1$

(d) $x = 25$，$y = 2.2$　(e) $x = 50$，$y = 2.2$　(f) $x = 100$，$y = 2.2$

(ロ) 次の文中の空欄 [C] ～ [E] にあてはまる値を小数第一位までの数値で答えよ。

溶液中の水素イオン濃度 [H$^+$] を表す指標に pH がある。pH と水素イオン濃度の間には，次のような関係（式①）がある。

$$\mathrm{pH} = \boxed{\quad A \quad}\ [\mathrm{H^+}] \qquad \cdots①$$

また，25 ℃において，pH が 7.0 より大きい溶液は塩基性である。これは，式①の関係から，塩基が含まれる水溶液中でも，H$^+$ が若干ながら存在していることを示している。このことは，水のイオン積（K_w）に密接に関連している。K_w は，水素イオン濃度 [H$^+$] と水酸化物イオン濃度 [OH$^-$] を含む，次の関係式で表わされる（式②）。

$$K_w = \boxed{\quad B \quad} \qquad \cdots②$$

1.0×10^{-2} mol/L の塩酸 1.0 mL を希釈し，200 mL とした。このときの pH は上記の関係式より，[C] と求められる。また，x mol/L の酢酸水溶液について，水溶液における酢酸の電離定数（酸解離定数）を K_a，電離度を α とおいた場合の pH の式を x と K_a を用いて表すと，次式③のようになる。この式は，α が 1 に対して非常に小さいことから，$1 - \alpha \fallingdotseq 1$ の関係を用いて近似計算を行った結果得られる式である。

$$\mathrm{pH} = -\log_{10}\sqrt{K_a x} \qquad \cdots③$$

塩基性溶液の pH は，式②の関係を利用して求めることができる。したがって，25 ℃における 2.5×10^{-2} mol/L の水酸化ナトリウム水溶液の pH は，[D] と計算できる。

また，2.0×10^{-2} mol/L の酢酸と，2.0×10^{-2} mol/L の酢酸ナトリウムを体積比 1：1 で混合した溶液の pH は，［ E ］となる。この値は，25 ℃における酢酸の電離定数（K_a）が 1.58×10^{-5} mol/L のとき，$\log_{10} 1.58 = 0.200$ の値を用いることで求められる。

(ハ) ベンゼンを出発原料とした *p*-フェニルアゾフェノールの合成経路を図 6 ハに示した。合成経路にある化合物のうち，［ C ］と［ F ］の構造式を答えよ。

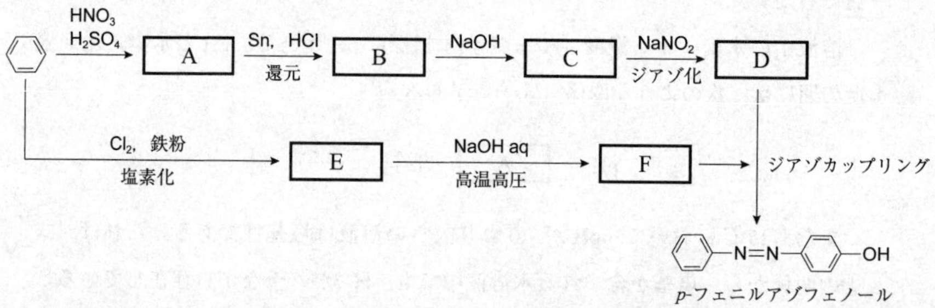

図 6 ハ *p*-フェニルアゾフェノールの合成経路

(ニ) 次の文章を読み，下の設問(1)～(4)に答えよ。

図 6 ニに示すダイヤモンドの結晶構造について考える。点線は単位格子を示し，原子は結合様式がわかるように縮小してある。図 6 ニのように，まず面心立方格子の位置に原子（グレーで示す）を配置する。面心立方格子には，正八面体の頂点に位置する 6 個の原子によってできる正八面体のすき間と単位格子を 8 つに分割した立方体の 4 個の頂点に位置する原子によってできる正四面体のすき間がある。この正四面体のすき間に一つおきに原子（黒丸で示す）を配置することで結晶構造を説明できる。

ケイ素 Si は地殻中に［ A ］に次いで多く存在する元素である。単体はダイヤモンド C と同様の構造を持つ灰色の結晶で，金属に似た光沢があり，リンやホウ素などをわずかに加えると［ B ］として有用な材料になる。次世代型パワー［ B ］として需要拡大が期待されている炭化ケイ素 SiC は，炭素とケイ素が組み合わさった材料であり，いくつかの結晶構造が知られているが，その一つは図 6 ニの面心立方格子の位置にケイ素が，黒丸の位置に炭素がある。

ダイヤモンドの単位格子の一辺の長さ l_C を 4.40×10^{-8} cm とする。なお，結晶においては原子を完全な球体として扱い，結合を形成した原子どうしは接しているものとする。

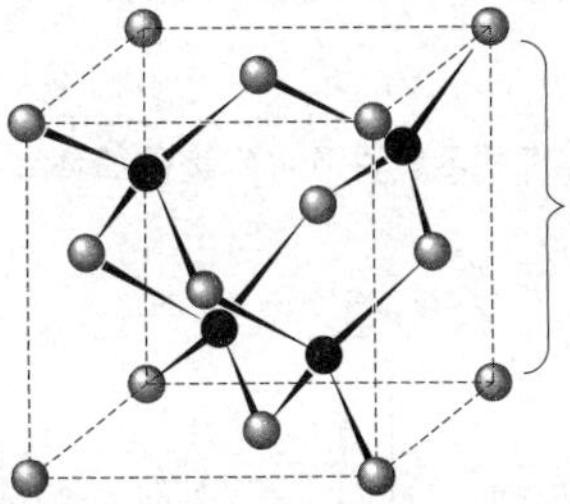

図 6 ニ　ダイヤモンドの結晶構造

(1) 空欄 [A] と [B] にあてはまる語句を書け。

(2) ダイヤモンドに含まれる炭素原子 C の原子半径として最も適切なものを (a) ～ (i) の中から選び，記号で答えよ。

(a) $\frac{1}{2} l_C$　　(b) $\frac{1}{4} l_C$　　(c) $\frac{1}{8} l_C$

(d) $\frac{\sqrt{2}}{2} l_C$　　(e) $\frac{\sqrt{2}}{4} l_C$　　(f) $\frac{\sqrt{2}}{8} l_C$

(g) $\frac{\sqrt{3}}{2} l_C$　　(h) $\frac{\sqrt{3}}{4} l_C$　　(i) $\frac{\sqrt{3}}{8} l_C$

(3) ダイヤモンドの充填率〔%〕として最も適切なものを (a) ～ (h) の中から選び，記号で答えよ。

(a) $\frac{1}{12}\pi \times 100$　　(b) $\frac{1}{8}\pi \times 100$　　(c) $\frac{\sqrt{2}}{16}\pi \times 100$

(d) $\frac{\sqrt{2}}{12}\pi \times 100$　　(e) $\frac{\sqrt{2}}{6}\pi \times 100$　　(f) $\frac{\sqrt{3}}{16}\pi \times 100$

(g) $\frac{\sqrt{3}}{12}\pi \times 100$　　(h) $\frac{\sqrt{3}}{8}\pi \times 100$

(4) 炭化ケイ素 SiC において炭素がケイ素と接しているとき，単位格子の一辺の長さ l_{SiC} は 5.20×10^{-8} cm になった。ケイ素の原子半径〔cm〕を有効数字 2 桁で求めよ。

3.　**(イ)から(ニ)の各設問に答えよ。選択肢の中からあてはまるものを選ぶ問題では，複数解答もあり得る。**

(イ)　次の設問(1)～(3)に答えよ。

(1)　モル濃度0.100 mol/Lのシュウ酸水溶液を容積300 mLのメスフラスコを使用して作製したい。必要なシュウ酸二水和物（$H_2C_2O_4 \cdot 2H_2O$）の質量〔g〕を有効数字3桁で答えよ。

(2)　図7イ－1のAに示すメスフラスコの線の名称を漢字で答えよ。

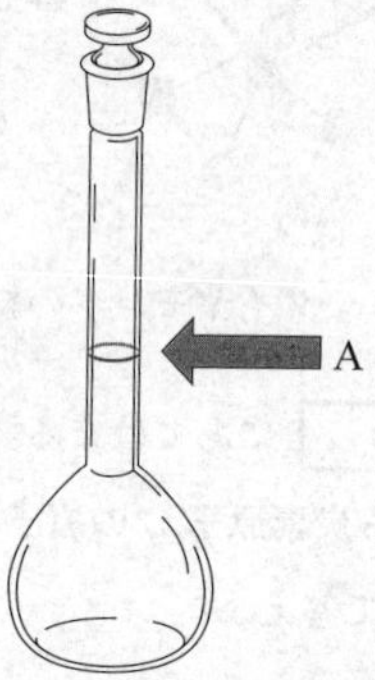

図7イ－1　メスフラスコ

(3)　メスフラスコは正確な濃度の溶液を作製する際に用いる。メスフラスコを用いて正確な濃度の水溶液を作製するときの，溶液の表面とメスフラスコの線Aの位置関係として最も適切なものを図7イ－2の(a)～(c)の中から選び，記号で答えよ。なお，図のグレーの部分が水溶液を示している。

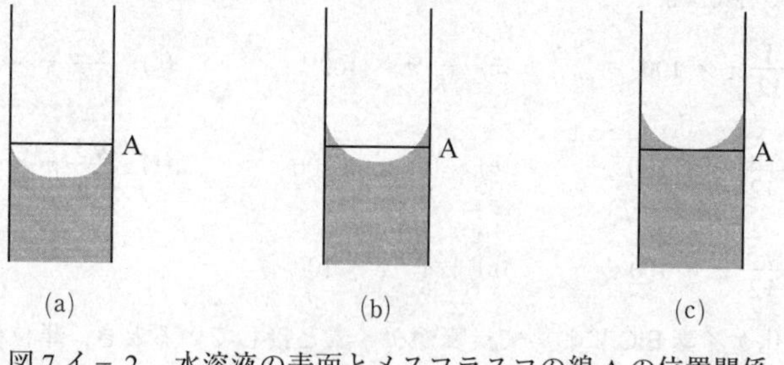

図7イ－2　水溶液の表面とメスフラスコの線Aの位置関係

(ロ) 次の文章を読み，下の設問(1)，(2)に答えよ。

0.220 g のプロパンと 0.160 g の酸素を耐圧容器に密封し，温度を 300 K に保ったところ，容器内の圧力は 1.00×10^5 Pa となった。次に，容器を密閉したまま，混合気体中で火花放電を行い，完全燃焼させた。燃焼後，再び 300 K に保った。300 K における水の飽和蒸気圧は 3.60×10^3 Pa である。また，液体の体積および液体への気体の溶解は無視できるものとし，プロパンの完全燃焼以外の反応は起こらないものとする。

(1) 燃焼前の混合気体中の酸素の分圧〔Pa〕を，有効数字3桁で求めよ。

(2) 燃焼後の平衡状態における容器内の圧力〔Pa〕を，有効数字3桁で求めよ。

(ハ) グリシンとアラニンから生じるペプチドに関する次の設問(1)，(2)に答えよ。

(1) グリシン2分子とアラニン2分子から生じる3つのペプチド結合を有する鎖状ペプチドには，何種類の構造異性体が考えられるか，整数で答えよ。ただし，アラニンの不斉炭素原子に基づく立体異性は考慮しないものとする。

(2) グリシンとアラニンから生じる8つのペプチド結合を持つ鎖状ペプチドXの分子量は601であった。鎖状ペプチドXを構成しているグリシンとアラニンの数をそれぞれ書け。

(ニ) 次の文中の空欄 [A] ～ [F] にあてはまる数値や語を書け。数値は有効数字2桁で求めよ。

Cu^{2+} と Zn^{2+} を含む水溶液から Cu^{2+} と Zn^{2+} をそれぞれ分離するために，水溶液に H_2S を導入し，生成した硫化物の溶解度の差を利用することがある。具体的には希塩酸を用い，$[H^+]$ をコントロールすることで硫化物を分離する。

H_2S を水に飽和させると H_2S のモル濃度は 0.10 mol/L となり，硫化物の分離のためには 0.30 mol/L HCl 水溶液を用いる。

$H_2S \rightleftarrows 2H^+ + S^{2-}$ の平衡定数を 1.0×10^{-22} mol²/L²，CuS と ZnS の溶解度積をそれぞれ 9.0×10^{-36} mol²/L²，1.0×10^{-21} mol²/L² とする。Cu^{2+} と Zn^{2+} をそれぞれ 1.0×10^{-3} mol/L ずつ含んでいる 0.30 mol/L HCl 水溶液に H_2S を飽和（$[H_2S] = 0.10$ mol/L）させると，S^{2-} のモル濃度は [A] mol/L となる。このとき，CuS が沈殿しないと仮定して計算すると，$[Cu^{2+}][S^{2-}] =$ [B]

mol^2/L^2 となり，溶解度積を超えるので，Cu^{2+} は [C] 色の沈殿を生成する。この条件のもとでは，Zn^{2+} は [D] mol/L までは溶けていることができるので，ZnS の沈殿は生成しない。もし，H_2S を飽和させた水溶液の pH を 8.0 にすると，水溶液中の Zn^{2+} は [E] mol/L になり，ZnS の [F] 色沈殿が生じる。

4. **(イ)から(ニ)の各設問に答えよ。選択肢の中からあてはまるものを選ぶ問題では，複数解答もあり得る。**

(イ) 次の設問(1)，(2)に答えよ。

(1) ブレンステッド・ローリーによる塩基の定義を 15 字以内で書け。

(2) 次の反応(a)～(e)のうち，H_2O がブレンステッド・ローリーの定義において塩基のはたらきをしているものをすべて選び，記号で答えよ。

(a) $NH_3 + \underline{H_2O} \rightleftarrows NH_4^+ + OH^-$

(b) $HCl + \underline{H_2O} \rightleftarrows H_3O^+ + Cl^-$

(c) $NH_4^+ + \underline{H_2O} \rightleftarrows H_3O^+ + NH_3$

(d) $HSO_3^- + \underline{H_2O} \rightleftarrows H_3O^+ + SO_3^{2-}$

(e) $CH_3COO^- + \underline{H_2O} \rightleftarrows CH_3COOH + OH^-$

(ロ) アルミニウムの代表的な製法に関する次の文章を読み，空欄 [A] ～ [D] にあてはまる答えを書け。なお，空欄 [A]，[B] には，それぞれ物質の名称に関する語句が入る。空欄 [C] については電子（e^-）を含んだイオン反応式（半反応式），空欄 [D] については化学的な操作の名称が入る。空欄 [B] と [D] については漢字で書け。

アルミニウムのもっとも一般的な原料である鉱石，すなわち [A] に，強塩基である水酸化ナトリウムを反応させて一旦水に溶かしてから，この溶液を希釈することで，アルミニウムの酸化物（粗製の固体）を得ることができる。この酸化物を，[B] 石を用いて，約 1000 ℃で溶かしたのち，炭素電極を用いて電気分解を行う。このとき，陽極では，電極を消費しながら，気体を生じる反応が起こる。このとき発生する気体は 2 種類考えられるが，より分子量の小さい気体が生じる反応は [C] のように書ける。これは，水を含まない条件で電気分解をした結果として起こる。このように，イオン結合性の固体原料を高温で溶かし，水を含まない電気分解を用いて純粋な金属単体を得る技術は，電気分解のなかでも，とくに [D] とよばれる。

(ハ)　次の文章を読み，設問(1), (2)に答えよ。

一つの高分子鎖（主鎖）に対して，主鎖とは異なる高分子（側鎖）が枝状に結合している共重合体のことを，グラフト共重合体という（図 8 ハ）。主鎖高分子の性質に，枝となる側鎖高分子の性質を付与できることがあり，さまざまな材料として利用されている。

あるグラフト共重合体 4.00 g を溶媒に溶かして 100 mL とし，27.0 ℃で浸透圧を測定したところ，3.00×10^2 Pa であった。主鎖高分子 A の分子量は 1.72×10^5，一本の側鎖高分子 B の分子量はすべて 2.00×10^4 であり，安定にグラフト共重合体を形成するものとする。

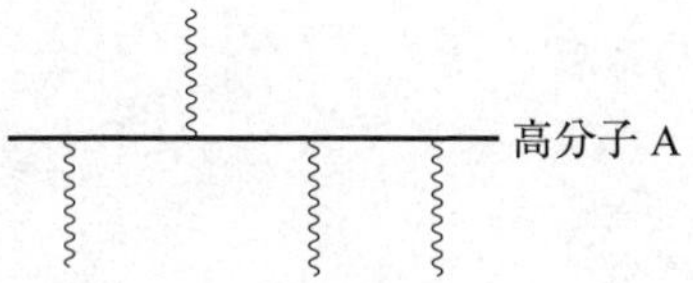

図 8 ハ　高分子 A と高分子 B の共重合体の例

(1)　グラフト共重合体の分子量を有効数字 3 桁で答えよ。ただし，ファントホッフの法則が成り立つものとする。

(2)　一本の主鎖高分子 A に対し，結合している側鎖高分子 B の平均の本数を有効数字 2 桁で答えよ。

(ニ)　次の文章を読み，設問(1)～(3)に答えよ。

化合物 A と B はいずれも炭素，水素，酸素原子からなり，A は 1 価アルコール，B は 1 価カルボン酸である。A と B は，同一の分子量を有する。また，アルコール A はヨードホルム反応を示した。A と B の混合物に触媒として濃硫酸を加え加熱したところ，C が生成した。C の分子量は 130 であった。

(1)　アルコールAの分子量を答えよ。

(2)　AとBをそれぞれ18.5g用いて下線部の反応を行なった。この反応が完全に進行したときのCの質量〔g〕を有効数字3桁で答えよ。

(3)　Cの構造式を書け。

生物

（90 分）

1. 進化に関する次の文章を読んで，以下の問いに答えよ。

地球は約 46 億年前に誕生し，約 40 億年前には最初の生物が誕生(a)したと考えられている。地球上に最古の岩石ができてから現在までを [1] という。

約 5 億 4 千万年前を境に，発見される化石の種類が大きく変化し，それ以降は古生代，中生代(b)，新生代の 3 つの時代に分けられている。古生代以前の化石は微化石と呼ばれる微小なものがほとんどであったが，約 6 億年前の地層からは [2] 生物群といわれる多様な多細胞生物の化石が見つかっている。

その後，古生代に入ると大型の動物が急激に増え，種類も豊富になった。古生代初期の生態系は，(c)中国の [3] 動物群やカナダの [4] 動物群の化石などからも推測されている。

問 1．文章中の空欄 [1] ～ [4] に入る語句として最も適当なものを，次の①～⑨からそれぞれ 1 つずつ選び，番号で答えよ。[1] [2] [3] [4]

① 顕生代　② チェンジャン　③ コアセルベート
④ エディアカラ　⑤ 地質時代　⑥ バージェス
⑦ 先カンブリア時代　⑧ 孔子　⑨ トリアス

問 2．下線部(a)について，次の小問に答えなさい。

(1) 生命が出現する以前の有機物が生み出されていく過程を化学進化という。アメリカのミラーらは原始大気の成分として考えられていた気体を混合し，加熱，放電，冷却の操作を繰り返し，無機物から有機物が生成されることを発見した。下の図 1 はミラーが行った実験の反応液中の物質濃度変化を示したグラフである。ア～ウの物質の正しい組合せとして最も適当なものを，下の①～⑥から 1 つ選び，番号で答えよ。[5]

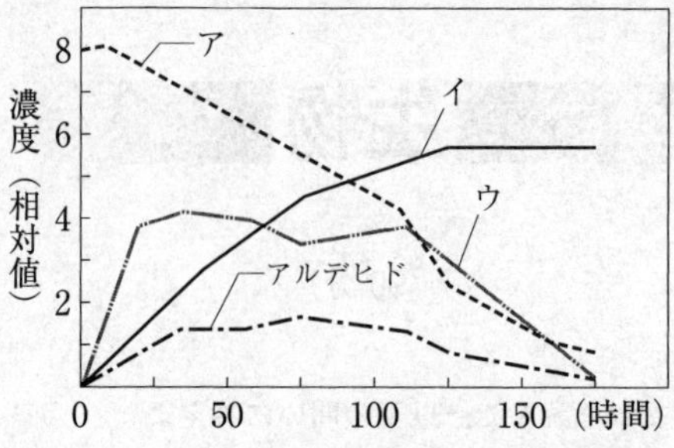

図1　ミラーの実験による反応液中の物質の濃度変化

	ア	イ	ウ
①	アミノ酸	シアン化水素	アンモニア
②	アミノ酸	アンモニア	シアン化水素
③	アンモニア	アミノ酸	シアン化水素
④	アンモニア	シアン化水素	アミノ酸
⑤	シアン化水素	アンモニア	アミノ酸
⑥	シアン化水素	アミノ酸	アンモニア

(2)　次の文章中の空欄 [エ] ～ [カ] に入る語句の組合せとして最も適当なものを，下の①～⑥から1つ選び，番号で答えよ。 [6]

地球上に最初に出現した独立栄養生物は [エ] であり，その後に太陽光を利用する [オ] が生まれ，さらにそれらの中から水を分解する [カ] が誕生したことで，環境中に酸素が蓄積するようになったと考えられている。

	エ	オ	カ
①	光合成細菌	シアノバクテリア	化学合成細菌
②	光合成細菌	化学合成細菌	シアノバクテリア
③	シアノバクテリア	化学合成細菌	光合成細菌
④	シアノバクテリア	光合成細菌	化学合成細菌
⑤	化学合成細菌	シアノバクテリア	光合成細菌
⑥	化学合成細菌	光合成細菌	シアノバクテリア

問３．下線部(b)について，中生代を代表する化石（示準化石）として最も適当なものを，次の①～⑥から１つ選び，番号で答えよ。 [7]

①　三葉虫　　②　アンモナイト　　③　フズリナ

④　ナウマンゾウ　　⑤　ビカリア　　⑥　サンゴ

問４．下線部(c)について，これらの動物群に共通する特徴として最も適当なものを，次の①～⑤から１つ選び，番号で答えよ。 [8]

①　肺呼吸をするものが現れていた。

②　顎（あご）のある魚類が現れていた。

③　節足動物はまだ現れていなかった。

④　固い組織をもつものが現れていた。

⑤　著しく扁平で消化管をもたないものが多かった。

問５．生物の陸上進出について述べた文として最も適当なものを，次の①～⑥から１つ選び，番号で答えよ。 [9]

①　まず脊椎動物が陸上に進出し，その後植物が進出した。

②　真核生物が現れる前に陸上進出が行われた。

③　最初に陸上進出した植物は裸子植物であった。

④　オゾン層が形成される以前は陸上進出できなかった。

⑤　オゾン層は有害な赤外線を吸収する。

⑥　硬骨魚類のえらが肺に変化した。

2. 細胞間の情報伝達に関する次の文章を読んで，以下の問いに答えよ。

細胞膜や細胞内に存在し，特定の情報を受容するタンパク質を受容体といい，受容体と特異的に結合する物質をリガンドという。細胞間の情報伝達では，細胞がホルモンや神経伝達物質などのリガンドを放出し，これが他の細胞に存在する受容体に結合することで，情報が伝達される。

内分泌系では，ホルモンの［ 10 ］細胞にホルモンの受容体(a)が存在する。一般に細胞膜を通過できるホルモンの受容体は細胞内に存在するが，細胞膜を通過できないホルモンの受容体は細胞膜に存在する。また，自律神経系(b)では，シナプス後細胞の細胞膜に神経伝達物質の受容体が存在する。

一方，ホルモンや神経伝達物質のように細胞間の情報伝達を担う物質に対して，細胞内での情報伝達を担う物質をセカンドメッセンジャー(c)という。

例えば，ヒトの体内で血糖濃度が低下すると，交感神経の刺激によって［ 11 ］からアドレナリンが分泌される。アドレナリンが肝細胞の細胞膜に存在する受容体に結合すると，アドレナリン受容体がGタンパク質を活性化し，活性化したGタンパク質がアデニル酸シクラーゼという酵素を活性化する。この酵素は，細胞内のATPを基質としてcAMP（サイクリックAMP）というセカンドメッセンジャーを生成し，cAMPはさまざまな酵素を活性化することで，最終的に細胞内で［ 12 ］が分解されてグルコースとなり，血中に放出される（図1）。

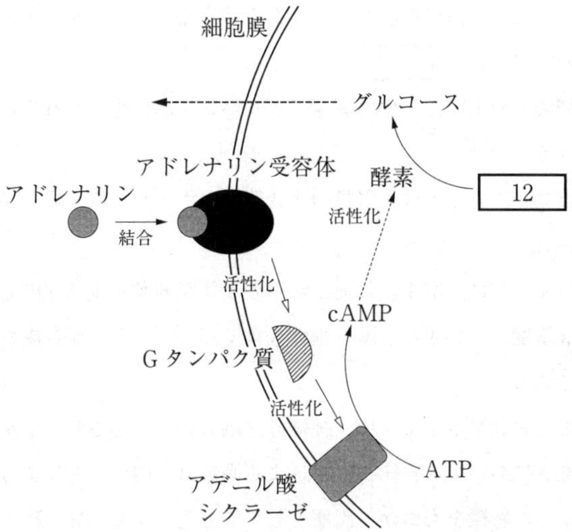

図 1

問 1. 文章中の空欄 [10] ～ [12] に入る語句として最も適当なものを，次の①～⑨からそれぞれ 1 つずつ選び，番号で答えよ。 [10] [11] [12]

① セルロース	② 形質	③ グリコーゲン
④ 樹状	⑤ デンプン	⑥ 副腎髄質
⑦ 副甲状腺	⑧ 標的	⑨ 甲状腺

問 2. 下線部(a)について，次のア～オのホルモンのうち，ホルモン受容体が細胞内に存在するものの組合せとして最も適当なものを，下の①～⑨から 1 つ選び，番号で答えよ。 [13]

ア インスリン	イ 鉱質コルチコイド	ウ 成長ホルモン
エ 糖質コルチコイド	オ バソプレシン	

① ア・イ	② ア・ウ	③ ア・エ
④ ア・オ	⑤ イ・ウ	⑥ イ・エ
⑦ ウ・エ	⑧ ウ・オ	⑨ エ・オ

問3．ホルモンによる調節の説明として最も適当なものを，次の①～⑤から1つ選び，番号で答えよ。 14

① 血糖濃度の上昇は，すい臓ランゲルハンス島に感知されてインスリンが分泌される。

② 鉱質コルチコイドは，腎臓の集合管でのナトリウムイオンの再吸収を促進する。

③ チロキシンは，脳下垂体前葉からの甲状腺刺激ホルモンの分泌を促進する。

④ 体液濃度が上昇すると脳下垂体後葉でバソプレシンが合成され，血液中に放出される。

⑤ 副腎皮質刺激ホルモンは，神経分泌細胞から分泌されるホルモンである。

問4．下線部(b)について，自律神経系による調節は，内分泌系による調節と比較してどのような特徴をもつか。説明として最も適当なものを，次の①～⑧から1つ選び，番号で答えよ。 15

① 情報の伝達速度は遅く，伝達範囲は狭く，作用は一過性である。

② 情報の伝達速度は遅く，伝達範囲は狭く，作用は持続的である。

③ 情報の伝達速度は遅く，伝達範囲は広く，作用は一過性である。

④ 情報の伝達速度は遅く，伝達範囲は広く，作用は持続的である。

⑤ 情報の伝達速度は速く，伝達範囲は狭く，作用は一過性である。

⑥ 情報の伝達速度は速く，伝達範囲は狭く，作用は持続的である。

⑦ 情報の伝達速度は速く，伝達範囲は広く，作用は一過性である。

⑧ 情報の伝達速度は速く，伝達範囲は広く，作用は持続的である。

問5．下線部(c)について，cAMP以外にセカンドメッセンジャーとして機能する物質として最も適当なものを，次の①～⑥から1つ選び，番号で答えよ。

16

① アセチルコリン ② γ-アミノ酪酸 ③ トロポニン

④ ドーパミン ⑤ Ca^{2+} ⑥ ノルアドレナリン

問6．ある培養細胞には肝細胞と同様にアドレナリン受容体が存在し，アドレナリンを与えると図1と同じしくみで細胞内のcAMP濃度が上昇して，さまざまな細胞内の反応が活性化する。この培養細胞に，アドレナリンを与えてもcAMP濃度が上昇しない突然変異をもつ細胞が2種類見つかった（細胞A，B

とする)。コレラ菌の生産するコレラ毒素は，細胞膜を通過して図1のGタンパク質を活性化する。細胞AとBにアドレナリンとともにコレラ毒素を与えたところ，細胞AではcAMP濃度が上昇したが，細胞BではcAMP濃度が上昇しなかった。細胞Aで突然変異が生じていると考えられる物質とその部位として最も適当な組合せを，下の①～④から2つ選び，番号で答えよ。解答番号 17 の解答欄に必ず2つマークすること。

17

① アドレナリン受容体のアドレナリンと結合する部位

② アドレナリン受容体のGタンパク質を活性化する部位

③ Gタンパク質のアデニル酸シクラーゼを活性化する部位

④ アデニル酸シクラーゼの酵素としての活性部位

3. 神経系に関する次の文章を読んで，以下の問いに答えよ。

脊椎動物の中枢神経系は脳と脊髄に分けられ，脳から出ている末梢神経を脳神経，脊髄から出ている末梢神経を脊髄神経という。中枢神経では 18 が髄鞘を形成しているのに対し，末梢神経では 19 が髄鞘を形成している。末梢神経は，はたらきの面から分類すると感覚や随意運動にはたらく体性神経系と不随意的にはたらく自律神経系(a)に分けられる。

脊椎動物の脳は大脳・間脳・中脳・小脳・延髄(b)に分かれており， ア は生命維持の根幹を担う部分なので脳幹という。大脳皮質には神経細胞の細胞体が多く含まれ 20 といわれるのに対し，大脳髄質には神経繊維が多く含まれ 21 といわれる。大脳皮質は，新皮質と間脳近くにある辺縁皮質に分けられ，ヒトでは新皮質がよく発達している。

脊髄は脊椎骨の中心を走っていて，大脳とは逆で外側が 21 で内側が 20 になっている。脊髄からは31対の末梢神経の束が出ていて，脳と末梢神経系をつなぐ役割のほかに，反射中枢としてもはたらいている。例えば，ヒトの膝の下を軽く叩くと，足が前に跳ね上がる膝蓋腱反射(しつがい)(c)という現象が起きる。

問1．文章中の空欄 18 〜 21 に入る語句として最も適当なものを，次の①〜⑨からそれぞれ1つずつ選び，番号で答えよ。 18 19 20 21

① コルチ器　② 白質　③ アミロイド
④ オリゴデンドロサイト　⑤ 黄斑　⑥ シュワン細胞
⑦ 灰白質　⑧ 盲斑　⑨ 形質細胞

問2．文章中の空欄 ア に入る語句の組合せとして最も適当なものを，次の①〜⑥から1つ選び，番号で答えよ。 22

① 大脳・小脳　② 間脳・小脳　③ 小脳・延髄
④ 大脳・中脳・延髄　⑤ 間脳・小脳・延髄　⑥ 間脳・中脳・延髄

問3．下線部(a)について説明した文として最も適当なものを，次の①〜⑥から1つ選び，番号で答えよ。 23

① 延髄で血中の二酸化炭素の増加が感知されると，交感神経の作用が優位になり心拍数が増加する。

② 交感神経の末端からはアセチルコリンが，副交感神経の末端からはノルアドレナリンが分泌される。

③ 自律神経の分布する器官にはホルモンの受容体は存在しない。

④ 交感神経と副交感神経のどちらかのみが分布している部位は存在しない。

⑤ 血糖値が低下すると，交感神経のはたらきが優位となり，肝臓でのグリコーゲンの合成が促進される。

⑥ 自律神経系の中枢は大脳であり，副交感神経は全てここから出て各部位に分布している。

問 4．下線部(b)について，各脳の部位を示したものが以下の図 1 である。これについて，次の小問に答えなさい。

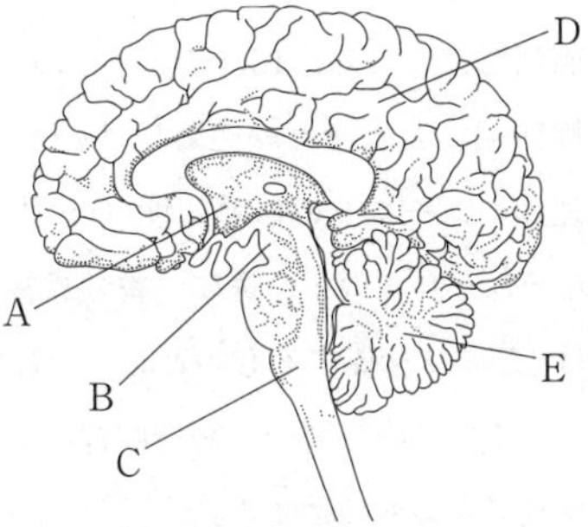

図 1　脳の断面図

(1) 呼吸運動や心臓の拍動を支配する中枢があるのはどこか。その場所と脳の名称の組合せとして最も適当なものを，次の①～⑨から 1 つ選び，番号で答えよ。 24

	場所	名称		場所	名称
①	A	中脳	②	A	間脳
③	A	延髄	④	C	中脳
⑤	C	間脳	⑥	C	延髄
⑦	E	中脳	⑧	E	間脳
⑨	E	延髄			

(2) 眼球の運動や瞳孔の大きさを調節する中枢があるのはどこか。その場所と脳の名称の組合せとして最も適当なものを，次の①～⑨から 1 つ選び，番号で答えよ。 25

	場所	名称		場所	名称
①	A	大脳	②	A	間脳
③	A	中脳	④	B	大脳
⑤	B	間脳	⑥	B	中脳
⑦	D	大脳	⑧	D	間脳
⑨	D	中脳			

問5．下線部(c)について，膝蓋腱(しつがい)反射の反射弓を示したものが図2である。感覚ニューロンの筋紡錘から12 cm 離れた位置を電気刺激したところ，13ミリ秒後に大腿四頭筋の収縮が見られた。次に，感覚ニューロンの筋紡錘から48 cm 離れた位置を電気刺激したところ，10ミリ秒後に大腿四頭筋の収縮が見られた。筋紡錘及び大腿四頭筋と脊髄との距離は共に60 cm であるとした場合，感覚ニューロンと運動ニューロンの伝導速度（m/秒）として最も適当なものを，下の①～⑨からそれぞれ1つずつ選び，番号で答えよ。ただし，全てのシナプスでの伝達には1.5ミリ秒要するものとし，脊髄内部での伝導及び，刺激してから興奮が発生するまでの時間や，筋肉に神経伝達物質が届いてから収縮するまでの時間は無視できるものとする。

感覚ニューロン ― 26

運動ニューロン ― 27

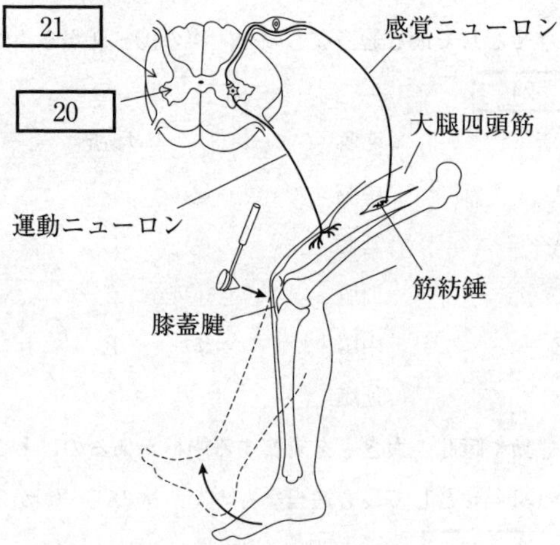

図2　膝蓋腱反射の反射弓

①　36 m/秒	②　50 m/秒	③　60 m/秒
④　72 m/秒	⑤　80 m/秒	⑥　100 m/秒
⑦　110 m/秒	⑧　120 m/秒	⑨　150 m/秒

4. 減数分裂に関する次の文章を読んで，以下の問いに答えよ。

有性生殖を行う生物では，減数分裂(a)を経てつくられた配偶子の合体によって次世代が生じる。減数分裂は二回の連続した分裂であり，減数分裂第一分裂の［28］に相同染色体が対合し，二価染色体が形成される。二価染色体は［29］に並び，その後［30］に結合した紡錘糸に引かれるように各々の染色体が両極に移動し，娘細胞に分配される。

一般的な体細胞分裂で生じる娘細胞には母細胞と同じ遺伝情報が受け継がれ，娘細胞どうしも遺伝的に同一なものになる。一方で，減数分裂で生じた娘細胞には相同染色体の一方のみが受け継がれるため，染色体の分配や染色体間の乗換えによって遺伝的に多様な娘細胞が生じる(b)。

配偶子には，運動性の低い雌性配偶子と運動性の高い雄性配偶子がある。雌性配偶子と雄性配偶子の合体は受精と呼ばれ，受精によって形成された受精卵は個体へと発生していく。次の図 1 は，ウニの雌性配偶子である卵の形成と受精の過程における細胞あたりの DNA 量の変化を模式的に示したものである。ウニでは減数分裂が完了した後に受精が起こるが，哺乳類や両生類では減数分裂第二分裂の途中で受精が起こることが知られている。

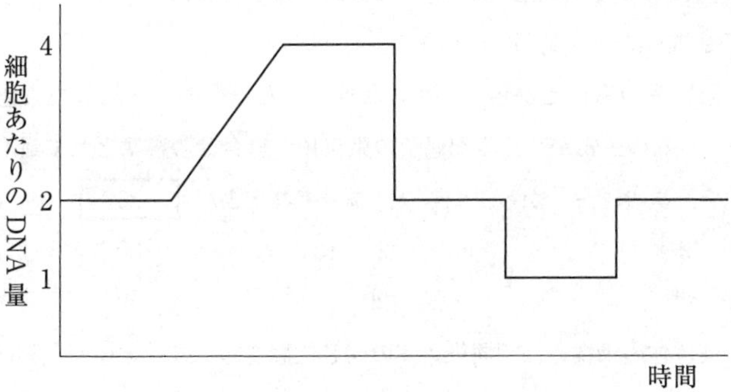

図 1

問1．文章中の空欄 28 ～ 30 に入る語句として最も適当なものを，次の①～⑨からそれぞれ1つずつ選び，番号で答えよ。 28 29 30

① 動原体　② 間期　③ 赤道面
④ 卵割面　⑤ 形成体　⑥ 終期
⑦ 前期　⑧ Z膜　⑨ 前葉体

問2．下線部(a)について，次の小問に答えなさい。

(1) 減数分裂を観察する際に用いる試料として最も適当なものを，次の①～⑥から1つ選び，番号で答えよ。 31

① タマネギの根端　② オオカナダモの葉　③ リンゴの果実
④ バッタの精巣　⑤ ヒトの口腔上皮　⑥ ユスリカの唾液腺

(2) 被子植物の減数分裂の説明として最も適当なものを，次の①～⑤から1つ選び，番号で答えよ。 32

① 胚のう母細胞の減数分裂によって，4つの胚のう細胞が生じる。
② 胚のう細胞の減数分裂によって，中央細胞と卵細胞が生じる。
③ 花粉母細胞の減数分裂によって，花粉四分子が生じる。
④ 雄原細胞の減数分裂によって，花粉管細胞と精細胞が生じる。
⑤ 反足細胞の減数分裂によって，助細胞と極核が生じる。

問3．下線部(b)について，次の小問に答えなさい。

(1) 染色体の乗換えが起こらないと仮定した場合の，体細胞の染色体構成が $2n = 16$ の生物がつくる配偶子の染色体の組合せの種類として最も適当なものを，次の①～⑥から1つ選び，番号で答えよ。 33

① 2×8　② 2×16　③ 2×32
④ 2^8　⑤ 2^{16}　⑥ 2^{32}

(2) 染色体の乗換えは相同染色体の同じ位置で起こりやすいが，相同染色体の異なる位置で乗換えが起こった場合は，染色体の構造が本来のものから変化してしまう。相同染色体の異なる位置の一カ所で乗換えが起こった場合に生じる可能性のある染色体突然変異の組合せとして最も適当なものを，次の①～⑥から1つ選び，番号で答えよ。 34

① 転座・欠失　② 転座・逆位　③ 転座・重複
④ 欠失・逆位　⑤ 欠失・重複　⑥ 逆位・重複

問4．体細胞の染色体構成が図2で示される生物において，減数分裂の結果生じる多数の配偶子の中に図3や図4で示されるような染色体構成のものが生じた。この原因として最も適当なものを，下の①～⑥からそれぞれ1つずつ選び，番号で答えよ。

図3 － 35

図4 － 36

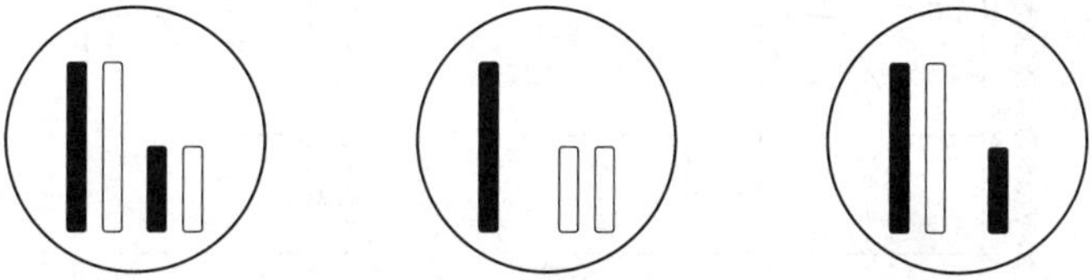

図2　　図3　　図4

① 減数分裂第一分裂の中期で，分裂が停止してしまった。

② 減数分裂第一分裂の後期で，染色体が不均等に娘細胞に分配された。

③ 減数分裂第一分裂の終期で，細胞質分裂が起こらなかった。

④ 減数分裂第二分裂の中期で，分裂が停止してしまった。

⑤ 減数分裂第二分裂の後期で，染色体が不均等に娘細胞に分配された。

⑥ 減数分裂第二分裂の終期で，細胞質分裂が起こらなかった。

問5．図1について，アフリカツメガエルの卵の形成と受精の過程における細胞あたりのDNA量の変化を模式的に示したグラフとして最も適当なものを，次の①～⑥から1つ選び，番号で答えよ。 37

①

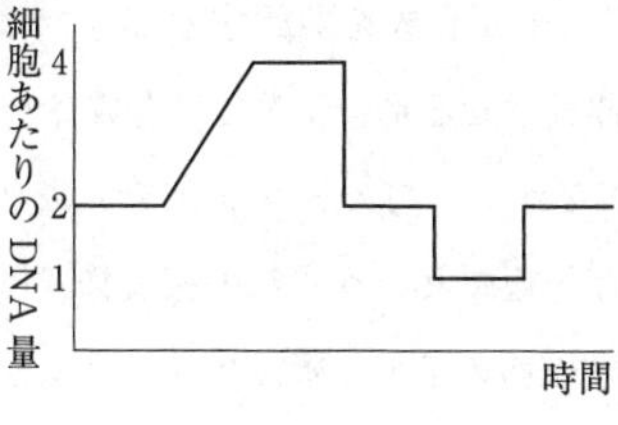

②

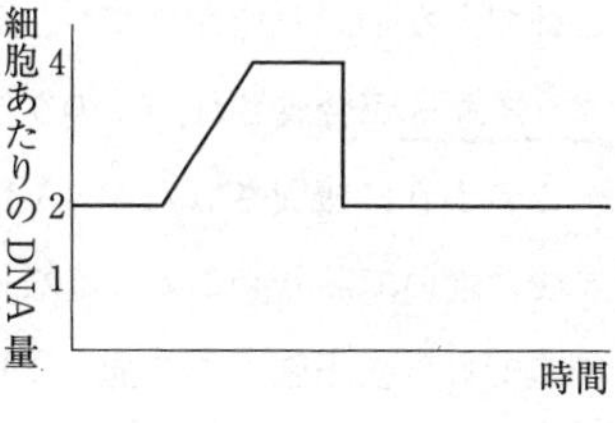

③

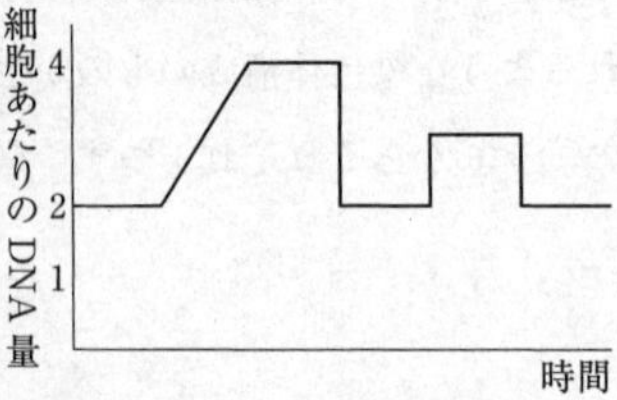

④

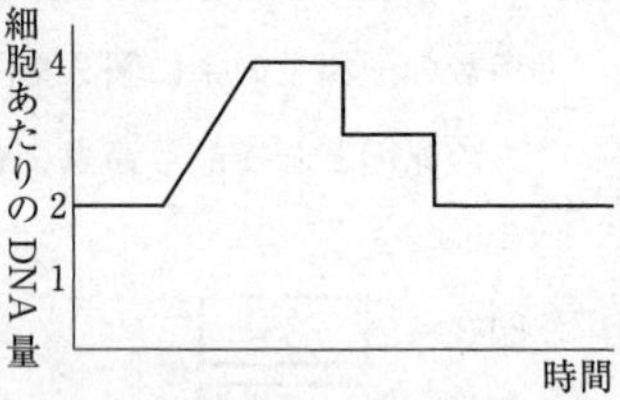

⑤

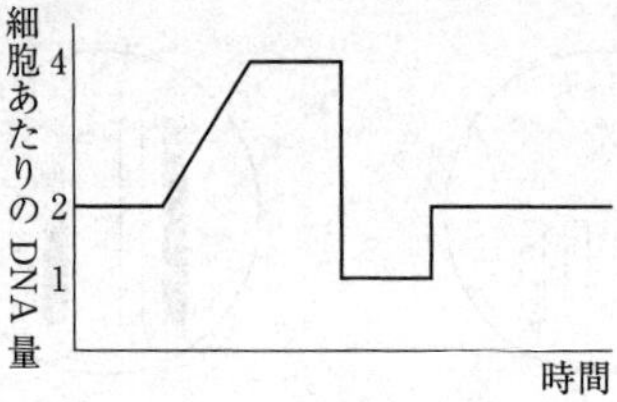

⑥

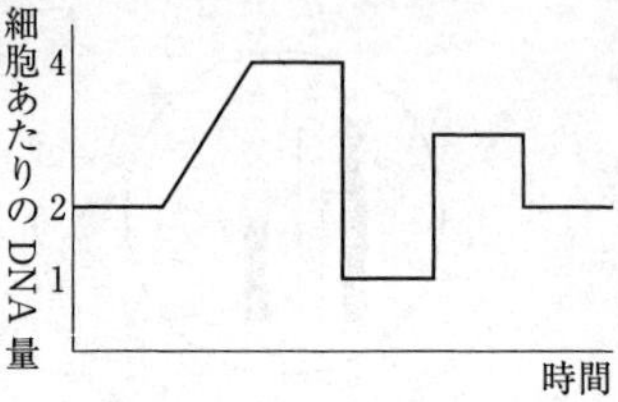

5. DNA 複製に関する次の文章を読んで，以下の問いに答えよ。

DNA の複製ではまず，複製起点（複製開始点）と呼ばれる部分の2本鎖をつなぐ [38] 結合が切れ，二重らせんがほどけて部分的に1本鎖になることから始まる。ここで重要なはたらきをするのが DNA [39] であり，DNA [39] は複製起点から両方向に2本鎖を開裂していく。そして，それぞれの1本鎖が鋳型となって，これと相補的な塩基をもつ<u>ヌクレオチド</u>(a)が結合していく。次に，隣り合ったヌクレオチドどうしの [ア] と [イ] を DNA ポリメラーゼのはたらきで連結させる。しかし，DNA ポリメラーゼは，部分的にでも2本鎖となっている鎖を伸長させることはできるが，1本のヌクレオチド鎖を2本鎖に合成することはできない。したがって，DNA ポリメラーゼが合成を開始する部分では，まず<u>プライマー</u>(b)が合成され，このプライマーを伸長させる形で DNA は合成されていく。

このように複製された DNA は，元の DNA から一方のヌクレオチド鎖をそのまま受け継いでおり，このような複製を半保存的複製という。この複製様式は，原核細胞でも真核細胞でも共通しているが，原核細胞の DNA 複製は，一カ所から始まり複製起点から両方向へ進行するのに対し，真核細胞では複数の複製起点から複製が始まる。また，(c)<u>真核生物の DNA は，原核生物と異なり線状の DNA であるため，</u>

末端部分に関しては完全に複製することができない。このため，真核生物のDNAの末端部分には短い塩基配列が繰り返されている部分があり，この配列は [40] と呼ばれている。

問1．文章中の空欄 [38] ～ [40] に入る語句として最も適当なものを，次の①～⑨からそれぞれ1つずつ選び，番号で答えよ。 [38] [39] [40]

① カタラーゼ　　② リガーゼ　　③ 水素

④ 窒素　　⑤ テロメア　　⑥ アミロイド

⑦ ヘリカーゼ　　⑧ クロマチン　　⑨ ジスルフィド

問2．下線部(a)について，DNAポリメラーゼがDNAを合成する際に用いられるヌクレオチドの構造として最も適当なものを，次の①～⑥から1つ選び，番号で答えよ。ただし，Ⓟはリン酸を表すものとする。 [41]

①
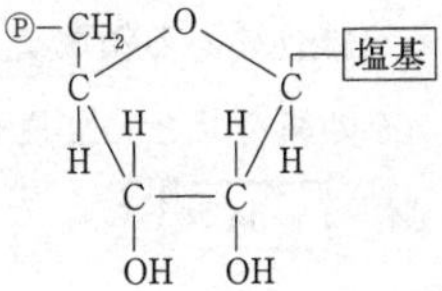

②
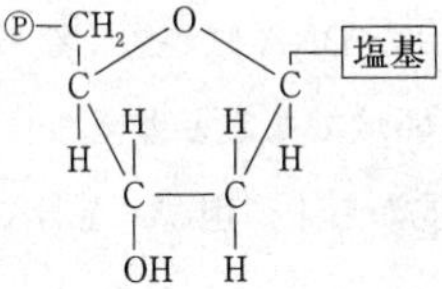

③
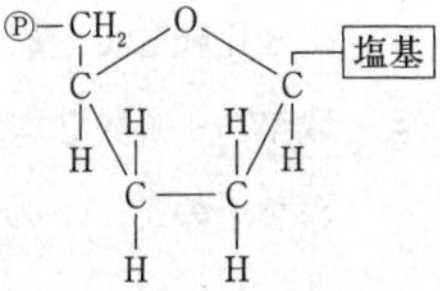

④
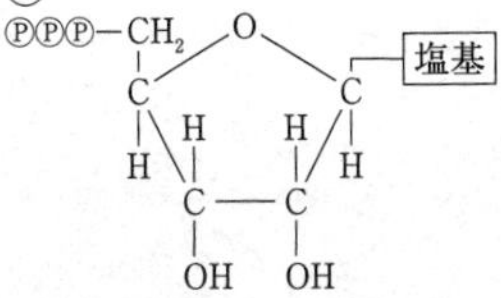

⑤
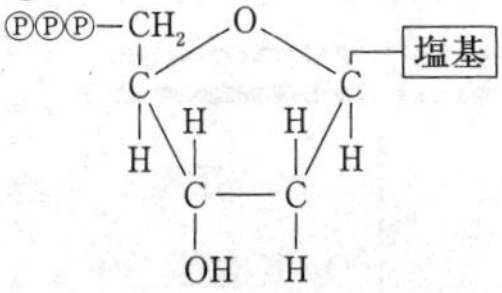

⑥
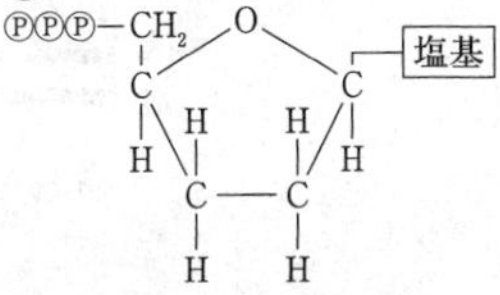

問3．文章中の空欄 [ア] ，[イ] に入る語句の組合せとして最も適当なものを，次の①～⑥から1つ選び，番号で答えよ。 [42]

	ア	イ
①	リン酸	リン酸
②	リン酸	塩基
③	リン酸	デオキシリボース
④	塩基	塩基
⑤	塩基	デオキシリボース
⑥	デオキシリボース	デオキシリボース

問4．下線部(b)について説明した文として最も適当なものを，次の①～⑥から1つ選び，番号で答えよ。［43］

① 細胞内で合成されるプライマーは主にDNAだが，PCR法で用いられるプライマーは主にRNAである。

② 細胞内で合成されるプライマーは主にRNAだが，PCR法で用いられるプライマーは主にDNAである。

③ 細胞内で合成されたプライマーは，複製後のDNAにも全て含まれている。

④ PCR法で増幅されたDNA断片には，プライマーは含まれていない。

⑤ 細胞内で合成されるプライマーは酵素が関与することなく合成される。

⑥ PCR法で用いられるプライマーは，全て同じ塩基配列のものが用いられる。

問5．下線部(c)について，以下の図1の領域W～領域Zは真核生物のDNAの両端（100塩基程度）を模式的に表したものである。領域W～領域Zを鋳型として複製された領域が，それぞれ領域W'～領域Z'であるとした場合，鋳型鎖と比較して，合成されたDNA鎖が短くなっている可能性のある領域は，領域W'～領域Z'のどの領域であると考えられるか。その組合せとして最も適当なものを，下の①～⑥から1つ選び，番号で答えよ。［44］

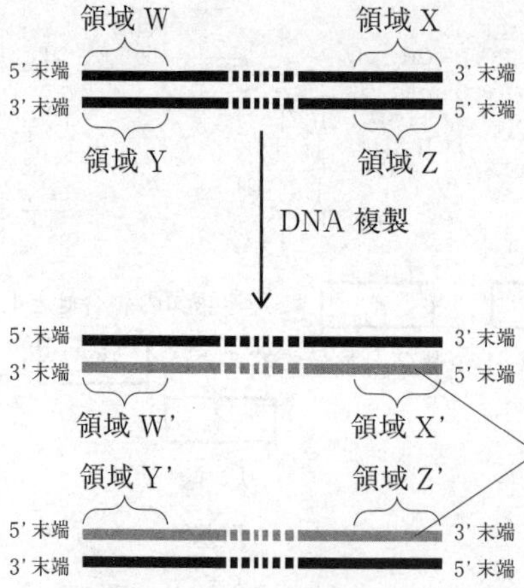

図1　真核生物のDNAの両端の模式図

① 領域W'と領域X'　② 領域W'と領域Y'　③ 領域W'と領域Z'

④ 領域X'と領域Y'　⑤ 領域X'と領域Z'　⑥ 領域Y'と領域Z'

問6．放射性同位体を含むチミジンが含まれている培地で大腸菌を何世代も培養した。その大腸菌を集め，培地成分を十分に洗い流した後に，放射性同位体を含まない通常の培地で大腸菌を短時間培養させてゲノムDNAを回収した。図2は合成途中のあるゲノムDNAの電子顕微鏡画像の模式図である。また，同じゲノムから放出される放射線を検出した画像が図3であり，線が太い部分は放射線量が多いことを意味している。このDNAの中で，複製起点，複製終結点，複製中のDNAポリメラーゼがあるおよその位置を図4のウ～キから過不足なく選んだものとして最も適当なものを，下の①～⑨からそれぞれ1つずつ選び，番号で答えよ。

複製起点 － 45

複製終結点 － 46

DNAポリメラーゼ － 47

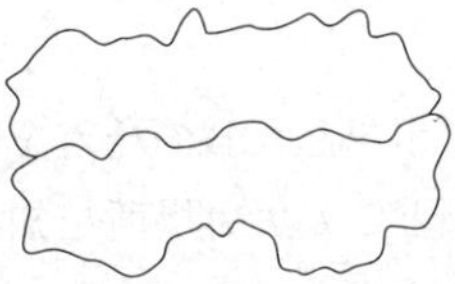
図2

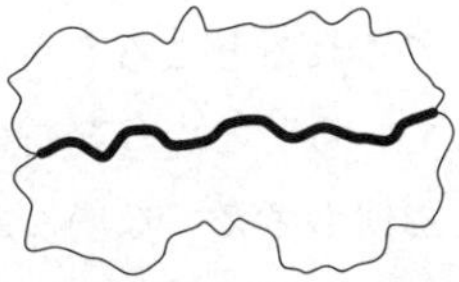
図3

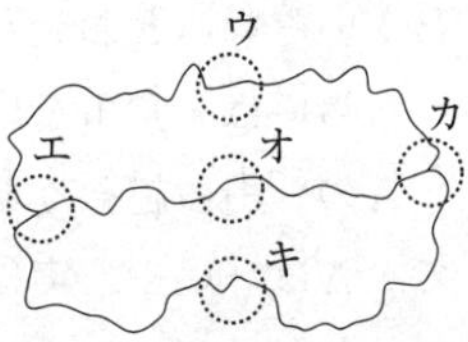

図4

① ウ	② エ	③ オ
④ カ	⑤ キ	⑥ ウ・キ
⑦ エ・カ	⑧ ウ・オ・キ	⑨ エ・オ・カ

解答編

英語

I　解答　1－c　2－a　3－b　4－d　5－b

◀解　説▶

1．A：大学に入学が許可されて，引っ越そうとしているところなんだ。
B：おめでとう！　どこに住むか考えてるの？
A：いや，実はまだ何も考えてないんだ。どこかいい場所を知らない？
B：いろいろとお金がかかるから，学生寮がいいと思うよ。せめて最初くらいは。食事を出してくれるところもあるよ。

Aの「引っ越そうとしている」という発言に返事をしたBの発言を受けて，Aは「いや，実はまだ何も考えてないんだ。どこかいい場所を知らない？」と尋ねていることから，Bは「どこに住むか考えてるの？」と聞いたと判断できる。よって，正解はｃである。

2．A：このレポートはないといけない導入部分が抜けています。
B：書いたつもりなんですが。
A：いや，これは導入ではありませんよ。意見です。これでは不十分です。導入というのは，テーマの背景となる概略の情報を書くものです。
B：わかりました。ご指摘ありがとうございます。これから書き直して再提出します。

Aの「このレポートはないといけない導入部分が抜けています」という発言の後にBが答えたところ，Aは「いや，これは導入ではありませんよ。意見です」と訂正しているため，Ｂ自身は導入を「書いたつもり」であると考えればよい。したがって，正解はａとなる。

3．A：最も大きな問題になっているのはどんなことですか？
B：気温が最高に達していないにもかかわらず，熱中症の患者数が急速に増えています。これは人々が暑さに慣れていないことが原因です。

A：どうすればよいでしょうか？

B：頻繁に水分を摂って，過度な運動を避けることですね。

Bが最も大きな問題として，熱中症患者の急増を挙げている。これを受けてAが尋ねた内容に関して，Bが「頻繁に水分を摂って，過度な運動を避けることですね」と答えていることから，熱中症を予防するにはどうすればよいかという趣旨の質問をしたと考えればよい。したがって，正解はbである。

4．A：明日の3限の時間帯に実験室を予約したいのですが，可能でしょうか？

B：明日ですか…。ああ，すでに予約でいっぱいですね。

A：そうですか。では来週の同じ時間帯はどうでしょうか？

B：来週は空いていますよ。1週間前の予約をおすすめしています。

Aの発言の後に，Bが「明日ですか…。ああ，すでに予約でいっぱいですね」との返事をしていることから，最初のAの発言には，明日の予約ができるかどうかを尋ねているdが入ると判断できる。

5．A：この赤いマークはその科目が必修科目であることを表しています。全学生がこれらの科目を履修しなければなりません。この青いマークはそれが選択必修科目であることを表しています。学生はこれら12の選択必修科目のうち，8つの単位を取得することが求められています。

B：ということは，必修科目を最初に履修するほうがいいということですね？

A：ええ，そうするのが履修手続きを進めるうえでよいと思います。

最初のAの発言で，必修科目と選択必修科目の履修に関する説明がなされている。最後のAの発言では，Bの質問内容に対して肯定して「ええ，そうするのが履修手続きを進めるうえでよいと思います」と答えていることから，bの「ということは，必修科目を最初に履修するほうがいいということですね？」が正しい。

II 解答

1．major　2．charge　3．fire　4．close
5．order

◀解　説▶

1．「A：大学では何を専攻していますか？　B：建築を学んでいます」
「彼女は学校の芸術祭で中心的な役割を果たしました」
第1文のBの発言から，Aは「専攻」を尋ねているとわかる。また，第2文では，role「役割」を修飾する形容詞が入ることがわかる。動詞の「専攻する」，形容詞の「主要な，中心的な」の両方の意味を表す語は major である。major in *A*「*A* を専攻する」 play a major role in *A*「*A* において中心的な役割を果たす」はぜひ覚えておきたい表現である。

2．「駐車代には10ドルかかります」
「ダグラスはこの工場の製造部門の担当者です」
第1文では「(料金などを) 請求する」という意味の動詞が用いられ，第2文では「責任，管理」の意の名詞が用いられているとわかる。動詞の「(料金などを) 請求する」，名詞の「責任，管理」の両方の意味を表す語は charge である。なお，(be) in charge of ～ は「～を担当している」の意で，頻度の高い前置詞句であるので，ぜひ覚えておきたい。

3．「彼は，長年ともに働いてきた同僚を，不祥事が原因で解雇しなければならなかった」
「私たちは常に，非常事態に備えて，消火器の使い方を知っておく必要がある」
第1文では「解雇する」という意味の動詞が用いられ，第2文では「火」の意の名詞が用いられているとわかる。動詞の「解雇する」，名詞の「火」の両方の意味を表す語は fire である。なお，fire extinguisher は「消火器」の意で，extinguish は「(火・光など) を消す」という意味の動詞であることも押さえておきたい。in case of ～ は「～の場合には，～の場合に備えて」という意味の熟語である。

4．「彼は，不景気が原因で長年経営してきた店を閉業しなければならなかった」
「私たちはこの事業において非常に複雑な手続きを経なければなりませんでしたが，それがようやく終わりを迎えようとしています」
第2文の表現を知らない受験生もいるかもしれないが，第1文の because of the recession という表現から，店を「閉業する」必要があったとわかる。したがって，close が入ると考えればよい。ちなみに，第2文の空所に close を入れて完成する come to a close〔an end〕は「終わる」という意味を表す。close は他に，形容詞で「接近した，親しい」などの意味があることにも注意したい。

5．「学生の名はアルファベット順で並べられている」
「このサイズのTシャツは在庫にはありませんが，ご注文ならば承ります」
第1文では「順番」という意味の名詞が用いられ，第2文では「注文する」の意の動詞で用いられていると判断する。名詞の「順番」，動詞の「注文する」の両方の意味を表す語は order である。前者は，in an alphabetical order や in order of size / age「大きい順に／年齢順に」のように in とともに用いることが多い。また，order は他に「秩序，整理」などの意もあり，多義語の問題では頻出である。辞書を引いて意味を確認しておきたい。

Ⅲ 解答

1－b　2－c　3－c　4－b　5－b　6－d
7－b　8－d　9－a　10－b

◀解　説▶

1．「彼は，天候を考慮して，屋外展示を中止すべきだと強く提案した」
本問では suggest の語法が問われている。基本的に，suggest *doing* か suggest（to *A*）that S V の形で用いるのがよい。よって，選択肢の中で正しいのは b である。なお，問題文の Given ～ は，「～を考慮すれば，～があれば」を意味する前置詞で，文頭で使われることが多い。

2．「その教師は生徒に，体育祭で最高のパフォーマンスを発揮するよう激励した」
本問では encourage の語法が問われている。encourage は，encourage *A* to *do* の形で用いるのが正しい。よって，正解は c である。

3．「私は，自分のお気に入りのチームが決勝で負けたとき，とてもがっかりしました」
本問では disappoint の正しい語形が問われている。まず，空所の前に I was deeply があることから，空所には形容詞が入ることがわかる。よって，b の名詞 disappointment および d の動詞 disappoint は不適である。次に，disappointed の主語には通例，失望する側の人が，disappointing の主語には失望の原因となる事物がくることが多い。よって，c の

disappointedが正解となる。

4.「明日，初めての発表があります。不安にならずにはいられません」
本問では「～を避ける，こらえる」という意の動詞helpの語法が問われている。この意味のhelpは通例，cannot help *doing* またはcannot help itのように用いる。したがって，選択肢の中で正しいのはbである。なお，cのbeing anxietyはanxietyが名詞であり，I am anxietyとは表現できないことから，不適である。

5.「この村は，その街の北方25kmのところにあった」
本問では「(町などが) ある，位置している」という意味の自動詞lieの活用が問われている。自動詞lieの過去形はlay，過去分詞はlainである。まず，cのlaidは，そもそも他動詞layの過去分詞であることから，不適である。また，dのlainは過去分詞であり，述語動詞として単独で用いることはできないため不適。aのlieについては，仮にこの英文が現在形で書かれているとすると，主語のthe villageに合わせてliesとしなければならない。よって，aも不適である。以上から自動詞lieの過去形であるbのlayが正解となる。他動詞のlayとともに活用およびその意味を確認しておきたい。

6.「そのキャンプ場へはバスか電車で行けると思います」
本問では相関接続詞の用法が問われている。空所に続くby bus or by trainから，空所に入るのはorとともに用いられる副詞であることがわかる。よって，norとともに用いるneither，およびandとともに用いるbothは不適である。次に，eitherは「～か…かのどちらか」を表す場合，either ～ or … とするため，dが正解となる。ちなみに，either of ～ で用いられる場合は代名詞扱いとなり，You can use either of these two cars.「この2台の車のうちどちらか使ってもいいですよ」のように用いる。

7.「彼は全力でその山を登ろうとしたが，頂上まであと50メートルのところで断念してしまった」
本問では結果を表す不定詞句が問われている。only to *do* は通例，悪い結末や期待外れな結果を示して「結局，～ということになる」という意味を表す。なお，用いられる動詞は主にfind，learn，see，discoverなどに限られる。

8.「スマートフォンを使用しながら自転車に乗っている人は，罰則を課される可能性があります」
本問では subject の語法が問われている。subject には形容詞の用法があり，penalties，an import tax のような罰金や税金を表す語と結びついて，be subject to ～「～が課される」の形で用いる。よって，d が正解である。なお，be subject to change のように「～の影響を受けやすい」という意味もあわせて覚えておきたい。（例）Prices are subject to change without notice.「値段は予告なく変更されることがあります」
9.「仕事を手伝ってくれたお返しに，私は子供たちにお菓子をあげました」
本問では「～のお礼に，～の見返りとして」という意味を表す表現が問われている。a の In return for ～ が正解である。よく使われる熟語であるので，ぜひ覚えておきたい。なお，b の In return も同じような意味であるが，問題文のように，仕事を手伝ってもらうなど，具体的にしてもらったことを後ろに続ける場合には，for を伴う必要があるため不適である。
10.「そのような大災害があったにもかかわらず，その街は復興し，今では人で活気に満ちている」
本問では，前置詞および接続詞の用法が問われている。空所の直後に such a catastrophe と続いていることから，S V を続ける必要がある c の Because および d の Even though は不適であると判断する。次に，a の Though は主語が主節と一致している場合に主語と be 動詞を省略することができるが，主節の主語は the city であり，省略を補うと The city was such a catastrophe となり意味をなさない。したがって，a も不適であると考える。b の Despite は「～にもかかわらず」という意味の前置詞であり，後ろに名詞句を続けることができるため，これが正解である。

Ⅳ 解答

1－b　2－c　3－d　4－b　5－a　6－b
7－a　8－d　9－b　10－c

◀解　説▶

1.「その企業はある若い経営者に引き継がれたが，彼はすぐにその企業を立て直した」
本問では take を用いた熟語の知識が問われている。主語が the company

であり，行為主を表すby以下がa young manager「若い経営者」であることから考えて，「～を引き継ぐ」という意のtake over～が適切であると判断する。よって，bのoverが正解である。問題文後半のturn *A* aroundまたはturn around *A*は「*A*を立て直す，*A*を好転させる」の意。なお，その他の選択肢も以下に示す意味だけでなく，他に多くの意味を持つため，一度辞書で確認しておきたい。a.「騙される」 c.「取り外す」 d.「取り出す」

2.「その国の輸出額の半分以上を農作物が占めている」

本問では動詞を中心とした語彙の知識が問われている。主語がagricultural products「農作物」であり，空所の直後にmore than halfという割合を示す語句が続いていることから，「～を占める」という意のaccount forが適切であると判断する。よって，cが正解である。a.「～をまとめる」 b.「～を計算する」 d.「～を要約する」

3.「その国は大量の海外移民の受け入れに応じる構えだ」

本問では名詞の語彙知識が問われている。空所の直前にaccept a large number of～「多数の～を受け入れる」とあり，直後にfrom abroadとあることから，「海外移民を受け入れる」という意味であると考えれば，dのimmigrantsが正解であるとわかる。なお，問題文のbe willing to *do*「～するのをいとわない」はbe ready to *do*に比べ，積極性は低いので，意味に注意が必要である。また，aのrefugesは「避難所，保護施設」の意であり，refugee「難民，亡命者」と混同しないように注意したい。b.「食欲」 c.「政権公約」

4.「彼が犯罪に関与していたという確たる証拠は何もない」

本問では名詞の語彙知識が問われている。空所直後のthat以下が完全文であることからこのthatは同格であると考える。that以下は，「彼が犯罪に関与していたという」という意味であるので，これに先行する名詞を空所に入れる必要がある。意味内容から考えて，「証拠」という意のevidenceが適切であると判断する。よって，bが正解である。なお，空所の直前のhardという形容詞とのコロケーションという観点からもhard evidence「確たる証拠」としてまとめて覚えておくとよい。aのprofit「利益」は，先に述べた同格のthatとともに用いることはできない。dのreputationについては「～という評判」はreputation of〔for〕と通常は前置詞を用いて表す。c．「発言」
5．「セキュリティ上の理由で，関係者の名前や住所は公表していない」
本問では名詞または形容詞の語彙知識が問われている。問題文の後半で，「関係者の名前や住所は公表していない」と述べられていることから，a の security を入れ，for security reasons「セキュリティ上の理由から」という意味がふさわしいと判断する。security は名詞であるが，名詞＋名詞の場合には，前の名詞が形容詞的にはたらくことがあるので注意したい。なお，those involved は「関係者（一同）」を表す慣用表現で，よく使われるので覚えておきたい。b．「代わりの」 c．「先祖（代々）の」 d．「特有の，典型的な」
6．「高価格の製品が必ずしも低価格の製品よりも技術面で優れているとは限らない」
本問では形容詞の語彙知識が問われている。空所の前後から，higher-priced products と lower-priced products が比較されていることがわかれば，空所には b の superior が適切であるとわかる。be superior to ～「～よりも優れている」や問題文の not necessarily ～「必ずしも～とは限らない」は基本表現であるので，覚えておきたい。a．「影響を受けやすい」 c．「前の」 d．「起こりそうな」
7．「すでに彼女が勝つという望みはなかった。にもかかわらず，彼女は一生懸命走った」
本問では接続表現の知識が問われている。接続表現の検討では，必ず空所前後の内容から，意味が通る英文となるかを確認する必要がある。空所の前に「すでに彼女が勝つという望みはなかった」とあり，空所の後に「彼女は一生懸命走った」と述べられていることから，a の nevertheless「～にもかかわらず」が正解であるとわかる。なお，b の despite「～にもかかわらず」は前置詞であり，c の in spite of ～「～にもかかわらず」も前置詞句であることから，ともに直後には名詞を置かなければならない点を押さえておきたい。d．「そうでなければ」
8．「政治家から直接話を聞くことは，彼にとって非常に光栄なことだった」
本問では名詞の語彙知識が問われている。空所の後に「政治家から直接話を聞くことは」とあることから，このような機会は通常貴重なものであると判断し，意味的に「光栄，特権」の意を表すdのa privilegeが正解となる。ちなみに，問題文のように，I'm glad to *do*の改まった表現として，It is a privilege to *do*という形で用いることが多いため，まとめて覚えておくとよい。a．「道楽，耽ること」　b．「勇気」　c．「承認，認識」

9．「この催しに出席する機会があり大変嬉しく思います」

本問では名詞の語彙知識が問われている。空所の後に「この催しに出席する機会があり」とあることから，意味的に「喜ばしいこと，楽しいこと」の意を表すbのpleasureが正解だと判断できる。ちなみに，問題文のように，It is a great pleasure to *do*という形で用いることが多いため，まとめて覚えておくとよい。a．「予測」　c．「出席，存在」　d．「好み」

10．「丁寧な言葉遣いをすることを美徳とみなす人がまだこんなにもたくさんいることを知ることができてうれしいです」

本問では名詞の語彙知識が問われている。空所の前のconsider *A*（as）～「*A*を～とみなす」というconsiderの語法にも注意したい。空所を除いた箇所の意味は「丁寧な言葉遣いをすることを～とみなす人がまだこんなにもたくさんいることを知ることができてうれしいです」であるので，意味内容の観点から，空所にはよい意味が入るとわかる。よって，「美徳」の意味を持つcのvirtueが正解である。ちなみに，languageは可算名詞の「言語」ではなく，不可算名詞で「言葉遣い，文体」の意であるので注意が必要である。a．「分類」　b．「悪，悪習」　d．「格差，不均衡」

V　解答

（A，Bの順に）1－e，g　2－f，c　3－a，b　4－d，e　5－b，a

◀解　説▶

1．「彼女は素晴らしい歌声に恵まれた学生です」

Sheの後に続く述語動詞として使える選択肢は，isまたはis singingしかない。後者はShe is singing giftedとなり，現在分詞と過去分詞が連続し，意味も通らないので，isが述語動詞だと判断する。Sheとvoice，つまり「人」と「声」は意味的にbe動詞でつなぐことはできないため，後に続くのはa studentとなる。次に，a studentという名詞の直後にgiftedがあることから，a studentを修飾する過去分詞であると考える。最後に，（be）gifted with～「～に恵まれている」という表現と残った選択肢から，with a great singing voice という前置詞句を続ければよい。よって，完成する英文は，(She) is a student (gifted) with a great singing voice. となる。

2.「玄関で靴を脱ぐ慣習は，アジアでは一般的である」

選択肢の shoes や off という語から，take shoes off「靴を脱ぐ」という句ができると考える。さらに，空所直前の The custom「慣習」という名詞句に「～という」を表す同格の of を入れて，The custom of taking shoes off とする。また，この句の意味内容から，at the entrance「玄関で」という句を続け，残った is を述語動詞として用いればよい。よって，完成する英文は，(The custom) of taking shoes off〔off shoes〕at the entrance is (common in Asia.) となる。

3.「息子の独奏会〔独唱会〕に来ていただけないかと考えています」

述語動詞の wonder の直後に if があることから，主語と述語動詞を伴う節を続ければよいとわかる。選択肢から you が主語となる。続く述部は would be または would come to が考えられるが，空所の直後 my son's recital が続いていることから come to が最後の空所に入り，would be が述部であると判断する。また残りの選択肢から，形容詞［副詞］+enough to *do*「～するのに十分…である」という表現を用いればよいとわかる。よって，完成する英文は，(I wonder if) you would be kind enough to come to (my son's recital.) となる。

4.「私はかかりつけの医者がまさに車に乗り込もうとするところを見かけた」

まず，my の後にある空所には名詞しか入れられないため，選択肢から doctor が続くとわかり，I caught my doctor. という文が完成する。続きには接続詞を続けるか分詞構文が考えられるが，選択肢に was があることから判断して，分詞構文は使用できないため，as を接続詞として用いて主語と述語動詞を続ければよいとわかる。次に，文末にある car から判断して，his を最後の空所に入れればよい。したがって完成する英文は，(I caught my) doctor (just) as he was getting into his (car.) となる。

5.「私は，彼がますます父親に似てきているように感じた」

まず，書き出しの I feel および選択肢の that から，I feel that S V「S が V だと感じる」が文の骨格になると考える。次に，that 節の主語は he または his father であるが，残った grown to (*do*)「徐々に～するようになる」や resemble「～に似ている」から意味的に判断して，主語としては he が適切であるとわかる。さらに，主語が he で三人称単数であり，grown が過去分詞であることから，that 節の述部は has grown となり，完成する英文は，(I feel) that he has grown to resemble his father (more and more.) となる。

Ⅵ　解答

1．1―b　2―d　3―c
2―b・d・f

◆全　訳◆

≪三目並べの遊び方≫

おそらく，三目並べの遊び方はすでに知っていることだろう。本当に単純なゲームでしょう？　それがほとんどの人が考えていることである。しかしよく考えてみると，三目並べは思っているほど単純ではないのだ！三目並べでは，他の多くのゲームと同様に，先を読んで，対戦相手が次に何をするかを見極めようとすることが求められるのである。

三目並べのルール

1．このゲームは3マス×3マスの碁盤の上で行われる。
2．あなたがXで，友だち（あるいは対戦相手）がOである。各プレイヤーが順番に自分のマークを各マスの空欄に入れていく。
3．先に自分のマークを一列（上下，左右，または斜め）に3つ並べたプレイヤーが勝ちとなる。
4．9つすべてのマスが埋まれば，ゲームは終了となる。自分のマークを一列に3つ並べたプレイヤーがいない場合，引き分けとなりゲームは終了となる。

どうすれば三目並べで勝つことができるのか？

対戦相手に勝つ（あるいはせめて引き分けに持ち込む）には，ちょっとした戦略を用いる必要がある。戦略というのは，つまり勝つために何をしなければならないかを考えることである。どうすればXを3つ一列に並べることができるかを考えることも戦略の1つである。もう1つは，どうすれば対戦相手がOを3つ一列に並べるのを阻止できるかを考えることだ。1つのマスにXを入れたら，先を読み始めるのである。次のXはどこに入れるのが最善だろうか？　空いているマスを見て，どのマスがよい選択かを決める。すなわち，どのマスなら一列に３つのマークを入れられる可能性があるのかを判断するのである。対戦相手がどこにOを入れるかもよく見ておかなければならない。それによって自分が次に何をするかが変わってくるかもしれない。対戦相手がOを一列に２つ埋めた場合，その列の最後のマスにXを入れなければならない。そうでないと，対戦相手が勝ってしまう。特定のマスに入れないとゲームに負けることになるのだ。常に注意を払って先を読んでいれば，三目並べというゲームで負けることは決してないだろう。勝てないかもしれないが，少なくとも引き分けには持ち込めるだろう。

◀解　説▶

１．１．本問では，空所を含む句には括弧が用いられ，文の途中にあることから，前後の内容を把握し，適切な挿入句を選べばよいと考える。まず，空所を含む文の括弧を除いた部分には，「三目並べでは，先を読んで，対戦相手が次に何をするかを見極めようとすることが求められるのである」と述べられており，この内容は三目並べ以外の一般的なゲームにも多く当てはまることから，意味的に「～と同様に，～に加えて」などの意を表すｂの along with が正しいとわかる。ａ．「～があれば，～を考慮すると」ｃ．「～より多い」 ｄ．「～によって」

２．本問では，選択肢から make を含んだ熟語の知識が問われていると考える。まず，空所を含む文の前半（To beat your opponent …）は，「対戦相手に勝つ（あるいはせめて引き分けに持ち込む）には」という目的を表しており，空所の直前に you need to とあることから，目的の達成のためにしなければならないことが入ると判断する。よって，「～を利用する，～を使う」という意を表すｄの make use of ～ が正解である。なお，その他の選択肢も頻度の高い基本表現であるため，辞書等で確認し覚えておきたい。ａ．「～の埋め合わせをする」 ｂ．「～というふりをする」 ｃ．「～ということを確かめる」

３．本問では，選択肢から考えて接続表現が問われていると考える。したがって，意味が通る英文となるよう前後関係を注意深く検討したい。空所までの前半部分（If your opponent …）は，主節と if の従属節とからなる文であり，「対戦相手がOを一列に２つ埋めた場合，その列の最後のマスにXを入れなければならない」と述べられている。次に，空所の後に続く文は「対戦相手が勝つことになる」と述べられているので，意味的に前後を適切につなぐのは，「さもなければ」の意を表すcのorが正解となる。ちなみに，このorは「～しなさい」などを意味する肯定の命令文の後でよく使われる接続詞であるが，命令文以外にも，本文のようにhave toを含む文やmust，had betterなど一般に必要性を述べた文の後で使用されることがある点に注意したい。a．「もし～ならば」 b．「もし～でなければ」 d．「その場合には，その時には」

2．a．「9つのマスがすべて埋まったら，2人のプレイヤーのうちどちらかが勝者となる」

この英文の真偽を判定するには，either one of the two playersのeitherの意味が「どちらか一方の」となることを正確に理解しているかが重要である。第1段の4番目のルール（When all 9 squares …）で「9つすべてのマスが埋まれば，ゲームは終了となる。自分のマークを一列に3つ並べたプレイヤーがいない場合，引き分けとなりゲームは終了となる」と述べられていることから，どちらかのプレイヤーが勝利するとは限らない。よって，不適。

b．「ゲームに勝つためには，Xを3つ並べるだけでなく，相手がOを3つ並べるのを阻止する方法を考えなければならない」

第2段第3文（Part of your strategy …）および第4文（The other part …）に「どうすればXを3つ一列に並べることができるかを考えることも戦略の1つである。もう1つは，どうすれば対戦相手がOを3つ一列に並べるのを阻止できるかを考えることだ」と述べられている。よって，この英文は本文と一致しているといえる。

c．「どちらのプレイヤーも同時に勝つことがありうる」

第1段の3番目のルール（The first player …）に「先に自分のマークを一列（上下，左右，または斜め）に3つ並べたプレイヤーが勝ちとなる」との記述があり，順番にマスを埋めていくゲームであることから，複数のプレイヤーが同時に勝者になることはない。よって，不適。

d．「慎重にプレイすれば，このゲームで負けることはない」

第2段最後から2つ目の文（If you always …）で「常に注意を払って先を読んでいれば，三目並べというゲームで負けることは決してないだろう」と述べられていることから，この英文は本文の内容と一致すると判断できる。

e.「プレイヤーはXやOを3つマークしなくても勝てる場合がある」

第1段の3番目のルール（The first player …）に「先に自分のマークを一列（上下，左右，または斜め）に3つ並べたプレイヤーが勝ちとなる」との記述以外に，勝者となる条件が本文で説明されていない。よって，不適である。

f.「9つのマスがすべて埋まり，どのプレイヤーも3つのマークを連続して持っていない場合，ゲームは引き分けとなる」

第1段の4番目のルール（When all 9 squares …）で「9つすべてのマスが埋まれば，ゲームは終了となる。自分のマークを一列に3つ並べたプレイヤーがいない場合，引き分けとなりゲームは終了となる」と述べられていることから，この記述は正しいといえる。

g.「あなたの戦略は，すべて相手がどこにOを入れるかにかかっている」

第2段第3文（Part of your strategy …）および第4文（The other part …）に「どうすればXを3つ一列に並べることができるかを考えることも戦略の1つである。もう1つは，どうすれば対戦相手がOを3つ一列に並べるのを阻止できるかを考えることだ」と述べられている。したがって，相手の手だけでなく自分がXを3つ一列に並べることについても戦略を練らなければならないとわかる。よって，この英文は不適である。

h.「自分が先攻でプレイし，引き分けでゲームが終わった場合，（碁盤上の）Xの数は4つである」

このような記述が本文でされているわけではないが，4つのルールから判断して，2人のプレイヤーが交互にXとOを9つのマスに入れていくとすると，引き分けでゲームが終了するまでに，先攻のXをマークするプレイヤーがXを入れるのは，計5回ということになる。よって，Xの数が4つであると述べているこの英文は不適である。

Ⅶ 解答 b・c・h

◆全　訳◆

≪好感の持てるロボットを開発するには≫

著作権の都合上，省略。

◀解　説▶

a.「どうすればロボットを人に好かれるようなものにできるのかということは複雑な問いであるが，科学者はこの問いに答えるためのステップをすべて明らかにした」
第1段第2文（It's a simple …）に人に好まれるロボットをどう作るかは「単純な問い」とあり，さらに第3段（It's a first step, …）に「これは確かに第一歩であるが，そのチーム曰く，ロボットが家庭内でいっしょに暮らすようになるまでには，まだ数十年かかるのではないかとのことだ」とあることから，好感の持てるロボットを開発する方法については全貌が明らかになっていないため，不適。
b．「実験によって，より茶目っ気があって好奇心旺盛なロボットのほうが社交的であるとみなされた」
第2段第1文（Dr Marcus Scheunemann, …）に「反応型ロボットを好奇心旺盛なロボットと比較したところ，人は好奇心旺盛なロボットのほうがより社交的だと感じることがわかっている」とある。よって，この英文は正しい。
c．「研究協力者は，単純な反応を示すロボット，茶目っ気があって好奇心旺盛なロボットの2種類のロボットで遊んだ」
第1段第3文（Scientists at the University …）に「研究協力者の人々に，単純な反応を示すロボットで遊んでみてほしいと頼んだ」とあることから，単純な反応を示すロボットで遊んだとわかる。また，続く第4文（The same robot …）に「これと同じロボットが，茶目っ気があって好奇心旺盛なロボットとなるようにプログラムされた。その後，人々の受けた印象を比較した」と述べられていることから，研究協力者は茶目っ気があって好奇心旺盛なロボットでも遊んだと判断できる。したがって，この英文は正しい。
d．「ロボットが家庭に受け入れられるようになるまでそんなに長くはかからないだろうと予測されている」
第3段（It's a first step, …）に「これは確かに第一歩であるが，そのチーム曰く，ロボットが家庭内でいっしょに暮らすようになるまでには，まだ数十年かかるのではないかとのことだ」とあることから，この英文は，本文と反対の内容を述べているとわかる。よって，不適。
e．「家庭では規制できない映画俳優がたくさんいる」
第4段第2文（It can change …）に「家庭は…変化することがあるし，統制のきかない要因がたくさんあります」と述べられているが，映画俳優については言及がなく，内容面から考えても映画とは関連がないため，不適である。ちなみに，本文にある actor は「俳優」の意ではなく，辞書等には「関係者，参加者」という意味で掲載されている。ここでは，「関係者」という訳出では日本語がやや不自然になるため，「関係する人やもの」，すなわち「関連要因」などと解釈するとよい。

f.「ポラーニ教授によると，会社よりも家庭の方が物の配置や人の行き来といったことに関するルールを決めやすいとのことだ」
第4段第2・3文（It can change …）に「家庭というのは…一方，会社では物の配置や人の行き来といったことに関してルールを決めることができます。家庭ではそれができません」と述べられている。よって，この英文は不適。

g.「家庭は通常，型が決まっており，予測可能な環境である」
第4段第1文（Daniel Polani, a professor …）の発言の後半に「家庭というのは決まった形がなく，予測困難なものだからです」とあることから，この英文は反対の内容を述べているとわかる。よって，不適。

h.「人々が何を受け入れるのかを知ることは，家庭用の魅力的なロボットを設計するための第一歩となる」
第5段（So, a real BB-8 …）で「そんなわけで…人々が何を受け入れるのかを知ることは，魅力ある家族の一員を設計するための第一歩となる」との記述があることから，この英文は正しいとわかる。

Ⅷ　解答　f

◆全　訳◆

≪イルカの意思疎通≫

イルカは，音を発したり，互いに身体を触れ合ったり，身体言語を使ったりと複数の方法で互いに意思疎通をはかる。音声を使ったコミュニケーションでは，甲高いクリックス（カチカチ，ギリギリという音）やホイッスル（ピュイーという音）を使って意思を伝え合っている。

イルカはそれぞれわずかに異なる声のピッチで意思疎通をはかっているのだが，これによってどのイルカが音を発しているのかがわかるのである。

このことは特に，複数のイルカがいて，母親のイルカが我が子を見失うかもしれないような群れで移動している場合や，友達の二頭のイルカがお互いのことを見つけられない場合に重要になってくる。

すでに述べた通り，身体言語もまた，イルカ自身とその生存において重要である。

身体言語を使う目的としては，近くにいる捕食者のようないろいろな物を指す，食べ物を見つけたことを他のイルカに知らせる，交尾の相手として自分がどれくらいふさわしく，どれくらい見込みがあるかを示すことなどが挙げられる。

◀解　説▶

本問は文を正しい順に並べる問題であるが，解答において最も重要なのは，あくまで読解問題であるという意識を持つことである。すぐに文の順番を検討しようとするのではなく，まずは各文の内容把握を丁寧に行い，要約を作成するのがよい。内容が理解できたら，解答の見通しを立てるために，前後関係を明示する表現や指示代名詞などの使用に注意して英文を簡単に確認するのもよい。また，英語の文章では原則として，情報の流れが概要（漠然とした内容）から具体的な（個別の）内容へと移るということも意識しておくとよい。

Aでは「身体言語を用いる目的」が列挙され，Bは「イルカにとっての身体言語の重要性」に関する記述がある。Cでは「音声による意思疎通の仕組み」が紹介され，Dで「イルカはさまざまな方法で意思疎通をはかる」とある。最後のEでは，This が何を指すかわからないため，それ以外の内容を把握すると「母親のイルカが我が子を見失った場合，または友達の二頭のイルカがお互いのことを見つけられない場合に This がとりわけ重要となる」とある。身体言語は相手がいないとコミュニケーションの助けにならないため，This が指す対象は，音声による意思疎通と関連していると考える。

内容面から整理すると，A・Bが身体言語によるコミュニケーション，C・Eが音声によるコミュニケーションについて述べているとわかる。残るDは「イルカはさまざまな方法で意思疎通をはかる」という概要的な内容で，両方の手段を含んでいることから，Dは導入部として最初に来ると考える。

また，Dの最終文で音声による意思疎通と pitch について述べられていることから，Dの直後にはpitchについて述べられているCが続き，同じ話題のEがその後だとわかる。

最後に，話題が同じであるAとBの順序については，英語の文章構成が「概要（漠然とした内容）→具体的な（個別の）内容」の流れであることを考慮すると，Bの直後にAが続くとわかる。以上をまとめると，正しい順序はD→C→E→B→Aとなり，fが正解となる。

IX 解答

1．(ア)－b　(イ)－c　(ウ)－a　(エ)－d　(オ)－a

2．1－b　2－a　3－d　4－b　5－c

3．(A)－a　(B)－d　(C)－b　4－b・e・f

◆全　訳◆

≪発明家ラルフ＝ベアの生涯とスミソニアン博物館の取り組み≫

ラルフ＝ベアは，2014年12月7日に亡くなった。世間の人々は，世界初のテレビゲームを発明した人として，彼のことを記憶に留めることだろう。ここスミソニアン博物館では，我々は彼のことをアメリカのイノベーションにおける特筆すべき象徴であるとも考えている。我々は，彼自身と彼の工房を米国史の一部にしようとしている。そして，スミソニアンでの「イノベーションの年」の中心に据えようとしている。

私が初めてラルフ＝ベアのことを知ったのは，2003年に彼の息子が電話をしてきたときだった。「こんにちは，マーク＝ベアと申します。お電話したのは，父が世界初のテレビゲームを発明した人物だからです」 今，スミソニアン博物館にはたびたびこのような電話がかかってくるが，後になっていたずら電話だったとわかる場合がほとんどである。当時，ラルフによるこの分野に対する貢献は，今日ほど世間に認識されておらず，私もよく知らなかった。そんなわけで，私はマークからの電話が非常に疑わしいと思い，まず間違いなくこの電話で困った事態になるだろうと感じていた。

しかし，我々がこの件をさらに掘り下げるとすぐに，ラルフの驚くべき経歴を知ることとなったのだ。彼は最初，ヒトラーの弾圧から逃れたドイツ人亡命者であって，その後彼は先駆的なテレビ技術者として，ソープオペラ（連続ドラマ）を鑑賞することだけでなく，何かテレビを使ってもっとできることがあるにちがいないと考えた。ラルフとマークは，スミソニアン博物館がラルフの所有品や論文の所蔵に興味を示すのではないかと考えていたのだ。

我々のチームは，ラルフに会いに，ニューハンプシャー州マンチェスターにある彼の自宅まで行った。そこで我々が知ったことは，ラルフがテレビゲームの発明者であるだけでなく，大人になってからもずっと発明を続け，80 代になってもなお，発明を続ける根っからの発明家であり，道具や機械を修繕・改造するのが好きな職人であるということだった。我々はスミソニアン博物館で所蔵すべきものが，見事にずらりと並んでいるのを目にした。

スミソニアン博物館の別の場所には，ラルフの伝記がまとめられていたり，テレビゲームの発明に関する文が展示されていたりする。また，スミソニアン博物館のナショナル・コレクションに加えようと彼から譲り受けた，テレビゲーム開発にまつわるたくさんの工芸品を展示している。彼の記録した文書もスミソニアン博物館のコレクションに加えられている。

ラルフは，世界初のテレビゲームに加えて，サイモンという大人気になったゲームの重要な一部を発明した。このゲームでは，電子機器が音と光のパターンを生成し，一人（または複数）のプレイヤーが，完全に同じものを再現しようと挑戦するのである。ゲームが進んでいくにつれて，パターンはしだいに複雑になっていく。最も複雑なパターンを間違うことなく再現したプレイヤーが勝者となる。

驚くにはあたらないが，ラルフが発明したのはモノだけにとどまらない。彼は，自宅も自分で設計し建てたのである。そしてその地下に，作業場という自分だけの聖域を作った。ほぼすべての発明家がどこかしらに作業場を持っているものだ。ガレージの中であったり，物置小屋であったり，屋根裏部屋であったりする。しかし，ラルフの作業場には特別な雰囲気があった。前壁や玄関もあった。そこは別世界だった。郵便受けや住所さえあったのだ。

退職前も退職後も，ラルフはこの作業場で発明のほとんどを手がけた。こうした彼の発明には，オリジナルのテレビゲームをはじめ，多くのおもちゃがある。彼の作業場を目にした途端，我々はそこが注目に値する場所であるとわかった。そこはラルフの隠れ家というだけでなく，何千ものアメリカ人職人，そして発明家の作業場や工作台の象徴でもあったのだ。

我々は，それから数年間にわたって，ラルフの目覚ましいキャリアの中で生み出された「モノ」や記録文書を収集しているときに，ゆくゆくは彼の作業場もコレクションに入れようという話をしていた。しかし彼は，80代後半になってもなお，発明を続けていたのだ！　彼には作業場を手放すことができなかった。

2015年7月，スミソニアン博物館は，西館1階をリニューアルオープンすることになっている。このコーナーは，米国史においてイノベーションが担ってきた役割についての我々の1年間にわたる探求と，その役割を称賛する展示の見どころになるだろう。新装された西館には，発明とイノベーションというテーマに関連した展示が多数入る予定である。このスペースを計画する際，我々は，来館者がここに向かってホールを降りてくるときに目にするであろうもの，すなわち，このスペースを鑑賞するにあたって適切な導入となるような展示を選ぶ必要があった。我々はこれをランドマーク・ディスプレイ（館内順路図に表示する目印となるもの）と呼んでいる。

ある日，我々にはある考えが浮かんだ。その考えとは，もう一度ラルフ＝ベアに，このスペースのランドマークとするために，彼の作業場をコレクションとして展示できないかと聞いてみるべきだというものだ。ラルフはこのころ90代であったが，それでもなお，この要求はなかなか受け入れてくれそうになかった。彼が唯一首を縦に振ったのは，息子のマークが自分にもっとモダンな作業場を別に建ててくれるならば，私たちに作業場を譲り渡してもよい，ということであった。今年の9月になってようやく，我々のチームは再び彼の家を訪ね，来年の7月に1階のランドマークとして展示する品々を譲り受けた。そのときラルフは作業場で何を作っていたのか？　彼は縮小版の電気自動車の実験をしているところだと私たちに教えてくれた。「その電気自動車でバンパーカーホッケー（スポーツのホッケーと同様のルールだが，車に乗っている各プレイヤーがぶつかり合いながらパックを取り合い，ゴールした得点を競うゲーム）ができるといいのだけれど」と語った。

ラルフの作業場は，発明家として成功を収めるのに必要なものが何なのかを体現している。どんな発明家にも新しいアイディアは浮かぶのだが，成果を上げるにはそれ以上のものが必要である。また，発明家には自らの専門分野についての幅広い知識，それから広範な経験が備わっていないといけない。専門的なトレーニング，道具，部品，参考資料，試作品を必要とする。根気も必要である。ラルフはそうしたものをすべて持ち合わせていたのだ。実際，彼の作業場には，1930 年代から現在に至るまでのさまざまな材料があり，それは紛れもない電子工学史を網羅した知の源泉といえるものであった。彼は，ハムラジオに始まり，はるかインターネットや現代のマイクロチップの設計に至るまで，電子工学史のすべてとともに歩んできたのである。

博物館に展示するため，我々が彼の作業場の荷物をまとめ，搬出していたとき，ラルフは悲しげだった。我々は彼に，来年の 7 月にまた見に来られると約束した。しかし，彼にはもうそんなに長くは生きられないだろうという悪い予感があった。そうであっても，彼は世界中からやって来る来館者が，生涯のほとんどを費やし自宅に作った特別な場所を見ることができるように，とやる気満々だった。彼になぜ休まずに発明を続けるのかと尋ねると，彼はこう言った。「やめられないんだ。私はドイツ人だからね」と。いかにも米国人らしい。

◀解　説▶

1. (ア)inventor は「発明家，発明をする人」という意味である。下線部を含む英文の意味は「世間の人々は，世界初のテレビゲームを発明した人として，彼のことを記憶に留めることだろう」となり，この文では，世界で初めてテレビゲームを「作った人」という言い換えが可能であるため，b の creator が正しいと考える。a.「調査官」 c.「(博物館などの) 学芸員」 d.「捜査員」

(イ)icon は「像，象徴」という意味である。下線部を含む英文の意味は「ここスミソニアン博物館では，我々は彼のことをアメリカのイノベーションにおける特筆すべき象徴であるとも考えている」となり，選択肢の中で「象徴」を表すのは c の symbol である。a.「絵や写真の画像」 b.「絵画」 d.「歴史」

(ウ)oppression は「抑圧，弾圧，虐待」などの意味を表す。下線部前の a German émigré fleeing Hitler's oppression から考えて，「ヒトラーの弾圧から逃れたドイツ人亡命者」という意味であるとわかる。正解は a の tyranny「圧制，暴政」である。tyranny はやや語彙のレベルが高いが，

a以外の基本語の意味を知っていれば消去法でも解答できる。b．「うつ病」　c．「批判」　d．「印象」

(エ)hitは「（考えなどが）浮かぶ」という意味の動詞であるが，受験生にはあまりなじみのない表現であると思われる。通常，It hit me that … のように，Itを主語にしてthat節で具体的な考えを説明することが多いが，ここではコロンによって「考え」の内容を具体化している。解答の際は，前後の文脈から適切な意味を判断していくことになる。まず，第10段第4文（As we planned …）で「このスペースを計画する際…このスペースを鑑賞するにあたって適切な導入となるような展示を選ぶ必要があった」とあり，どういった展示がよいかを検討していたことがわかる。さらに，下線部の後に「もう一度ラルフ＝ベアに，このスペースのランドマークとするために，彼の作業場をコレクションとして展示できないかと聞いてみるべきだ」との内容が続くことから，下線部全体は「我々にはある考えが浮かんだ」などという意味になると見当がつく。よって，dが正解であると判断する。a．「それは成功した」　b．「我々はそのことを後悔した」　c．「我々は感銘を受けた」

(オ)encyclopediaは「百科事典」の意味であるが，下線部を含む his workshop was a veritable encyclopedia of the history of electronics の部分は「ラルフの作業場は紛れもなく電子工学史の百科事典であった」と直訳すると意味が通らない。問題文に示されている通り，「～の源泉」という意味で解釈すると，さまざまな発明をしてきたラルフの作業場は電子工学史の「知の源泉」であると言い換えることができる。したがって，正解はaである。b．「循環」　c．「達成」　d．「兆候」

2．1．空所の後ろが his son called me in 2003 とあり，文が続いているので，関係代名詞であるcの whose およびdの which は不適であるとわかる。また，aの in which については，先行詞が必要であるが，空所の直前が Ralph Baer という人物であることから不適である。意味の観点からも，「2003年に彼の息子が電話をしてきたときに，私は初めてラルフ＝ベアのことを知った」となり意味が通ることから，bの when が正解となる。

2．空所の後の文は「ラルフは，サイモンという大人気になったゲームの重要な一部を発明した」という意味で別のゲームについて述べられていることから，空所に入れて意味が通るのは，「～に加えて，～以外にも」を表す a の Besides のみである。b.「～がなければ」 c.「～によると」 d.「次に」

3. 空所の後の文は「ラルフが発明したのはモノだけにとどまらない」という意味である。同段落の続く文には「彼は，自宅も自分で設計し建てたのである」とあることから，空所に入れて意味が通るのは，「驚くにはあたらないが」という意を表す d の Not surprisingly のみである。a.「偶然に」 b.「それにもかかわらず」 c.「まさか～するとは思えない」

4. 空所の前の文は「ほぼすべての発明家がどこかしらに作業場を持っているものだ。ガレージの中であったり，物置小屋であったり，屋根裏部屋であったりする」という意味であり，後の文は「ラルフの作業場には特別な雰囲気があった」という意味である。この 2 つの文は，他の大勢の発明家とは異なるラルフの作業場の特徴を対比的に述べているので，これらをつなぐ適切な接続詞は b の But であると判断する。a.「そして」 c.「～であるので」 d.「だから」

5. 第 11 段第 1 文（One day, it …）以降では，ラルフに対して彼の作業場をコレクションとして展示できないかと打診しており，その要求が通りそうにないという内容が述べられている。そして，空所に続く文の that 以下がラルフの返答であり，「息子のマークが自分にもっとモダンな作業場を別に建ててくれるならば，私たちに作業場を譲り渡してもよい」と述べられていることから，文意が通るのは c の only のみであるとわかる。他の選択肢，a.「年に一度」，b.「いつも」，d.「また」も文法的には空所に入りうるが，どれも意味内容の観点から不適である。

3. (A)下線部を含む文は「彼にはそれを手放すことができなかった」という意味である。また，第 9 段第 1 文（Over the next …）でラルフの作業場を展示できないかという話になったことが書かれていることから，it が指している「手放すことができなかった」のは his workshop であるとわかる。

(B)下線部を含む文は「我々はこれをランドマーク・ディスプレイ（館内順路図に表示する目印となるもの）と呼んでいる」という意味である。したがって，これより前の文から，ランドマーク・ディスプレイを説明している箇所が this の指示対象であると考える。すると，d の an object that would serve as an appropriate introduction to the space がランドマーク・ディスプレイの説明をしているとわかる。

(C)下線部を含む文で They は「専門的なトレーニング，道具，部品，参考資料，試作品を必要とする」と述べられている。前後の文でも同じ動詞 need が用いられ，発明家が成功するために必要な事物が挙げられているとわかる。したがって，下線部が指している They も前文と同じ b の inventors であると考えれば意味が通る。

4．a．「この文章の筆者が電話に出たとき，彼はラルフ＝ベアとその功績について知っていたが，マーク＝ベアのことは知らなかった」
第2段第1文（I first learned …）では，「私が初めてラルフ＝ベアのことを知ったのは，2003年に彼の息子が電話をしてきたときだった」と述べられており，同段第4文（At the time …）には「当時，ラルフによるこの分野に対する貢献は，今日ほど世間に認識されておらず，私もよく知らなかった」とあることから，不適である。

b．「ラルフ＝ベアはヒトラーの弾圧から逃れるために米国に移住した」
第3段第1文（But we pursued …）では，「彼は最初，ヒトラーの弾圧から逃れたドイツ人亡命者であって…」とあることから，この記述は正しいといえる。

c．「ラルフ＝ベアは大人になってからずっと発明をし続けていたが，1980年代にそれを止めた」
まず，第4段第2文（We found he was …）で「大人になってからもずっと発明を続け，80代になってもなお発明を続ける根っからの発明家であり…」と述べられていることから，不適。なお，この英文の in his 80s は，「（ラルフが）80代になっても」の意であり，1980年代を表してはいない点に注意。また，本文には「1980年代」との文字通りの記載は見られないが，問題文の後半については，第12段第7文（Indeed, his workshop …）に「実際，彼の作業場には，1930年代から現在に至るまでのさまざまな材料があり…」と述べられており，続く第8文（He had lived …）に「彼は…電子工学史のすべてとともに歩んできた」とあることから，1980年代も発明を続けているため，「1980年代に発明を止めた」という内容は不適である。

d．「ラルフの作業場を譲り受けるためのスミソニアン博物館の職員との交渉は，はじめからうまくいっていた」
第9段では，ラルフの発明品や記録文書を収集している際，作業場をコレクションにすることについて交渉がなされているが，同段第3文（He couldn't let …）で「彼には作業場を手放すことができなかった」と述べられている。つまり，この時点ではラルフは作業場をスミソニアン博物館に提供するという意思がなかったと判断できる。よって，不適である。

e．「ラルフの作業場は他の発明家の作業場とは違っていた。そこには郵便受けと住所まであった」
第7段第5文（［ 4 ］ Ralph's workshop …）から同段最終文にかけて，「しかし，ラルフの作業場には特別な雰囲気があった。前壁や玄関もあった。そこは別世界だった。郵便受けや住所さえあったのだ」とあることから，この記述は正しいとわかる。

f．「ラルフには発明家として成功するために必要なものがすべて備わっていた」
第12段第1～5文（Ralph's workshop … They need persistence.）には，発明家に必要なものがいくつか挙げられており，第6文にRalph had them all.「ラルフはそうしたもの（＝発明家に必要なもの）をすべて持ち合わせていたのだ」と述べられていることから，この記述は正しいといえる。

g．「結局，ラルフは自分の作業場が博物館に展示されているところを見ることができた」
まず第1段第1文に（Ralph Baer passed …）「ラルフ＝ベアは，2014年12月7日に亡くなった」とある。さらに，第10段第1文（In July 2015 …）では「2015年7月，スミソニアン博物館は，西館1階をリニューアルオープンすることになっている」とあり，第11段第4文（Finally, in September …）で，「今年の9月になってようやく，我々のチームは再び彼の家を訪ね，来年の7月に1階のランドマークとして展示する品々を譲り受けた」との記述がある。以上の内容をまとめると，ラルフ＝ベアは2014年12月7日に亡くなったため，2015年7月の展示が公開されているところを実際に目にすることはできないことになる。よって，この文は不適。

h．「ラルフは自分のルーツがドイツにあるということよりもアメリカ人であるということに誇りを持っていた」

最終段最後から2つ目の文（When I asked him …）に,「彼になぜ休まずに発明を続けるのかと尋ねると，彼はこう言った。『やめられないんだ。私はドイツ人だからね』と」と発言していることから，ラルフ自身は，自分のことをドイツ人であると考えていることがわかる。よって，不適。

数学

1

解答　(1)(ア) $-4 \leqq a$　(イ) $a \leqq -9$

(2)(ウ) $\dfrac{3}{2}$　(エ) $(4,\ 2)$　(オ) 4

◀解　説▶

≪2次不等式，必要条件・十分条件，ベクトルの内積，円のベクトル方程式≫

(1)　条件 p を満たす x の値の範囲は　　$-3 < x < 2$　……①

また，条件 q を満たす x の値の範囲は

$$\begin{cases} a \geqq 0 \text{ のとき} & \text{なし} \\ a < 0 \text{ のとき} & -\sqrt{-a} < x < \sqrt{-a} \end{cases} \quad \cdots\cdots②$$

よって，p が q であるための必要条件となるとき，②が①に含まれればよいので

(i) $a \geqq 0$　または　(ii) $a < 0$ かつ $-3 \leqq -\sqrt{-a}$ かつ $\sqrt{-a} \leqq 2$

となればよい。

(ii)を満たす a の値の範囲は

$a < 0$　かつ　$3 \geqq \sqrt{-a}$　かつ　$\sqrt{-a} \leqq 2$

$a < 0$　かつ　$9 \geqq -a$　かつ　$-a \leqq 4$

$a < 0$　かつ　$-9 \leqq a$　かつ　$-4 \leqq a$

$-4 \leqq a < 0$

よって，求める a の値の範囲は　　$-4 \leqq a$　→(ア)

また，p が q であるための十分条件となるとき，①が②に含まれればよいので

$a < 0$　かつ　$-\sqrt{-a} \leqq -3$　かつ　$2 \leqq \sqrt{-a}$

となればよい。

$a < 0$　かつ　$\sqrt{-a} \geqq 3$　かつ　$2 \leqq \sqrt{-a}$

$a < 0$　かつ　$-a \geqq 9$　かつ　$4 \leqq -a$

$a<0$　　かつ　　$a \leqq -9$　　かつ　　$a \leqq -4$

$\therefore$　$a \leqq -9$　→(イ)

(2)　$\tan\theta=\sqrt{15}$ $\left(0 \leqq \theta < \dfrac{\pi}{2}\right)$ のとき

$\tan^2\theta+1=\dfrac{1}{\cos^2\theta}$ より

$$\frac{1}{\cos^2\theta}=16 \qquad \therefore \quad \cos^2\theta=\frac{1}{16}$$

$0 \leqq \theta < \dfrac{\pi}{2}$ のとき, $0<\cos\theta \leqq 1$ なので　　$\cos\theta=\dfrac{1}{4}$

$$\therefore \quad \overrightarrow{OA}\cdot\overrightarrow{OB}=|\overrightarrow{OA}||\overrightarrow{OB}|\cos\theta$$

$$=2\cdot3\cdot\frac{1}{4}$$

$$=\frac{3}{2} \quad \to(ウ)$$

さらに, 平面上の点Pに対するベクトル方程式

$$(\overrightarrow{OP}-3\overrightarrow{OA}-\overrightarrow{OB})\cdot(\overrightarrow{OP}-5\overrightarrow{OA}-3\overrightarrow{OB})=0 \quad \cdots\cdots①$$

において, $3\overrightarrow{OA}+\overrightarrow{OB}=\overrightarrow{OD}$, $5\overrightarrow{OA}+3\overrightarrow{OB}=\overrightarrow{OE}$ とおくと

$$(\overrightarrow{OP}-\overrightarrow{OD})\cdot(\overrightarrow{OP}-\overrightarrow{OE})=0$$

$$\therefore \quad \overrightarrow{DP}\cdot\overrightarrow{EP}=0$$

よって, $\overrightarrow{DP}\perp\overrightarrow{EP}$ または $\overrightarrow{DP}=\vec{0}$ または $\overrightarrow{EP}=\vec{0}$ が成り立つので, 点Pは線分DEを直径とする円周上の点である。

よって, ①で表される円の中心をC, 半径を r とすると

$$\overrightarrow{OC}=\frac{1}{2}(\overrightarrow{OD}+\overrightarrow{OE})$$

$$=4\overrightarrow{OA}+2\overrightarrow{OB}$$

よって, $\overrightarrow{OA}$ と $\overrightarrow{OB}$ は1次独立なので, $\overrightarrow{OC}=s\overrightarrow{OA}+t\overrightarrow{OB}$ を満たす実数 s, t の値は

$$(s,\ t)=(4,\ 2) \quad \to(エ)$$

であり

$$r^2=|\overrightarrow{CD}|^2$$

$$=|\overrightarrow{OD}-\overrightarrow{OC}|^2$$

$$=|-\overrightarrow{OA}-\overrightarrow{OB}|^2$$

$$=|\overrightarrow{OA}|^2+2\overrightarrow{OA}\cdot\overrightarrow{OB}+|\overrightarrow{OB}|^2$$

$$=2^2+2\cdot\frac{3}{2}+3^2$$

$$=16$$

$\therefore\quad r=4\quad\rightarrow$(オ)

2 解答

(1) 印（★）がつけられた領域を基準として，残りの領域を時計回りに X_1，X_2，…，X_n とする。

$n=1$ のとき，X_1 は緑または青の 2 通りの色を塗ることができるので

$f(1)=2$　……(答)

$n\geqq2$ とすると，X_n に赤を塗ってもよいとしたとき，X_1，X_2，…，X_n の色の塗り分けの総数は　2^n

このうち，X_n が赤となる塗り分けの総数は $f(n-1)$ なので

$f(n)=2^n-f(n-1)$　……①

が成り立つ。したがって

$f(2)=2^2-f(1)=4-2=2$　……(答)

$f(3)=2^3-f(2)=8-2=6$　……(答)

$f(4)=2^4-f(3)=16-6=10$　……(答)

(2) ①より　$f(n)=2^n-f(n-1)\quad(n\geqq2)$　……(答)

(3) ①の両辺を 2^n で割って

$$\frac{f(n)}{2^n}=1-\frac{1}{2}\cdot\frac{f(n-1)}{2^{n-1}}$$

ここで，$\dfrac{f(n)}{2^n}=a_n$ とおくと

$$a_n=1-\frac{1}{2}a_{n-1}$$

$$a_n-\frac{2}{3}=-\frac{1}{2}\left(a_{n-1}-\frac{2}{3}\right)$$

$$a_n-\frac{2}{3}=\left(a_1-\frac{2}{3}\right)\left(-\frac{1}{2}\right)^{n-1}$$

$$\frac{f(n)}{2^n}-\frac{2}{3}=\left(\frac{f(1)}{2^1}-\frac{2}{3}\right)\left(-\frac{1}{2}\right)^{n-1}$$

$$\frac{f(n)}{2^n}=\frac{1}{3}\left(-\frac{1}{2}\right)^{n-1}+\frac{2}{3}$$

$$\therefore\quad f(n)=\frac{2\cdot(-1)^{n-1}+2^{n+1}}{3}\quad\cdots\cdots(\text{答})$$

◀解　説▶

≪領域の塗り分け方の総数，2項間漸化式≫

(1)・(2)　$n\geqq 2$ のとき，k を $2\leqq k\leqq n$ を満たす整数とすると，X_k は X_{k-1} とは異なる2通りの色を塗ることができる。よって，X_n に赤を塗ってもよいとしたとき，X_1，X_2，…，X_n の色の塗り分けの総数は 2^n となる。

(3)　$a_{n+1}=pa_n+q^n$ 型の漸化式は，両辺を q^{n+1} で割り，さらに $\dfrac{a_n}{q^n}=b_n$ とおいて，$b_{n+1}=\dfrac{p}{q}b_n+\dfrac{1}{q}$ と変形すればよい。

3　解答

(ア) $2\cos\dfrac{2k\pi}{n}$　(イ) 4　(ウ) 1　(エ) $8+4\sqrt{3}$　(オ) $\dfrac{4}{\pi}$

◀解　説▶

≪ド・モアブルの定理，共役な複素数，複素数の絶対値，区分求積法≫

$$z=\cos\frac{2\pi}{n}+i\sin\frac{2\pi}{n}$$

ド・モアブルの定理より

$$z^k=\cos\frac{2k\pi}{n}+i\sin\frac{2k\pi}{n}$$

であり

$$\overline{z^k}=\cos\frac{2k\pi}{n}-i\sin\frac{2k\pi}{n}$$

なので

$$z^k+\overline{z^k}=2\cos\frac{2k\pi}{n}\quad\to(\text{ア})$$

である。また，$L_k=|z^k-1|$ と定めると

$$L_k{}^2=\left|\left(\cos\frac{2k\pi}{n}-1\right)+i\sin\frac{2k\pi}{n}\right|^2$$

$$=\left(\cos\frac{2k\pi}{n}-1\right)^2+\sin^2\frac{2k\pi}{n}$$

$$=\left(\cos^2\frac{2k\pi}{n}-2\cos\frac{2k\pi}{n}+1\right)+\sin^2\frac{2k\pi}{n}$$

$$=2-2\cos\frac{2k\pi}{n}\quad\left(\because\quad \sin^2\frac{2k\pi}{n}+\cos^2\frac{2k\pi}{n}=1\right)$$

$$=4\sin^2\frac{k\pi}{n}\quad\left(\because\quad \sin^2\frac{k\pi}{n}=\frac{1-\cos\frac{2k\pi}{n}}{2}\right)$$

よって，k が n の倍数でないとき，$L_k{}^2=|z^k-1|^2=a\sin^2\dfrac{k\pi}{n}$ を満たす実数 a の値は　　4　→(イ)

である。

$L_k\geqq 0$ より，$L_k=2\left|\sin\dfrac{k\pi}{n}\right|$ であり，$n=6$ のとき

$$L_7=2\left|\sin\frac{7\pi}{6}\right|=2\left|-\frac{1}{2}\right|=1\quad\to(ウ)$$

である。また

$$\sum_{k=1}^{12}L_k$$

$$=2\left(\left|\sin\frac{\pi}{6}\right|+\left|\sin\frac{\pi}{3}\right|+\left|\sin\frac{\pi}{2}\right|+\left|\sin\frac{2\pi}{3}\right|+\left|\sin\frac{5\pi}{6}\right|+|\sin\pi|\right.$$

$$\left.+\left|\sin\frac{7\pi}{6}\right|+\left|\sin\frac{4\pi}{3}\right|+\left|\sin\frac{3\pi}{2}\right|+\left|\sin\frac{5\pi}{3}\right|+\left|\sin\frac{11\pi}{6}\right|+|\sin 2\pi|\right)$$

$$=2\left(\frac{1}{2}+\frac{\sqrt{3}}{2}+1+\frac{\sqrt{3}}{2}+\frac{1}{2}+0+\frac{1}{2}+\frac{\sqrt{3}}{2}+1+\frac{\sqrt{3}}{2}+\frac{1}{2}+0\right)$$

$$=8+4\sqrt{3}\quad\to(エ)$$

である。

また，区分求積法より

$$\lim_{n\to\infty}\frac{1}{n}\sum_{k=1}^{n}L_k=\lim_{n\to\infty}\frac{1}{n}\sum_{k=1}^{n}2\left|\sin\frac{k\pi}{n}\right|$$

$$=\int_0^1 2|\sin\pi x|\,dx$$

$$=2\int_0^1\sin\pi x\,dx$$

$$=2\left[\frac{-\cos\pi x}{\pi}\right]_0^1$$

$$=2\left(\frac{1}{\pi}-\frac{-1}{\pi}\right)$$

$$=\frac{4}{\pi}\quad\rightarrow(オ)$$

である。

4 解答 $f(x)=e^{-ax}\sqrt{x+1}\quad(a>0)$

(1)　$$f'(x)=-ae^{-ax}\sqrt{x+1}+e^{-ax}\cdot\frac{1}{2}\cdot\frac{1}{\sqrt{x+1}}$$

$$=-\frac{e^{-ax}\{2a(x+1)-1\}}{2\sqrt{x+1}}$$

$$=-\frac{e^{-ax}\{2ax+(2a-1)\}}{2\sqrt{x+1}}$$

$f(x)$ の定義域は，$x+1\geqq 0$ より　　$x\geqq -1$

また $a>0$ のとき　　$\frac{1-2a}{2a}=\frac{1}{2a}-1>-1$

x	-1	$\cdots$	$\frac{1-2a}{2a}$	$\cdots$
$f'(x)$		$+$	0	$-$
$f(x)$	0	↗		↘

よって増減表より，$f(x)$ は $x=\frac{1-2a}{2a}$ で極大かつ最大となるので

$$x_0=\frac{1-2a}{2a}\quad\cdots\cdots(答)$$

(2)　$$V(a)=\int_{-1}^{x_0}\pi\{f(x)\}^2dx$$

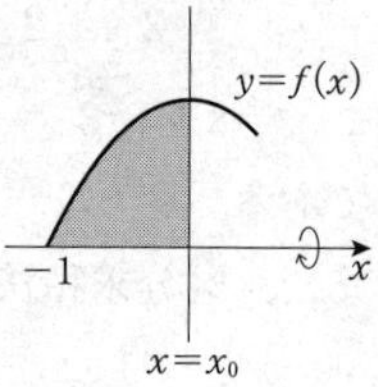

$$=\pi\int_{-1}^{x_0}e^{-2ax}(x+1)dx$$

$$=\pi\left\{\left[\frac{e^{-2ax}}{-2a}\cdot(x+1)\right]_{-1}^{x_0}-\int_{-1}^{x_0}\frac{e^{-2ax}}{-2a}\cdot 1dx\right\}$$

$$=-\frac{\pi}{2a}\{e^{-2ax_0}(x_0+1)\}-\pi\left[\frac{e^{-2ax}}{4a^2}\right]_{-1}^{x_0}$$

$$=-\frac{\pi}{2a}\cdot e^{2a-1}\cdot\frac{1}{2a}-\frac{\pi}{4a^2}(e^{-2ax_0}-e^{2a})$$

$$=-\frac{\pi}{4a^2}\cdot e^{2a-1}-\frac{\pi}{4a^2}(e^{2a-1}-e^{2a})$$

$$=-\frac{\pi}{4a^2}(2e^{2a-1}-e^{2a})$$

$$=\frac{\pi}{4a^2}e^{2a-1}(e-2)\quad \cdots\cdots(答)$$

(3)
$$\lim_{a\to\infty}\frac{V(a+1)}{V(a)}=\lim_{a\to\infty}\frac{\frac{\pi}{4(a+1)^2}e^{2a+1}(e-2)}{\frac{\pi}{4a^2}e^{2a-1}(e-2)}$$

$$=\lim_{a\to\infty}\frac{a^2}{(a+1)^2}e^2$$

$$=\lim_{a\to\infty}\frac{1}{\left(1+\frac{1}{a}\right)^2}e^2$$

$$=\frac{1}{(1+0)^2}e^2$$

$$=e^2\quad \cdots\cdots(答)$$

◀解　説▶

≪関数の最大値, 回転体の体積, 極限≫

(1)　$f'(x)$ を求め, 定義域に注意して増減表を作ればよい。

(2)　$a\leqq x\leqq b$ において $f(x)\geqq 0$ のとき, $y=f(x)$ と直線 $x=a$, $x=b$, x 軸で囲まれた図形を, x 軸のまわりに 1 回転させてできる立体の体積は, $\pi\int_a^b\{f(x)\}^2dx$ である。

(3)　$\lim_{a\to\infty}\frac{a^2}{(a+1)^2}$ は, 分母・分子を a^2 で割って $\lim_{a\to\infty}\frac{1}{\left(1+\frac{1}{a}\right)^2}$ と変形することで計算すればよい。

物理

1

解答　(A)(イ) $\dfrac{h}{2L}$　(ロ) h　(ハ) $-4\sqrt{\dfrac{gh}{6}}$

(B)(ニ) $\dfrac{P_0S}{g}$　(ホ) $\dfrac{63}{20}P_0SL$

(C)(ヘ) $m\dfrac{{v_1}^2}{a}+qv_1B$　(ト) $\dfrac{qBa}{m}$

◀解　説▶

≪小問3問≫

(A)(イ)　摩擦のある上面を往復する距離は $2L$ であり，ここを通過しても力学的エネルギーがあればよいので，仕事とエネルギーの関係式より

$$mgh+(-\mu mg\cdot 2L)>0 \qquad \therefore \quad \mu<\frac{h}{2L}=\mu_0$$

(ロ)　点Qは小物体が達する最高点であるので，小物体が点Qに達した瞬間は，小物体と台は同じ速度で水平方向に運動している。この速度を v_0 とする。小物体を静かにはなした瞬間は，小物体も台も速度は0なので，運動量保存則より

$$v_0=0$$

となる。また，手をはなした瞬間と，小物体が点Qに達した瞬間で，力学的エネルギー保存則を考える。点Qの上面からの高さを h' とすると

$$mgh=\frac{1}{2}(m+3m){v_0}^2+mgh'$$

これに $v_0=0$ を代入すると

$$h'=h$$

(ハ)　小物体が点Qから折り返した後，再び上面を通過しているときの，小物体と台の速度を図1の右向きを正として，それぞれ v，V とおく。

運動量保存則：$0=mv+3mV$

力学的エネルギー保存則：$mgh=\dfrac{1}{2}mv^2+\dfrac{1}{2}\cdot 3mV^2$

2式より v，V を求めて

$$v-V=-4\sqrt{\frac{gh}{6}}$$

(B)(ニ)　ピストンは熱を通すので，空間 A，B 内の気体の温度は常に等しくなる。状態 I における，空間 A 内の気体の温度を T_1，物質量を n，圧力を P_1 とすると，気体の状態方程式より

空間 A 内の気体：$P_1\cdot\frac{2}{5}SL=nRT_1$

空間 B 内の気体：$P_0\cdot\frac{8}{5}SL=2nRT_1$　……①

2 式より　　$P_1=2P_0$　……②

となる。また，ピストンの質量を m とすると，状態 I において，ピストンに対する力のつり合いを考えると

$$P_0S+mg=P_1S$$

となり，②を用いて

$$m=\frac{P_0S}{g}$$

(ホ)　状態 II において，容器 A 内の圧力を P_2 とすると，力のつり合いより

$$2P_0S+mg=P_2S$$

これに(ニ)より m を代入すると

$$P_2=3P_0\quad\cdots\cdots③$$

となる。ここで，状態 II の容器 A，B 内の気体の温度を T_2 とすると，状態方程式より

容器 A：$P_2V_A=nRT_2$　……④

容器 B：$2P_0V_B=2nRT_2$　……⑤

④，⑤に③を代入すると

$$V_B=3V_A\quad\cdots\cdots⑥$$

容器の体積は $2SL$ なので

$$V_A+V_B=2SL\quad\cdots\cdots⑦$$

⑥，⑦より

$$V_A=\frac{1}{2}SL,\quad V_B=\frac{3}{2}SL$$

⑤より

$$\frac{3}{2}P_0SL=nRT_2 \quad \cdots\cdots⑧$$

容器の体積 $2SL$ は変化しないので，状態Ⅰから状態Ⅱの間に気体のした仕事は 0 となる。よって熱力学第一法則を考えると，ヒーターが気体 A に加えた熱量を Q とおくと，Q は容器内の内部エネルギー変化量と等しくなる。容器 A，B 内の気体の内部エネルギー変化量を ΔU_{A}，ΔU_{B} とすると

$$Q=\Delta U_{\mathrm{A}}+\Delta U_{\mathrm{B}}$$
$$=\frac{3}{2}nR(T_2-T_1)+\frac{3}{2}2nR(T_2-T_1)=\frac{9}{2}nR(T_2-T_1)$$
$$=\frac{9}{2}nRT_2-\frac{9}{2}nRT_1$$

これに，①，⑧を代入して

$$Q=\frac{63}{20}P_0SL$$

(C)(ヘ)　求めるクーロン力の大きさを F とおくと，荷電粒子 2 に対する運動方程式は

$$m\frac{{v_1}^2}{a}=F-qv_1B \quad \cdots\cdots①$$

となるので

$$F=m\frac{{v_1}^2}{a}+qv_1B$$

(ト)　荷電粒子 2 が時計回りになると，ローレンツ力の方向が(ヘ)とは逆向きになり，このときの運動方程式は

$$m\frac{{v_2}^2}{a}=F+qv_1B \quad \cdots\cdots②$$

となる。ここで，①−②を考えると

$$\frac{m}{a}({v_1}^2-{v_2}^2)=-q(v_1+v_2)$$

$$\frac{m}{a}(v_1-v_2)(v_1+v_2)=-q(v_1+v_2)$$

より　　$v_2-v_1=\dfrac{qBa}{m}$

2 解答

(A)(イ) $\dfrac{\pi}{2}\sqrt{\dfrac{L}{g}}$

(B)(ロ) $\sqrt{{v_1}^2+\dfrac{4}{5}gL}$　(ハ) $\sqrt{\dfrac{21}{5}gL}$

(C)(ニ) $\dfrac{4}{3}\sqrt{\dfrac{2}{5}gL}$　(ホ) $-\dfrac{84}{125}L$　(ヘ) $\dfrac{2}{3}$

◀解　説▶

≪単振り子，エネルギー保存則，運動量保存則，反発係数≫

(A)(イ)　単振り子の周期の公式より，この運動の周期 T は

$$T=2\pi\sqrt{\frac{L}{g}}$$

求める時間 t は

$$t=\frac{T}{4}=\frac{\pi}{2}\sqrt{\frac{L}{g}}$$

(B)(ロ)　最下点に達したときの小球Aの速さを v_2 とすると，力学的エネルギー保存則

$$\frac{1}{2}m{v_1}^2+mg\cdot\frac{2}{5}L=\frac{1}{2}m{v_2}^2$$

より

$$v_2=\sqrt{{v_1}^2+\frac{4}{5}gL}$$

(ハ)　小球Aが支点Oを中心に円運動するためには，最上点において糸の張力 T_1 が存在すればよいので，最上点における小球の速さを v_3 とおくと，力学的エネルギー保存則より

$$\frac{1}{2}m{v_1}^2=\frac{1}{2}m{v_3}^2+mg\left(L+\frac{3}{5}L\right)$$

最上点における運動方程式より

$$m\frac{{v_3}^2}{L}=mg+T_1$$

2式より v_3 を消去して

$$T_1=m\frac{{v_1}^2}{L}-\frac{21}{5}mg\geqq 0\qquad\therefore\quad v_1\geqq\sqrt{\frac{21}{5}gL}$$

よって，v_1 の下限値は　$\sqrt{\dfrac{21}{5}gL}$

（C－ⅰ）(ニ)　小球Aが小球Bに衝突する直前の速さを v_0 とする。小球Bの高さを重力の位置エネルギーの基準とすると，小球Aとの高さの差は $\frac{L}{5}$ なので，力学的エネルギー保存則より

$$mg\cdot\frac{L}{5}=\frac{1}{2}mv_0{}^2 \quad \cdots\cdots①$$

$$\therefore \quad v_0=\sqrt{\frac{2}{5}gL}$$

衝突直後の小球A，Bの速度をそれぞれ v_A，v_B とすると

運動量保存則：$mv_0=mv_A+\frac{1}{2}mv_B$

反発係数の定義：$1=-\frac{v_A-v_B}{v_0-0}$

以上より　　$v_B=\frac{4}{3}v_0=\frac{4}{3}\sqrt{\frac{2}{5}gL}$

(ホ)　衝突した位置と最高点との高さの差を $\varDelta h$，v_B の方向と水平面とのなす角を θ として，y 方向に等加速度運動の式より

$$0^2-(v_B\sin\theta)^2=2(-g)\varDelta h$$

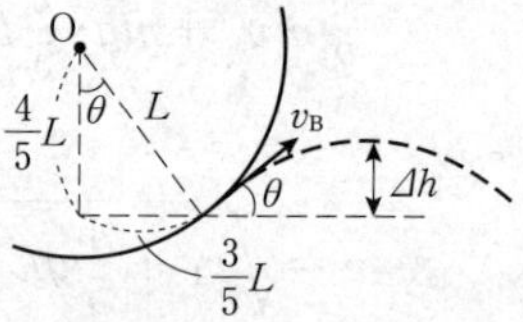

これに，v_B と $\sin\theta=\frac{3}{5}$ を代入して

$$\varDelta h=\frac{16}{125}L$$

よって，このときの y 座標は

$$y=-\frac{4}{5}L+\frac{16}{125}L=-\frac{84}{125}L$$

（C－ⅱ）(ヘ)　求める反発係数を e とすると

運動量保存則：$mv_0=mv_A+\frac{1}{2}mv_B$

反発係数の定義：$e=-\frac{v_A-v_B}{v_0-0}$

2式より　　$v_A=\frac{2-e}{3}v_0$，$v_B=\frac{2(1+e)}{3}v_0 \quad \cdots\cdots②$

となる。ここで，衝突によって失われたエネルギーは

$$\frac{1}{2}mv_0{}^2-\left(\frac{1}{2}mv_A{}^2+\frac{1}{2}\cdot\frac{1}{2}mv_B{}^2\right)$$

であり，これが $\frac{mgL}{27}$ であるので

$$\frac{1}{2}mv_0{}^2-\left(\frac{1}{2}mv_A{}^2+\frac{1}{2}\cdot\frac{1}{2}mv_B{}^2\right)=\frac{mgL}{27}$$

これに②の v_A，v_B を代入して

$$\frac{1}{2}mv_0{}^2-\left[\frac{1}{2}m\left(\frac{2-e}{3}v_0\right)^2+\frac{1}{2}\cdot\frac{1}{2}m\left\{\frac{2(1+e)}{3}v_0\right\}^2\right]=\frac{mgL}{27}$$

$$\frac{1}{2}mv_0{}^2\left(1-\frac{4-4e+e^2}{9}-\frac{4+8e+4e^2}{18}\right)=\frac{mgL}{27}$$

これに①を代入して

$$\frac{1}{5}mgL\left(1-\frac{4-4e+e^2}{9}-\frac{4+8e+4e^2}{18}\right)=\frac{mgL}{27}$$

$$9e^2=4$$

$e>0$ より

$$e=\frac{2}{3}$$

3 解答

(A)(イ) $\frac{V+v_0BL}{R}$　(ロ) $\frac{VBL+v_0(BL)^2}{R}$　(ハ) $\frac{v_0BL}{V}$

(B)(ニ) $\varepsilon_0\frac{S}{L}V$　(ホ) $-\frac{1}{6}V$　(ヘ) $\frac{1}{12}V$　(ト) $\frac{2}{5}V$

◀解　説▶

≪レール上で運動する導体棒による電磁誘導，コンデンサー≫

(A)(イ)　導体棒を図 1 の右向きに動かすと，レンツの法則より導体棒に生じる誘導起電力の方向は電流の正方向と一致する。動かす速さが v_0 のとき，誘導起電力の大きさは v_0BL となるので，導体棒に流れる電流を I_0 とおくとキルヒホッフの第二法則より

$$V+v_0BL=RI_0 \qquad \therefore \quad I_0=\frac{V+v_0BL}{R}$$

(ロ)　導体棒に流れる電流 I_0 が受ける力の大きさ F は

$$F=I_0BL$$

また，フレミング左手の法則より，導体棒に流れる電流が受ける力の方向は図の左向きなので，(イ)の I_0 を代入して

$$F=\frac{VBL+v_0(BL)^2}{R}$$

(ハ)　$P_e=VI_0$，$P_{F_0}=I_0BL\cdot v_0$ なので

$$\frac{P_{F_0}}{P_e}=\frac{I_0BLv_0}{VI_0}=\frac{v_0BL}{V}$$

別解　単位時間あたりの仕事とエネルギーの関係より

$$P_e+P_{F_0}=RI_0{}^2$$

となるので，これの関係式を用いると

$$\frac{P_{F_0}}{P_e}=\frac{-P_e+RI_0{}^2}{P_e}=-1+\frac{RI_0{}^2}{VI_0}=-1+\frac{V+v_0BL}{V}=\frac{v_0BL}{V}$$

(B)(ニ)　コンデンサーの電気容量 C_1 は $C_1=\varepsilon_0\dfrac{S}{L}$ なので

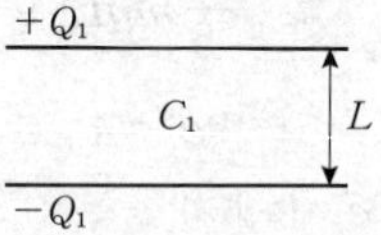

$$Q_1=C_1V=\varepsilon_0\frac{S}{L}V$$

(ホ)　状態2におけるコンデンサーの電気容量 C_2 は

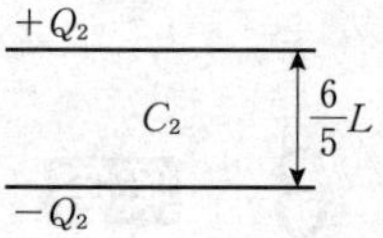

$$C_2=\varepsilon_0\frac{S}{\frac{6}{5}L}=\frac{5}{6}C_1$$

であるので，このときの電気量 Q_2 は

$$Q_2=\frac{5}{6}C_1V$$

よって，電池が供給した電気量 $\varDelta Q$ は

$$\varDelta Q=\frac{5}{6}C_1V-C_1V=-\frac{1}{6}C_1V=-\frac{1}{6}Q_1$$

と表せるので，この間に電池のした仕事は

$$W_e=\varDelta QV=-\frac{1}{6}V\times Q_1$$

(ヘ)　状態1，2のコンデンサーの静電エネルギーをそれぞれ U_1，U_2 とすると，仕事とエネルギーの関係から

$$U_1+(W_e+W_F)=U_2 \quad \cdots\cdots①$$

となる。ここで

$$U_1=\frac{1}{2}Q_1V,\quad U_2=\frac{1}{2}Q_2V$$

なので，①より

$$W_F=\frac{1}{2}(Q_2-Q_1)V-W_e=\frac{1}{2}\left(-\frac{1}{6}Q_1\right)V-\left(-\frac{1}{6}Q_1V\right)=\frac{1}{12}V\times Q_1$$

(ト)　図 2(c)のコンデンサーにおいて，誘電体が挿入されていない部分の電気容量 C_3，誘電体が挿入されている部分の電気容量 C_4 はそれぞれ

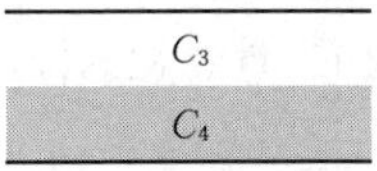

$$C_3=\varepsilon_0\frac{S}{\frac{L}{2}}=2C_1,\quad C_4=9\varepsilon_0\frac{S}{\frac{L}{2}}=18C_1$$

この 2 つのコンデンサーが直列で接続されているので，合成容量 C_5 は

$$\frac{1}{C_5}=\frac{1}{C_3}+\frac{1}{C_4}$$

に，C_3，C_4 を代入して

$$C_5=\frac{9}{5}C_1$$

となる。よって状態 1 から状態 3 に変化する間のエネルギー変化は

$$\Delta U=\frac{1}{2}C_5V^2-\frac{1}{2}C_1V^2=\frac{1}{2}\cdot\frac{4}{5}C_1V^2=\frac{2}{5}V\times Q_1$$

4　解答

(イ)—(7)　(ロ)$\dfrac{n_1}{n_2}\cos2\theta_1$　(ハ)$\dfrac{2n_2d}{\cos\theta_2}$　(ニ)—(7)

(ホ)$\dfrac{\lambda}{4n_2\cos\theta_2}$　(ヘ)3.9×10^{-7}

◀解　説▶

≪屈折の法則，薄膜による干渉≫

(イ)　面 Q における入射角が臨界角になる ($\theta_1=\theta_c$) とき，入射角は $\dfrac{\pi}{2}-\theta_c$ となるので，屈折の法則より

$$n_1\cdot\sin\left(\frac{\pi}{2}-\theta_c\right)=1\cdot\sin\frac{\pi}{2}$$

これより

$$n_1=\frac{1}{\cos\theta_c}$$

全反射が起こるためには，このときの屈折率よりも大きければよいので

$$n_1 > \frac{1}{\cos\theta_1} \qquad \therefore \quad \cos\theta_1 > \frac{1}{n_1}$$

よって　(7)

(ロ)　点 C における入射角は $\frac{\pi}{2}-2\theta_1$ なので，屈折の法則より

$$n_1 \cdot \sin\left(\frac{\pi}{2}-2\theta_1\right) = n_2 \cdot \sin\theta_2$$

$$\therefore \quad \sin\theta_2 = \frac{n_1}{n_2}\cos 2\theta_1$$

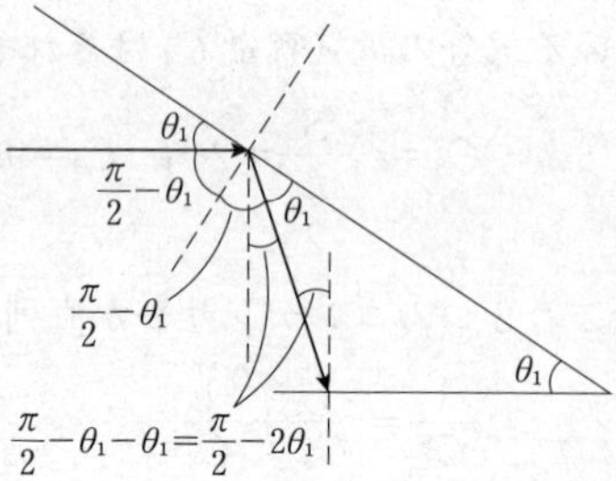

(ハ)　BC の長さは図(b)より

$$\frac{d}{\cos\theta_2}$$

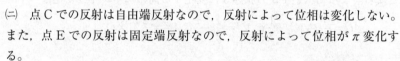

となり，CE の長さも同じであるので，
求める光路長は

$$2 \times n_2 \times \frac{d}{\cos\theta_2} = \frac{2n_2 d}{\cos\theta_2}$$

(ニ)　点 C での反射は自由端反射なので，反射によって位相は変化しない。また，点 E での反射は固定端反射なので，反射によって位相が π 変化する。

よって　(7)

(ホ)　光路 A→B→C→E→F→G と光路 D→E→F→G の光路差は

$$2n_2 d\cos\theta_2$$

であり，(ニ)の位相の変化を考えると，この 2 つの光が強め合う条件は，0 以上の整数 m を用いて

$$2n_2 d\cos\theta_2 = m\lambda + \frac{1}{2}\lambda \quad \cdots\cdots ①$$

これらのうち，d が最小となるのは $m=0$ のときなので

$$2n_2 d\cos\theta_2 = \frac{\lambda}{2} \qquad \therefore \quad d = \frac{\lambda}{4n_2\cos\theta_2}$$

(ヘ)　①より

$$d = \frac{\lambda}{2n_2\cos\theta_2}\left(m+\frac{1}{2}\right)$$

これに，$n_2=1.50$，$\cos\theta_2=0.90$ を代入して

$$d=\frac{\lambda}{2.7}\left(m+\frac{1}{2}\right) \quad \cdots\cdots②$$

$\lambda=4.2\times10^{-7}$ のときの 0 以上の整数を m, $\lambda=7.0\times10^{-7}$ のときの 0 以上の整数を m' とすると，②は

$$d=\frac{4.2\times10^{-7}}{2.7}\left(m+\frac{1}{2}\right),\ d=\frac{7.0\times10^{-7}}{2.7}\left(m'+\frac{1}{2}\right) \quad \cdots\cdots③$$

となり

$$\frac{4.2\times10^{-7}}{2.7}\left(m+\frac{1}{2}\right)=\frac{7.0\times10^{-7}}{2.7}\left(m'+\frac{1}{2}\right)$$

を満たす $(m,\ m')$ の組み合わせは

$$(m,\ m')=(2,\ 1),\ (7,\ 4),\ \cdots$$

と複数あるが，$(m,\ m')$ の値が $(7,\ 4)$ 以上の値をとるときは，他の波長も強め合うので，題意に合うものは

$$(m,\ m')=(2,\ 1)$$

のみである。よってこの値を③に代入して

$$d=\frac{7.0\times10^{-7}}{2.7}\left(1+\frac{1}{2}\right)=3.88\times10^{-7}\fallingdotseq3.9\times10^{-7}\,[\mathrm{m}]$$

化学

1 解答

(イ)(1)―(d)　(2)―(c)　(3)―(a)

(ロ)(1)―(イ)・(エ)　(2)―(カ)・(ケ)・(コ)

(ハ)(1) 3個　(2) $C_{16}H_{28}N_2O_4$

(ニ)(1)―(c)

(2) NaH_2PO_4：(b)　Na_2HPO_4：(b)　Na_3PO_4：(a)

(3) *x*. 6　*y*. 10　(4) 5.17 kg　(5) 2.5×10^{-6} mol/L

◀解　説▶

≪小問4問≫

(イ)(1)　純物質は1種類の物質からなり，1つの化学式で表すことができるものである。(d)は分子式で C_2H_6O と表すことができる。(a)塩酸と(b)濃硫酸は HCl と H_2SO_4 と化学式で表すことができるが，水に溶けた水溶液であるので，混合物である。

(2)　水蒸気（気体）から水（液体）への変化であるので凝縮である。

(3)　沸点の違いを利用して，固体が溶けた溶液の混合物を加熱して沸騰させ，その蒸気を冷却して沸点の低い成分を分離する操作を蒸留という。

(ロ)(1)　二酸化硫黄が還元剤としてはたらくとき，自身は酸化されるため，反応前後で二酸化硫黄のSの酸化数が増加している。選択肢の反応前後の二酸化硫黄のSの酸化数の変化は以下の通り。

(ア) $+4\rightarrow+4$　(イ) $+4\rightarrow+6$　(ウ) $+4\rightarrow0$　(エ) $+4\rightarrow+6$　(オ) $+4\rightarrow+4$

よって，還元剤としてはたらいているものは(イ)・(エ)である。

(2)　ヘキサシアニド鉄(Ⅲ)酸カリウム $K_3[Fe(CN)_6]$ の Fe の酸化数は，+3である。選択肢の金属の酸化数は以下の通り。

(カ)Cr：+3　(キ)Cu：+2　(ク)Cu：+1　(ケ)Fe：+3

(コ)Na：+1，Al：+3　(サ)Na：+1，Zn：+2

よって，酸化数 +3の金属原子を含むのは，(カ)・(ケ)・(コ)である。

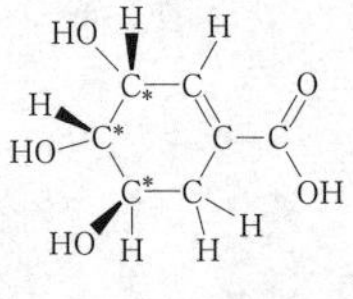

(ハ)(1)　シキミ酸の構造式より，不斉炭素原子は右図の＊で示した3つの炭素原子である。

⑵　オセルタミビルの分子量は 312 であるので，3.12 g の物質量は

$$\frac{3.12}{312}=0.010\text{[mol]}$$

燃焼して生じた水から水素原子，二酸化炭素から炭素原子の物質量を求めると

$$\text{H}:2\times\frac{2.52}{18.0}=0.280\text{[mol]}$$

$$\text{C}:1\times\frac{7.04}{44.0}=0.160\text{[mol]}$$

気体の状態方程式から，窒素酸化物の物質量を n〔mol〕とすると

$$1.00\times10^{5}\times6.65\times10^{-1}=n\times8.31\times10^{3}\times(273+127)$$

$$\therefore\quad n=0.0200\text{[mol]}$$

また，刺激臭を有する窒素酸化物は二酸化窒素 NO_2 と考えられるので，窒素原子の物質量は発生した窒素酸化物の物質量に等しい。

よって，C，H，N，O 原子から構成されるオセルタミビルの分子式は酸素原子の数を x とおくと，$C_{16}H_{28}N_2O_x$ となる。分子量が 312 なので

$$12\times16+1\times28+14\times2+16\times x=312\qquad\therefore\quad x=4$$

よって分子式は，$C_{16}H_{28}N_2O_4$ である。

(二)⑴　弱酸であるリン酸 H_3PO_4 と強塩基である水酸化ナトリウム NaOH からなる塩であるので，塩基性を示す。

⑵　塩に酸の H が残っている塩を酸性塩，塩基の OH が残っている塩を塩基性塩，両方残っていない塩を正塩という。

NaH_2PO_4 と Na_2HPO_4 はリン酸の H が残っているので酸性塩である。

⑶　化学反応式の反応の前後で原子の種類や数は変わらない。問題の反応式の $Ca_3(PO_4)_2$ の Ca 原子から，$CaSiO_3$ の係数 z が 6，$CaSiO_3$ の Si 原子から SiO_2 の係数 x が 6，反応物と生成物の酸素原子の数から，C の係数 y と CO の係数 w が 10 であることがわかる。

⑷　⑶の化学反応式の量的関係より，$Ca_3(PO_4)_2$ と SiO_2 と C と P_4 の物質量の比は 2：6：10：1 である。それぞれの式量から，反応する質量の比は

$$Ca_3(PO_4)_2:SiO_2:C:P_4=310\times2:60\times6:12\times10:124$$

$Ca_3(PO_4)_2$ と SiO_2 と C のそれぞれを原料として使うと，量的関係より

C がすべて反応し，他の物質が過剰であるとわかる。よって求める黄リンの質量を x〔kg〕とすると

$$\mathrm{C : P_4} = 12\times10 : 124 = 5.00 : x$$

$$\therefore\quad x = 5.166 \fallingdotseq 5.17\text{〔kg〕}$$

(5)　$MgNH_4PO_4$ の溶解度積 K_{sp} を表す式は以下の通りである。

$$K_{sp} = [\mathrm{Mg^{2+}}][\mathrm{NH_4}^+][\mathrm{PO_4}^{3-}]$$

求める Mg^{2+} を x〔mol/L〕とすると

$$2.5\times10^{-13} = x\times2.5\times10^{-4}\times4.0\times10^{-4}$$

$$\therefore\quad x = 2.5\times10^{-6}\text{〔mol/L〕}$$

2 解答

(イ)(1) 1.0 mol/L　(2)―(c)

(ロ)C．4.3　D．12.4　E．4.8

(ハ)C．　F．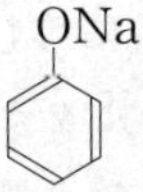

(ニ)(1)A．酸素　B．半導体　(2)―(i)　(3)―(f)　(4) 1.3×10^{-8} cm

◀解　説▶

≪小問 4 問≫

(イ)　亜鉛と塩酸の反応の化学反応式は以下の通りである。

$$\mathrm{Zn + 2HCl \longrightarrow ZnCl_2 + H_2}$$

(1)　求める希塩酸（式量 36.5）のモル濃度を x〔mol/L〕とすると，希塩酸 1 L（1000 mL）中には，x〔mol〕の HCl が溶けている。希塩酸の密度と質量パーセント濃度より

$$1000\times1.00\times\frac{3.65}{100} = x\times36.5\qquad\therefore\quad x = 1.0\text{〔mol/L〕}$$

(2)　亜鉛 Zn 3.27 g の物質量は　$\dfrac{3.27}{65.4} = 0.050$〔mol〕

化学反応式より，亜鉛 0.050 mol と過不足なく反応する希塩酸は 0.10 mol である。求める希塩酸の質量を x〔g〕とすると

$$0.10\times36.5 = x\times\frac{3.65}{100}\qquad\therefore\quad x = 100\text{〔g〕}$$

そのとき発生する水素 H_2 は 0.050 mol であるので

$22.4\times0.050=1.12$〔L〕

(ロ)　pH と水素イオン濃度の関係および水のイオン積 K_w は

$$pH=-\log_{10}[H^+],\ K_w=[H^+][OH^-]$$

C．塩酸 1.0 mL を 200 倍に希釈したので濃度は $\dfrac{1}{200}$ となるから

$$1.0\times10^{-2}\times\frac{1}{200}=5.0\times10^{-5}\text{〔mol/L〕}$$

よって，pH は

$$pH=-\log_{10}(5.0\times10^{-5})=5-\log_{10}5=5-0.699=4.301\fallingdotseq4.3$$

D．水のイオン積 K_w の式より　　$[H^+]=\dfrac{K_w}{[OH^-]}$

よって，2.5×10^{-2} mol/L の水酸化ナトリウムの pH は

$$pH=-\log_{10}\frac{K_w}{[OH^-]}=-\log_{10}\frac{1.0\times10^{-14}}{2.5\times10^{-2}}$$
$$=-\log_{10}(4.0\times10^{-13})$$
$$=13-2\log_{10}2=12.398\fallingdotseq12.4$$

E．C_a〔mol/L〕の酢酸と C_s〔mol/L〕の酢酸ナトリウムを同体積で混合した緩衝溶液について，酢酸ナトリウム CH_3COONa は完全電離であるので

$$CH_3COONa \longrightarrow CH_3COO^- + Na^+$$

となり酢酸イオンのモル濃度 $[CH_3COO^-]$ は C_s〔mol/L〕となる。

酢酸が x〔mol/L〕だけ変化して電離平衡になったとすると

$$CH_3COOH \rightleftarrows CH_3COO^- + H^+ \quad \cdots\cdots ①$$

	CH_3COOH	CH_3COO^-	H^+	
混合時	C_a	C_s	0	
変化量	$-x$	$+x$	$+x$	
平衡時	C_a-x	C_s+x	x	〔mol/L〕

酢酸のみの電離と違い，多量に存在する CH_3COO^- により，①式の電離平衡は左へ偏っており，x はきわめてわずかである。よって

$$[CH_3COOH]=C_a-x\fallingdotseq C_a,\ [CH_3COO^-]=C_s+x\fallingdotseq C_s$$

と近似できる。

酢酸の電離平衡の式①より，電離定数 K_a は

$$K_a=\frac{[CH_3COO^-][H^+]}{[CH_3COOH]} \qquad \therefore\ [H^+]=\frac{C_a}{C_s}K_a$$

同体積混合した溶液の濃度はそれぞれ $\frac{1}{2}$ となる。もとの酢酸と酢酸ナトリウムのモル濃度は同じであるので

$$[\mathrm{H^+}]=K_\mathrm{a}=1.58\times10^{-5}\,[\mathrm{mol/L}]$$

$$\mathrm{pH}=-\log_{10}[\mathrm{H^+}]=5-\log_{10}1.58=5-0.200\fallingdotseq4.8$$

(ハ)　ベンゼンを出発原料とした p-フェニルアゾフェノールの合成経路のA～F の名称および構造式は以下の通りである。

A. 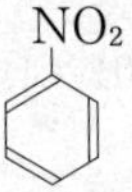
ニトロベンゼン

B. 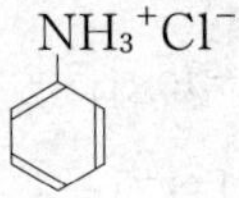
アニリン塩酸塩

C. 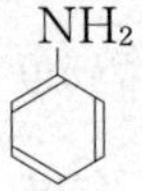
アニリン

D. 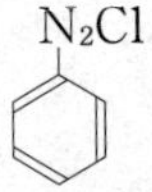
塩化ベンゼンジアゾニウム

E. 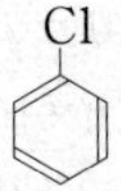
クロロベンゼン

F. 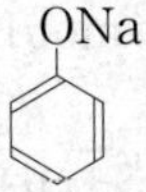
ナトリウムフェノキシド

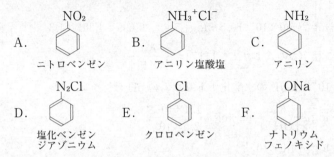

(ニ)(1)　ケイ素 Si は地殻中に酸素に次いで多く存在する元素である。単体は金属に似た光沢があり，リンやホウ素などをわずかに加えると半導体として有用な材料になる。

(2)　ダイヤモンドの結晶構造の単位格子を $\frac{1}{8}$ に分割して考える。1 辺の長さが l_C の単位格子において，対角線の切断面で考えると，切断面の縦の長さは $\frac{l_\mathrm{C}}{2}$ である。また，横の長さは 1 辺 $\frac{l_\mathrm{C}}{2}$ の長さの正方形の対角線なので，$\frac{\sqrt{2}}{2}l_\mathrm{C}$ である。

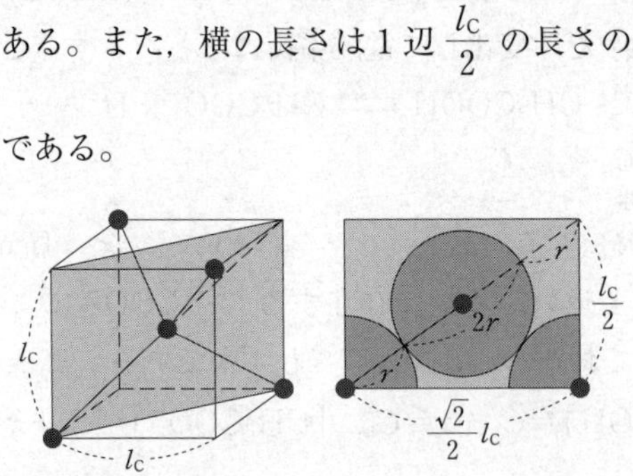

よって，切断面の対角線の長さは

$$\sqrt{\left(\frac{1}{2}l_\mathrm{C}\right)^2+\left(\frac{\sqrt{2}}{2}l_\mathrm{C}\right)^2}=\frac{\sqrt{3}}{2}l_\mathrm{C}$$

対角線の長さはダイヤモンドの原子半径を r とすると，$4r$ であるから

$$4r=\frac{\sqrt{3}}{2}l_{\mathrm{C}} \qquad \therefore \quad r=\frac{\sqrt{3}}{8}l_{\mathrm{C}}$$

(3)　単位格子中のダイヤモンド原子の数は面心立方格子をなす 4 個と格子の内部の 4 個と合わせて 8 個である。充塡率を x〔%〕とすると

$$x=\frac{\frac{4}{3}\pi\left(\frac{\sqrt{3}}{8}l_{\mathrm{C}}\right)^3\times 8}{l_{\mathrm{C}}{}^3}\times 100=\frac{\sqrt{3}}{16}\pi\times 100〔\%〕$$

(4)　ダイヤモンドと同様に単位格子を $\frac{1}{8}$ に分割して考える。炭素原子 C の原子半径を r_{C}，ケイ素原子の原子半径を r_{Si} とすると

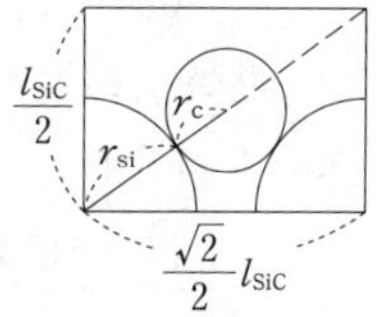

$$\frac{\sqrt{3}}{2}l_{\mathrm{SiC}}=2(r_{\mathrm{C}}+r_{\mathrm{Si}})$$

$$\frac{\sqrt{3}}{4}l_{\mathrm{SiC}}=\frac{\sqrt{3}}{8}l_{\mathrm{C}}+r_{\mathrm{Si}} \qquad \therefore \quad r_{\mathrm{Si}}=\frac{\sqrt{3}}{8}(2l_{\mathrm{SiC}}-l_{\mathrm{C}})$$

$$r_{\mathrm{Si}}=\frac{\sqrt{3}}{8}(2\times 5.20\times 10^{-8}-4.40\times 10^{-8})$$

$$=1.29\times 10^{-8}\fallingdotseq 1.3\times 10^{-8}〔\mathrm{cm}〕$$

3　解答

(イ)(1)3.78 g　(2)標線　(3)―(c)

(ロ)(1)5.00×10^4 Pa　(2)7.36×10^4 Pa

(ハ)(1)6 種類　(2)グリシン：4　アラニン：5

(ニ)A．1.1×10^{-22}　B．1.1×10^{-25}　C．黒　D．9.0　E．1.0×10^{-14}　F．白

◀解　説▶

≪小問 4 問≫

(イ)(1)　シュウ酸二水和物の式量は 126 であるので，求める質量は

$$126\times 0.100\times\frac{300}{1000}=3.78〔\mathrm{g}〕$$

(2)・(3)　フラスコのような測定用の化学実験器具で計測用に記されている線を標線という。右図のように，標線と同じ高さに目をおき，メニスカスの最下端を標

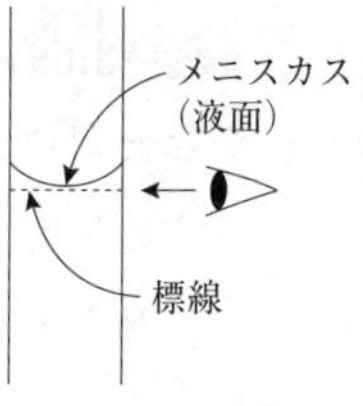

線の上縁と一致させて目盛を読む。

(ロ)(1)　プロパン C_3H_8（分子量 44）0.220 g の物質量は

$$0.220 \div 44.0 = 5.00 \times 10^{-3}\,[\mathrm{mol}]$$

同様に，酸素 O_2（分子量 32）0.160 g の物質量は

$$0.160 \div 32.0 = 5.00 \times 10^{-3}\,[\mathrm{mol}]$$

よって，分圧の比＝物質量の比であるので，反応前の混合気体の分圧の比は 1：1 である。したがって混合気体の酸素の分圧は

$$1.00 \times 10^5 \div 2 = 5.00 \times 10^4\,[\mathrm{Pa}]$$

(2)　燃焼前の混合気体について，気体の状態方程式に代入すると，容器の体積 V[L] は

$$1.00 \times 10^5 \times V = 1.00 \times 10^{-2} \times 8.31 \times 10^3 \times 300$$

$$\therefore\quad V = 0.2493 \fallingdotseq 24.9 \times 10^{-2}\,[\mathrm{L}]$$

プロパンの燃焼の化学反応式より量的関係を考えると

$$C_3H_8 + 5O_2 \longrightarrow 3CO_2 + 4H_2O$$

	C_3H_8	$5O_2$	$3CO_2$	$4H_2O$	
はじめ	5.00	5.00	0	0	
反　応	−1.00	−5.00	+3.00	+4.00	
反応後	4.00	0	3.00	4.00	[$\times 10^{-3}$ mol]

300K において，プロパンの分圧 P_1 と二酸化炭素の分圧 P_2 は，気体の状態方程式より

$$P_1 \times 24.9 \times 10^{-2} = 4.00 \times 10^{-3} \times 8.31 \times 10^3 \times 300$$

$$\therefore\quad P_1 = 4.00 \times 10^4\,[\mathrm{Pa}]$$

$$P_2 \times 24.9 \times 10^{-2} = 3.00 \times 10^{-3} \times 8.31 \times 10^3 \times 300$$

$$\therefore\quad P_2 = 3.00 \times 10^4\,[\mathrm{Pa}]$$

反応した H_2O がすべて気体であるとすると，水蒸気の分圧 P_3 はプロパンの分圧と等しくなるので 4.00×10^4 Pa であるが，300K における水の飽和水蒸気圧 3.60×10^3 Pa より大きいので，すべて気体ではなく一部液体となって残っている。よって水の分圧は飽和水蒸気圧となるので

$$P_3 = 3.60 \times 10^3\,[\mathrm{Pa}]$$

よって全圧 P は

$$P = P_1 + P_2 + P_3 = 4.00 \times 10^4 + 3.00 \times 10^4 + 3.60 \times 10^3 = 7.36 \times 10^4\,[\mathrm{Pa}]$$

(ハ)(1)　グリシン（Gly）2 分子とアラニン（Ala）2 分子からなる鎖状ペ

プチドには

Gly−Gly−Ala−Ala　　Gly−Ala−Gly−Ala

Gly−Ala−Ala−Gly　　Ala−Gly−Gly−Ala

Ala−Gly−Ala−Gly　　Ala−Ala−Gly−Gly

の 6 種類の構造異性体がある。

(2)　グリシンの分子量は 75，アラニンの分子量は 89 である。ペプチド結合 1 つにつき水 H_2O が 1 分子とれて縮合する。8 つのペプチド結合をもつということは，9 つの分子で構成されていることになる。グリシンの数を x とすると，アラニンは $(9-x)$ となる。ペプチド **X** の分子量は 601 であるので

$$75x+89(9-x)-18\times8=601 \qquad \therefore \quad x=4$$

よって，ペプチド **X** はグリシン 4 分子とアラニン 5 分子から生じる。

(二)　硫化水素の平衡定数 K_c，CuS の溶解度積 K_{sp_1}，ZnS の溶解度積 K_{sp_2} は下のように表される。

$$H_2S \rightleftarrows 2H^+ + S^{2-}$$

$$K_c=\frac{[H^+]^2[S^{2-}]}{[H_2S]} \quad \cdots\cdots①$$

$$K_{sp_1}=[Cu^{2+}][S^{2-}] \quad \cdots\cdots②$$

$$K_{sp_2}=[Zn^{2+}][S^{2-}] \quad \cdots\cdots③$$

A．①の式に代入して

$$1.0\times10^{-22}=\frac{[0.30]^2[S^{2-}]}{0.10} \qquad \therefore \quad [S^{2-}]\fallingdotseq1.1\times10^{-22}〔\text{mol/L}〕$$

B．②の式に代入して

$$[Cu^{2+}][S^{2-}]=1.0\times10^{-3}\times1.1\times10^{-22}=1.1\times10^{-25}〔\text{mol/L}〕$$

D．③の式に代入して

$$1.0\times10^{-21}=[Zn^{2+}]\times1.1\times10^{-22} \qquad \therefore \quad [Zn^{2+}]=9.0〔\text{mol/L}〕$$

E・F．pH=8.0 にすると，$[H^+]=1.0\times10^{-8}$ となる。このときの S^{2-} のモル濃度は，①に代入して

$$1.0\times10^{-22}=\frac{[1.0\times10^{-8}]^2[S^{2-}]}{0.10}$$

$$\therefore \quad [S^{2-}]=1.0\times10^{-7}〔\text{mol/L}〕$$

この値を③に代入して，Zn^{2+} のモル濃度を求めると

$$1.0\times10^{-21}=[Zn^{2+}]\times1.0\times10^{-7}$$

$$\therefore\quad [Zn^{2+}]=1.0\times10^{-14}\,[\mathrm{mol/L}]$$

これはもとの値 1.0×10^{-3} mol/L よりも小さいので，溶解しきれない ZnS が白色沈殿となって生じる。

4　解答

(イ)(1)水素イオンを受け取る物質。(15字以内)

(2)―(b)・(c)・(d)

(ロ)A．ボーキサイト　B．氷晶

C．$C+O^{2-}\longrightarrow CO+2e^-$　D．溶融塩電解

(ハ)(1)3.32×10^5　(2)8.0

(ニ)(1)74　(2)32.5 g

(3)
```
CH3−CH2−C−O−CH−CH2−CH3
        ‖     |
        O     CH3
```

◀解　説▶

≪小問4問≫

(イ)(1)　アレニウスによる塩基の定義は，水溶液中で，水酸化物イオン OH^- を生じる物質である。

(2)　ブレンステッド・ローリーの定義により，水素イオンを受け取る物質が塩基であるので，反応により水分子 H_2O が水素イオンを受け取って，オキソニウムイオン H_3O^+ となっているものを選ぶ。よって(b)・(c)・(d)が正答。

(ロ)　アルミニウムの鉱石はボーキサイト（主成分：$Al_2O_3\cdot nH_2O$）で，それを水酸化ナトリウムと反応させるなどして精製すると，アルミナと呼ばれる純粋な酸化アルミニウム Al_2O_3 が得られる。アルミニウムは酸素と強く結びつくので，アルミナは簡単には還元できない。またアルミニウムはイオン化傾向が大きいので，イオン化傾向の小さい銅などとは異なり，そのイオンを含む水溶液を電気分解しても，水が反応するだけで単体を得ることはできない。そのためアルミニウムは，融解させたアルミナを電気分解して製造する。アルミナの融点は2000°C 以上と高いため，融点降下剤として氷晶石 Na_3AlF_6 を加えてアルミナを溶かし，炭素電極を用いて

電気分解すると，陰極にアルミニウムの単体が得られる。

陰極：$Al^{3+}+3e^- \longrightarrow Al$

陰極：$C+O^{2-} \longrightarrow CO+2e^-$　または　$C+2O^{2-} \longrightarrow CO_2+4e^-$

一般にイオン化傾向の大きい金属の塩化物や酸化物などを加熱融解し，水を含まない状態で電気分解して金属の単体を得る操作を溶融塩電解（融解塩電解）という。

(ハ)(1)　ファントホッフの法則より，クラフト共重合体の分子量 M は

$$\pi V=\frac{m}{M}RT$$

$$\therefore \quad M=\frac{mRT}{\pi V}=\frac{4.00\times 8.31\times 10^3\times(273+27)}{3.00\times 10^2\times 0.100}=3.324\times 10^5 \fallingdotseq 3.32\times 10^5$$

(2)　結合している側鎖高分子 **B** の数を x 本とすると

$1.72\times 10^5+2.0\times 10^4\times x=3.32\times 10^5$　　$\therefore$　$x=8.0$ 本

(ニ)(1)　下線部より，1 価アルコール **A** と 1 価カルボン酸 **B** に濃硫酸を加えて加熱すると，水分子がとれてエステルが生じる。よってアルコール **A** の分子量 M はカルボン酸 **B** の分子量と等しいので

$M+M-18=130$　　$\therefore$　$M=74$

(2)　**A** と **B** それぞれ 18.5 g の物質量は

$$\frac{18.5}{74}=0.25\text{〔mol〕}$$

1 価アルコール **A** と 1 価カルボン酸 **B** からエステルが生じる反応は

$R'-OH+R-COOH \longrightarrow R-COO-R'+H_2O$

であり，アルコール 1 mol とカルボン酸 1 mol からエステル 1 mol が生じるので，求めるエステル **C** の質量は

$130\times 0.25=32.5$〔g〕

(3)　分子量 74 の 1 価のアルコール **A** の組成式は C_4H_9OH，1 価のカルボン酸 **B** の組成式は C_2H_5COOH である。アルコール **A** はヨードホルム反応を示すので，2-ブタノールであることがわかる。カルボン酸 **B** はプロピオン酸である。この 2 つをエステル化したものがエステル **C** となる。

A. 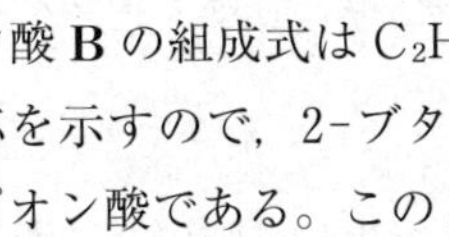　**B**. 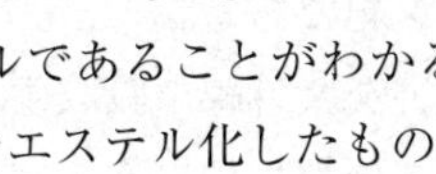

生物

1 解答

問1．1－⑤　2－④　3－②　4－⑥
問2．(1)－③　(2)－⑥
問3．②　問4．④　問5．④

◀解　説▶

≪化学進化と生物の変遷≫

問2．ミラーらは当時の原始大気の成分として，メタン，アンモニア，水，水素が含まれると考え，これらの物質からアミノ酸などの有機物が生成されることを証明した。大気中にアンモニアが含まれると想定していたため，時間0で濃度が高いグラフ（ア）がアンモニアである。

問4．①誤り。原始的な肺による肺呼吸を行うのは古生代のデボン紀である。
②誤り。板皮類や棘魚類など顎のある魚類が出現したのはシルル紀である。
③誤り。アノマロカリスやオパビニアなどの節足動物が現れていた。
④正しい。古生代初期の化石から，身を守るための硬い殻や捕獲のための触手やとげをもつ動物の存在が確認されており，食う食われるの関係があったと考えられている。
⑤誤り。扁平で消化管をもたないものが多かったのは，先カンブリア時代のエディアカラ生物群などである。

問5．①誤り。植物が陸上進出した後，脊椎動物が陸上進出した。
②誤り。真核生物が誕生したのは先カンブリア時代で，植物が陸上進出したのはオルドビス紀である。
③誤り。最初に植物が陸上進出したのはオルドビス紀で，裸子植物が出現したのはその後のデボン紀である。
⑤誤り。オゾン層は有害な紫外線を吸収する。
⑥誤り。えらではなく，硬骨魚類のうきぶくろが進化して肺になった。

2 解答

問1．10－⑧　11－⑥　12－③
問2．⑥　問3．①　問4．⑤　問5．⑤

問6．①・②

◀解　説▶

≪細胞の情報伝達，ホルモン分泌調節≫

問3．②誤り。鉱質コルチコイドは，腎臓の細尿管でナトリウムイオンの再吸収を促進する。

③誤り。チロキシンは，脳下垂体前葉からの甲状腺刺激ホルモンの分泌を抑制する。

④誤り。体液濃度が上昇すると神経分泌細胞がバソプレシンを合成し，脳下垂体後葉から分泌されて血液中に放出される。

⑤誤り。副腎皮質刺激ホルモンは，脳下垂体前葉の内分泌細胞から分泌され，神経分泌細胞が合成する放出ホルモンなどによって分泌量が調整される。

問5．セカンドメッセンジャーとは，細胞外の刺激を受けて細胞内で新たに生成される細胞内の情報伝達物質のことであり，cAMPやcGMP，イノシトール三リン酸（IP_3）などがある。

問6．問題文より，コレラ毒素はGタンパク質を直接活性化するため，コレラ毒素を与えた場合にcAMP濃度が上昇した細胞Aは，Gタンパク質より後の伝達経路は正常であることがわかる。よって，アドレナリン受容体のどこかに突然変異が生じていると考える。

3 解答

問1．18―④　19―⑥　20―⑦　21―②

問2．⑥　問3．①　問4．(1)―⑥　(2)―⑥

問5．感覚ニューロン―⑧　運動ニューロン―⑥

◀解　説▶

≪神経系と興奮の伝達≫

問3．②誤り。交感神経の末端からはノルアドレナリンが，副交感神経の末端からはアセチルコリンが分泌される。

③・⑤誤り。例として，血糖濃度が低下したとき，肝臓は交感神経による影響を受けて，グリコーゲンから分解したグルコースを放出するが，このグルコースの放出は，グルカゴンなどのホルモンを受容することによっても促進される。

④誤り。立毛筋や汗腺には交感神経のみが分布しており，副交感神経は分

布していない。

⑥誤り。自律神経系の中枢は間脳視床下部である。

問5. 図2と問題文より, 感覚ニューロンが脊髄へと刺激を運び, 運動ニューロンが脊髄から大腿四頭筋へ命令を伝導することがわかる。感覚ニューロンの筋紡錘から48cm離れた位置を電気刺激した場合と12cm離れた位置を電気刺激した場合では, 筋肉が収縮するまでに

$$13-10=3〔ミリ秒〕$$

の違いがあった。このときの経路の違いは, 感覚ニューロンを伝導した距離のみである。感覚ニューロンを伝導した距離の差は

$$48-12=36〔cm〕$$

となり, 感覚ニューロン36cmを興奮が伝導する時間は3ミリ秒であることがわかる。よって, 感覚ニューロンの伝導速度は, 36cm＝0.36m, 3ミリ秒＝0.003秒より

$$\frac{0.36}{0.003}=120〔m/秒〕$$

反射弓の経路について, 問題文より, 電気刺激を感覚ニューロンに直接与えたことから, シナプスでの伝達は脊髄内と運動ニューロン末端の二カ所で起こったことがわかる。よって, 感覚ニューロンの筋紡錘から48cm離れた位置を電気刺激した場合, 感覚ニューロンを興奮が12cm伝導し, 脊髄内で1回伝達が行われ, 運動ニューロンを興奮が60cm伝導した後, 伝達が1回行われ, 大腿四頭筋が収縮したことになる。

感覚ニューロン12cmを伝導した時間は, 12cm＝0.12m, 伝導速度は120m/秒より

$$\frac{0.12}{120}=0.001〔秒〕（1ミリ秒）$$

また, 伝達が行われた時間は

$$1.5ミリ秒\times 2回=3〔ミリ秒〕$$

よって, 運動ニューロンの伝導にかかった時間は

$$10-1-3=6〔ミリ秒〕$$

運動ニューロンの伝導速度を x〔m/秒〕とすると60cm＝0.6m, 6ミリ秒＝0.006秒より

$$\frac{0.6}{x}=0.006$$

$x=100$〔m/秒〕

4 解答

問1．28―⑦　29―③　30―①
問2．(1)―④　(2)―③　問3．(1)―④　(2)―⑤
問4．図3―⑤　図4―②　問5．①

◀解　説▶

≪減数分裂≫

問3．$2n=16$ の細胞には，二価染色体が8本形成される。1つの二価染色体において，2本の相同染色体の分配のされ方が2通りあるので，生じる配偶子（$n=8$）のもつ染色体の組み合わせは 2^8 と表される。

問4．図3について，相同染色体は細胞に含まれていないことから，第一分裂は正常に行われ，第二分裂で短い染色体のみ2本とも図3の細胞に分配されたと考える。図4について，相同染色体が細胞に含まれることから，第一分裂で相同染色体が正常に分配されなかったと考える。短い染色体は相同染色体が正常に分かれ，第二分裂でさらに分配できているため，減数分裂自体は最後まで進行したことがわかる。

5 解答

問1．38―③　39―⑦　40―⑤
問2．⑤　問3．③　問4．②　問5．④
問6．複製起点―⑥　複製終結点―③　DNA ポリメラーゼ―⑦

◀解　説▶

≪DNA 複製≫

問4．①誤文。PCR 法では，増幅したい領域の両方の3′末端側と相補的な塩基配列を持つ DNA 断片を，プライマーとして用いる。

③誤文。細胞内で合成された RNA プライマーは，DNA の伸長が起こった後に酵素によって除去されて DNA に置き換わる。

④誤文。PCR 法で増幅された DNA 断片には，プライマーとして使われた領域も残る。

⑤誤文。細胞内では，プライマーゼによってプライマーが合成される。

⑥誤文。PCR 法で用いられるプライマーは，増幅したい領域の塩基配列の3′末端側と相補的なものが用いられるため，増幅する領域が変わればプライマーも変わる。

問 5．DNA ポリメラーゼは鋳型鎖の 3′ 側に結合し，新生鎖を 5′ から 3′ の方向にのみ合成するため，鋳型鎖の 3′ 末端には必ずプライマーが結合する。プライマーを DNA に置き換えるときには，その両側に DNA が必要になるため，3′ 末端では DNA に置き換えることができず，複製するごとに DNA が短くなる。

問 6．問題文より，大腸菌 DNA の鋳型鎖は放射性同位体を含み，培地を変えてから合成された新生鎖は放射性同位体を含まないことがわかる。よって，図 3 で放射線量の多い箇所は，まだ DNA の複製が完了していない箇所である。また，大腸菌の DNA は環状であり，複製起点の両側から複製が進む（下図左）。問題文の図 4 は下図の右側と同様の状態であり，両側（エとカ）から DNA ポリメラーゼが新生鎖を伸長して，オで複製が終結する。

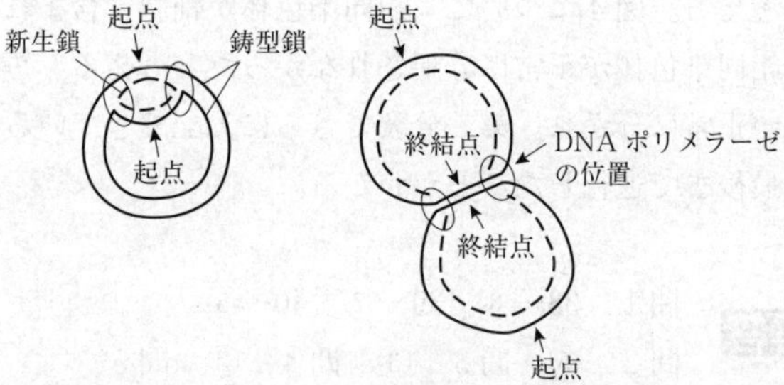

2022年度

問題と解答

■一般入試：前期日程，英語資格・検定試験利用方式

問題編

●前期日程

▶試験科目・配点

学部等	教科	科目	配点
工・システム理工（電子情報システム・機械制御システム・環境システム）・デザイン工・建築	外国語	コミュニケーション英語Ⅰ・Ⅱ・Ⅲ，英語表現Ⅰ・Ⅱ	100点
	数学	数学Ⅰ・Ⅱ・Ⅲ・A・B	100点
	理科	「物理（物理基礎，物理）・化学（化学基礎，化学）」	100点
システム理工（生命科）	外国語	コミュニケーション英語Ⅰ・Ⅱ・Ⅲ，英語表現Ⅰ・Ⅱ	100点
	数学	数学Ⅰ・Ⅱ・Ⅲ・A・B	100点
	理科	「物理（物理基礎，物理）・化学（化学基礎，化学）」または「生物（生物基礎，生物）」のいずれかを出願時に選択	100点
システム理工（数理科）	外国語	コミュニケーション英語Ⅰ・Ⅱ・Ⅲ，英語表現Ⅰ・Ⅱ	100点
	数学	数学Ⅰ・Ⅱ・Ⅲ・A・B	200点
	理科	「物理（物理基礎，物理）・化学（化学基礎，化学）」または「生物（生物基礎，生物）」のいずれかを出願時に選択	100点

▶備　考

- 学科別に実施された３日程分のうち１日程分を掲載。
- 「物理・化学」は物理と化学から各４題，計８題の出題の中から，試験時間中に４題を任意に選択し解答する。物理のみ，または化学のみ解答してもよい。

▶出題範囲

- 数学Ｂ：数列，ベクトル

●英語資格・検定試験利用方式

英語資格・検定試験利用方式は，前期日程の各日程と併願が可能。指定の英語資格・検定試験のいずれかのスコアが基準値以上であることが出願資格となる。

▶試験科目・配点

学部等	教科	科目	配点
工・システム理工（電子情報システム・機械制御システム・環境システム）・デザイン工・建築	数学	数学Ⅰ・Ⅱ・Ⅲ・A・B	100点
	理科	「物理（物理基礎，物理）・化学（化学基礎，化学）」	100点
システム理工（生命科）	数学	数学Ⅰ・Ⅱ・Ⅲ・A・B	100点
	理科	「物理（物理基礎，物理）・化学（化学基礎，化学）」または「生物（生物基礎，生物）」のいずれかを出願時に選択	100点
システム理工（数理科）	数学	数学Ⅰ・Ⅱ・Ⅲ・A・B	200点
	理科	「物理（物理基礎，物理）・化学（化学基礎，化学）」または「生物（生物基礎，生物）」のいずれかを出願時に選択	100点

▶備　考

- 数学，理科は前期日程と同一問題。

英語

(90分)

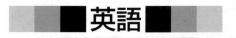

I　次の会話の空所に入る最も適切なものを, 下のa～dから1つ選びなさい。

1. A: What are you up for tonight?

   B: I think I'll just stay home. I'm a little tired.

   A: Come on, I feel like going out. How about going to dinner, somewhere quiet?

   B: Well, OK, but ______________________

   A: We won't. I promise.

   a. I don't want to stay out late.
   b. I'm broke.
   c. we don't want to sit up late.
   d. we'll take a taxi, won't we?

2. A: Excuse me, but ______________________

   B: Oh, they said the boarding time has been changed to 11:00.

   A: I see, delayed.

   B: Yes, are you going to Singapore too?

   a. what was that announcement about?
   b. when is the boarding time for the flight to Taipei?
   c. when is the plane from Singapore arriving?
   d. who announced the new boarding time?

3. A: Oh, look at those high heels that woman is wearing.

B: You mean the silver ones?

A: Yes. ______________________________

B: Yeah, I couldn't walk properly in those.

a. I love them.

b. They are way too expensive.

c. They are way too high.

d. They aren't hard to dance in.

4. A: Hello, it's Tomo. Are you busy on Friday night?

B: Not really. What's up?

A: There's a movie festival in Shibuya. Will you come with me?

B: No, ______________________________ Sorry, I'm not into movies.

a. I don't think so.

b. I expect so.

c. I hope so.

d. I'm not afraid so.

5. A: What does your sister do now?

B: She's a high school teacher.

A: Really? ______________________________

B: Yes, but she switched to teaching. She teaches social studies.

a. Does she enjoy teaching?

b. I didn't know she was interested in education.

c. I thought she went into business.

d. That's good for her.

Ⅱ　次の１～５のそれぞれの（　　　）に同じ綴りの単語を入れて適切な文を完成させなさい。すべて小文字で書きなさい。

1. I like this job because I don't need to wear a suit and (　　　).
   Hey, (　　　) your shoelaces! They are undone.

2. Don't forget to (　　　) the fish with salt before you grill it.
   The cool dry (　　　) lasts from December to February here.

3. Please fill in this (　　　) before you see the doctor.
   Hydrogen and oxygen combine to (　　　) water.

4. The police had to (　　　) the road to capture the animal that escaped from the zoo.
   A train was derailed by a concrete (　　　) placed on the rail, but no one was injured.

5. She burst into (　　　) when she heard the news.
   Be careful with that fabric. It (　　　) very easily.

Ⅲ　次の1～3の質問に対する答えとして最も適切なものを，下のa～dから1つ選びなさい。

1. Taro's mother was 40 years old when Taro was born. How old was his mother when she was 5 times as old as Taro?

a. 50　　b. 55　　c. 60　　d. 80

2. On a test consisting of 60 questions, Taro answered 75% of the first 40 questions correctly. What percent of the other 20 questions did he need to answer correctly for his grade on the entire exam to be 80%?

a. 85%　　b. 90%　　c. 95%　　d. 100%

3. Five cities A, B, C, D and E are connected by different forms of transportation as follows:

A and B are connected by ferry and rail.

D and C are connected by bus and ferry.

B and E are connected by air only.

A and C are connected by ferry only.

E and C are connected by rail and bus.

If Taro visits each of the places starting from A and gets back to A, which of the following cities must he visit twice?

a. B　　b. C　　c. D　　d. E

Ⅳ　次の各文の（　　　）に入る最も適切な語（句）を，下の a ～ d から 1 つ選びなさい。

1. A: Have you seen Tomo recently?
   B: Yes, in fact we (　　) lunch on Fridays.
   a. had had　　b. have　　c. will have　　d. would have

2. I will read (　　) possible this summer.
   a. as many books as　　b. books as many
   c. many books as I can　　d. so many books as

3. The issue (　　) is being discussed is complicated.
   a. about that　　b. how
   c. what　　d. that

4. There is (　　) like a hot bath after a long walk on a cold day.
   a. anything　　b. everything　　c. nothing　　d. something

5. (　　) that they were waiting for our help, we hurried to the village.
   a. Knew　　b. Knowing　　c. Known　　d. To know

6. As he had (　　) legal knowledge, he didn't know how to deal with the matter.
   a. a few　　b. a little　　c. few　　d. little

7. You can bring your kids to the ceremony (　　) they behave.
   a. as far as　　b. as long as
   c. even though　　d. while

8. This town will change ( ) another ten years.

a. for b. in c. of d. since

9. Try ( ) too hard when you feel tired.

a. don't work b. not work c. not to work d. no working

10. The door was open when I came back home last night. I remember locking the door, so someone ( ) into the house.

a. must have broken b. must not have broken
c. should have broken d. should not have broken

V 次の各文の（ ）に入る最も適切な語を，下のａ～ｄから１つ選びなさい。

1. The new security systems introduced have ( ) us of long working hours.

a. reduced b. released c. relieved d. revised

2. If the weather conditions are ( ), we may have to reschedule the event.

a. rigid b. severe c. strict d. strong

3. My enjoyment of the trip was ( ) by a number of problems.

a. hunted b. perplexed c. resumed d. spoiled

4. The documents we had been waiting for arrived ( ) before we left.

a. shortly b. periodically
c. temporarily d. spontaneously

5. Two-week campers must bring enough (　　　) because there's no laundry facilities.

a. fabric　　b. clothing　　c. wearing　　d. wear

6. Some hotels went out of (　　　) due to the decrease in the number of inbound tourists.

a. business　　b. job　　c. mission　　d. task

7. I'm glad that train services went back to (　　　) last night after the powerful typhoon passed.

a. average　　b. common　　c. normal　　d. ordinary

8. We (　　　) escaped drowning in the river.

a. closely　　b. narrowly　　c. tightly　　d. wildly

9. I was (　　　) at mathematics when I was a high school student.

a. low　　b. poor　　c. short　　d. small

10. You have to pay a (　　　) when you're caught speeding.

a. fine　　b. fund　　c. value　　d. treasure

Ⅵ 次の各文の下線部にａ～ｇの語（句）を正しく並べかえて入れ，最も適切な文を完成させなさい。ＡとＢにそれぞれ何が入るか，記号で答えなさい。文頭に来る語も小文字で表記されている。

1. ____ __A__ ____ ____ __B__ ____ ____ like in the next 100 years?

a．be　　b．do　　c．the climate
d．think　　e．what　　f．will
g．you

2. Both international and local ____ ____ __A__ more and more ____ __B__ ____ ____ of preserving the environment.

a．are　　b．aware　　c．becoming
d．of　　e．the　　f．tourists
g．value

3. Hokkaido is ____ ____ __A__ __B__ ____ ____ ____ islands.

a．four　　b．Japan's　　c．largest
d．main　　e．of　　f．second
g．the

4. __A__ ____ ____ ____ ____ __B__ ____ by an increasingly digital society.

a．are　　b．access　　c．behind
d．no internet　　e．left　　f．those
g．with

5. No ____ __A__ ____ ____ ____ __B__ ____ the TV reporters rushed to him.

a．got　b．had　c．off
d．sooner　e．than　f．the actor
g．the train

Ⅶ　次の［　1　］と［　2　］に入れるべき文が順不同で，それぞれA～Dに示されている。論理的な文章を構成するのに最も適切な配列を，下の a ～ f からそれぞれ1つ選びなさい。

著作権の都合上，省略。

著作権の都合上，省略。

［Excerpted and adapted from Friction,
https://www.bbc.co.uk/bitesize/topics/zsxxsbk/articles/zxqrdxs］

Ⅷ 文中の空所 ア ～ オ に入る最も適切な語（句）を，それぞれ対応する次のａ～ｄから１つ選びなさい。

OriHime is a charming Japanese robot. Like most robots made in Japan, it's full of circuits, programming chips, and has an exterior human-like shell. Though in OriHime's case, it's more *1Wall-E than *2Terminator thanks to the soft edges and large babyish eyes.

The interior of OriHime is also intrinsically human in many ways that its robot *3brethren are not. OriHime's purpose is to be a vessel that empowers people who have difficulty going outside or moving ア severe disabilities or illnesses, such as *4ALS, to connect with everyday society and the people within. Practically speaking, the robot can support people who are bed-bound to connect with distant family or do a job, for example.

Since 2018, people with disabilities have taken up opportunities to work as cafe staff through OriHime in the *5pop-up cafe "Avatar Cafe DAWN ver.β". Avatar Cafe DAWN seeks to イ human loneliness by enabling people who are bed- or house-bound to enjoy working as cafe staff and communicating with customers. After several successful pop-up cafes that were attended by over 5000 people since 2018, maker of OriHime, OryLab, has decided to open a permanent cafe in Tokyo in June.

How exactly will Avatar Cafe DAWN work then? The cafe will be staffed by two types of OriHime robots that have been used previously in the pop-ups.

The table-top stationary OriHime [ウ] to take orders from customers and communicate with them. The small robot is capable of taking on different poses which pilots can use to emotively communicate with customers in addition to voice-based interactions. Each table also has an iPad to support ordering and text-based communication with pilots.

From the pilots' perspective, they can view customers of the cafe through their computer screens, while piloting OriHime through software that can be operated through slight eye movements. This makes OriHime user-friendly for pilots who face physical restrictions to their movement.

In addition to OriHime, the larger "Orihime-D" robot is mobile and can be piloted around the cafe to deliver food to customers. In the pop-up cafes, OriHime and Orihime-D have been piloted by separate people, creating [エ] opportunities for people who face restrictions to work in person to support the operation of a cafe and chat with customers. It is yet to be confirmed by OryLab how they will operate and staff the permanent location in Nihonbashi.

Creating new opportunities for people with disabilities to participate in society

As [オ] of their concept, one person who was trained as a pilot for an Avatar Cafe DAWN pop-up store was hired as a remote worker for a company in July 2020. The physical Avatar Cafe DAWN ver.β location will offer new possibilities for social participation for those with severe disabilities, which will hopefully lead to an expansion of remote work opportunities beyond the cafe supported by OriHime robots.

注） *1 Wall-E Wall-Eは2008年に公開されたディズニー＆ピクサーによるアニメ映画『ウォーリー』（原題：WALL-E）に出てくるロボット

*2 Terminator ターミネーターはハリウッド映画，ターミネーターシリーズに出てくる人類を滅亡させるために地球に送りこまれたロボット（殺戮マシーン）

*3 brethren 同胞，同業者

*4 ALS 筋萎縮性側索硬化症 難病に指定されている

*5 pop-up cafe 短期間のみ出店する期間限定のカフェ

ア	a. due to		b. in order to	
	c. in spite of		d. instead of	
イ	a. admire	b. enhance	c. eliminate	d. respect
ウ	a. is used	b. is using	c. used	d. uses
エ	a. few	b. fewer	c. more	d. most
オ	a. hope	b. proof	c. sign	d. virtue

[Adapted from 'Cafe staffed by robots piloted by people with disabilities to open in Tokyo', by Toby M, grape Japan, March 5, 2021. https://japantoday.com/category/tech/cafe-staffed-by-robots-piloted-by-people-with-disabilities-opening-in-tokyo]

Ⅸ　次の英文を読み，下の設問に答えなさい。

For generations, the standard way to learn how to ride a bicycle was with training wheels or a tricycle. But in recent years, many parents *1have opted to train their kids with balance bikes, pedalless two-wheelers that enable children to develop the coordination needed for bicycling—a skill that is not as easily acquired with an extra set of wheels.

Given the benefits of balance bikes, why did it take so long for (A)them to replace training wheels? There are plenty of other examples in which overlooked solutions that involve subtraction turn [ア] to be better alternatives. In some European cities, for example, urban planners have gotten rid of traffic lights and road signs to make streets safer—an idea that runs counter to (B)conventional traffic design.

Leidy Klotz, an engineer at the University of Virginia, noticed that minimalist designs, in which elements are removed from an existing model, were uncommon. So he reached out to Gabrielle Adams, a social psychologist at the university, to try to figure out why this was the case. The two researchers hypothesized that there might be a psychological explanation: when faced with a problem, people tend to select solutions that involve adding new elements rather than taking existing components away.

Adams, Klotz and their colleagues set out to test if their (C)hunch was correct. "We wanted to investigate whether, and to what extent, people actually overlooked subtraction when they're tasked with changing things," Adams says. Their investigation "wasn't literature driven, because there's no academic literature on this phenomenon. It was really just us putting our [イ] together to think up why this might be the case."

The researchers first carried [ウ] a set of observational studies, assessments without a *2control group, to see whether this bias existed at all. In (D)one, they asked 91 participants to make a pattern symmetrical by either adding or removing colored boxes. Only 18 people (20 percent) used subtraction. In another, the team scanned through an archive of ideas for improvement submitted to an *3incoming university president and found that only 11 percent of 651 proposals involved eliminating an existing regulation, practice or program. Similar results emerged across tasks that involved modifying structures, essays and itineraries—in each case, the vast majority of people chose to expand rather than remove.

To determine why people tended to choose additive solutions, the team dug deeper by conducting a series of eight experiments with more than 1,500 individuals recruited either from a university campus or through Amazon Mechanical Turk, a crowdsourcing Web site. In one experiment, people were asked to stabilize the roof of a Lego structure held up by a single block that rested atop a cube-shaped base. The reward for completing the task was $1, and participants could add new blocks for 10 cents *4apiece or get rid of blocks for free. The researchers wrote that one group was provided a cue about potential subtractive solutions by being told, "Each piece that you add costs ten cents but removing pieces is free," while another group was just told, "Each piece that you add costs ten cents." Almost two thirds of people in the cued group ended up choosing to eliminate the single block rather than adding new ones, compared with 41 percent of those who had not received the prompt.

The researchers also observed that people were more likely to remove features when they were given more opportunities to consider alternative ways to address a problem: when participants were asked to create a symmetrical pattern by adding or eliminating colored blocks, they opted for removal more often if they were given practice trials than if they had just one chance to tackle the problem. On the other hand, having to simultaneously (E) juggle another task—such as keeping track of numbers on a screen—made individuals less likely to subtract elements to solve the same problem, suggesting that it requires more effort to think up subtractive solutions than additive ones. (In both of these experiments, removing blocks was the more efficient solution.)

These findings, which were published today in *Nature*, suggest that "additive solutions have sort of a privileged status—they tend to come to [エ] quickly and easily," says Benjamin Converse, a social psychologist at the University of Virginia and a co-author of the study. "Subtractive solutions are not necessarily harder to consider, but they take more effort to find."

The authors "convincingly demonstrate that we tend to not consider subtractive solutions as much as additive ones," says Tom Meyvis, a consumer psychologist at New York University, who was not directly involved [オ] the study but reviewed it and co-authored a commentary about it in *Nature*. While the <u>propensity</u>(F) for businesses and organizations to opt for complexity rather than simplification was previously known, the novelty of this paper is that it shows that people tend toward adding new features, "even when subtracting would clearly be better," he adds. Meyvis also notes that other reasons for this effect may be a greater likelihood that additive solutions will be appreciated or the so-called sunk-cost bias, in which people continue investing in things for which time, money or effort has already been spent.

A number of open questions remain, such as whether the bias against subtractive solutions generalizes across cultures and if it exists in childhood or develops over time. For now the team hopes that these findings will encourage people across various fields, whether they be engineering, architecture or medicine, to think about subtractive options—such as balance bikes—that might be typically overlooked. "The hope is that, just by getting people to think about this more, that maybe it will help inspire some other neglected subtractions," Converse says.

注）　*1 have opted　opt（どちらかを）選ぶ

*2 control group　対照群　臨床試験や実験において薬やある方法の効果があったかどうかの比較を行うためのグループ

*3 incoming　後継の

*4 apiece　各個に，おのおのに

[Adapted from 'Our Brain Typically Overlooks This Brilliant Problem-Solving Strategy', by Diana Kwon, April 7, 2021, Newsletter, Scientific American. https://www.scientificamerican.com/article/our-brain-typically-overlooks-this-brilliant-problem-solving-strategy/]

設　問

1. 文中の ア ～ オ に入る語を，a～dから1つ選びなさい。

ア	a. aside	b. down	c. in	d. out
イ	a. fingers	b. ears	c. heads	d. eyes
ウ	a. of	b. out	c. on	d. up
エ	a. brain	b. head	c. mind	d. surface
オ	a. in	b. of	c. on	d. to

2. 文中の下線部（A）～（F）について，（　　）に入る最も適切な語（句）を，下のa～dから1つ選びなさい。

（A） "them" refers to (　　).

a. balance bikes　　b. benefits

c. children　　d. many parents

（B） "conventional" in this context means (　　).

a. boring　　b. distinctive

c. odd　　d. traditional

（C） "hunch" in this context means (　　).

a. feeling　　b. intelligence

c. proof　　d. summary

(D) "one" refers to (　　　).

a. a control group　　b. a bias

c. a pattern　　d. an observational study

(E) "simultaneously" in this context means (　　　).

a. basically　　b. concurrently

c. consequently　　d. slowly

(F) "propensity" in this context means (　　　).

a. prosperity　　b. property

c. tendency　　d. territory

3. 次の a ～ j の文で，本文の内容と合っているものを 4 つ選びなさい。

a. Children ride balance bikes before they ride a bicycle with training wheels.

b. Children can learn how to ride a bicycle with a balance bike faster than with the other common way.

c. According to Klotz, an engineer at the University of Virginia, realized that minimalist designs were universal.

d. There have been some other published studies on people's tendency towards additive solutions apart from the one led by Klotz.

e. In the first phase of research, the researches confirmed the tendency for people to opt for additive solutions when faced with a problem.

f. In the experiment of stabilizing the roof of a Lego structure, the participants who succeeded at the task didn't always get $1.

g. All the participants of the second phase of research were selected from a university campus.

h. The study suggests that people can think up a subtractive solution if they can practice or concentrate on alternative solutions.

i. Tom Meyvis was the co-author of the study published in *Nature*.

j. The study concludes that the tendency for people to opt for additive solutions are observed everywhere regardless of culture.

数学

（90 分）

（注）　1・3 は空欄に適する解答を，解答用紙の所定の欄に記入してください。2・4 は記述式の問題です。解答用紙の所定の欄に答だけでなく，その過程も記入してください。

1.　次の ＿＿ に適する解答を所定の解答欄に記入せよ。

(1)　a を実数とし，2 つの集合

$$U = \{ x \mid x^2 \leqq a,\ x \text{ は実数} \},\quad V = \{ x \mid x^2 \leqq a^2,\ x \text{ は実数} \}$$

を考える。このとき，U が空集合となる a の値の範囲は，［(ア)］である。$U = V$ となる a の値は，$a =$［(イ)］である。また，$U \subset V$ となる a の値の範囲は，［(ウ)］である。

(2)　方程式

$$169^{\log_{13}(x-1)} = x\left(1 - 11^{\log_{121}(x-2)^4}\right)$$

を満たす x の値は，$x =$［(エ)］である。

(3)　2 つの実数 x，y が

$$x^2(y^2 + 1) + 2x(y - 4) + y(y - 8) \leqq 0$$

を満たすとき，$2xy - x - y$ の最大値は，［(オ)］である。

2.　数列 $\{a_n\}$ $(n=1,\ 2,\ 3,\cdots)$ の初項から第 n 項までの和を S_n とおくとき，

$$\begin{cases} S_3=\dfrac{47}{48} \\ (n+2)a_{n+1}=S_n+\dfrac{1}{2n+2} \quad (n=1,\ 2,\ 3,\cdots) \end{cases}$$

であるという。このとき，次の各問いに答えよ。

(1)　S_2 を求めよ。

(2)　a_1 を求めよ。

(3)　数列 $\{a_n\}$ の一般項を求めよ。

3.　次の □ に適する解答を所定の解答欄に記入せよ。

△ABC において，AB $=10$，BC $=4\sqrt{6}$，CA $=6$ であるとき，頂点 C から線分 AB に垂線 CH を下ろすと，AH $=$ [(ア)] である。∠BAC の二等分線と △ABC の外接円との交点のうち，点 A 以外の点を D とし，線分 AD と線分 CH の交点を E とする。$\overrightarrow{\mathrm{AB}}=\vec{b}$，$\overrightarrow{\mathrm{AC}}=\vec{c}$ とするとき，ベクトル $\vec{b}$ と $\vec{c}$ の内積 $\vec{b}\cdot\vec{c}$ を求めると，$\vec{b}\cdot\vec{c}=$ [(イ)] であり，$\overrightarrow{\mathrm{AE}}$ を $\vec{b}$ と $\vec{c}$ を用いて表すと，$\overrightarrow{\mathrm{AE}}=$ [(ウ)] である。また，四角形 ABDC の面積は，[(エ)] であり，$\overrightarrow{\mathrm{AD}}$ を $\vec{b}$ と $\vec{c}$ を用いて表すと，$\overrightarrow{\mathrm{AD}}=$ [(オ)] である。

4.　θ を実数とする。複素数平面上の原点を O とし，複素数 $a=\cos\dfrac{\theta}{2}+i\sin\dfrac{\theta}{2}$，$z=1+\theta i$ を表す点を，それぞれ A(a)，Z(z) とする。ただし，i は虚数単位とする。さらに，直線 OA に関して点 Z(z) と対称な点を Z′(z') とするとき，z' の実部を $f(\theta)$，虚部を $g(\theta)$ とする。このとき，次の各問いに答えよ。

(1)　定積分 $\displaystyle\int_0^{\frac{\pi}{2}} t\sin t\cos t\,dt$ を求めよ。

(2)　$f(\theta)$ と $g(\theta)$ を，それぞれ θ を用いて表せ。

(3)　座標平面上の曲線 $x=f(\theta)$，$y=g(\theta)$ $\left(0\leqq\theta\leqq\dfrac{\pi}{2}\right)$ を C とする。このとき，曲線 C，x 軸および直線 $x=\dfrac{\pi}{2}$ で囲まれた図形の面積を求めよ。

物理

（物理・化学の任意の 4 題で 90 分）

1. 以下の設問の解答を所定の解答欄に記入せよ。導出過程は示さなくてよい。なお，解答中に分数が現れる場合は既約分数で答え，平方根は開かなくてよい。

(A) 図 1 のように，物体 A と物体 B が x 軸上を正の方向に等速直線運動している。風はなく，音速は C〔m/s〕で，物体 A の速さは $\frac{1}{5}C$〔m/s〕，物体 B の速さを $\frac{2}{5}C$〔m/s〕であるとする。

時刻 $t = 0$ s のとき，物体 A が周波数 F_0〔Hz〕の音を発しはじめたところ，B にあたって反射して返ってきた音を A 上の人が観測した。A が音を発しはじめてから，B にあたって反射して返ってきた音を A で観測し始めるまでにかかった時間は T〔s〕であった。このとき，A 上の人は，反射して返ってきた音を F〔Hz〕と観測した。

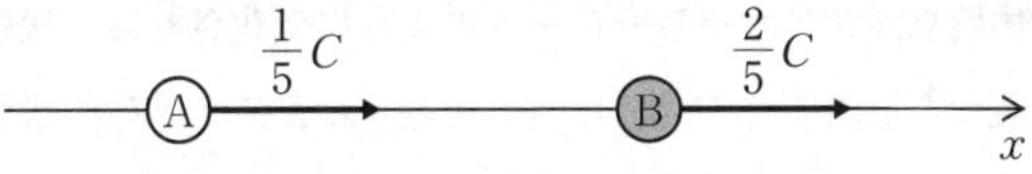

図 1

(イ) 周波数の比 $\frac{F}{F_0}$ を，整数または既約分数で表せ。

(ロ) 時刻 $t = T$ のとき，A と B の間の距離 d〔m〕は，$C \times T$〔m〕の何倍か，整数または既約分数で表せ。

(B) 真空中で，図 2 のように水平面（xy 平面）上の原点に静止している質量 m〔kg〕の電子に，x 軸の負の方向から直進してきた波長 λ〔m〕の X 線光子が衝突した。衝突後，X 線光子は波長が λ'〔m〕に変化し y 軸の負の方向に飛び去り，電子は x 軸とのなす角 θ の方向へ速さ v〔m/s〕で飛び去った。すべての運動は同一平面上でおこっていて，重力の影響はないものとする。真空中の光の速さを c〔m/s〕，プランク定数を h〔J・s〕とする。

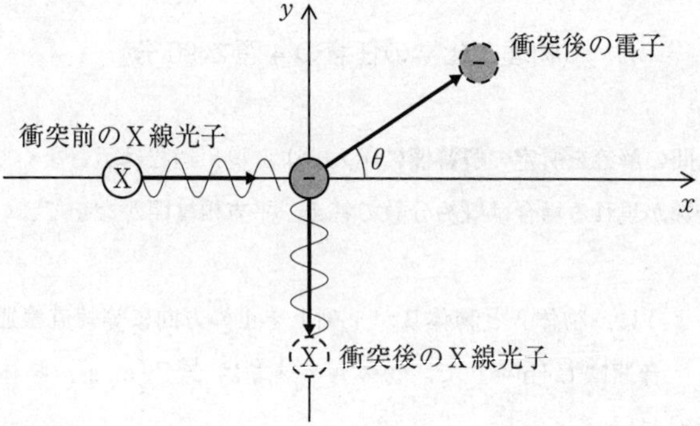

図2

(ハ)　衝突後の電子の運動エネルギーを，c，h，λ，λ'を用いて表せ。

(ニ)　衝突の前後で運動量保存則が成立する。$(mv)^2$ を h，λ，λ'を用いて表せ。

(C)　単原子分子理想気体を，滑らかに動くピストンのついたシリンダー内に閉じ込め，圧力と体積を図3のA→B→C→Aのように変化させる。状態Aのときの圧力，体積と温度をそれぞれ P〔Pa〕，V〔m^3〕，および T〔K〕，状態Bのときの圧力は $2P$〔Pa〕，状態Cのときの体積を $2V$〔m^3〕とする。A→Bは定積（等積）変化，B→Cは等温変化，C→Aは定圧（等圧）変化である。

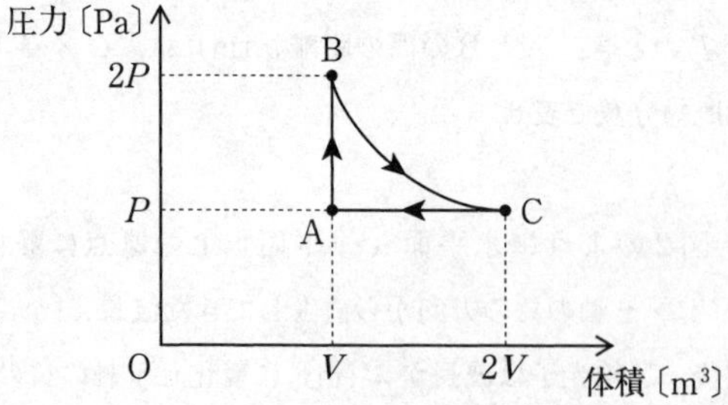

図3

(ホ)　この単原子分子理想気体がA→Bの過程で吸収する熱量 Q_{AB}〔J〕を求め，P，V を用いて表せ。

(ヘ)　温度と体積の関係を表すグラフを解答用紙に実線で示し，状態A，状態B，状態Cがどの点に相当するかを明示し黒丸でそれぞれ示せ。直線は直線とわかるように描き，直線で描けない過程があるときは概形でよい。

〔解答欄〕

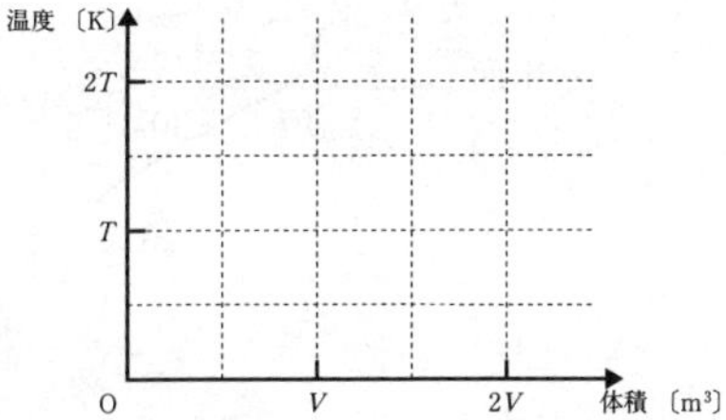

2.　以下の設問の解答を所定の解答欄に記入せよ。導出過程は示さなくてよい。なお，解答中に分数が現れる場合は既約分数で答え，平方根は開かなくてよい。

ばねや糸の質量，空気抵抗は無視でき，糸は伸び縮みしないものとする。重力加速度の大きさは g とする。

図1のように，ばねSの一端に質量 m_A の小球Aをつけたばね振り子を鉛直につり下げ，小球を下方へ少し引っ張った状態で静かに手を離したところ，小球は鉛直線上で周期 T の単振動を始めた。

図2のように，同じ小球Aを長さ L の糸で天井からつり下げ，図1のばねSで左から引っ張ったところ，ばねSは水平となり，糸はたるむことなく鉛直方向となす角度が60°となった（状態1）。

(イ)　状態1のときのばねの伸びは

$$\frac{\sqrt{3}}{4} \times \boxed{\text{(イ)}}$$

で表される。 $\boxed{\text{(イ)}}$ に当てはまる式を T，g，m_A のうち必要なものを用いて表せ。円周率を π とする。

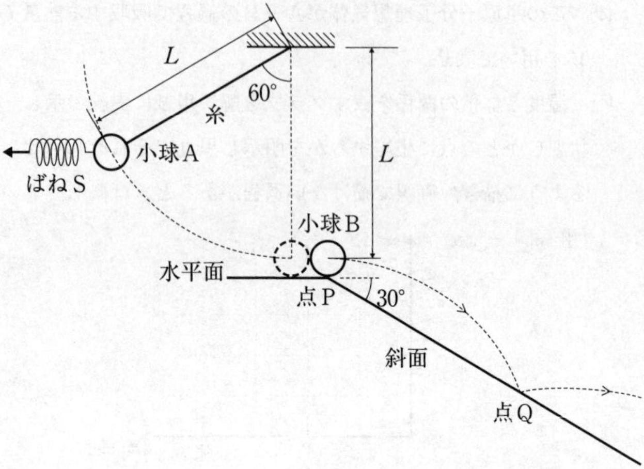

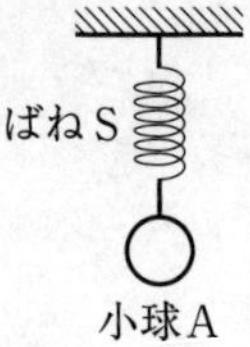

図1　　　　図2

状態1において小球AとばねSとを静かに切り離したところ，小球Aは鉛直面内で円運動を始めた。質量 m_B の別の小球Bが，天井面から距離 L 下方の滑らかな水平面上の点Pに静止しており，小球Aが最下点まで来たところで2つの小球が瞬間的に衝突して小球Bが同じ鉛直面内で水平方向右側に打ち出された。小球Bの右側には水平面に対して角度30°で右下がりとなった斜面があり，小球Bはこの斜面を跳ねながら落ちていった。

(ロ)　小球間の反発係数（はねかえり係数）を e としたときの衝突直後の小球Bの速さは

$$\frac{m_A}{m_A + m_B} \times (\boxed{\quad (ロ) \quad})$$

で表される。 $\boxed{(ロ)}$ に当てはまる式を e, g, L を用いて表せ。

(ハ)　小球A，小球Bが衝突してから小球Bが最初に斜面と衝突する点を点Qとする。小球Bが水平方向右側に打ち出されたときの速さを U として，PQ間の距離は

$$\frac{4}{3} \times \boxed{\quad (ハ) \quad}$$

で表される。 $\boxed{(ハ)}$ に当てはまる式を g, U を用いて表せ。

次に図3に示すように，水平面となす角度30°の右上がりの傾斜に変更し，再び

状態 1 から小球 A を鉛直面内で円運動させ，質量 m_{C} の静止した物体 C に衝突させたところ，物体 C は初速度の大きさ V で斜面を滑って上り始めた。

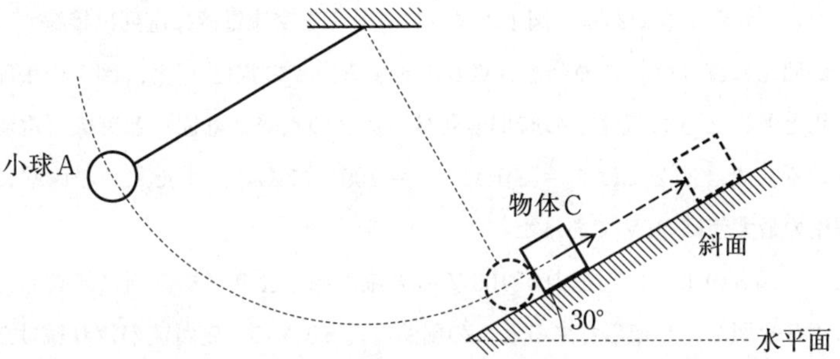

図 3

(ニ)　物体 C と斜面との間の動摩擦係数を μ' とするとき，物体 C が斜面を上り始めてから停止するまでにかかる時間は

$$\frac{1}{1+\sqrt{3}\,\mu'} \times \boxed{\quad (ニ) \quad}$$

で表される。［ (ニ) ］に当てはまる式を g，V，m_{C} のうち必要なものを用いて表せ。

(ホ)　物体 C が斜面を上り始めてから停止するまでの移動距離を x としたとき，動摩擦係数 μ' は

$$\frac{\sqrt{3}}{3} \times \left(\boxed{\quad (ホ) \quad} \right)$$

で表される。［ (ホ) ］に当てはまる式を x，g，V，m_{C} のうち必要なものを用いて表せ。

3. 以下の設問の解答を所定の解答欄に記入せよ。導出過程は示さなくてよい。

図1のX，Y，Zはそれぞれ異なる回路素子であり，抵抗器，コンデンサー，コイルのいずれか1つである。図1のようにこれらを交流電源に直列に接続すると電流 I が回路に流れた。このとき，点bに対する点aの電位 V と，図1の矢印の向きを正としたときの電流 I の時間変化は，図2の点線（電位）と実線（電流）のようになった。図2では $I_0 = 2.0$ A，$V_0 = 100$ V である。また，Zの両端にかかる電圧の最大値は50 Vであった。

次に，図3のように起電力が100 Vの直流電源とXとYを直列に接続した。スイッチSを閉じ，しばらくするとこの回路には5.0 Aの一定電流が流れ続けた。導線と抵抗器以外の抵抗は無視できるものとする。

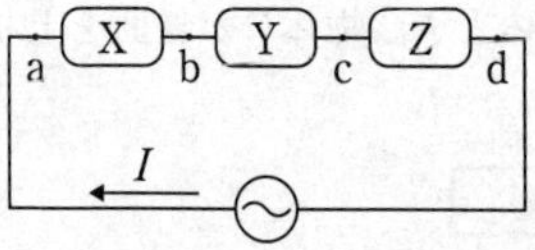

図1

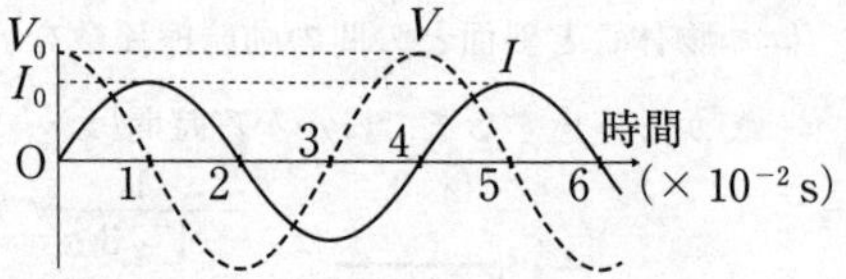

図2

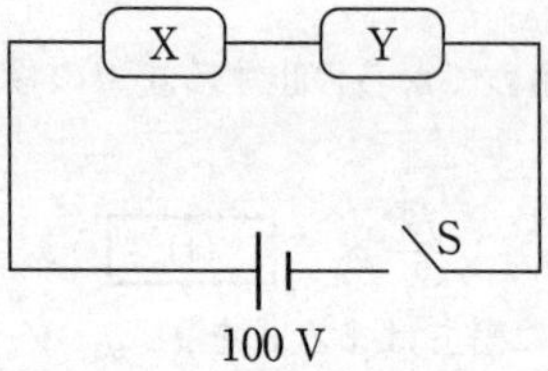

図3

(イ) コイル，コンデンサー，抵抗器のそれぞれに対応する記号（X，Y，Z）を答えよ。また，それぞれに対応する自己インダクタンス L〔H〕，電気容量 C〔F〕，抵抗値 R〔Ω〕の値を有効数字2桁で答えよ。なお，円周率を3.14とする。

(ロ)　図1において，点dに対する点cの電位の時間変化を原点Oから 6×10^{-2} s の区間に実線で記入せよ。

〔解答欄〕

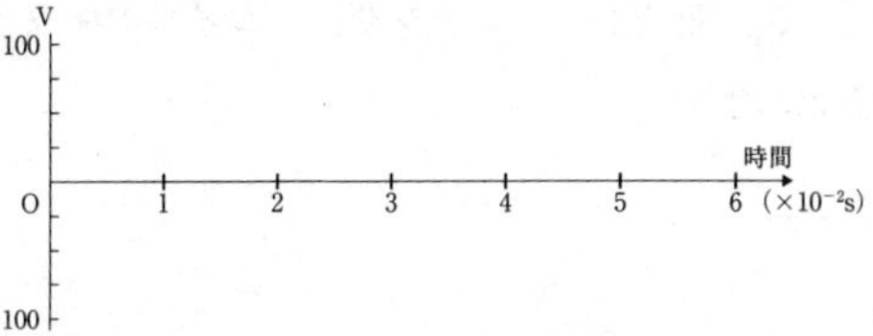

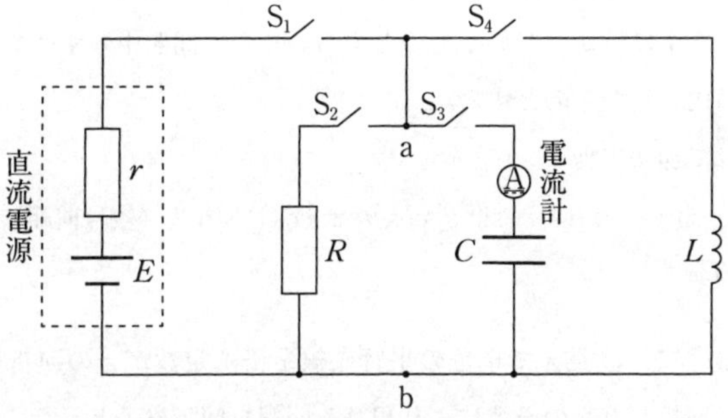

図4

抵抗値 R の抵抗器，電気容量 C のコンデンサー，自己インダクタンス L のコイルと，内部抵抗が r で起電力が E の直流電源，電流計を用いて図4の回路を構成する。はじめ，この回路のスイッチはすべて開いており，コンデンサーに蓄えられている電気量は0である。また，直流電源の内部抵抗と抵抗器以外の抵抗は無視できる。

スイッチ S_4 を開いたまま，S_2 と S_3 を閉じる。その後 S_1 を閉じると抵抗器と電流計に電流が流れ始めた。

(ハ)　点bに対する点aの電位が V (>0) になった瞬間，電流計に流れている電流を求めよ。

次に，S_1 を閉じてから十分に時間が経過した後 S_3 を開き，その後 S_1 と S_2 を開いた。続いて，S_4 を閉じた後，再び S_3 を閉じた。

(ニ)　二度目に S_3 を閉じた後，点 a の電位が初めて最低値に達するまでの時間を求めよ。なお，円周率を π とする。

(ホ)　この，スイッチ S_3，S_4，電流計，コンデンサー，コイルで構成される回路を流れる電流の最大値を求めよ。

4.　以下の設問の解答を所定の解答欄に記入せよ。解答中の数値部分は整数もしくは既約分数で答え，平方根は開かなくてよい。なお，導出過程は示さなくてよい。装置はすべて真空中に置かれているものとする。また，問題中のすべての光は紙面を含む同一平面内を進むものとする。

必要に応じて加法定理

$$\sin(\theta_1 \pm \theta_2) = \sin\theta_1 \cos\theta_2 \pm \cos\theta_1 \sin\theta_2 \text{（複号同順）}$$

を用いてよい。

(A)　図 1 のように，波長 λ で単色の平行光線を格子定数が d の回折格子に垂直に入射させ，回折した光の干渉により現れる明線を回折格子と平行に置かれたスクリーン上で観測する。回折格子の格子面は紙面に垂直である。回折格子とスクリーンの面間距離は L で，L は d に比べて十分に大きい（$L \gg d$）ものとする。回折格子の中央から格子面の法線をのばしスクリーンと交わった点を点 O とする。図 1 は，回折した光の進む向きが入射方向と角 θ をなす様子を表している。

はじめの状態では，入射光の波長が $\lambda = \lambda_0$ で，角度 $\theta = \theta_A$ の向きにスクリーン上で点 O に最も近い明線が観測された。この明線が観測されたスクリーン上の位置を A とする。ただし，位置 A は図 1 中で点 O より上側にあるものとする。

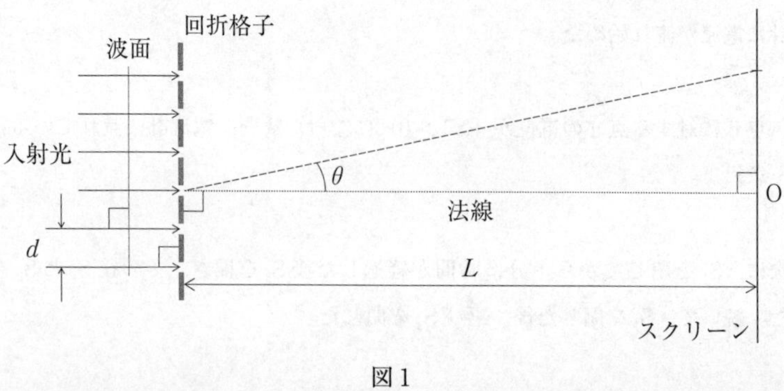

図 1

(イ)　回折格子と光の性質に関する設問（ⅰ），（ⅱ），（ⅲ）の解答として，最も適切なものを以下の選択肢(1)〜(8)の中から1つ選び番号で答えよ。

設問（ⅰ）　はじめの状態から格子定数は変えずに入射光の波長を長くした場合，点Oに最も近い明線が観測される角度θはθ_Aと比べてどうなるか。

設問（ⅱ）　はじめの状態から波長は変えずに格子定数を大きくした場合，点Oに最も近い明線が観測される角度θはθ_Aと比べてどうなるか。

設問（ⅲ）　はじめの状態から入射光の波長を短くした場合，光の振動数はどうなるか。

(1)	（ⅰ）大きくなる。	（ⅱ）大きくなる。	（ⅲ）大きくなる。
(2)	（ⅰ）大きくなる。	（ⅱ）大きくなる。	（ⅲ）小さくなる。
(3)	（ⅰ）大きくなる。	（ⅱ）小さくなる。	（ⅲ）大きくなる。
(4)	（ⅰ）大きくなる。	（ⅱ）小さくなる。	（ⅲ）小さくなる。
(5)	（ⅰ）小さくなる。	（ⅱ）大きくなる。	（ⅲ）大きくなる。
(6)	（ⅰ）小さくなる。	（ⅱ）大きくなる。	（ⅲ）小さくなる。
(7)	（ⅰ）小さくなる。	（ⅱ）小さくなる。	（ⅲ）大きくなる。
(8)	（ⅰ）小さくなる。	（ⅱ）小さくなる。	（ⅲ）小さくなる。

以下の設問(ロ)，(ハ)では，格子定数dは，はじめの状態から変えずに一定であるものとする。

(ロ)　はじめの状態から波長を少しずつ変化させていったところ，波長がc倍（$c\lambda_0$）になったとき，点Oから最も近い明線は，入射方向となす角が$\theta = 2\theta_A$の位置まで移動した。このときの$\sin\theta_A$をcを用いて表せ。

(ハ)　図2のように，波面がそろった単色の平行光線を回折格子の左側から格子の法線に対して上からの角度αの向きに入射させる。このとき，隣り合うスリットに入る光の間に光路差が生じる。はじめの状態（$\alpha = 0$，$\lambda = \lambda_0$）からαを少しずつ変化させていったところ，$\alpha = \alpha_0$のときに点Oから2番目に近い明線が位置Aまで移動した。

さらに，この状態（$\alpha = \alpha_0$に固定）で入射光の波長を$\dfrac{3}{2}$倍$\left(\dfrac{3}{2}\lambda_0\right)$に変化させたところ，点Oに最も近い明線の方向と法線のなす角が$\theta = \beta$であった。

このとき

$$\sin\beta = (\ \boxed{(ハ)}\ ) \times \sin\theta_A$$

と表される。 (ハ) に入る数値を求めよ。

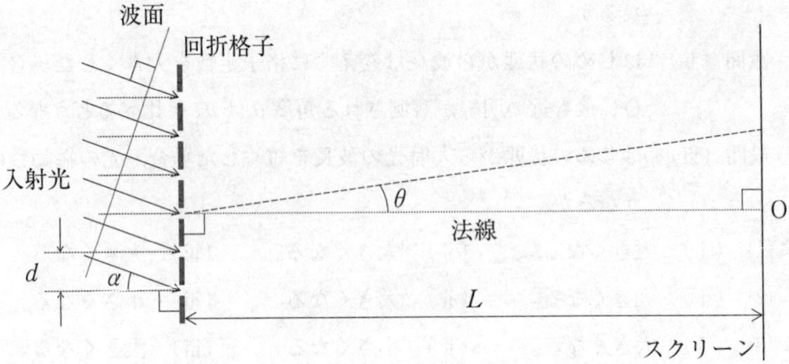

図 2

(B)　図 3(a)のように，物体とスクリーンを薄い凸レンズの光軸上に光軸に対して垂直に置いた。物体はレンズの焦点の外側，距離 L の位置にある。スクリーンの位置を調整すると，スクリーン上に像を結ぶ。

(ニ)　凸レンズの性質に関する設問（ i ），（ ii ），（ iii ）の解答として，最も適切なものを以下の選択肢(1)～(16)の中から 1 つ選び番号で答えよ。

設問（ i ）　スクリーンに映った像は，実像と虚像のどちらか。

設問（ ii ）　スクリーンに映った像は，正立像と倒立像のどちらか。

設問（ iii ）　距離 L を長くしたら，像とレンズの距離 b と，物体に対する像の大きさの比 m（倍率）はどうなるか。

(1)（ i ） 実像　（ ii ） 正立像　（ iii ） b は長く，m は大きくなる。

(2)（ i ） 実像　（ ii ） 正立像　（ iii ） b は長く，m は小さくなる。

(3)（ i ） 実像　（ ii ） 正立像　（ iii ） b は短く，m は大きくなる。

(4)（ i ） 実像　（ ii ） 正立像　（ iii ） b は短く，m は小さくなる。

(5)（ i ） 実像　（ ii ） 倒立像　（ iii ） b は長く，m は大きくなる。

(6)（ i ） 実像　（ ii ） 倒立像　（ iii ） b は長く，m は小さくなる。

(7)　(ⅰ)　実像　(ⅱ)　倒立像　(ⅲ)　b は短く，m は大きくなる。
(8)　(ⅰ)　実像　(ⅱ)　倒立像　(ⅲ)　b は短く，m は小さくなる。
(9)　(ⅰ)　虚像　(ⅱ)　正立像　(ⅲ)　b は長く，m は大きくなる。
(10)　(ⅰ)　虚像　(ⅱ)　正立像　(ⅲ)　b は長く，m は小さくなる。
(11)　(ⅰ)　虚像　(ⅱ)　正立像　(ⅲ)　b は短く，m は大きくなる。
(12)　(ⅰ)　虚像　(ⅱ)　正立像　(ⅲ)　b は短く，m は小さくなる。
(13)　(ⅰ)　虚像　(ⅱ)　倒立像　(ⅲ)　b は長く，m は大きくなる。
(14)　(ⅰ)　虚像　(ⅱ)　倒立像　(ⅲ)　b は長く，m は小さくなる。
(15)　(ⅰ)　虚像　(ⅱ)　倒立像　(ⅲ)　b は短く，m は大きくなる。
(16)　(ⅰ)　虚像　(ⅱ)　倒立像　(ⅲ)　b は短く，m は小さくなる。

図 3(b)のように，焦点距離がともに $4a$（>0）の薄い凸レンズ 1 と薄い凸レンズ 2 を光軸が一致するように置く。光軸に沿って x 軸をとり，レンズ間の中点を原点Oとする。凸レンズ 1 の位置は $x=-a$，凸レンズ 2 の位置は $x=a$ である。位置 $x=-3a$ のところに物体を置いた。

(ホ)　2 枚のレンズによる物体の像ができる位置の座標を a を用いて表せ。
(ヘ)　2 枚のレンズによる，物体に対する像の大きさの比（倍率）を数値で表せ。

(a)

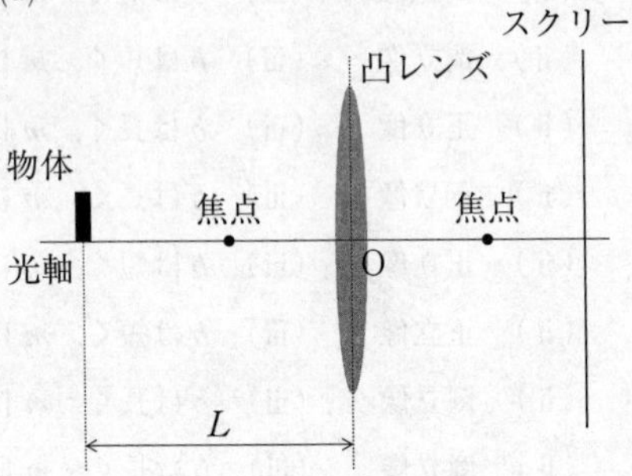

(b)

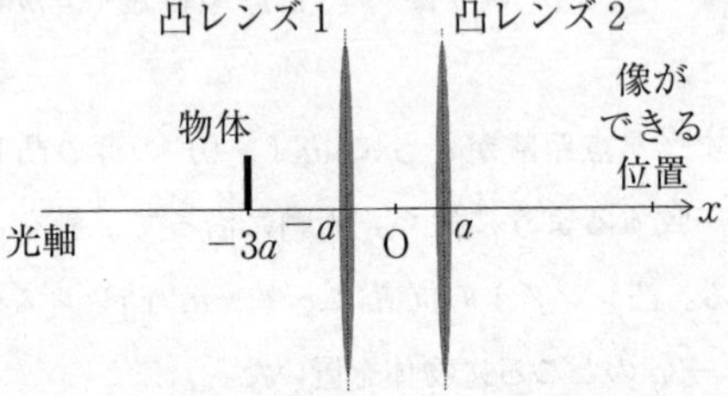

図 3

■化学■

（物理・化学の任意の 4 題で 90 分）

(1) 原子量，各種物理定数の値，対数の値，および平方根の値は以下にまとめてあります。これらの数値を用いてください。ただし，各設問の「ただし書き」で数値が指定してある場合は，その値を用いてください。

(2) 特にことわりのない限り，気体は理想気体であるものとします。

(3) 解答欄に反応式を書く場合，1 行に書き切れないときは，途中で改行し，2 行にわたって書いてください。

(4) 構造式は，次の例にならって書いてください。

構造式の例：

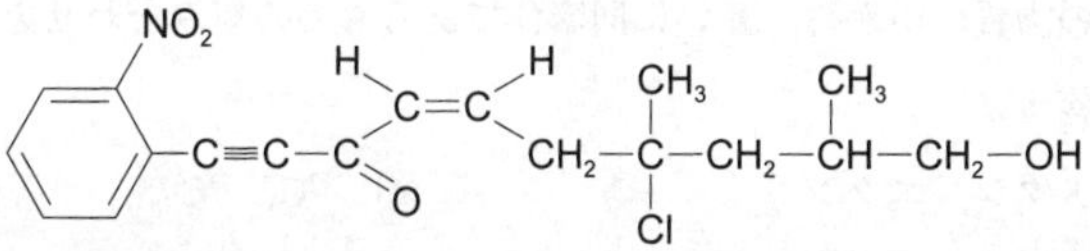

(5) 化学式や構造式で使われている R− という記号は，炭化水素基を表しています。

R を含む構造式の例：$R-CH_2-OH$

(6) 解答欄に酸化数を書く場合，符号（“+”や“−”）をつけて書いてください。

原子量

元素	H	C	N	O	F	Ne	Na	Mg	Al	Si	P	S	Cl
原子量	1.00	12.0	14.0	16.0	19.0	20.0	23.0	24.0	27.0	28.0	31.0	32.0	35.5

Ar	K	Ca	Cr	Mn	Fe	Co	Cu	Zn	Br	Ag	I	Ba	Pb
40.0	39.0	40.0	52.0	55.0	56.0	59.0	63.5	65.4	80.0	108	127	137	207

気体定数　$R = 8.31 \times 10^3$ Pa・L/(K・mol) ＝ 8.31 Pa・m^3/(K・mol)
＝ 0.0821 atm・L/(K・mol)
＝ 8.31 J/(K・mol)

理想気体の体積　標準状態（0 ℃，1.013×10^5 Pa(1 atm)），1 mol で 22.4 L

アボガドロ定数　$N_A = 6.02 \times 10^{23}$/mol

水のイオン積（25 ℃）　$K_W = 1.00 \times 10^{-14}$(mol/L)^2

ファラデー定数　$F = 9.65 \times 10^4$ C/mol

絶対零度　−273 ℃

対数値　　$\log_{10} 2 = 0.301$　$\log_{10} 3 = 0.477$　$\log_{10} 5 = 0.699$　$\log_{10} 7 = 0.845$

平方根値　　$\sqrt{2} = 1.41$　$\sqrt{3} = 1.73$　$\sqrt{5} = 2.24$　$\sqrt{7} = 2.65$

1.　(イ) から (ニ) の各設問に答えよ。選択肢の中から当てはまるものを選ぶ問題では，複数解答もあり得る。

(イ)　下の設問 (1) ～ (3) に答えよ。

(1)　私たちの身の回りの物質は，純物質と混合物に分類することができる。さらに，純物質は単体と化合物に分けることができる。次の物質の中から，1 種類の化合物のみからできているものをすべて選び，記号で答えよ。

(ア)　水　　(イ)　石油　　(ウ)　鉄

(エ)　塩化ナトリウム　　(オ)　海水　　(カ)　黄リン

(キ)　空気　　(ク)　窒素　　(ケ)　ドライアイス

(2)　次の物質の中から，互いに同素体であるものの組み合わせをすべて選び，記号で答えよ。

(ア)　メタン，エタン　　(イ)　^{12}C，^{13}C

(ウ)　酸素，オゾン　　(エ)　酸化鉄(Ⅱ)，酸化鉄(Ⅲ)

(オ)　黒鉛，ダイヤモンド　　(カ)　一酸化炭素，二酸化炭素

(3)　次の物質の中から，固体の状態において共有結合を含むものをすべて選び，記号で答えよ。

(ア)　塩化ナトリウム　　(イ)　ケイ素　　(ウ)　カリウム

(エ)　ヨウ素　　(オ)　硝酸カリウム

(ロ)　次の文章を読み，下の設問 (1), (2) に答えよ。

速度定数 k と温度 T〔K〕の関係について，1889 年にアレニウスは次の関係式が成り立つことを発見した。

$$k = Ae^{-\frac{E}{RT}}$$

この式をアレニウスの式といい，E は活性化エネルギー〔J/mol〕，A は頻度因子と呼ばれる定数であり，R は気体定数〔J/(K・mol)〕，T は絶対温度〔K〕である。

(1)　$E = 9.972$ kJ/mol，$T = 300$ K のときの速度定数 k を 1 とする。

$E = 9.972$ kJ/mol, $T = 400$ K のときの速度定数 k を有効数字 2 桁で求めよ。ただし, $e = 2.7$ とする。

(2) E は, それぞれの化学反応に固有の値である。しかし, ある生体由来の物質を加えると, E の値を低下させて反応速度を上昇させることができる。生体内で起こる化学反応に対して, E の値を低下させて反応速度を上昇させる物質の総称を漢字で答えよ。

(ハ) 次の文章を読み, 下の設問 (1) ～ (3) に答えよ。

ヘキサメチレンジアミン $H_2N(CH_2)_6NH_2$ 2.32 g と水酸化ナトリウム 1.60 g を水に溶解させた（溶液 A)。3.66 g のアジピン酸ジクロリド $ClCO(CH_2)_4COCl$ をヘキサンに溶解させた（溶液 B)。溶液 A が入ったビーカーに, 溶液 B をガラス棒を伝わらせてゆっくり流し入れたところ, 2 つの溶液は二層に分離して境界面ができた。この境界面に化合物 [X] の被膜が生成したので, ピンセットでつまみ上げたところ, 境界面で新しい被膜が生成するため連続して [X] を作ることができた。生成した [X] は, すべて鎖状高分子で, 反応は完全に進行したものとする。

(1) 空欄 [X] に当てはまる適切な高分子の名称を答えよ。

(2) この高分子の分子量が 3.39×10^4 であるとき, 高分子の重合度を有効数字 3 桁で答えよ。

(3) (2) の結果をもとにして, この高分子鎖 1 本に含まれるアミド結合の数を整数値で答えよ。

(ニ) 次の文章を読み, 下の設問 (1) ～ (4) に答えよ。

食品中の水分を除去して濃縮することによって体積を減少させ, 保管や輸送を行いやすくすることができる。果物ジュースの濃縮（水分除去）を考える。図 5 ニ－1 に示すような装置を用いて果物ジュースの側から浸透圧 P〔Pa〕以上の大きさの圧力を加えると, 通常の浸透とは逆向きに溶媒分子の浸透が進む。この現象を逆浸透と呼ぶ。図 5 ニ－1 の左右の管は十分に太く, また, 果物ジュースは十分な量が用意されており, 浸透圧 P は, 果物ジュースのスクロース濃度のみから計算できるものとする。

(1) 果物ジュースのスクロース濃度は，0.10 mol/L である。32 ℃の果物ジュースの浸透圧 P〔Pa〕を有効数字 2 桁で求めよ。

(2) 逆浸透によって果物ジュースを濃縮する。果物ジュースの側に $2P$〔Pa〕の圧力を加えて 1.0 L の水を除去するために必要なエネルギー E〔J〕を有効数字 2 桁で求めよ。E〔J〕は，加えた圧力〔Pa〕と除去した水の体積〔m^3〕を掛け合わせることによって求めることができる。

果物ジュースを濃縮する他の方法には，減圧して水を蒸発させる方法（減圧蒸留）がある。32 ℃が果物ジュースの沸点となるように減圧し，蒸発に必要な熱量のみを加えることで，品質を落とすことなく，すみやかに濃縮することができる。

(3) 水の沸点を 32 ℃に設定するためには，圧力〔Pa〕を，いくらにする必要があるか。溶質による水の沸点上昇は考慮しない。図 5 ニ－2 の水の蒸気圧曲線を参考にして有効数字 1 桁で答えよ。

(4) 32 ℃，減圧下での水の蒸発熱は，41 kJ/mol とする。水の密度は温度に関係なく，1.0 g/cm³，とする。32 ℃の果物ジュースの減圧蒸留によって，1.0 L の水を除去するために必要なエネルギー E'〔J〕を有効数字 2 桁で求めよ。

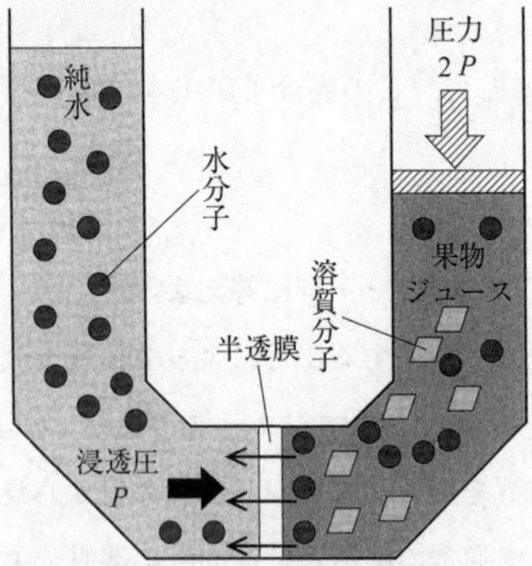

図 5 ニ－1　果物ジュースの水分を除去する装置（逆浸透）

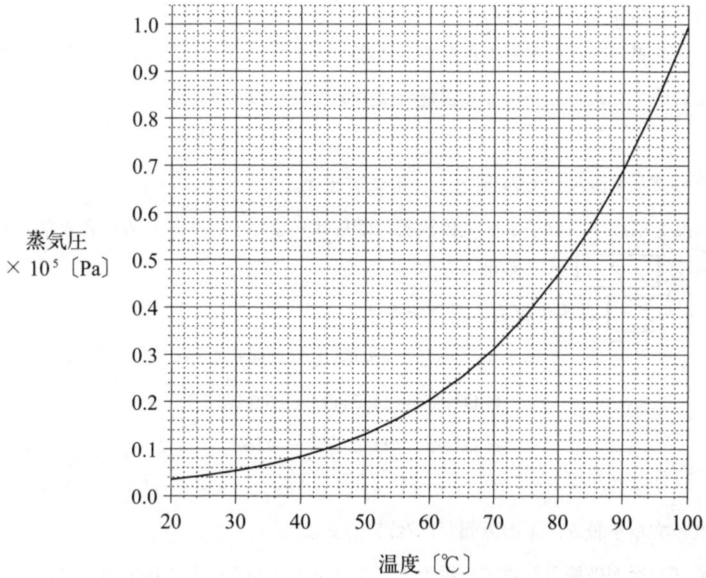

図 5 ニ－2　水の蒸気圧曲線

2. **(イ)から(ニ)の各設問に答えよ。選択肢の中から当てはまるものを選ぶ問題では，複数解答もあり得る。**

(イ)　次の文章を読み，下の設問(1)，(2)に答えよ。

炭酸ナトリウムと炭酸水素ナトリウムの固体混合物 A について，次の実験を行った。なお，全ての反応は完全に進行したものとして計算せよ。

a．10.0 g の固体混合物 A を 300 ℃で加熱したところ，次第に質量が減少し，十分時間が経過すると 6.9 g で一定になった。

b．6 mol/L の塩酸約 40 mL をビーカーに入れて，質量をはかった。塩酸の質量は 22.0 g であった。

c．a で得られた 6.9 g の固体の全量を b のビーカーに入れて完全に溶かし，生成する二酸化炭素を完全に除去したのち，溶液の質量を測定した。

(1)　a の結果から，混合物 A における炭酸水素ナトリウムの質量パーセント濃度を有効数字2桁で求めよ。

(2)　cで測定された溶液の質量を小数第1位まで求めよ。ただし，bとcの過程において，水の蒸発による質量の減少はないものとする。

(ロ)　次の文章を読み，下の設問(1)，(2)に答えよ。

結晶を構成する分子を，気体状態のばらばらな分子にするために必要なエネルギーを［　ア　］エネルギーという。

(1)　［　ア　］に当てはまる語句を書け。

(2)　水の［　ア　］エネルギーを下記の熱化学方程式を用いて計算せよ。

$$H_2O(固) = H_2O(液) - 6.0\,kJ$$

$$H_2O(液) = H_2O(気) - 41\,kJ$$

(ハ)　次の文章を読み，下の設問(1)，(2)に答えよ。

オゾン層が破壊される主な原因は，フロンガスから生じる塩素原子である。紫外線によりフロンガスが分解して塩素原子が生じ，その塩素原子がオゾン分子を酸素分子に分解するのである。

フロンの一種であるジクロロジフルオロメタンは，化学式 CCl_2F_2 で表される有機化合物であり，かつては冷蔵庫やエアコンの冷媒などとして広く利用されていたが，オゾン層を破壊する原因であることがわかった現在では，使用が禁止されている。

現存するジクロロジフルオロメタンをどのように処理するかという課題が残されているが，その一つの解決方法は，セメントキルン法である。セメントキルン法は，ジクロロジフルオロメタンをメタンガスとともに約1400℃で燃焼して分解し，発生した2種類のハロゲン化水素の気体を炭酸カルシウムと反応させることで，フッ化カルシウム CaF_2，塩化カルシウム $CaCl_2$ を得る2段階の反応である。

1段階　［　a　］ $CCl_2F_2 + CH_4 + 2\,O_2 \longrightarrow 2\,CO_2 +$ ［　b　］ $HCl + 2\,HF$

2段階　$2\,HCl + CaCO_3 \longrightarrow CaCl_2 + CO_2 +$ ［　c　］ H_2O

　　　　$2\,HF + CaCO_3 \longrightarrow CaF_2 + CO_2 + H_2O$

(1) 化学反応式中の空欄 [a], [b], [c] に当てはまる適切な係数を<u>整数</u>で答えよ。ただし，係数が 1 の場合は 1 と答えよ。

(2) ジクロロジフルオロメタン 1.00 kg を完全に分解し，各ハロゲンを CaF_2, $CaCl_2$ として回収したい。反応は過不足なく起こるものとして，必要となる最低量の炭酸カルシウムの質量〔kg〕を有効数字 3 桁で答えよ。

(二) 次の文章を読み，下の設問 (1) ～ (3) に答えよ。

トルエンに混酸を加え 20 ～ 30 ℃で反応させたところ，ニトロトルエンが生成した。ニトロトルエンには 3 種類の構造異性体が存在するが，この反応では主として [A] -ニトロトルエンと [B] -ニトロトルエンが得られた。一方, [C] -ニトロトルエンの生成はわずかであった。

このニトロトルエン混合物に混酸を加え，温度を 40 ～ 50 ℃にして反応を行うと，ジニトロトルエンが生成した。ジニトロトルエンには [D] 種類の構造異性体が存在するが，主生成物は 2,4-ジニトロトルエンであった。

このジニトロトルエン混合物に混酸を加え，温度を 70 ～ 75 ℃にして反応を行うと，トリニトロトルエンを与えた。トリニトロトルエンには [E] 種類の構造異性体が存在するが， [F] が主生成物であった。 [F] は爆薬として利用されている。

(1) 空欄 [A], [B], [C] に当てはまるニトロ基の位置を表す記号（*o*, *m*, *p*）を答えよ。なお，空欄 [A] と [B] については，解答の順序は問わない。

(2) 空欄 [D], [E] に当てはまる数字を答えよ。

(3) 空欄 [F] に当てはまる化合物の構造式を答えよ。

3. **(イ)から(ニ)の各設問に答えよ。選択肢の中から当てはまるものを選ぶ問題では，複数解答もあり得る。**

(イ)　次の文章を読み，下の設問(1)，(2)に答えよ。

物質を構成する基本成分を元素という。18世紀末にフランスのラボアジエが作成したリストでは33個の元素が記載されており，1830年にはその数は55個に増えていた。1862年にはフランスのシャンクルトワが円筒状の紙に元素をらせん状に並べると垂直方向に性質が近似した元素が並ぶと唱えた。1864年には，イギリスのニューランズが，当時見つかっていた<u>2番目（リチウム）と9番目（ナトリウム）に似た性質があり，7番目（酸素）と14番目（硫黄）にも似た性質</u>(A)があることから，オクターブの法則を唱えた。1869年にロシアのメンデレーエフは，63個に増えていた元素を［ア］の順番に並べ替える中で一つの表を作り上げた。この表の特徴は，適切に当てはまる元素がない場合には，未発見の元素として仮名をつけて空欄としておいた点である。その後，その空欄に当てはまるように，さまざまな元素が発見された。現在では，元素を［ア］の順番ではなく，［イ］の順番に並べたものを「周期表」と呼び，ランタノイド及びアクチノイドを含む7周期，18族からなる，［ウ］個の元素で構成されている。

(1)　［ア］～［ウ］に当てはまる語句や数値を答えよ。

(2)　下線部Aの元素の番号は現在の周期表での元素の番号とは異なっている。この理由を15文字以内で答えよ。

(ロ)　次の文章を読み，下の設問(1)～(3)に答えよ。

建築物衛生法における環境衛生管理基準では，室内の二酸化炭素濃度の基準値は1000 ppm（体積パーセント濃度で0.1 %）以下となっている。教室の換気が十分に行われているか調べるために，水酸化バリウムを用いて二酸化炭素の濃度を測定した（操作a，b）。測定時の教室の気温は25 ℃，気圧は1.01×10^5 Paであった。気体の吸収や沈殿の生成に伴う溶液の体積変化は，無視できるものとする。また，教室の空気には，水酸化バリウムと反応する物質は，二酸化炭素以外に含まれていないものとする。

操作a．教室の空気3.00 Lを密閉容器に採り，そこに0.0500 mol/Lの水酸化バリウム水溶液 20.0 mL を加えてよくふり混ぜ，完全に反応させた。

操作 b．十分に時間が経ち，生成した沈殿が容器の底に沈んでから，20.0 mL の溶液の上澄みだけを 10.0 mL 採取し，0.100 mol/L の塩酸で滴定したところ，中和するのに 8.50 mL を要した。

(1) a の操作で水酸化バリウムと反応した二酸化炭素の物質量は何 mol か，有効数字 2 桁で求めよ。

(2) 教室内の二酸化炭素の体積パーセント濃度を有効数字 2 桁で求めよ。

(3) (2) の結果から，教室の換気について，どのように判断するか。次の(ア)，(イ)のうち，適切な方を選んで記号で答えよ。

(ア) 基準を満たしているので，換気は十分である。

(イ) 基準値を超えているので，直ちに窓を開けて換気する必要がある。

(ハ) アミンに関する以下の文章を読み，空欄 [A]，[B] に当てはまる数字を答えよ。

アミンはアンモニアの水素原子を炭化水素基で置き換えた化合物である。窒素原子上に炭化水素基を一つ有するものを第一級アミン，二つ有するものを第二級アミン，三つ有するものを第三級アミンという（下図参照）。分子式 $C_5H_{13}N$ のアミンのなかで，第一級アミンには 8 種類の構造異性体が存在する。一方，第二級アミンには [A] 種類の構造異性体が，第三級アミンには [B] 種類の構造異性体が存在する。

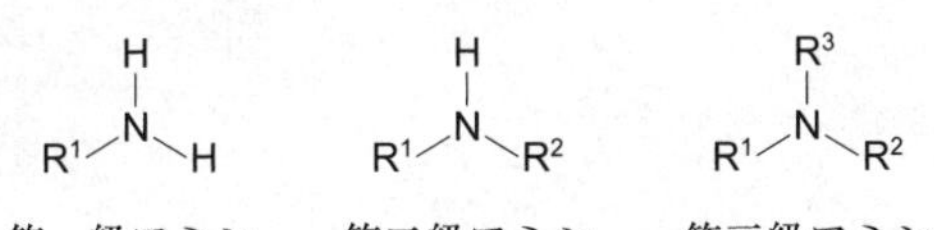

図 7 ハ　アミンの構造（R^1，R^2，R^3 は炭化水素基を表している）

(ニ) 次の文章を読み，下の設問 (1)〜(4) に答えよ。

アクリル繊維は，アクリロニトリルを重合して得られる高分子を主成分としている。アクリル繊維は，羊毛に近い感触を持ち，軽くて柔らかいため，セーターや毛布に利用されている。アクリロニトリルの合成法としては，アセチレンの三重結合にシアン化水素を付加させる方法が知られている。しかし，シアン化水素は危険な物質であるため，近年はプロピレンに酸素とアンモニアを反応させてアクリロニトリルを合成するアンモ酸化法①が主流になっている。

このアクリロニトリルと塩化ビニルを共重合した高分子からなるアクリル系繊維（共重合体）②は，難燃性であり，防火カーテンなどに利用されている。

[a] $H_2C=CH-CH_3$ ＋ [b] O_2 ＋ [c] NH_3

→ [d] アクリロニトリル ＋ [e] H_2O

アンモ酸化法によるアクリロニトリルの合成

(1)　アクリロニトリルの構造式を書け。

(2)　下線部①のアンモ酸化法の化学反応式を完成させ，空欄 [b] と [d] に入る係数を整数で答えよ。ただし，係数が1の場合は1と答えよ。

(3)　下線部②のアクリル系繊維（共重合体）の塩素含量は，重量比で25.0％であり，分子量は 5.0×10^4 であったとする。アクリル系繊維（共重合体）中のアクリロニトリル部分の重合度を有効数字3桁で答えよ。

(4)　(3)の結果をもとにして，アクリル系繊維（共重合体）中のポリ塩化ビニル部分の重合度の割合〔％〕を有効数字3桁で答えよ。

4. **(イ)から(ニ)の各設問に答えよ。選択肢の中から当てはまるものを選ぶ問題では，複数解答もあり得る。**

(イ) 次の文章を読み，下の設問(1)，(2)に答えよ。

異なる種類の原子の間の共有結合では，共有電子対は電気陰性度の大きな原子の方に強く引き寄せられるため，電荷の分布に偏りが生じる。このことを，結合が極性を有しているという。

(1) 次の4つの結合に関して，極性の小さい結合から極性の大きい結合の順番になるように左から順に並べて，(a)～(d)の記号で答えよ。

(a) H−C　(b) H−F　(c) H−N　(d) H−O

(2) 次の各分子のうち，極性分子に分類されるものをすべて選び，記号で答えよ。

(a) CO_2　(b) NH_3　(c) CH_4　(d) H_2

(e) HCl　(f) Cl_2　(g) H_2O

(ロ) 次の(A)～(D)の文章を読み，下の設問(1)，(2)に答えよ。

(A) pHが12である水溶液（25℃）において，水酸化物イオンの濃度は $1.0 \times 10^{-\boxed{A}}$ mol/Lであると考えられる。（注：$\boxed{A}$に入るのは指数部分の数値である。）

(B) 密閉容器（1.0 L）中に，ヨウ素2.0 molと水素3.0 molを封入したところ，ヨウ化水素の生成が始まった。この反応は可逆反応であり，時間が経過すると平衡状態に達した。このとき，密閉容器内で生じていたヨウ化水素は3.0 molであった。このことから，本実験における濃度平衡定数（K_c）は，$\boxed{\quad B \quad}$ $\times 10^1$ であると言える。

(C) 亜鉛イオンを含む水溶液に金属板（表面積100 cm^2）を入れ，電気分解で金属板表面へのメッキを行った。電流2.00 Aで，$\boxed{\quad C \quad}$ $\times 10^2$ 秒間の通電を行ったところ，すべての電流が亜鉛メッキに用いられ，膜厚が 1.00×10^{-6} mの亜鉛メッキを行うことができた。亜鉛メッキ膜の密度は，7.12 g/cm^3 とする。

(D) 濃度不明の過酸化水素水20 mLを，0.010 mol/Lの過マンガン酸カリウム水溶液を用いて酸化還元滴定した。滴定の終点が15 mLであったため，過酸化水素水の濃度は $\boxed{\quad D \quad}$ $\times 10^{-2}$ mol/Lと求められた。なお，この反応において，マンガン原子の酸化数は＋7から＋2へと変化し，酸素原子の酸化数は−1から0へと変化した。

(1)　文章(B)の空欄 [B] に入る数値を有効数字2桁で書け。

(2)　文章(A)～(D)の空欄 [　　] には，それぞれ異なる数値が入る。空欄 [A]，[C]，[D] に入る数値を比較し，値が大きい順に左から記号で書け。

(ハ)　次に示す化合物A～Fはいずれも分子式 C_4H_7Br をもつ化合物である。下の設問(1)，(2)に答えよ。

A

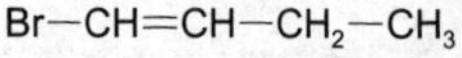

B

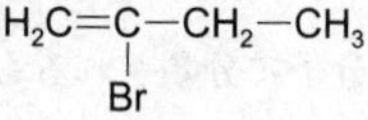

C

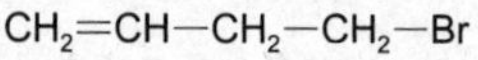

D

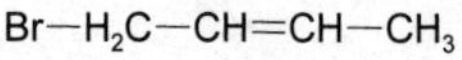

E

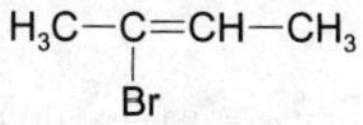

F

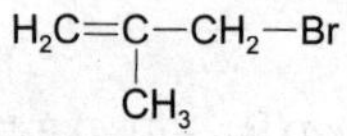

(1)　幾何異性体が存在するものを全て選び，記号で答えよ。

(2)　臭素を付加させた時に，不斉炭素原子を生じないものを全て選び，記号で答えよ。

(二) 次の文章を読み，下の設問(1)～(4)に答えよ。

大学 1 年生の M 君は，教授から実験課題を出された。5 種類の金属イオンがそれぞれ 1.00×10^{-4} mol ずつ含まれた混合水溶液を手渡され，系統分析を行うように指導されたのである。次の図 8 ニは，M 君が書いた，金属イオンの系統分析実験のフロー図である。M 君は実験が上手く，各操作で試薬を十分な量加えており，水溶液中に含まれるそれぞれの金属イオンは，沈殿として全量回収できたとする。

注：教授から渡された混合水溶液に含まれている可能性のある金属イオンは以下のとおりである。5 種類の金属イオンは，以下の金属イオンのうちの 5 つである。

Ag^{+}　Al^{3+}　Ba^{2+}　Ca^{2+}　Cd^{2+}　Co^{2+}　Cu^{2+}

Fe^{3+}　Mn^{2+}　Ni^{2+}　Pb^{2+}　Sn^{2+}　Sr^{2+}　Zn^{2+}

(1) 図中の［操作 A ～ E］は，水溶液の pH や金属イオンの酸化数等を調整したうえで，金属イオンを順番に沈殿とするために，「沈殿試薬」を加える操作である（分属操作とも言う）。［操作 A ～ E］の中に，「沈殿試薬」として同じものを加えることができる操作が 1 組だけある。それはどの組み合わせか。A ～ E の記号から 2 つ選び，答えよ。

(2) M 君は，［操作 A ～ E］を行った際，1 操作ごとにそれぞれ 1 種類の金属イオンが沈殿を形成して，ろ別（ろ紙に回収）されたことを確認した。さらに，沈殿 A の質量は 2.78×10^{-2} g，沈殿 E の質量は，1.00×10^{-2} g であった。沈殿 A，沈殿 E の化学式をそれぞれ書け。

(3) 今回の実験の結果，ろ液 E には金属イオンが含まれていなかった。もし，ろ液 E に未知の金属が含まれていて，分析をする必要があった場合，系統分析では，まず ☐ 反応の実験を行うことになる。☐ に当てはまる言葉を漢字で書け。

(4) 沈殿 B は黒色であったが，沈殿 A，C，D，E はすべて白色であった。そこで M 君は，いくつかの沈殿については，追加実験(a)～(d)も行った。この結果を参考にして，沈殿 A ～ E の質量の和〔g〕を有効数字 2 桁で求めよ。

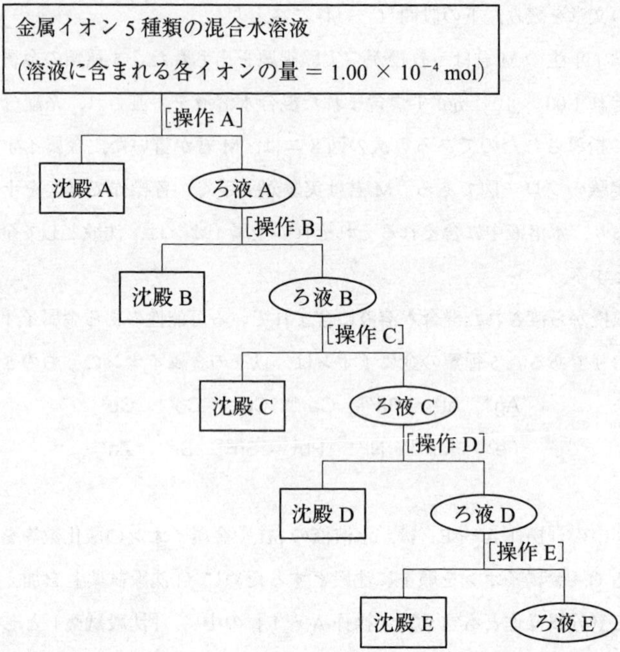

図8ニ

【追加実験の内容】

(a)　沈殿Aは，お湯に溶けた。

(b)　沈殿Bは，熱硝酸で溶かした後に，アンモニア水を加えたところ，深青色を呈した。

(c)　沈殿Cは，塩酸を加えても，水酸化ナトリウム水溶液を加えても，溶解した。

(d)　沈殿Dは，水酸化ナトリウム水溶液を加えても，アンモニア水を加えても，溶解した。

生物

（90分）

1. 被子植物の生殖と発生に関する次の文章を読んで，以下の問いに答えよ。

被子植物では，おしべの葯（やく）の中で花粉母細胞が(a)減数分裂を行って花粉四分子がつくられる。花粉四分子を構成する個々の細胞は体細胞分裂を［　1　］回行い，大きな花粉管細胞の中に小さな雄原細胞を含む花粉となって飛散する。花粉はめしべの柱頭に付着すると発芽して，(b)花粉管が胚のうに向けて伸長する。花粉管の中では，雄原細胞が細胞分裂を行って2個の精細胞となり，花粉管によって精細胞は胚のうへ運ばれていく。

一方，めしべの胚珠の中では，胚のう母細胞が減数分裂を行って，1個の胚のう細胞がつくられる。胚のう細胞では［　2　］回の核分裂が連続して起こり，8個の核がつくられ，細胞質分裂が起こって［　3　］個の細胞からなる(c)胚のうとなる。

花粉管が胚のうに到達すると，1個の精細胞は卵細胞と受精して受精卵となり，もう1個の精細胞の核は2個の極核と融合して胚乳核となる。このような受精を重複受精という。

受精卵は体細胞分裂を繰り返して胚となり，胚乳細胞（胚乳核を含む細胞）が体細胞分裂を繰り返して生じた(d)胚乳は胚とともに種皮に包まれて種子となる。めしべの子房壁は果皮となって種子とともに果実となる。

問1．文章中の空欄［　1　］～［　3　］に入る数値として最も適当なものを，次の①～⑨からそれぞれ1つずつ選び，番号で答えよ。［　1　］［　2　］［　3　］

①　1	②　2	③　3
④　4	⑤　5	⑥　6
⑦　7	⑧　8	⑨　9

問2．下線部(a)について，減数分裂と体細胞分裂を比較した記述として最も適当なものを，次の①～⑥から1つ選び，番号で答えよ。［4］

① 減数分裂では2回の分裂が連続して起こるので，2回の分裂のそれぞれの前にDNAの複製が行われるが，体細胞分裂ではDNAの複製は1回しか行われない。

② 減数分裂の第一分裂前期と体細胞分裂の前期には，相同染色体が対合した二価染色体が形成される。

③ 減数分裂では第一分裂で染色体が分離して両極へ移動するが，体細胞分裂では染色体が分離することはない。

④ 減数分裂では第二分裂前期に染色体の乗換えが起こることがあるが，体細胞分裂では乗換えは起こらない。

⑤ 減数分裂では第二分裂後期に染色体が縦裂面で分離するが，体細胞分裂の後期でも同様のしくみで染色体が分離する。

⑥ 減数分裂では第二分裂で核相が $2n$ から n に変化するが，体細胞分裂では核相は変化しない。

問3．下線部(b)について，次の小問に答えなさい。

(1) 花粉管は誘引されて胚のうに到達すると考えられる。花粉管が胚のうに向けて伸長するしくみを調べるために，被子植物のトレニアを用いて次の実験を行った。トレニアという種は胚のうが珠皮から外に露出しており，実験や観察が容易である。

<実験>

トレニアの胚のう内の特定の細胞をレーザー光で破壊し，花粉とともに寒天培地上の離れた位置に置いて花粉管が胚珠の入り口に到達した割合（誘引頻度［%］）を調べた。その結果を表1に示す。ただし，表中の空欄は細胞がレーザー光で破壊されていないことを示し，「破壊」は細胞がレーザー光で破壊されていることを示す。

表1

レーザーで破壊した細胞	胚のうの細胞の状態				誘引頻度(%)
	卵細胞	中央細胞	助細胞		
なし					100
細胞を1つ破壊			破壊		70
		破壊			100
	破壊				90
細胞を2つ破壊			破壊	破壊	0
		破壊	破壊		70
	破壊		破壊		60
	破壊	破壊			90

これらの実験結果から合理的に行える推論として最も適当なものを，次の①～⑥から1つ選び，番号で答えよ。 5

① 卵細胞が誘引物質を出して，花粉管を胚のうに誘引している。

② 卵細胞があれば，助細胞がなくても花粉管を誘引できる。

③ 卵細胞は，胚のうへの花粉管の誘引に全く関与していない。

④ 助細胞は，卵細胞があるときだけ花粉管を誘引できる。

⑤ 中央細胞は，助細胞があるときだけ花粉管を誘引できる。

⑥ 中央細胞は，胚のうへの花粉管の誘引に全く関与していない。

(2) タンパク質Xが花粉管を誘引する物質の候補として見つかった。そこである実験を計画した。タンパク質Xが花粉管を誘引することを支持する実験の方法とその結果として最も適当なものを，次の①～⑥から1つ選び，番号で答えよ。 6

① タンパク質Xを胚のう内に注入すると，胚のうの細胞が盛んに体細胞分裂を始めた。

② 花粉管の先端近くにタンパク質Xを含む溶液を滴下しても，それに向かって花粉管が伸長しなかった。

③ 花粉管の先端部を調べたが，タンパク質Xが結合する受容体は見つからなかった。

④ 胚のうのある細胞を調べたところ，タンパク質Xが結合する受容体が見つかった。

⑤ タンパク質Xの遺伝子の発現を胚のうの細胞で阻害すると，花粉管の誘引頻度が低下した。

⑥ タンパク質Xの遺伝子の発現を調べたところ，花粉管で盛んに行われていることが確認された。

問4．下線部(c)について，以下に示す6通りの組合せのうち，遺伝子型が*Aa*の被子植物の個体のめしべに形成される胚のう1つに含まれる2個の極核と卵細胞の核の遺伝子型の組合せとして可能性があるものはいくつ含まれるか。最も適当なものを，次の①〜⑥から1つ選び，番号で答えよ。 7

2個の極核	卵細胞
A, *A*	*A*
A, *A*	*a*
A, *a*	*A*
A, *a*	*a*
a, *a*	*A*
a, *a*	*a*

① 1 ② 2 ③ 3
④ 4 ⑤ 5 ⑥ 6

問5．下線部(d)について，種子の中には胚乳の栄養分が胚の子葉に吸収されて消失する無胚乳種子がある。無胚乳種子を形成する植物として最も適当なものを，次の①〜⑥から1つ選び，番号で答えよ。 8

① カキ ② イネ ③ コムギ
④ アブラナ ⑤ トウモロコシ ⑥ ワラビ

2. 細胞の構造に関する次の文章を読んで，以下の問いに答えよ。

生物の構造と機能の基本単位は細胞であり，細胞は原核細胞と真核細胞に分けることができる。どちらも細胞膜(a)で外界と隔てられた内部に遺伝子の本体であるDNAを含んでいる点は共通しているが，原核細胞ではDNAは［9］に存在しているのに対し，真核細胞ではDNAの大部分は核(b)の中に染色体として収められている。また，真核細胞の内部には，核以外にも特定の機能をもったさまざまな細胞小器官や微細構造が存在している(c)。

細胞小器官のうち，ミトコンドリアや葉緑体は二重の膜構造をもっている。ミトコンドリアは呼吸に関する多くの酵素を含んでおり，これらの酵素のはたらきによって有機物からエネルギーを取り出し，ATPを合成している。葉緑体は［10］などの光合成色素を含んでおり，吸収された光エネルギーを用いて，有機物を合成している。

ミトコンドリアと葉緑体は，原始的な真核細胞に外部から別の生物が共生することで獲得されたと考えられており，ミトコンドリアは［11］が，植物や緑藻類がもつ葉緑体はシアノバクテリアが共生することで獲得されたとする説が有力である。また，緑藻類がさらに従属栄養生物に取り込まれることで，ミドリムシ（ユーグレナ藻類）が生じたと考えられており，このような過程を二次共生(d)という。

問1．文章中の空欄［9］～［11］に入る語句として最も適当なものを，次の①～⑨からそれぞれ1つずつ選び，番号で答えよ。［9］［10］［11］

① アントシアン　② 光合成細菌　③ 細胞骨格
④ 細胞質基質　⑤ クロロフィル　⑥ 化学合成細菌
⑦ 好気性細菌　⑧ 細胞板　⑨ 酢酸カーミン

問2．下線部(a)について，次の小問に答えなさい。

(1) 細胞膜の主な成分の組合せとして最も適当なものを，次の①～⑥から1つ選び，番号で答えよ。［12］

① リン脂質・核酸　② リン脂質・タンパク質
③ リン脂質・多糖類　④ タンパク質・核酸

⑤ タンパク質・多糖類 ⑥ 核酸・多糖類

(2) 細胞膜の構造の説明として最も適当なものを，次の①～⑥から1つ選び，番号で答えよ。 13

① 親水性の部分を細胞内に，疎水性の部分を細胞外に向けた一層構造

② 疎水性の部分を細胞内に，親水性の部分を細胞外に向けた一層構造

③ 親水性の部分を内側に向け，疎水性の部分を外側に向けた二層構造

④ 疎水性の部分を内側に向け，親水性の部分を外側に向けた二層構造

⑤ 疎水性の部分と親水性の部分が交互に配置された三層構造

⑥ 疎水性の部分と親水性の部分がランダムに配置された三層構造

問3．下線部(b)について，細胞の種類によって核の数が異なる場合がある。ヒトの細胞の中で，核をもたない細胞と複数の核をもつ細胞の組合せとして最も適当なものを，次の①～⑨から1つ選び，番号で答えよ。 14

	核をもたない細胞	複数の核をもつ細胞
①	平滑筋細胞	ニューロン
②	平滑筋細胞	骨格筋細胞
③	平滑筋細胞	小腸上皮細胞
④	小腸上皮細胞	ニューロン
⑤	小腸上皮細胞	骨格筋細胞
⑥	小腸上皮細胞	小腸上皮細胞
⑦	赤血球	ニューロン
⑧	赤血球	骨格筋細胞
⑨	赤血球	小腸上皮細胞

問4．下線部(c)について，次の小問に答えなさい。

(1) 細胞小器官の名称と構造・機能の組合せとして最も適当なものを，次の①～⑥から1つ選び，番号で答えよ。 15

	名称	構造・機能
①	リソソーム	内部に加水分解酵素を含んでおり，細胞内消化に関わる。
②	リソソーム	RNAとタンパク質でできており，タンパク質合成の場となる。
③	小胞体	扁平な袋が重なった構造をしており，物質の分泌に関わる。

④　小胞体　内部は細胞液で満たされており，物質貯蔵や濃度調節に関わる。

⑤　ゴルジ体　表面にリボソームが付着しており，細胞内の物質輸送に関わる。

⑥　ゴルジ体　微小管の形成起点となり，鞭毛や繊毛の形成に関与する。

(2) 次のⅰ～ⅲに関して，細胞内における一般的な大小関係を大きいものから順に示したものとして最も適当なものを，次の①～⑥から1つ選び，番号で答えよ。 16

ⅰ：ミトコンドリア　ⅱ：リボソーム　ⅲ：葉緑体

① ⅰ＞ⅱ＞ⅲ　② ⅰ＞ⅲ＞ⅱ　③ ⅱ＞ⅰ＞ⅲ

④ ⅱ＞ⅲ＞ⅰ　⑤ ⅲ＞ⅰ＞ⅱ　⑥ ⅲ＞ⅱ＞ⅰ

問5．下線部(d)について，図1と図2はシアノバクテリアの一次共生によって生じた緑藻類が，さらに二次共生によって従属栄養生物に取り込まれた結果生じた光合成生物の模式図である。シアノバクテリアや緑藻類のDNAの遺伝子の多くは，共生の過程で従属栄養生物由来の核に取り込まれ，痕跡的となっており，共生の過程で，それぞれの膜が失われることはなかったものとする。この内容をもとに，次の小問に答えなさい。

(1) 光合成色素が存在する場所として最も適当なものを，図1の①～⑥から1つ選び，番号で答えよ。ただし，①～⑥は，それぞれ外側から1～6枚目の膜を示している。 17

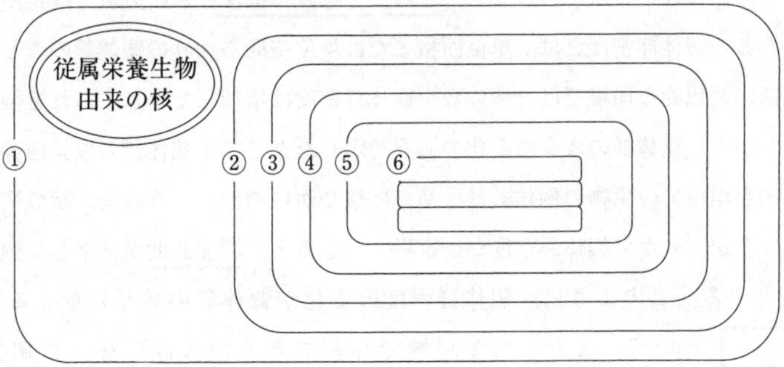

図1

(2) 緑藻類の核が本来存在した場所として最も適当なものを，図2の①～⑥から1つ選び，番号で答えよ。ただし，①～⑥は，それぞれ外側から1～6番目の基質部分を示している。 [18]

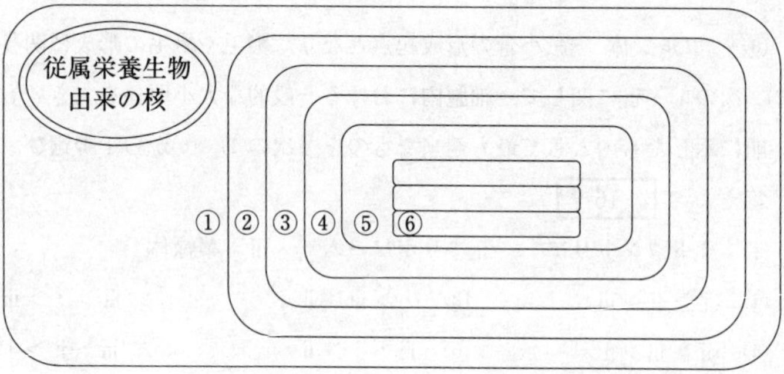

図2

3. 個体群に関する次の文章を読んで，以下の問いに答えよ。

生態系は，生物群集とそれを取り巻く非生物的環境からなり，生物群集は，さまざまな個体群から構成されている。個体群とは，ある地域に生息する同種の個体のまとまりである。個体群の特徴を知るうえで重要な指標に，個体群の大きさと個体群密度がある。個体群の大きさとは個体群を構成する個体の数のことで，これは対象となる個体群の特徴に合わせて，(a)区画法や標識再捕法などの方法で推定することができる。個体群密度とは，単位面積または単位空間あたりの個体数のことである。

生活に理想的な環境では，個体数や個体群密度は増加していき，これを個体群の成長という。個体群の成長の変化の過程を示したグラフを個体群の成長曲線という。理想的な環境での生物の個体数は，初めは緩やかに増加し，その後，指数関数的に増加するが，やがて個体群密度が一定以上になると，(b)増加速度が低下して個体数は一定となる。このように，個体群密度の変化が個体群の成長に与える影響を [19] という。また，ある環境で存在できる個体群の最大の個体数を [20] という。

生物群集は，一般に多くの個体群からなり，異なる個体群の間ではさまざまな関係がみられる。例えば，食物や生活空間など限られた資源をめぐって異種間で争いが起きた場合，［21］によって一方の種が絶滅することがある。近年，日本でも移入した外来生物との間で争いが起こることで在来種の絶滅が危惧されている。在来種のメダカは絶滅の危機にあると考えられており，形態や生息環境が似ている外来種のカダヤシによるメダカへの影響を調べるために，次の実験1，2を行った。

<実験1>

25℃でメダカまたはカダヤシの成体20匹（オス10匹とメス10匹）を別々の水槽で飼育を開始し，毎日一定量の餌を与えるが，水換えや水の循環はしないで，成体20匹の汚水中での生存個体数の変化を調べた。その結果，メダカとカダヤシの生存曲線にはほとんど差は見られなかった。また，汚水中では，メダカの産んだ卵は腐ってしまうが，卵胎生のカダヤシから産まれた仔魚はほとんど死なないで成長して成魚になった。

<実験2>

水温5℃または25℃で，メダカまたはカダヤシの成体20匹（オス10匹とメス10匹）を同じ水槽に入れた。毎日一定量の餌を与え，水槽の水換えをしながら飼育し，飼育開始から25日後の生存個体数を調べた。その結果を次の図1と図2に示す。

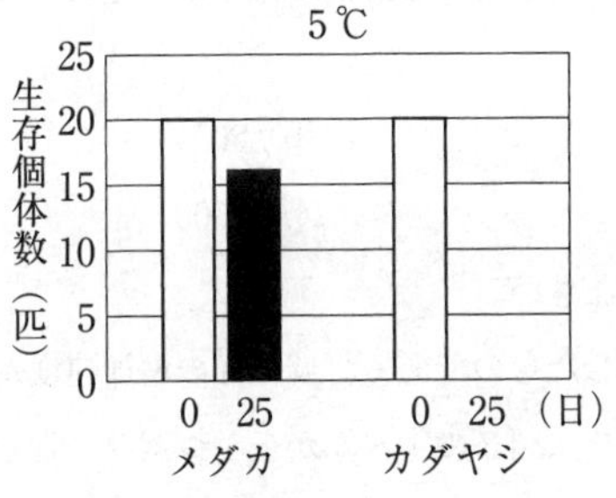

図1

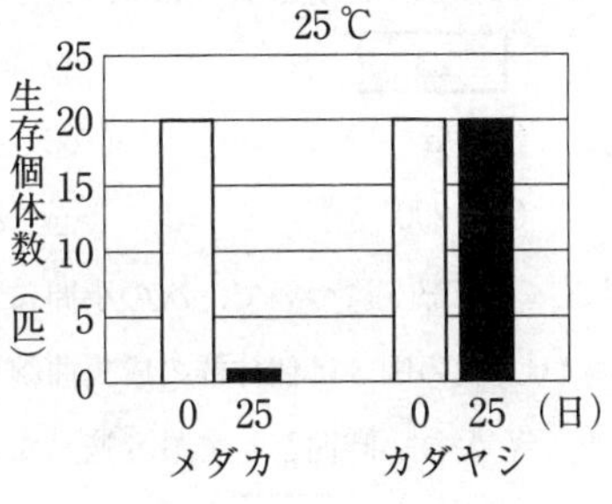

図2

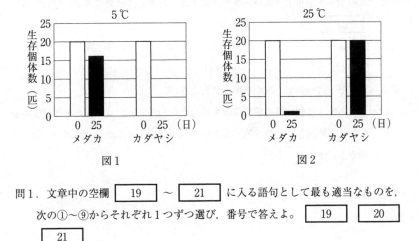

問1．文章中の空欄［19］〜［21］に入る語句として最も適当なものを，次の①〜⑨からそれぞれ1つずつ選び，番号で答えよ。［19］［20］［21］

① 非競争的排除　　② 近交弱勢　　③ 相変異

④　間接効果　　　⑤　環境収容力　　　⑥　最終収量一定の法則
⑦　密度効果　　　⑧　エネルギー効率　　　⑨　競争的排除

問2．下線部(a)について，次の小問に答えなさい。

(1)　区画法で個体群密度を調査する動物の例とその生息環境の組合せとして最も適当なものを，次の①～⑥から1つ選び，番号で答えよ。 22

	動物名	生息環境
①	クロマグロ	海洋
②	トンボ（成虫）	湖沼
③	イソギンチャク	磯場
④	サケ	河川
⑤	イノシシ	山地
⑥	アオサギ	干潟

(2)　面積が4 km^2 のある池に生息するフナの個体数を標識再捕法で調べるために，わなを仕掛けてフナを120匹捕獲し，その背びれの一部を切り取って再び池に放した。標識個体が池全体に十分拡散した数日後，同様の方法でフナを100匹捕獲すると，その中に背びれの一部が切り取られたフナが15匹いた。この池のフナの個体群密度（個体数 / km^2）として最も適当なものを，次の①～⑥から1つ選び，番号で答えよ。ただし，池の深さは一定とする。

23

①　5　　　②　10　　　③　20
④　200　　　⑤　800　　　⑥　8000

問3．下線部(b)について，次の小問に答えなさい。

(1)　次の図3は個体群の成長曲線を示したものである。個体群の増加速度が最も大きい時間として最も適当なものを，図3の①～⑤から1つ選び，番号で答えよ。 24

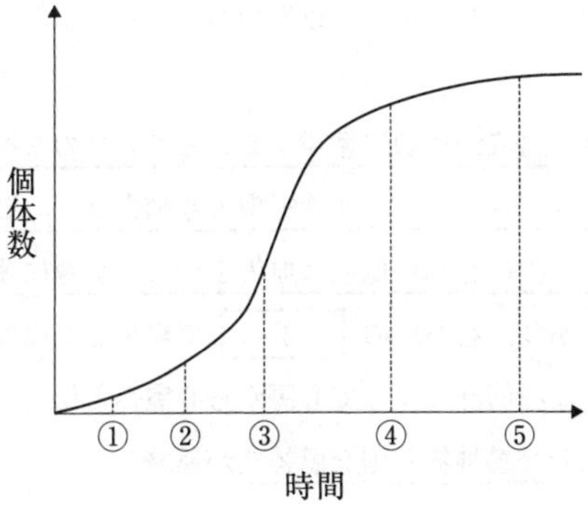

図 3

(2)　個体群の成長において，個体群の増加速度が減少していく原因として**誤っているもの**を，次の①〜⑤から１つ選び，番号で答えよ。 25

①　排泄物が増加して環境が汚染される。

②　摂取できる栄養分が減少する。

③　個体あたりの生活空間が減少する。

④　食物となる被食者が増加する。

⑤　雌個体の産卵数が減少する。

問４．実験１と実験２の結果に関する記述として最も適当なものを，次の①〜⑥から１つ選び，番号で答えよ。 26

①　メダカとカダヤシは飼育下で同じ餌を食べることから，近年のメダカの個体数の減少にカダヤシは全く影響していないと判断できる。

②　生活排水の流入により水路などで富栄養化が進んでも，メダカとカダヤシは個体数を維持すると考えられる。

③　メダカは，カダヤシと混合飼育しなければ，25 ℃の汚水中でも絶滅せず，一定の個体数まで増殖すると考えられる。

④　水温が５℃付近であれば，メダカはカダヤシと混合飼育しても絶滅せず，メダカもカダヤシも一定の個体数まで増殖すると考えられる。

⑤　水温が 25 ℃付近であれば，メダカはカダヤシと混合飼育しても絶滅せず，メダカもカダヤシも一定の個体数まで増殖すると考えられる。

⑥　汚水と高温への耐性はカダヤシの方が高いが，低温への耐性はメダカの方が高いと判断できる。

4. 恒常性に関する次の文章を読んで，以下の問いに答えよ。

ヒトのからだでは，(a)<u>血液が適切に循環することでガスの交換や老廃物の回収などが行われ，恒常性が保たれている。血液循環の駆動力は，心臓の拍動によるポンプ作用であり，心臓から拍出された血液は血管を介して全身に運ばれる</u>。ヒトの心臓の拍動には自動性があり，右心房の［ 27 ］で発生した周期的な興奮が，刺激伝導系と呼ばれる特殊な心筋群によって心房から心室へと伝えられる。［ 27 ］には［ 28 ］神経系の(b)<u>交感神経と副交感神経</u>が連絡しており，からだの状態に応じて心臓の拍動数が調節されている。

ヒトの血管系は閉鎖血管系と呼ばれ，動脈と静脈が毛細血管でつながっている。血しょうの一部は，毛細血管からしみ出して組織の間を満たす［ 29 ］となり，［ 29 ］を介して血液と組織の間で物質交換が行われる。しみ出した液体成分の大部分は再び毛細血管に戻るが，一部はリンパ管に入ってリンパ液となる。リンパ管は鎖骨下静脈で血管と合流するため，リンパ液が血液に戻り，血管を循環する血液量が一定に保たれる。(c)<u>血管が損傷した場合は，すみやかに血液が凝固することで血液が失われることを防いでいる</u>。

全身への酸素の運搬は，主に血液中の赤血球に含まれる(d)<u>ヘモグロビン</u>によって行われ，肺で酸素と結合したヘモグロビンが，末梢の組織において酸素と解離することで酸素が供給される。ヘモグロビンは血液 100 mL あたり 15 g 存在し，1 g のヘモグロビンがすべて酸素と結合すると，1.4 mL の酸素と結合することになる。次の表 1 は，器官 X に流れ込む動脈，および安静時と運動時の静脈の酸素分圧と酸素ヘモグロビンの割合をまとめたものである。なお，動脈内の酸素分圧，酸素ヘモグロビンの割合は，安静時と運動時で変わらないものとする。

表 1

	動脈	静脈（安静時）	静脈（運動時）
酸素分圧	100 mmHg	40 mmHg	30 mmHg
酸素ヘモグロビンの割合	95 %	70 %	55 %

問1．文章中の空欄 27 ～ 29 に入る語句として最も適当なものを，次の①～⑨からそれぞれ1つずつ選び，番号で答えよ。 27 28 29

①　胆汁　　②　洞房結節　　③　体性
④　筋紡錘　　⑤　自律　　⑥　血清
⑦　中枢　　⑧　組織液　　⑨　脳幹

問2．下線部(a)について，次の小問に答えなさい。

(1)　血液に関する記述として最も適当なものを，次の①～⑤から1つ選び，番号で答えよ。 30

①　血液のおよそ90％が液体成分の血しょうであり，残りが血球である。
②　血球のなかで最も数が多い細胞は，血小板である。
③　血球のなかで最も大きさが大きい細胞は，白血球である。
④　骨髄の造血幹細胞から生じた赤血球は，胸腺で成熟する。
⑤　血しょうには，タンパク質やグリコーゲン，無機塩類が含まれている。

(2)　血管と血液循環に関する記述として最も適当なものを，次の①～⑤から1つ選び，番号で答えよ。 31

①　動脈には，必ず酸素濃度が高い動脈血が流れる。
②　静脈には，高い血圧に耐えられるように，動脈よりも発達した筋肉層がある。
③　アンモニウムイオン濃度が最も高い血液が流れるのは，腎静脈である。
④　尿素濃度が最も高い血液が流れるのは，肝静脈である。
⑤　左心室から拍出された血液が体循環で心臓に戻るまでに，必ず肝臓を通る。

問3．下線部(b)について，心臓に接続する交感神経と副交感神経の末端から分泌される神経伝達物質の組合せとして最も適当なものを，次の①～⑥から1つ選び，番号で答えよ。 32

	交感神経	副交感神経
①	ノルアドレナリン	アセチルコリン
②	ノルアドレナリン	チロキシン
③	アセチルコリン	ノルアドレナリン
④	アセチルコリン	チロキシン
⑤	チロキシン	ノルアドレナリン
⑥	チロキシン	アセチルコリン

問4．下線部(c)について，外傷によって生じた傷口で血液凝固が起こる際の反応ⅰ～ⅲの順番として最も適当なものを，次の①～⑥から1つ選び，番号で答えよ。 33

ⅰ：フィブリノーゲンからフィブリンが生じる。

ⅱ：プロトロンビンが活性化してトロンビンとなる。

ⅲ：血小板から血液凝固因子が放出される。

① ⅰ → ⅱ → ⅲ　② ⅰ → ⅲ → ⅱ　③ ⅱ → ⅰ → ⅲ
④ ⅱ → ⅲ → ⅰ　⑤ ⅲ → ⅰ → ⅱ　⑥ ⅲ → ⅱ → ⅰ

問5．下線部(d)について，ヘモグロビンは周囲の条件に応じて酸素との親和性（ヘモグロビンと酸素の結合のしやすさ）が変化することが知られている。ヘモグロビンと酸素の親和性が低下する条件の組合せとして最も適当なものを，次の①～⑧から1つ選び，番号で答えよ。 34

	温度	pH	二酸化炭素濃度
①	高い	高い	高い
②	高い	高い	低い
③	高い	低い	高い
④	高い	低い	低い
⑤	低い	高い	高い
⑥	低い	高い	低い
⑦	低い	低い	高い
⑧	低い	低い	低い

問6．表1について，次の小問に答えなさい。

(1) 酸素は，ヘモグロビンだけでなく血液に物理的に溶解することでも運搬される。酸素の物理的な溶解量は酸素分圧に比例し，血液 100 mL あたり酸素分圧 1 mmHg ごとに 0.003 mL の酸素が溶解する。安静時にヘモグロビンによって器官 X に供給される酸素量は，物理的な溶解量の差によって器官 X に供給される酸素量のおよそ何倍となるか。最も適当なものを，次の①～⑥から 1 つ選び，番号で答えよ。 35

① 7 倍　② 12 倍　③ 29 倍
④ 100 倍　⑤ 230 倍　⑥ 340 倍

(2) 運動時に血液 100 mL が器官 X に供給する酸素量は，安静時と比較してどの程度増加するか。最も適当なものを，次の①～⑥から 1 つ選び，番号で答えよ。 36

① 0.03 mL　② 0.18 mL　③ 2.73 mL
④ 3.18 mL　⑤ 4.63 mL　⑥ 7.48 mL

5. バイオテクノロジーに関する次の文章を読んで，以下の問いに答えよ。

ある遺伝子を含む DNA 断片と大腸菌などの細菌から取り出したプラスミドを特定の塩基配列を認識する制限酵素[(a)]で切断し，DNA リガーゼと呼ばれる酵素を加えてこれらを連結し，プラスミドとともに外来の遺伝子を細菌内に導入する技術を遺伝子組換えという。この技術で遺伝子を運ぶ担い手となるものを総称してベクターといい，プラスミド以外では動物細胞に遺伝子を導入する場合はウイルスを用いたり，植物細胞に遺伝子を導入する場合は土壌性細菌の 37 などが主に用いられる。このように遺伝子を他の生物の細胞に導入することで，導入した遺伝子を増幅したり，導入した遺伝子から発現する有用なタンパク質を多量に得ることが可能となる。しかしながら，遺伝子をベクターに導入できる確率や，細菌内にベクターが取り込まれる確率はともに低いので，それらを選別する手段が必要となる。

そこで，ヒトの遺伝子 *X* を大腸菌に導入し，タンパク質 X を大腸菌内で発現させる実験 1，2 を行った。以下にその実験の手順を示す。

<実験 1>

ヒトの体細胞から細胞質にある mRNA を取り出して，逆転写酵素を加えるこ[(b)]

とでmRNAと相補的な塩基配列をもつcDNAを合成した。このcDNAを複製して2本鎖DNAを得て，さらに特殊な方法で，次の図1に示したように遺伝子*X*の両端に制限酵素AとBの認識配列を含む塩基配列を連結させた。

＜実験2＞

実験1で作製した遺伝子*X*を含むDNAを制限酵素 ア を用いて切断し，プラスミドを制限酵素 イ を用いて切断した。これらのDNAを混合してDNAリガーゼを加え，その溶液を，プラスミドをもたない大腸菌が含まれる培養液に添加した。(c)その後，これらの大腸菌を抗生物質であるアンピシリンを含む培地で培養したところ，複数のコロニーが得られ，一部のコロニーからタンパク質Xが検出された。一方，テトラサイクリンを含む培地で培養したところ，複数のコロニーが得られたが，すべてのコロニーにおいてタンパク質Xを合成する大腸菌は検出されなかった。

この結果から，遺伝子*X*は一部の大腸菌で ウ の遺伝子領域に導入されていることが確認された。

図1のA，Bは制限酵素AまたはBで認識・切断される部位を示す。制限酵素の認識配列は異なっており，それぞれ別の塩基配列を認識する。そのため，異なる制限酵素で切断した切断面どうしは連結できない。*Amp^r^*はアンピシリン耐性遺伝子，*Tet^r^*はテトラサイクリン耐性遺伝子を示し，アンピシリンとテトラサイクリンは大腸菌を死滅させる抗生物質である。

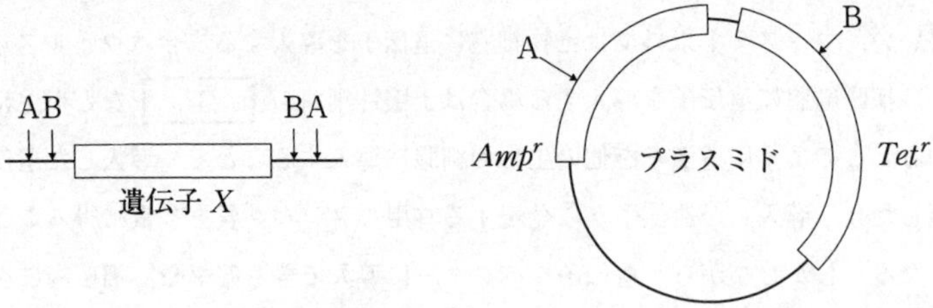

図1

問1．文章中の空欄 37 に入る語句として最も適当なものを，次の①～⑤から1つ選び，番号で答えよ。 37

①　アゾトバクター　　②　アグロバクテリウム　③　硝酸菌

④　クロストリジウム　⑤　T_2ファージ

問2．下線部(a)について，次の小問に答えなさい。

(1) 制限酵素に関する説明として最も適当なものを，次の①～⑥から1つ選び，番号で答えよ。 38

① すべての生物に共通して存在する酵素で，DNA を複製する際に用いられる。

② 原核生物に共通して存在する酵素で，RNA を転写する際に用いられる。

③ 真核生物に共通して存在する酵素で，タンパク質を複製する際に用いられる。

④ 生物は制限酵素をもともともっておらず，ウイルスなどが感染すると，ウイルス由来の核酸の遺伝情報をもとに細胞内で合成される。

⑤ 細菌にウイルスが感染したときに，ウイルス由来の DNA を特異的に切断するためにはたらく酵素である。

⑥ 真核生物の体内に細菌などが侵入すると血しょう中に分泌される酵素で，細菌の表面の構造を認識して強く結合する。

(2) ある制限酵素は，次の図2に示した6塩基対からなる DNA 中の塩基配列を認識して切断する。DNA 中に含まれる各塩基の割合がすべて等しく，各塩基は偏りなくランダムに配列しているものとすると，この制限酵素を加えたときに生じる DNA 断片の平均の長さは何塩基対となるか。その数値として最も適当なものを，次の①～⑥から1つ選び，番号で答えよ。ただし，切断に用いた DNA は十分に長く，複数の断片が得られたものとする。

39

5'…GAATTC…3'
3'…CTTAAG…5'

図2

① 24　② 64　③ 256

④ 4096　⑤ 46656　⑥ 65536

問3．下線部(b)について，大腸菌にヒトの遺伝子を導入する場合，核内にある遺伝子そのものではなく，mRNA を逆転写して得た cDNA を用いなくてはならない。その理由として最も適当なものを，次の①～⑧から1つ選び，番号で答えよ。 40

① 大腸菌はスプライシングを行うが，ヒトはスプライシングを行わないため。

② 大腸菌はスプライシングを行わないが，ヒトはスプライシングを行うため。

③ 大腸菌は転写後に逆転写を行うが，ヒトは転写後に逆転写を行わないため。

④ 大腸菌は転写後に逆転写を行わないが，ヒトは転写後に逆転写を行うため。

⑤ 大腸菌は細胞質で転写を行うが，ヒトは核内で転写を行うため。

⑥ 大腸菌は核内で転写を行うが，ヒトは細胞質で転写を行うため。

⑦ 大腸菌は遺伝子内にイントロンをもつが，ヒトはイントロンをもたないため。

⑧ 大腸菌は遺伝子内にエキソンをもつが，ヒトはエキソンをもたないため。

問4．実験2について，次の小問に答えなさい。

(1) 実験2の文章中の空欄 ア ～ ウ に入る語句の組合せとして最も適当なものを，次の①～⑧から1つ選び，番号で答えよ。 41

	ア	イ	ウ
①	A	A	Amp^r
②	A	A	Tet^r
③	A	B	Amp^r
④	A	B	Tet^r
⑤	B	A	Amp^r
⑥	B	A	Tet^r
⑦	B	B	Amp^r
⑧	B	B	Tet^r

(2) 大腸菌を培養する培地の組成を下の組成Y，組成Zに変更したとする。それぞれの培地で生じるコロニーの数はアンピシリンのみを培地に加えた場合と比べてどのように変化すると考えられるか。それぞれの培地において最も適当なものを，次の①～⑦から1つずつ選び，番号で答えよ。

組成Y 42 組成Z 43

組成Y：抗生物質をどちらも添加していない。

組成Z：アンピシリン，テトラサイクリンの両方を加えた。

① 培地にコロニーは1つも見られなくなる。

② コロニー数は減少し，タンパク質Xを合成するコロニーの割合は減少する。

③　コロニー数は減少し，タンパク質 X を合成するコロニーの割合は増加する。

④　コロニー数は変化せず，タンパク質 X を合成するコロニーの割合は減少する。

⑤　コロニー数は変化せず，タンパク質 X を合成するコロニーの割合は増加する。

⑥　コロニー数は増加し，タンパク質 X を合成するコロニーの割合は減少する。

⑦　コロニー数は増加し，タンパク質 X を合成するコロニーの割合は増加する。

解答編

英語

I　**解答**　1―a　2―a　3―c　4―a　5―c

◀解　説▶

1．A：今夜の予定は？
B：家にいると思うよ。ちょっと疲れてるんだ。
A：えー，僕は出かけたいんだよね。夕食でも食べに行くのはどう？　どこか静かなところで。
B：うーん，いいよ，でも遅くまで外出していたくはないな。
A：そうならないよ。約束する。
「疲れているから夜は家にいる」というBに対し，Aが夕食に誘っている。BはOKと言うが，「でも」と続けていることから，あまり遅くならずに帰りたいと思っている，と判断できる。よって，正解はaである。Aの最終発言のWe won't の後には stay out late が省略されている。

2．A：すみません，さっきのアナウンスは何と言っていましたか？
B：ああ，搭乗時間が11時に変更になったと言っていましたよ。
A：そうですか，遅れているのですね。
B：ええ，あなたもシンガポールへ行くのですか？
Bが返事として「搭乗時間が11時に変更になったと言っていましたよ」と言っていることから，Aはアナウンスの内容を聞いたことがわかる。よって，正解はaである。

3．A：ねえ，あの女の人が履いているハイヒールを見てよ。
B：あの銀色のやつ？
A：そう。あれ，ヒールがすごく高いよ。
B：そうだね，私があれを履いていたらちゃんと歩けないわ。
Bが「私が履いたらちゃんと歩けない」という返事をしていることから，

女性のヒールが高いという内容が空所に入るはずである。よって，正解はcである。way は「うんと，ずっと」という意味の副詞として用いられている。

4．A：こんにちは，トモです。金曜の夜は忙しいのかな？
B：そうでもないよ。どうしたの？
A：渋谷で映画祭があるんだ。一緒に来ない？
B：いや，行かないかな。ごめん，映画は興味ないんだよね。
空所の後で「ごめん，映画には興味がない」とBが言っていることから，誘いを断っていることがわかる。よって，正解はaである。

5．A：お姉さんは今どうしているの？
B：高校で教師をしています。
A：本当？　事業を始めたかと思っていたよ。
B：そうなんです，でも教職に切り替えたんです。社会を教えています。
姉が教師をしていると聞いたAが「本当？」と言っており，Bが最終発言で「そうなんです，でも教職に切り替えたんです」と言っていることから，姉は以前は何か違う仕事をしていたことが考えられる。よって，正解はcである。

Ⅱ　解答

1．tie　2．season　3．form
4．block　5．tears

◀解　説▶

1．「スーツを着てネクタイを締める必要がないので，私はこの仕事が好きです」
「ちょっと，靴紐を結びなよ！　ほどけているよ」
第1文では「ネクタイ」という意味の名詞で用いられ，第2文では「～を結ぶ」という意味の動詞として用いられている。

2．「魚を焼く前に塩で下味をつけるのを忘れないでね」
「寒くて乾燥した季節は，ここでは12月から2月まで続く」
第1文では「～を味付けする」という意味の動詞として用いられている。この動名詞形が seasoning「シーズニング」である。第2文は「季節」という意味の名詞である。

3．「先生に診察してもらう前にこの用紙に記入をお願いします」

「水素と酸素は結びついて水を形成する」
第1文は「用紙」という意味の名詞であり，第2文は「～を形成する」という意味の動詞である。

4.「警察は，動物園から逃げ出した動物を捕まえるために道路を封鎖しなければならなかった」
「電車が線路に置かれたコンクリートブロックによって脱線したが，けが人はいなかった」
第1文は「～を封鎖する」という意味の動詞で用いられ，第2文は「ブロック」という意味の名詞で用いられている。

5.「その知らせを聞いて，彼女は突然泣き出した」
「その生地に気を付けて。とても簡単に破けてしまうよ」
第1文は「涙」という意味の名詞。burst into tears で「突然泣き出す」という意味である。第2文は「破れる，裂ける」という意味の自動詞として用いられているが，「～を破る，裂く」という意味の他動詞用法もある。

III 解答 1－a 2－b 3－b

◀解 説▶

1.「タロウが生まれたとき，母親は40歳であった。母親の年齢がタロウの年齢の5倍となるとき，母親は何歳か」
母親の年齢がタロウの年齢の5倍となるときのタロウの年齢を x とすると，$5x=40+x$ という式が成り立つ。これを解くと $x=10$ となり，タロウが10歳のときに，母親の年齢がタロウの年齢の5倍となる。よって，正解は50歳のaである。

2.「60問からなる試験で，タロウは最初の40問の75%に正解した。試験全体での正解率が80%となるためには，残りの20問のうち何%正解する必要があるか」
問題文より，タロウは最初の40問の75%，つまり30問に正解している。試験全体で60問であり，その80%は48問であるから，正解しなければならない問題は残り18問である。20問中の18問なのだから，正解はbの90%である。

3.「5つの都市A，B，C，D，Eは，以下のように異なった交通機関で結ばれている。

Ａ と Ｂ はフェリーと鉄道で結ばれている。

Ｄ と Ｃ はバスとフェリーで結ばれている。

Ｂ と Ｅ は飛行機のみで結ばれている。

Ａ と Ｃ はフェリーのみで結ばれている。

Ｅ と Ｃ は鉄道とバスで結ばれている。

もしタロウがＡを出発して各都市を訪れた後再びＡに戻るとき，２度訪れなければならない都市は次のうちどれか」

Ａを出発するということは最初の行き先はＢかＣとなる。まず，Ｃに行くとすると，その後はＤかＥに行くことになるが，Ｅに行ってＢに行くとＤに行けなくなる。Ｅに行ってＣに戻ってくると，Ｄには行けるがＢに行けなくなる。よって，Ｃの後はＤに行き，Ｃに戻ってＥに向かい，Ｂに行ってＡに戻ってくる，というルートが考えられる。次に，最初にＡからＢに行くとすると，その後は飛行機でＥに行くことになり，その後ＣからＤへ行くが，Ａに戻るにはやはりＣを経由しなければならない。よって，正解はｂのＣである。Ａ～Ｅを図示し，交通機関を書き加えて実際に経路を確認してみるとわかりやすい。

Ⅳ 解答

1－b　2－a　3－d　4－c　5－b　6－d
7－b　8－b　9－c　10－a

◀解　説▶

1．A：最近トモに会った？
B：うん，実は毎週金曜にランチに行っているんだ。
on Fridays は「毎週金曜」の意味であり，Ｂは習慣的なことを述べているから，習慣を表す現在形のｂが正解。

2．「この夏はできるだけたくさんの本を読もうと思います」
as ～ as possible で「できるだけ～」という意味である。選択肢にはないが，I will read books as many as possible … とはならないことに注意する。many books で１つの意味的なかたまりだからである。

3．「今議論されている問題は複雑だ」
The issue を先行詞とする関係代名詞のｄが正解。discuss は他動詞であるから，about などの前置詞は不要である。

4．「寒い日に長時間歩いた後で入る熱いお風呂ほどよいものはない」
There is nothing like ～「～のようなものはない」という表現で，「～ほどよいものはない」という意味で用いられる。
5．「彼らが助けを待っているとわかって，私たちはその村に急いだ」
As we knew that … の分詞構文であると考えられる。
6．「彼は法律の知識がほとんどなかったので，その問題にどう取り組んだらよいかわからなかった」
主節が「その問題にどう取り組んだらよいかわからなかった」という否定的な意味となっており，また，knowledge は不可算名詞であるから，little「ほとんど～ない」が正解。
7．「子どもたちが行儀よくしていれば，彼らを式に連れてきてもいいですよ」
behave は自動詞で「行儀よくふるまう」の意味となっており，条件を表す as long as ～「～さえすれば」が正解。
8．「この町はあと 10 年で変わるだろう」
現在を基準にして「～後」を表すのは in である。
9．「疲れているときはあまり頑張り過ぎない方がいいよ」
try to *do*「～しようとする」の否定形 try not to *do*「～しないようにする」が正解である。
10．「昨夜帰って来たとき，ドアが開いていた。ドアを閉めたことは覚えているから，誰かが家に押し入ったに違いない」
ドアを閉めたことを覚えているのだから，強い確信である must have *done*「～したに違いない」が正解である。

V　解答

1－c　2－b　3－d　4－a　5－b　6－a
7－c　8－b　9－b　10－a

◀解　説▶

1．「新たに導入されたセキュリティシステムによって，私たちは長時間の勤務から解放された」
relieve *A* of *B* で「*A* から *B* を取り除く，*A* を *B* から解放する」の意味である。「～を解放する」の意味では b の release も用いられるが，目的語の後の前置詞は from となる。

2．「天気の状況が厳しければ，そのイベントの予定を変更しないといけないかもしれない」
「(天候が) 厳しい」を表すのは b の severe である。rigid や strict は「(規則や人などが) 厳しい」という意味である。
3．「多くの問題により，旅の楽しみが台無しになってしまった」
spoil「～をだめにする，台無しにする」 a．「～を狩る」 b．「～を困惑させる」 c．「～を再開する」
4．「私たちが待っていた書類が，出発の直前に届いた」
shortly before ～「～の少し前に」 b．「周期的に」 c．「一時的に」 d．「自発的に」
5．「2週間キャンプをするのであれば，洗濯設備がないため，十分な衣服を持って行かなければならない」
集合的に「衣服」を意味する clothing が正解である。d の wear は通常 everyday wear「普段着」や working wear「仕事着」など，複合語で用いられる。
6．「海外からの旅行者が減少したことで，中には廃業に追い込まれたホテルもある」
out of business「倒産して，廃業して」
7．「強い台風が通過した後，電車の運行が昨夜通常通りに戻ってよかった」
go back to normal「平常に戻る」
8．「私たちはかろうじて川で溺れずに済んだ」
narrowly は「かろうじて，危うく」という意味である。a．「綿密に，密接に」 c．「きつく」 d．「激しく」
9．「高校生の頃，私は数学が苦手だった」
be poor at ～「～が苦手である」
10．「速度超過でつかまると，罰金を払わなければならないよ」
「罰金」の意味の fine が正解である。b．「基金」 c．「価値」 d．「宝物」

Ⅵ **解答**

(A，Bの順に) 1－b，c　2－c，d　3－c，e
4－f，e　5－b，g

◀解　説▶

1．What do you think the climate will be (like in the next 100 years?)
「今後100年で，気候はどのようなものになると思いますか？」
What will S be like?「Sはどのようなものとなるか？」とdo you thinkが組み合わさり，What do you think S will be like?「Sはどのようなものになると思うか？」となる。

2．(Both international and local) tourists are becoming (more and more) aware of the value (of preserving the environment.)
「海外旅行者も国内旅行者も，環境保全の重要性についてますます意識するようになってきている」
be aware of～「～に気付いている」の動詞がbecomeとなった形である。

3．(Hokkaido is) the second largest of Japan's four main (islands.)
「北海道は日本の四島のうちで2番目に大きい」
the second largestで「2番目に大きい」という意味である。

4．Those with no internet access are left behind (by an increasingly digital society.)
「インターネット環境が整っていない者は，ますますデジタル化する社会から取り残されてしまう」
thoseが「人」を意味することに注意する。また，leave *A* behindで「*A*を置いていく，置き去りにする」という意味であり，本問はこの受動態となっている。

5．(No) sooner had the actor got off the train than (the TV reporters rushed to him.)
「その俳優が電車を降りるとすぐ，テレビレポーターたちが彼のもとに押し寄せた」
No sooner～than…で「～するとすぐに…」という意味であるが，no sooner節には過去完了が用いられ，また，文頭にきているために倒置が起こってhad the actor got offという語順になっている。

Ⅶ　**解答**　1－c　2－b

◆全　訳◆

≪摩擦力とその効果≫

著作権の都合上，省略。

◀解　説▶

1．DのThereforeに注目すると，「摩擦力が物体の速度を落とす」ことの理由となるものがこのDの前にくることがわかる。選択肢を見ると，Dは最初にはこないことがわかるので，その前にはBの「摩擦力は反対方向に働く」という内容がくると判断できる。また，Cの「表面が粗いほど摩擦力が大きくなる」という内容は，Aの「摩擦力の大きさは表面の材質による」という内容の後にこないと論理的に不自然である。B→D，A→Cとなっているのは，cしかない。

2．AがFor exampleから始まっていることから，Aの前には摩擦力を小さくするという内容がくるはずであり，それはDしかない。この摩擦力を小さくするオイルの話が，空所の後に続いていると判断できる。また，Cでは「この摩擦力が地面をとらえ，滑るのを防ぐ」と述べられているが，これはBで述べている，歩く際の靴底と地面との間の摩擦力のことである。よって，B→C，D→A→空所直後のオイルの話という流れを満たしているbが正解である。

Ⅷ　解答　アーa　イーc　ウーa　エーc　オーb

◆全　訳◆

≪OriHimeの使命≫

OriHimeは，かわいらしい日本のロボットである。ほとんどの日本製ロボットと同様，回路やプログラミングチップがぎっしり組み込まれ，人間のような外観を持つ。しかしOriHimeの場合，丸みを帯びた輪郭と赤ちゃんのような大きな目のおかげで，ターミネーターというよりもディズニーのウォーリーのようである。

OriHimeの内部もまた，他のロボットにはない多くの点で，本質的に人間のようである。OriHimeの目的は，重度の障害やALSのような病気が原因で外出したり動いたりすることが困難な人が，実社会やそこにいる人たちとつながることができるように架け橋となることである。実際，OriHimeは寝たきりの人が，例えば遠く離れた家族とつながったり，作業をしたりする支援をすることができる。

2018年から，期間限定カフェ「分身ロボットカフェDAWN ver.β」において，障害を持った人が機会を得て，OriHimeを通してカフェのスタッフとして働くようになっている。分身ロボットカフェDAWNは，寝たきりの人や引きこもりの人がカフェのスタッフとして働き，利用者とのコミュニケーションを楽しむことができるようにすることで，人類の孤独を取り除こうと努めている。2018年以降，5000人以上の人が利用したいくつかの期間限定カフェがうまくいった後，OriHimeの製作者，オリィ研究所は，常設のカフェを6月，東京にオープンすることを決定している。

それでは，分身ロボットカフェDAWNは，具体的にどのように運営されるのだろうか？　カフェには，期間限定店舗で以前使用されていた2つのタイプのOriHimeが配置される予定である。

テーブルに据え付けられたOriHimeは，客の注文を受け，客とコミュニケーションをとるのに用いられる。その小さなロボットは，声をもとにしたやり取りに加えて，パイロットが感情を表しながら客とコミュニケーションをとるために用いる様々なポーズをとることができる。それぞれのテーブルには，注文やパイロットとの文字によるやり取りを支援するための iPad も置かれている。

パイロットの視点からすると，わずかな目の動きによって操作できるソフトを通して OriHime を操縦しながら，コンピュータの画面を通してカフェにいる利用者を見ることができる。これによって，動きに身体的な制限のあるパイロットにとって，OriHime は扱いやすいものとなっている。

OriHime に加え，より大きな Orihime-D は移動能力を持ち，カフェ内で客に食事を運ぶよう操縦することができる。期間限定カフェでは，OriHime と Orihime-D は別々の人によって操縦されており，それによって，直接出向いて働くことに制限を抱えている人にとって，カフェの運営を支援し，利用者とおしゃべりをする機会がより多く生まれたのである。日本橋の常設店舗をどのように運営し，そこにどのようにスタッフを配置するのかは，オリィ研究所からはまだ示されていない。

障害を持った人が社会に参加する新たな機会を生み出す

彼らのコンセプトを証明するものとして，分身ロボットカフェ DAWN の期間限定店舗でパイロットとして研修を受けた一人が，2020 年 7 月，ある企業のリモートワーカーとして雇用された。分身ロボットカフェ DAWN ver. β の物理的な場所が，重度の障害を抱えた人の社会参加に向けた新たな可能性を提供してくれるだろう。それにより，OriHime が支援するカフェを超えて，リモートワークの機会拡大へとつながっていくことが期待される。

◀解　説▶

ア．「重度の障害や病気が原因で」となる a の due to が正解。

イ．仕事やコミュニケーションを楽しむことで，孤独をなくそうとしているのだから，c の eliminate「～を除く，除去する」が正解。

ウ．テーブルに据え付けられた OriHime は注文をとったりコミュニケーションをとったりするのに使われるのだから，受動態の a が正解。

エ．カフェ運営の手伝いや，利用者とのコミュニケーションの機会をより多く生み出すという文脈なので，c が正解。

オ．第 2 段第 2 文（OriHime's purpose is to be a vessel that …）より，OriHime の役割は外出困難な人が社会やそこにいる人とつながることができるよう支援することだとわかる。空所直後に，分身ロボットカフェで研修を受けた人が企業に採用されたという話が続いていることからも，このことはオリィ研究所のコンセプトを体現するものであるといえるので，bのproof「証拠，立証」が正解。

Ⅸ 解答

1．ア－d　イ－c　ウ－b　エ－c　オ－a

2．(A)－a　(B)－d　(C)－a　(D)－d　(E)－b　(F)－c

3－b・e・f・h

◆全　訳◆

≪引き算の力≫

何世代にもわたり，自転車の乗り方を身につける標準的な方法は，補助輪や三輪車を用いてのものだった。しかし近年，多くの親がバランスバイクを使って子どもに練習をさせるようになってきている。バランスバイクとはペダルのない二輪車で，これによって自転車に乗る上で必要なコーディネーション能力――補助輪を使ってもそう簡単には身につかないスキル――を養うことができる。

バランスバイクによる恩恵があるとするなら，なぜそれが補助輪に取って代わるのにそれほど長い時間がかかったのだろうか？　何かを引くことを伴う解決策が見落とされていたが，実はそちらの方がより良い手だった，という例が他にも多くある。例えばヨーロッパの都市の中には，通りをより安全なものにするため，都市プランナーが信号や道路標識を取り除いたところがある。これは従来の交通まちづくりとは反する考え方である。

バージニア大学のエンジニアであるライディ＝クロッツ氏は，既存のモデルから要素を取り除いていくというミニマリスト的な着想が一般的ではないということに気付いた。そこで彼は，なぜこのようなことになっているのかを突き止めようと，同大学の社会心理学者であるガブリエル＝アダムス氏に連絡をとった。二人の研究者は，心理学的な説明ができるのではないかと仮説を立てた。問題に直面した際，人は既存の要素を取り除くことよりも新たな要素を付け加える解決策を選ぶ傾向にある，というものである。

アダムス氏，クロッツ氏，そして仲間の研究者たちが，自分たちの考えが正しいかどうかのテストに乗り出した。「我々は，人が物事を変えるという作業を与えられたとき，引き算することを実際に見落とすかどうか，そしてどの程度見落とすのかということを調査したいと思いました」とアダムス氏は言う。彼らの調査は「文献をもとに行われるようなものではありませんでした。この現象に関する学術文献がなかったからです。額を寄せながらなぜこうなのかを考えるのは，本当に我々だけでした」

研究者たちはまず，こうした傾向がそもそも存在するのかを確認するため，一連の観察調査，つまり対照群のない調査を行った。ある調査では，91 人の実験参加者に，色付きの箱を加えるか取り除くかして，ある模様を左右対称にするよう求めた。箱を取り除いたのはわずか 18 人（20%）であった。別の調査では，研究チームはある後任の大学長に提出された改善提案書に目を通したのだが，既存の規則や慣習，プログラムをなくそうとしていたのは 651 の提案のうちわずか 11%しかないことがわかった。同様の結果が，建造物やエッセー，旅行行程の変更を伴うような作業に表れていた。どの場合も，大多数の人が取り除くのではなく拡大する方を選んでいた。

人はなぜ加えることで解決しようとする傾向にあるのかを明らかにするため，研究チームは大学のキャンパスか，クラウドソーシングウェブサイトであるアマゾンメカニカルタークを通して募集された 1,500 人以上の実験参加者に一連の 8 つの実験を行うことでさらに深く掘り下げていった。ある実験では，レゴでできた立方体の基部の上にのった 1 つのブロックに支えられている屋根を安定させるよう伝えられた。作業を完成させた際の報酬は 1 ドルであり，参加者は新たなブロックを，1 つ 10 セント払って追加することができたが，ブロックを取り除く場合は無料であった。1 つのグループは，「加えるブロックは 1 つ 10 セントですが，ブロックを取り除くのは無料です」と伝えられ，引くことで解決できる可能性があるというヒントを与えられたが，別のグループは「加えるブロックは 1 つ 10 セントです」と伝えられたのみであった，と研究者たちは書いている。ヒントを与えられなかったグループの 41%と比べて，ヒントを与えられたグループの約 3 分の 2 が，最後には新たなブロックを追加するよりも 1 つのブロックを取り除く方を選んでいた。

研究者たちはまた，問題に取り組むための他の方法を考える機会が多く与えられる方が，ものを取り除く可能性が高まるということにも気が付いた。色付きのブロックを加えるか取り除くかして左右対称の模様を作るよう参加者が伝えられた際，問題に取り組むチャンスが1回だけだった場合よりも何回か試しにやってみることのできた場合の方が，参加者は取り除くことを選んでいた。一方，別の作業――画面上の数字を追っていくというようなもの――を同時にやりくりしなければならないときには，同じ問題を解決するのに要素を引くというようなことは少なくなったが，これは加えて解決するということよりも引いて解決するということを考える方が労力がいるということを示している。（これらの実験の両方とも，ブロックを取り除く方がより効率的な解決策だったのだが。）

今日では雑誌『ネイチャー』で発表されているこうした調査結果が示唆するのは，「加えることによる解決というのは，ある種の特権的な地位がある。つまり，すぐに，そして簡単に頭に浮かぶのだ」ということである，とバージニア大学の社会心理学者であり，今回の研究の共同執筆者であるベンジャミン＝コンバース氏は言う。「引くことによる解決は必ずしも思いつきにくいことではないのですが，見つけるのにより多くの努力が必要です」

執筆者たちは「加えることによる解決ほどは，引くことによる解決を考えられない傾向にあるということを，納得できる形で明らかにした」と，トム＝メイヴィス氏は言う。彼はニューヨーク大学の消費者心理学者であり，これらの研究に直接関わっていたわけではないが，雑誌『ネイチャー』でこの研究を評し，論評を共同執筆している。企業や組織が単純なものよりも複雑な方を選ぶ傾向は以前より知られていたが，この論文の真新しさは，「引くことの方が明らかによいと思えるときでも」，人は新しいものを加える傾向にあることを示しているという点である，と彼は付け加えている。メイヴィス氏はまた，こうした結果に対する他の理由としては，加えることによる解決が評価される可能性が大きいこと，つまりいわゆるサンクコストバイアスが挙げられるかもしれない，と言及している。サンクコストバイアスでは，すでに時間やお金，労力がかけられたことに人は投資し続けるのである。

引くことによる解決に対してのバイアスは文化を超えて一般化できるかどうか，幼少期に存在するのか，あるいは時を経て発達していくものなのか，といったような未解決の問題が数多く残っている。目下，研究チームは，工学だろうと建築だろうと，そして医学だろうと，様々な分野を超えて，バランスバイクのような，概して見過ごされていた引くという選択肢について考えるということを，こうした研究成果が促進することを期待している。「望んでいるのは，このことについてもっと考えてもらうようにすることで，他の見逃されている引き算が注目される一助となるのではないか，ということです」とコンバース氏は言う。

◀解　説▶

1．ア．turn out to be ～「～であることがわかる」となる d が正解。

イ．put (*one's*) heads together「額を寄せて話し合う，一緒に計画を練る」となる c が正解。

ウ．carry out ～「～を遂行する，実行する」となる b が正解。

エ．come to mind「頭に浮かぶ，思い出される」となる c が正解。

オ．be involved in ～「～に関わっている，関係している」となる a が正解。

2．(A)下線部を含む第 2 段第 1 文（Given the benefits of …）は，「それらが補助輪に取って代わるのに，なぜそれほど長い時間がかかったのか」という意味である。補助輪に取って代わる，その直前の複数名詞は balance bikes であるから，a が正解である。

(B)conventional は「従来の，慣例的な」という意味である。下線部を含む第 2 段最終文（In some European cities, for example, …）は，通りを安全なものにするため，信号や標識を取り去ったと述べており，それは私たちが持つ一般的な感覚とは反対の考え方のように思われる。これを踏まえると，d が正解である。

(C)第 3 段最終文（The two researchers hypothesized that …）で，クロッツ氏とアダムス氏が，人は問題に直面するとものを加えることで解決しようとする，という仮説を立てている。そして下線部を含む第 4 段第 1 文（Adams, Klotz and their colleagues …）で，二人は自分たちの hunch が正しいかどうか，テストを始めている。「自分たちの仮説・考えが正しいかどうか」という流れであると判断できるから，a が正解である。

(D)第 5 段第 1 文（The researchers first …）で，一連の研究が行われたと述べ，下線部を含む同段第 2 文（In one, they asked …）につながっていく。ここでは「ある研究においては」という意味であると判断できるから，d が正解である。

(E)simultaneouslyは「同時に」という意味であるが，下線部を含む第7段第2文（On the other hand, …）で，「別の作業をsimultaneouslyにやりくりしなければならないときは，要素を引くということが少なくなった」と述べられていることから，これは2つの作業を同時並行で行うときだと判断できる。よって，正解はbである。concurrentlyという語の意味がわからなくても，消去法でbを選びたいところである。

(F)下線部を含む第9段第2文（While the propensity for businesses and …）では，「企業や組織が単純なものよりも複雑な方を選ぶpropensityは以前より知られていた」と述べられていることから，cのtendency「傾向」が一番ふさわしい。aのprosperity「繁栄」やbのproperty「財産」は語形が似ているが，文意が全く通らないので注意。

3．a．「子どもは補助輪付きの自転車に乗る前にバランスバイクに乗る」

第1段より，子どもは自転車の乗り方を身につけるために補助輪ではなくバランスバイクで練習するようになってきているということであるから，本文に言及がない。よって不適。

b．「子どもはバランスバイクを使った方が，他の一般的な方法よりも早く自転車の乗り方を身につけることができる」

第1段第2文（But in recent years, many parents …）より，バランスバイクで練習することにより，補助輪では身につけにくいコーディネーション能力が発達する，とあるから，正解である。

c．「バージニア大学のエンジニアであるクロッツ氏は，ミニマリスト的な着想が一般的であるということに気が付いた」

第3段第1文（Leidy Klotz, an engineer at the …）より，不適。

d．「クロッツ氏による研究とは別に，人が持つ，加えることによる解決への傾向に関する研究が他にもいくつか発表されてきた」

第4段第3文（Their investigation “wasn't literature driven, because …）より，加えることでの解決に関する文献はなかったのだから，不適。

e．「研究の第1段階で，研究者たちは，人が問題に直面した際，加えることによる解決を選ぶ傾向があることを確認した」

第5段全体（The researchers first …）より，いずれの研究においても人は加えることで解決を図ろうとする傾向があることが読み取れる。よって正解である。

ｆ．「レゴでできた屋根を安定させるという実験において，うまくいった参加者たちは必ずしも１ドルを得たわけではなかった」
第６段第３文（The reward for completing the task was…）より，新たなレゴを追加する場合は10セント支払う必要があったのだから，正解。
ｇ．「研究の第２段階で，参加者は皆，大学のキャンパスから選ばれた」
第６段第１文（To determine why people tended to choose…）より，不適。
ｈ．「研究では，人は他の解決方法を実践できたりそれに集中できたりすれば，引くことによる解決を考えつくことができる，ということを示している」
第７段全体（The researchers also observed…）より，他の方法を試してみる機会が与えられた方が，引くことによる解決を選ぶ傾向にあることがわかり，また，２つの作業を同時に行う場合，つまり１つのことに集中できない場合には要素を引くことが少なくなる，と述べられていることから，正解である。
ｉ．「トム＝メイヴィス氏は，雑誌『ネイチャー』に発表された研究の共同執筆者であった」
第９段第１文（The authors “convincingly demonstrate that…）より，不適。
ｊ．「人が加えることによる解決の方を選ぶという傾向は，文化にかかわらずどこでも見られる，と研究は結論付けている」
最終段第１文（A number of open questions remain,…）より，不適。

数学

1 解答

(1)(ア)$a<0$　(イ)0，1　(ウ)$a\leqq 0$, $1\leqq a$

(2)(エ)$1+\sqrt{2}$　(3)(オ)4

◀解　説▶

≪集合と2次不等式, 対数方程式, 領域における最大値≫

(1)　Uが空集合となるには，$x^2\leqq a$を満たす実数xが存在しなければよいので，$0\leqq x^2$であることを考えると，$a<0$であればよい。　→(ア)

$U=V$となるaの値について

$a=a^2$を解いて　　$a(a-1)=0$

よって　　$a=0,\ 1$　→(イ)

また，Vが空集合になることはないので，$U\subset V$となるのは，次の2通りが考えられる。

(i)　Uが空集合　　(ii)　Uが空集合ではなく，$a\leqq a^2$を満たす

(i)のとき　　$a<0$　(∵　(ア))

(ii)のとき

$$a\geqq 0\ \text{かつ}\ a(a-1)\geqq 0\quad (\because\ (ア))$$

$$a\geqq 0\ \text{かつ}\ a\leqq 0,\ 1\leqq a$$

$$\therefore\ a=0,\ 1\leqq a$$

よって，$U\subset V$となるaの値の範囲は　　$a\leqq 0$, $1\leqq a$　→(ウ)

(2)　$$169^{\log_{13}(x-1)}=x(1-11^{\log_{121}(x-2)^4})\quad \cdots\cdots ①$$

真数条件より　　$x-1>0$　かつ　$(x-2)^4>0$

すなわち　　$1<x$　かつ　$x\neq 2$

このとき①は

$$13^{2\log_{13}(x-1)}=x\left(1-11^{\frac{\log_{11}(x-2)^4}{\log_{11}121}}\right)$$

$$13^{\log_{13}(x-1)^2}=x\left(1-11^{\frac{\log_{11}(x-2)^4}{2}}\right)$$

$$(x-1)^2=x(1-11^{\log_{11}(x-2)^2})$$

$$=x\{1-(x-2)^2\}$$

$x^2-2x+1=x(-x^2+4x-3)$

$x^3-3x^2+x+1=0$

$(x-1)(x^2-2x-1)=0$

$\therefore\quad x=1,\ 1\pm\sqrt{2}$

ただし，真数条件より $1<x$ かつ $x\neq 2$ なので

$x=1+\sqrt{2}\quad \rightarrow$(エ)

(3)　$x^2(y^2+1)+2x(y-4)+y(y-8)\leqq 0$

$x^2y^2+x^2+y^2+2xy-8x-8y\leqq 0$

$(xy)^2+(x+y)^2-8(x+y)\leqq 0$

$x+y=X$，$xy=Y$ とおくと

$Y^2+X^2-8X\leqq 0$

$\therefore\quad (X-4)^2+Y^2\leqq 16\quad \cdots\cdots ①$

また，x，y は t の 2 次方程式 $t^2-Xt+Y=0$ の 2 つの実数解なので，$t^2-Xt+Y=0$ の判別式を D とすると，$D\geqq 0$ を満たす。

よって　$(-X)^2-4\cdot 1\cdot Y\geqq 0$

$\therefore\quad Y\leqq \frac{1}{4}X^2\quad \cdots\cdots ②$

さらに，$2xy-x-y=k$ とおくと

$2Y-X=k$

$\Longleftrightarrow Y=\frac{1}{2}X+\frac{k}{2}\quad \cdots\cdots ③$

よって，XY 平面上で直線③が①かつ②を満たす領域と共有点をもつときの k の最大値は

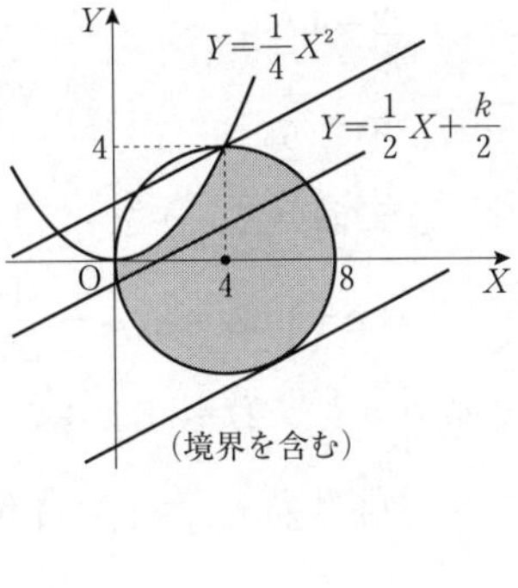

(境界を含む)

直線③が $(X,\ Y)=(4,\ 4)$ を通るとき

$2\cdot 4-4=4$

よって，$2xy-x-y$ の最大値は

$4\quad \rightarrow$(オ)

2 解答

$S_3=\frac{47}{48}$

$$(n+2)a_{n+1}=S_n+\frac{1}{2n+2}\quad (n=1,\ 2,\ 3,\ \cdots)\quad \cdots\cdots①$$

(1)　①において，$n=2$ を代入すると

$$4a_3=S_2+\frac{1}{6}$$

$$4(S_3-S_2)=S_2+\frac{1}{6}$$

$$4\left(\frac{47}{48}-S_2\right)=S_2+\frac{1}{6}$$

$$\frac{47}{12}-4S_2=S_2+\frac{1}{6}$$

$$\frac{45}{12}=5S_2$$

$\therefore\quad S_2=\dfrac{3}{4}$　……(答)

(2)　①において，$n=1$ を代入すると

$$3a_2=S_1+\frac{1}{4}$$

$$3(S_2-S_1)=S_1+\frac{1}{4}$$

$$3\left(\frac{3}{4}-a_1\right)=a_1+\frac{1}{4}$$

$$\frac{9}{4}-3a_1=a_1+\frac{1}{4}$$

$$2=4a_1$$

$\therefore\quad a_1=\dfrac{1}{2}$　……(答)

(3)　①において，n を $n-1$ で置き換えると

$$(n+1)a_n=S_{n-1}+\frac{1}{2n}\quad (n=2,\ 3,\ 4,\ \cdots)\quad \cdots\cdots②$$

が成り立ち，①−② より

$$\begin{aligned}(n+2)a_{n+1}-(n+1)a_n&=(S_n-S_{n-1})+\frac{1}{2n+2}-\frac{1}{2n}\\&=a_n-\frac{1}{2(n+1)n}\end{aligned}$$

$$(n+2)a_{n+1}=(n+2)a_n-\frac{1}{2(n+1)n}$$

$$\therefore\quad a_{n+1}=a_n-\frac{1}{2(n+2)(n+1)n}\quad (n=2,\ 3,\ 4,\ \cdots)\quad \cdots\cdots③$$

よって，$n\geqq 3$ のとき

$$a_n=a_2+\sum_{k=2}^{n-1}\left\{-\frac{1}{2(k+2)(k+1)k}\right\}$$

$$=a_2-\sum_{k=2}^{n-1}\frac{1}{4}\left\{\frac{1}{(k+1)k}-\frac{1}{(k+2)(k+1)}\right\}$$

$$=a_2-\frac{1}{4}\left\{\frac{1}{3\cdot 2}-\frac{1}{(n+1)n}\right\}$$

$$=a_2-\frac{1}{24}+\frac{1}{4(n+1)n}$$

ここで

$S_2=\frac{3}{4}$ より　　$a_1+a_2=\frac{3}{4}$

であり

$a_1=\frac{1}{2}$ より　　$a_2=\frac{3}{4}-a_1=\frac{1}{4}$

であるから

$$a_n=\frac{1}{4}-\frac{1}{24}+\frac{1}{4(n+1)n}$$

$$=\frac{5}{24}+\frac{1}{4(n+1)n}\quad (n=2\text{ のときも成立})$$

以上より

$$a_n=\begin{cases}\dfrac{5}{24}+\dfrac{1}{4(n+1)n} & (n=2,\ 3,\ 4,\ \cdots)\\ \dfrac{1}{2} & (n=1)\end{cases}\quad\cdots\cdots(\text{答})$$

別解　(3)　(③までは同様)

$$a_{n+1}=a_n-\frac{1}{2n(n+1)(n+2)}\quad (n=2,\ 3,\ 4,\ \cdots)$$

について

$$a_{n+1}=a_n-\frac{1}{4}\left\{\frac{1}{n(n+1)}-\frac{1}{(n+1)(n+2)}\right\}$$

から

$$a_{n+1}-\frac{1}{4(n+1)(n+2)}=a_n-\frac{1}{4n(n+1)}$$

と変形できる。

よって　　$a_n-\dfrac{1}{4n(n+1)}=a_2-\dfrac{1}{4\cdot 2\cdot 3}$

ここで, $S_2=\dfrac{3}{4}$ と $a_1=\dfrac{1}{2}$ より $a_2=\dfrac{1}{4}$ なので

$$a_n=\frac{1}{4n(n+1)}+\frac{1}{4}-\frac{1}{24}$$
$$=\frac{5}{24}+\frac{1}{4n(n+1)}\quad (n=2,\ 3,\ 4,\ \cdots)$$

この式は $a_1=\dfrac{1}{2}$ を満たさないので

$$a_n=\begin{cases}\dfrac{5}{24}+\dfrac{1}{4n(n+1)} & (n=2,\ 3,\ 4,\ \cdots)\\ \dfrac{1}{2} & (n=1)\end{cases}$$

◀解　説▶

≪数列における和と一般項の関係, 階差数列≫

(1)　$a_3=S_3-S_2$ である。

(2)　$a_2=S_2-S_1$ であり, $S_1=a_1$ である。

(3)　$n\geqq 2$ のとき, $S_n-S_{n-1}=a_n$ が成り立つ。また, ③を

$$a_{k+1}=a_k-\frac{1}{2(k+2)(k+1)k}\quad (k=2,\ 3,\ 4,\ \cdots)$$

とし, $k=2,\ 3,\ 4,\ \cdots,\ n-1\ \ (n\geqq 3)$ としたものを辺々加えることで

$$a_n=a_2-\sum_{k=2}^{n-1}\frac{1}{2(k+2)(k+1)k}$$

を得る。

3　**解答**　(ア) 2　(イ) 20　(ウ) $\dfrac{3}{20}\vec{b}+\dfrac{1}{4}\vec{c}$　(エ) $32\sqrt{2}$　(オ) $\dfrac{3}{5}\vec{b}+\vec{c}$

◀解　説▶

≪余弦定理，内積，角の二等分線の性質，円周角の定理，二倍角の公式，四角形の面積，平面ベクトル≫

△ABC に余弦定理を用いると

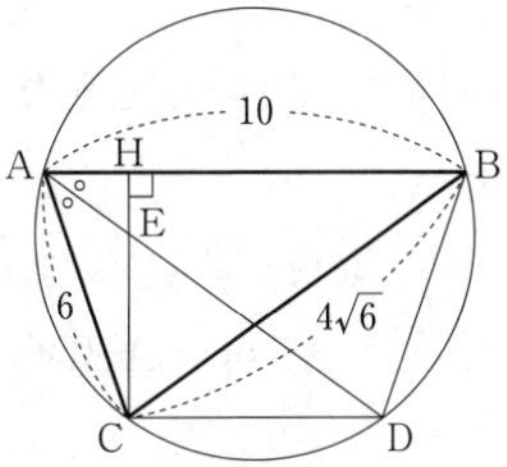

$$\cos\angle BAC = \frac{10^2+6^2-(4\sqrt{6})^2}{2\cdot 10\cdot 6}$$

$$= \frac{1}{3} \quad \cdots\cdots ①$$

よって

$$AH = AC\cdot\cos\angle BAC = 6\cdot\frac{1}{3}$$

$$= 2 \quad \to (ア)$$

また，$\vec{b}\cdot\vec{c} = |\vec{b}||\vec{c}|\cos\angle BAC$ より

$$\vec{b}\cdot\vec{c} = 10\cdot 6\cdot\frac{1}{3} = 20 \quad \to (イ)$$

角の二等分線の性質より

$$HE : EC = AH : AC = 1 : 3$$

なので

$$\overrightarrow{AE} = \frac{3\overrightarrow{AH}+\overrightarrow{AC}}{1+3} = \frac{3}{4}\cdot\frac{1}{5}\vec{b}+\frac{1}{4}\vec{c}$$

$$= \frac{3}{20}\vec{b}+\frac{1}{4}\vec{c} \quad \to (ウ)$$

$\angle BAC = 2\theta \left(0<\theta<\frac{\pi}{2}\right)$ とおくと，円周角の定理より

$$\angle BCD = \angle BAD = \theta,\ \angle CBD = \angle CAD = \theta$$

なので，△BCD は BD＝CD である二等辺三角形である。

ここで，①より，$\cos 2\theta = \frac{1}{3}$ であり

$$2\cos^2\theta - 1 = \frac{1}{3}$$

$$\cos^2\theta = \frac{2}{3}$$

$\cos\theta > 0$ より　　$\cos\theta = \frac{\sqrt{6}}{3}$

よって，線分 BC の中点を M とすると，$BM=CM=2\sqrt{6}$ であり

$$BD=\frac{BM}{\cos\theta}=\frac{2\sqrt{6}}{\frac{\sqrt{6}}{3}}=6$$

同様に，$CD=6$ であり，四角形 ABDC は $AB /\!/ CD$ を満たす等脚台形である。

$$CH=\sqrt{AC^2-AH^2}=\sqrt{6^2-2^2}=4\sqrt{2}$$

なので，四角形 ABDC の面積は

$$\frac{1}{2}\cdot(6+10)\cdot 4\sqrt{2}=32\sqrt{2} \quad \to(エ)$$

また

$$AE=\frac{AH}{\cos\theta}=\frac{2}{\frac{\sqrt{6}}{3}}=\sqrt{6},\quad AD=BC=4\sqrt{6}$$

なので

$$\overrightarrow{AD}=\frac{AD}{AE}\overrightarrow{AE}=\frac{4\sqrt{6}}{\sqrt{6}}\left(\frac{3}{20}\vec{b}+\frac{1}{4}\vec{c}\right)$$

$$=\frac{3}{5}\vec{b}+\vec{c} \quad \to(オ)$$

4 解答 $a=\cos\frac{\theta}{2}+i\sin\frac{\theta}{2}$，$z=1+\theta i$

(1)
$$\int_0^{\frac{\pi}{2}} t\sin t\cos t\,dt=\int_0^{\frac{\pi}{2}}\frac{t}{2}\cdot\sin 2t\,dt$$

$$=\left[\frac{t}{2}\cdot\frac{-\cos 2t}{2}\right]_0^{\frac{\pi}{2}}-\int_0^{\frac{\pi}{2}}\frac{1}{2}\cdot\frac{-\cos 2t}{2}\,dt$$

$$=\frac{\pi}{8}+\left[\frac{\sin 2t}{8}\right]_0^{\frac{\pi}{2}}$$

$$=\frac{\pi}{8} \quad \cdots\cdots(答)$$

(2)　点 Z を，原点中心に $\left(-\frac{\theta}{2}\right)$ 回転させると $\frac{z}{a}$ となり，実軸に関して対称に移動させると $\overline{\left(\frac{z}{a}\right)}=\frac{\overline{z}}{\overline{a}}$ となる。さらに，原点中心に $\left(+\frac{\theta}{2}\right)$ 回転

させると $\dfrac{\overline{z}}{\overline{a}}\times a=\dfrac{a}{\overline{a}}\overline{z}$ となる。

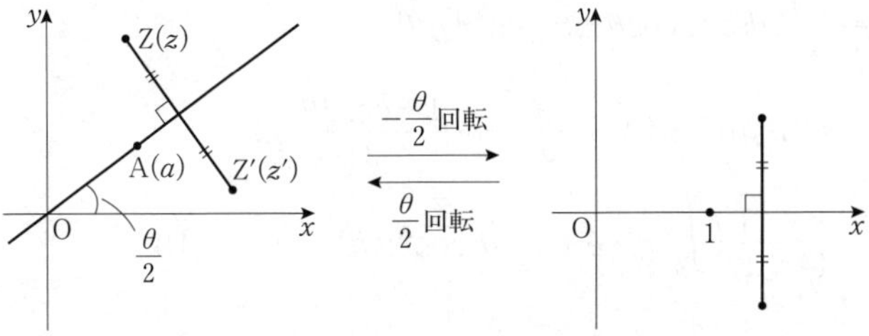

よって，$z'=\dfrac{a}{\overline{a}}\overline{z}$ が成り立つ。

$$z'=\frac{a^2}{|a|^2}\overline{z}=a^2\overline{z}$$
$$=(\cos\theta+i\sin\theta)(1-\theta i)\quad(\because\ \text{ド・モアブルの定理})$$
$$=(\cos\theta+\theta\sin\theta)+(\sin\theta-\theta\cos\theta)i$$

であるので

$$\left.\begin{array}{l} f(\theta)=\cos\theta+\theta\sin\theta \\ g(\theta)=\sin\theta-\theta\cos\theta \end{array}\right\}\ \cdots\cdots(\text{答})$$

(3)　$f'(\theta)=-\sin\theta+(1\cdot\sin\theta+\theta\cdot\cos\theta)$
$$=\theta\cos\theta$$
$$g'(\theta)=\cos\theta-\{1\cdot\cos\theta+\theta\cdot(-\sin\theta)\}$$
$$=\theta\sin\theta$$

θ	0	…	$\frac{\pi}{2}$
$f'(\theta)$	0	＋	0
$g'(\theta)$	0	＋	＋
$f(\theta)$	1	↗	$\frac{\pi}{2}$
$g(\theta)$	0	↗	1

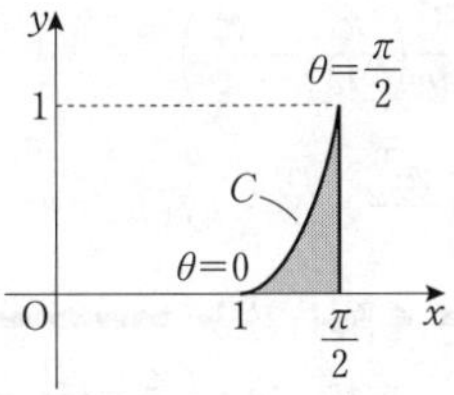

よって，曲線 C，x 軸および直線 $x=\dfrac{\pi}{2}$ で囲まれた図形の面積を S とすると，S は上図の網かけ部分の面積に等しい。

$$S=\int_1^{\frac{\pi}{2}}ydx=\int_0^{\frac{\pi}{2}}g(\theta)\cdot\frac{dx}{d\theta}\cdot d\theta$$

$$=\int_0^{\frac{\pi}{2}}(\sin\theta-\theta\cos\theta)\cdot\theta\cos\theta\cdot d\theta$$

$$=\int_0^{\frac{\pi}{2}}(\theta\sin\theta\cos\theta-\theta^2\cos^2\theta)d\theta$$

$$=\int_0^{\frac{\pi}{2}}\theta\sin\theta\cos\theta d\theta-\int_0^{\frac{\pi}{2}}\theta^2\cdot\frac{1+\cos2\theta}{2}d\theta$$

$$=\frac{\pi}{8}-\frac{1}{2}\left(\int_0^{\frac{\pi}{2}}\theta^2d\theta+\int_0^{\frac{\pi}{2}}\theta^2\cos2\theta d\theta\right)\quad(\because\quad(1))$$

ここで

$$\int_0^{\frac{\pi}{2}}\theta^2d\theta=\left[\frac{\theta^3}{3}\right]_0^{\frac{\pi}{2}}=\frac{\pi^3}{24}$$

であり

$$\int_0^{\frac{\pi}{2}}\theta^2\cos2\theta d\theta=\left[\theta^2\cdot\frac{\sin2\theta}{2}\right]_0^{\frac{\pi}{2}}-\int_0^{\frac{\pi}{2}}2\theta\cdot\frac{\sin2\theta}{2}d\theta$$

$$=-\int_0^{\frac{\pi}{2}}\theta\cdot\sin2\theta d\theta$$

$$=-\left(\left[\theta\cdot\frac{-\cos2\theta}{2}\right]_0^{\frac{\pi}{2}}-\int_0^{\frac{\pi}{2}}1\cdot\frac{-\cos2\theta}{2}d\theta\right)$$

$$=-\left(\frac{\pi}{4}+\left[\frac{\sin2\theta}{4}\right]_0^{\frac{\pi}{2}}\right)$$

$$=-\frac{\pi}{4}$$

なので

$$S=\frac{\pi}{8}-\frac{1}{2}\left(\frac{\pi^3}{24}-\frac{\pi}{4}\right)$$

$$=\frac{12\pi-\pi^3}{48}\quad\cdots\cdots(答)$$

◀解　説▶

≪定積分の計算，直線に関する対称移動，媒介変数表示された曲線と直線で囲まれた図形の面積≫

(1)　二倍角の公式や部分積分法を利用する。

(2)　直線 OA に関して，点 $Z(z)$ と対称な点を $Z'(z')$ とするとき，一般に $z'=\overline{\left(\frac{z}{a}\right)}\cdot a$ が成り立つ。

(3)　$\int_0^{\frac{\pi}{2}} \theta^2 \cos^2\theta d\theta$ について，$\cos^2\theta = \dfrac{1+\cos 2\theta}{2}$ を利用して式変形すればよい。

物理

1　解答

(A)(イ) $\frac{9}{14}$　(ロ) $\frac{14}{25}$ 倍

(B)(ハ) $hc\left(\frac{1}{\lambda}-\frac{1}{\lambda'}\right)$　(ニ) $\left(\frac{h}{\lambda}\right)^2+\left(\frac{h}{\lambda'}\right)^2$

(C)(ホ) $\frac{3}{2}PV$〔J〕

(ヘ)

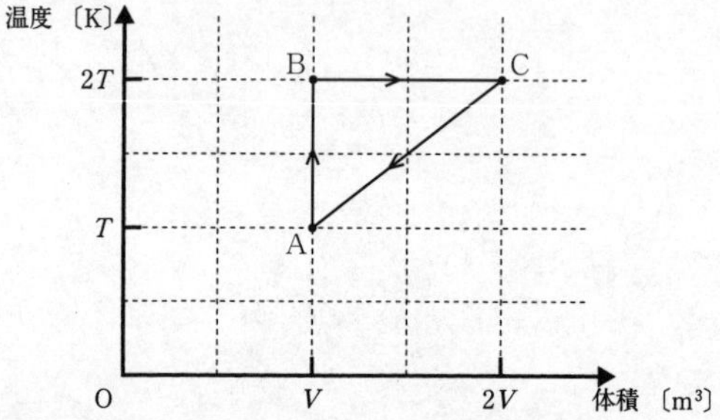

◀解　説▶

≪小問3問≫

(A)(イ)　物体Aから発した音が物体Bにあたるとき，Bで観測する音の振動数を f とすると，ドップラー効果の公式より

$$f=F_0\frac{C-\left(\frac{2}{5}C\right)}{C-\left(\frac{1}{5}C\right)}=F_0\times\frac{3}{4}$$

Bが振動数 f の音を反射してAに返ってきた音の振動数が F と観測されたから，ドップラー効果の公式より

$$F=f\frac{C-\left(-\frac{1}{5}C\right)}{C-\left(-\frac{2}{5}C\right)}=f\times\frac{6}{7}$$

よって

$$F=F_0\times\frac{3}{4}\times\frac{6}{7}\qquad\therefore\quad\frac{F}{F_0}=\frac{9}{14}$$

(ロ)　$t=0$ において A と B の間の距離を l とする。$t=t_0$ において A からの音が B に到達して，$t=T$ において B から反射した音が A に返ってきたとする。

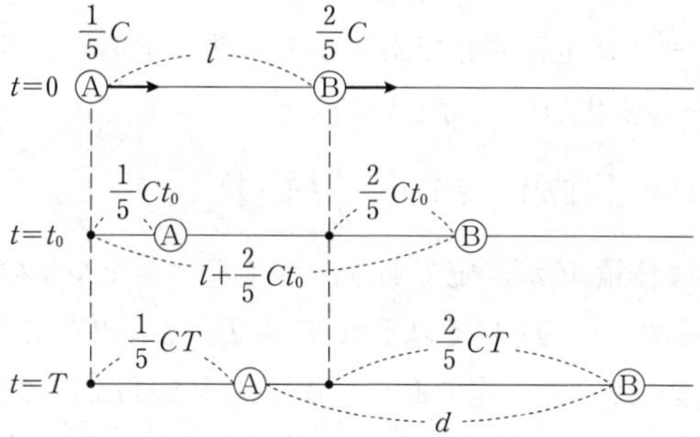

$t=0\sim t_0$ で音の進んだ距離から

$$Ct_0=l+\frac{2}{5}Ct_0 \quad \cdots\cdots①$$

$t=t_0\sim T$ で音の進んだ距離から

$$C(T-t_0)=\left(l+\frac{2}{5}Ct_0\right)-\frac{1}{5}CT \quad \cdots\cdots②$$

①，②より　$l=\dfrac{9}{25}CT$

求める距離 d は

$$d=l+\frac{2}{5}CT-\frac{1}{5}CT$$

$$=\frac{9}{25}CT+\frac{2}{5}CT-\frac{1}{5}CT$$

$$=\frac{14}{25}\times CT$$

(B)(ハ)　エネルギー保存則より

$$h\frac{c}{\lambda}=h\frac{c}{\lambda'}+\frac{1}{2}mv^2$$

$$\therefore \quad \frac{1}{2}mv^2=hc\left(\frac{1}{\lambda}-\frac{1}{\lambda'}\right)$$

(ニ)　運動量保存則より

(x 方向)　$\dfrac{h}{\lambda}=mv\cos\theta$

（y 方向）　$\dfrac{h}{\lambda'}=mv\sin\theta$

両式より　　$(mv)^2=\left(\dfrac{h}{\lambda}\right)^2+\left(\dfrac{h}{\lambda'}\right)^2$

(C)(ホ)　状態 A → B は定積変化であるから，熱力学第一法則より，Q_{AB} は内部エネルギーの変化 $\varDelta U$ と等しいので

$$Q_{AB}=\varDelta U=\frac{3}{2}(2PV-PV)=\frac{3}{2}PV\text{〔J〕}$$

(ヘ)　（A → B）は体積 V が一定であり，ボイル・シャルルの法則より，状態 A，B での温度 T_A，T_B はそれぞれ $T_A=T$，$T_B=2T$ である。
（B → C）は温度が $2T$ で一定であり，体積は V から $2V$ に変化する。
（C → A）は圧力が P で一定であり，体積が $2V$ から V に変化する。圧力が一定なので，シャルルの法則より，温度と体積は比例の関係にある。
よって，〔解答〕のような，傾き一定の直線のグラフとなる。

2　解答

(イ)$\dfrac{gT^2}{\pi^2}$　(ロ)$(1+e)\sqrt{gL}$　(ハ)$\dfrac{U^2}{g}$　(ニ)$\dfrac{2V}{g}$　(ホ)$\dfrac{V^2}{gx}-1$

◀解　説▶

≪ばね振り子と周期，単振り子と小球の衝突，斜面への水平投射，動摩擦力と等加速度運動≫

(イ)　ばね定数を k とすれば，ばね振り子の周期 T は

$$T=2\pi\sqrt{\frac{m_A}{k}}\qquad\therefore\quad k=\frac{4\pi^2m_A}{T^2}$$

状態1のとき，ばねの伸びを x とすれば

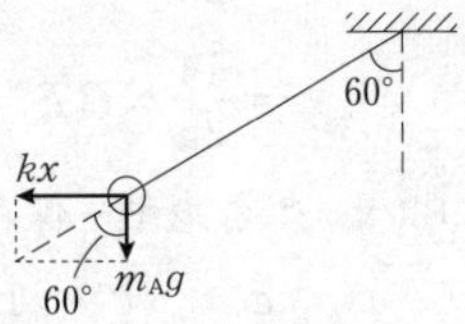

$$\tan60^\circ=\frac{kx}{m_Ag}$$

$$\therefore\quad x=\frac{m_Ag}{k}\tan60^\circ=\frac{m_Ag}{\dfrac{4\pi^2m_A}{T^2}}\times\sqrt{3}$$

$$=\frac{\sqrt{3}}{4}\times\frac{gT^2}{\pi^2}$$

(ロ)　衝突直前の小球 A の速度を v_A，直後の小球 A，B の速度をそれぞれ v_A'，v_B' とすると運動量保存則とはねかえり係数の式から

$$m_A v_A + m_B \times 0 = m_A v_A' + m_B v_B'$$

$$-e = \frac{v_A' - v_B'}{v_A - 0}$$

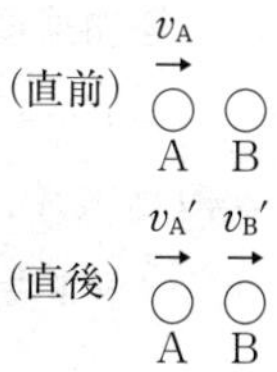

両式より　　$v_B' = \frac{(1+e)m_A}{m_A + m_B} v_A$

また，v_A は力学的エネルギー保存則より

$$\frac{1}{2} m_A v_A{}^2 = m_A g(L - L\cos 60°) \qquad \therefore \quad v_A = \sqrt{gL}$$

よって，v_B' は

$$v_B' = \frac{m_A}{m_A + m_B} \times (1+e)\sqrt{gL}$$

(ハ)　点 P，Q 間の距離を l，B が P から Q に到達する時間を t とすれば，鉛直方向の運動より

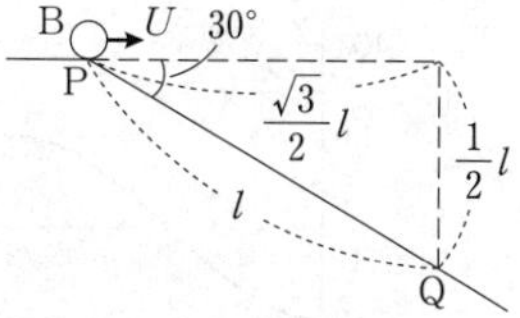

$$\frac{1}{2} g t^2 = l \sin 30°$$

$$\therefore \quad t = \sqrt{\frac{l}{g}}$$

水平方向の運動より

$$U \times t = l\cos 30° \qquad \therefore \quad t = \frac{\frac{\sqrt{3}}{2} l}{U} = \frac{\sqrt{3}\, l}{2U}$$

両式より t を消去して

$$\sqrt{\frac{l}{g}} = \frac{\sqrt{3}\, l}{2U} \qquad \therefore \quad l = \frac{4}{3} \times \frac{U^2}{g}$$

(ニ)　物体 C の斜面上向きの加速度を α_C とすると，C の運動方程式より

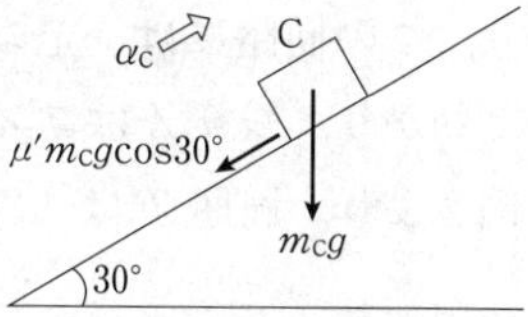

$$m_C \alpha_C = -m_C g \sin 30° - \mu' m_C g \cos 30°$$

$$\therefore \quad \alpha_C = -\frac{1}{2}(1 + \sqrt{3}\,\mu')g$$

初速度の大きさが V であるから等加速度運動の公式より，求める時間 t' は

$$V + \alpha_C t' = 0$$

$$\therefore \quad t' = -\frac{V}{\alpha_C} = \frac{1}{1 + \sqrt{3}\,\mu'} \times \frac{2V}{g}$$

(ホ)　等加速度運動の公式より

$$0^2-V^2=2\alpha_C x$$

(ニ)の α_C を代入して

$$-V^2=-(1+\sqrt{3}\mu')gx$$

$$\therefore\quad \mu'=\frac{\sqrt{3}}{3}\times\left(\frac{V^2}{gx}-1\right)$$

3 解答

(イ)（記号，値の順に）　コイル：X，3.2×10^{-1} H

コンデンサー：Z，2.5×10^{-4} F

抵抗器：Y，$2.0\times10\,\Omega$

(ロ)

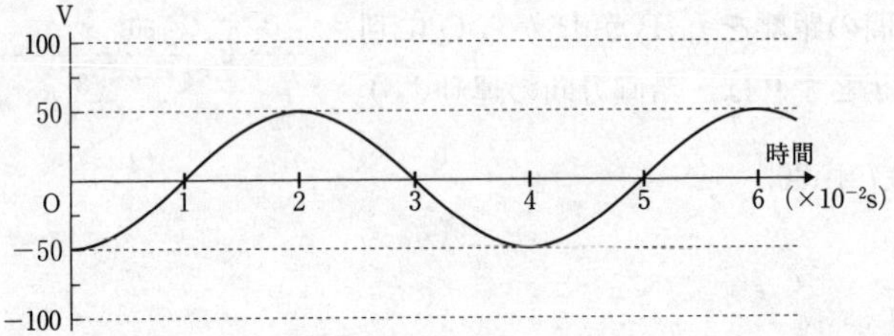

(ハ) $\dfrac{RE-(R+r)V}{rR}$　(ニ) $\pi\sqrt{LC}$　(ホ) $\dfrac{RE}{R+r}\sqrt{\dfrac{C}{L}}$

◀解　説▶

≪LRC 交流回路，電気振動≫

(イ)　図1，図2よりXにおいて，電流の位相は電圧の位相より $\dfrac{\pi}{2}$ だけ遅れているので，Xはコイルと判断できる。図3より，Xはコイルであり，この回路には一定の電流が流れ続けているので，Yは抵抗器であるとわかり，残りZはコンデンサーと判断できる。

図2より，周期 T は　　$T=4.0\times10^{-2}$〔s〕

角周波数 ω は　　$\omega=\dfrac{2\pi}{T}=50\pi$〔1/s〕

コイルのリアクタンスは ωL であるから

$$I_0=\frac{V_0}{\omega L}$$

$$\therefore\quad L=\frac{V_0}{\omega I_0}=\frac{100}{50\pi\times2.0}=\frac{1}{\pi}\fallingdotseq3.2\times10^{-1}\text{〔H〕}$$

抵抗器の抵抗値は，図 3 の電流を i として

$$i=\frac{100}{R}$$

$$\therefore \quad R=\frac{100}{i}=\frac{100}{5.0}=2.0\times10\,[\Omega]$$

コンデンサーのリアクタンスは $\frac{1}{\omega C}$ であるから

$$I_0=50\omega C$$

$$\therefore \quad C=\frac{I_0}{50\omega}=\frac{2.0}{50\times50\pi}\fallingdotseq2.5\times10^{-4}\,[\mathrm{F}]$$

(ロ)　(イ)より Z はコンデンサーである。電流の位相は電圧の位相より $\frac{\pi}{2}$ だけ進んでいるので，図 2 より，時刻 t における電流 I と電圧 V_c は

$$I=I_0\sin\omega t$$

$$V_c=50\sin\left(\omega t-\frac{\pi}{2}\right)=-50\cos50\pi t$$

$$=-50\cos\frac{2\pi}{T}t$$

よって，〔解答〕のグラフとなる。

(ハ)　スイッチ S_1 を流れる電流 i は

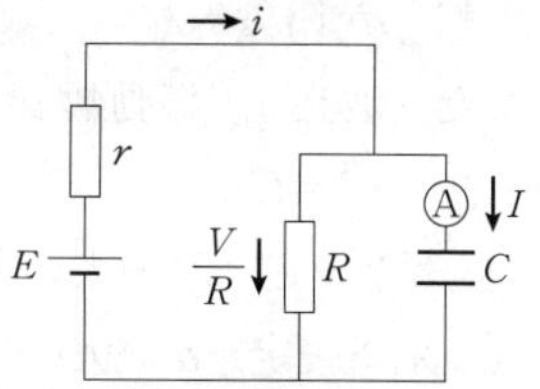

$$V=E-ir \qquad \therefore \quad i=\frac{E-V}{r}$$

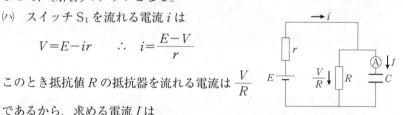

このとき抵抗値 R の抵抗器を流れる電流は $\frac{V}{R}$ であるから，求める電流 I は

$$I=i-\frac{V}{R}=\frac{E-V}{r}-\frac{V}{R}$$

$$=\frac{RE-(R+r)V}{rR}$$

(ニ)　二度目にスイッチ S_3 を閉じた直後，点 a の電位は最大値をとるので，電気振動回路の周期 T の半分の時間を考えて

$$\frac{T}{2}=\frac{2\pi\sqrt{LC}}{2}=\pi\sqrt{LC}$$

(ホ)　(ハ)より，S_1 を閉じてから十分に時間が経過し，電流計に電流が流れ

なくなったとき（$I=0$），コンデンサーにかかる電圧は $\dfrac{R}{R+r}E$，蓄えられる電気量 Q_0 は $Q_0=\dfrac{CRE}{R+r}$ となり，これが二度目に S_3 を閉じた後の電気振動において，コンデンサーの蓄える電気量の最大値となる。エネルギー保存則より，コンデンサーに蓄えられるエネルギーの最大値とコイルに蓄えられるエネルギーの最大値は等しいので，求める電流 I_0 は

$$\frac{1}{2}LI_0{}^2=\frac{1}{2}\frac{Q_0{}^2}{C}$$

$$\therefore\quad I_0=\frac{Q_0}{\sqrt{LC}}=\frac{RE}{R+r}\sqrt{\frac{C}{L}}$$

4 解答

(A)(イ)—(3)　(ロ) $\dfrac{\sqrt{4-c^2}}{2}$　(ハ) $\dfrac{1}{2}$

(B)(ニ)—(8)　(ホ) $13a$　(ヘ) 4

◀解　説▶

≪回折格子と明線，レンズと結像・倍率≫

(A)(イ)　点Oに最も近い明線の観測結果より

$$d\sin\theta_A=\lambda_0$$

また，波長 λ，振動数 ν，光の速さ C の関係より

$$\nu\lambda=C$$

(i)　d：一定，λ_0→大のとき　θ_A→大

(ii)　λ_0：一定，d→大のとき　θ_A→小

(iii)　C：一定，λ→小のとき　ν→大

よって，(3)が適切である。

(ロ)　題意より

$$\begin{cases} d\sin\theta_A=\lambda_0 \\ d\sin2\theta_A=c\lambda_0 \end{cases}$$

両式より

$$c\sin\theta_A=2\sin\theta_A\cdot\cos\theta_A\qquad\therefore\quad\cos\theta_A=\frac{c}{2}$$

よって

$$\sin\theta_{\mathrm{A}}=\sqrt{1-\cos^2\theta_{\mathrm{A}}}=\sqrt{1-\left(\frac{c}{2}\right)^2}=\frac{\sqrt{4-c^2}}{2}$$

(ハ) 題意より

$$\begin{cases} d\sin\theta_{\mathrm{A}}=\lambda_0 \\ d\sin\alpha_0+d\sin\theta_{\mathrm{A}}=2\lambda_0 \\ d\sin\alpha_0+d\sin\beta=\dfrac{3}{2}\lambda_0 \end{cases}$$

これら 3 式より

$$\sin\beta=\frac{1}{2}\times\sin\theta_{\mathrm{A}}$$

(B)(ニ) 右図より

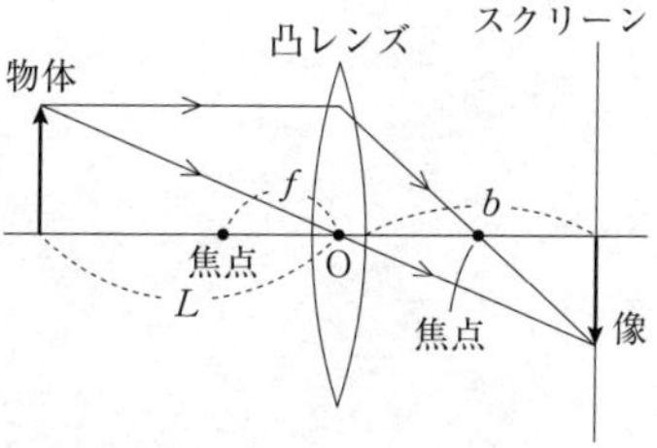

(i) 像は実像である。

(ii) 像は倒立像である。

(iii) L を大きくすると b は短くなり m は小さくなる。

$$\frac{1}{L}+\frac{1}{b}=\frac{1}{f}$$

$$\therefore\quad b=f+\frac{f^2}{L-f}$$

よって, (8)が適切である。

(ホ) 凸レンズ 1 と像 1 の距離を b_1 とする。凸レンズ 1 による像 1 は

$$\frac{1}{2a}+\frac{1}{b_1}=\frac{1}{4a}\qquad\therefore\quad b_1=-4a$$

より, 凸レンズ 1 の左側 $|-4a|=4a$ の位置にできる。

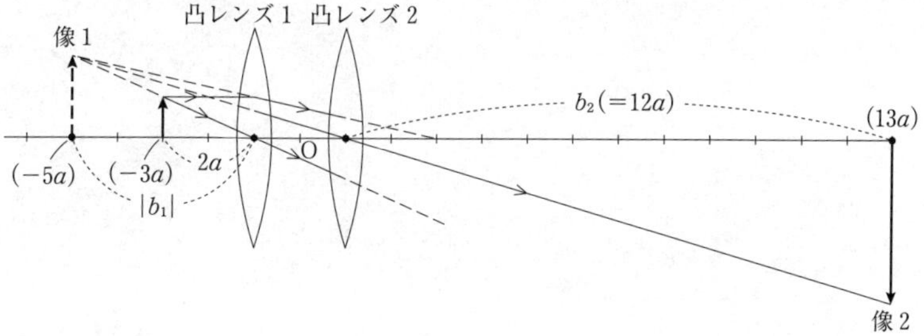

この像 1 から出たように光が進んで凸レンズ 2 を通った後にできる次の像 2 との距離 b_2 は, 凸レンズ 2 と像 1 の距離が $6a$ なので

$$\frac{1}{6a}+\frac{1}{b_2}=\frac{1}{4a} \qquad \therefore \quad b_2=12a$$

凸レンズ2が $x=a$ の位置にあるから，像2は $x=a+b_2=13a$ の位置にできる。

(ヘ) (ホ)より，倍率 m は

$$m=\frac{|b_1|}{2a}\times\frac{b_2}{6a}=\frac{4a}{2a}\times\frac{12a}{6a}=4\text{ 倍}$$

化学

1 解答

(イ)(1)―(ア)，(エ)，(ケ)　(2)―(ウ)，(オ)　(3)―(イ)，(エ)，(オ)

(ロ)(1)2.7　(2)酵素（触媒）

(ハ)(1)ナイロン 66　(2)1.50×10^2　(3)299

(ニ)(1)2.5×10^5 Pa　(2)5.1×10^2 J　(3)6×10^3 Pa　(4)2.3×10^6 J

◀解　説▶

≪小問 4 問≫

(イ)(1)　単体は(ウ)鉄 Fe，(カ)黄リン P_4，(ク)窒素 N_2 で，1 種類の元素のみで構成されている。化合物は 2 種類以上の元素から構成されており，(ア)水 H_2O，(エ)塩化ナトリウム NaCl，(ケ)ドライアイス CO_2 である。その他は混合物で複数の純物質（単体や化合物）で構成されている。

(2)　同素体とは同じ元素の単体で，性質が異なるもの同士をいうので，該当するのは(ウ)と(オ)である。(ア)は同族体，(イ)は同位体である。(エ)と(カ)は同じ元素でできているが化合物である。

(3)　共有結合は非金属元素同士の結合である。(ア)塩化ナトリウムは単原子イオンからなるイオン結晶，(ウ)カリウムは金属結合の結晶である。(イ)ケイ素は共有結合結晶，(エ)ヨウ素は分子結晶で，原子の結合は共有結合である。(オ)硝酸カリウムはイオン結晶であるが，硝酸イオン中の窒素と酸素の結合が共有結合である。

(ロ)(1)　$T=300$〔K〕のとき $k=1$ であるので，アレニウスの式は

$$1=Ae^{-\frac{E}{300R}}$$

両辺の自然対数をとると

$$\log_e 1=\log_e A-\frac{E}{300R}$$

$$\therefore\quad \log_e A=\frac{E}{300R}\quad\cdots\cdots①$$

$T=400$〔K〕のとき，アレニウスの式に代入し，両辺の自然対数をとると

$$\log_e k=\log_e A-\frac{E}{400R}$$

①とE, Rの値を代入すると

$$\log_e k=\frac{E}{300R}-\frac{E}{400R}=\frac{E}{1200R}$$

$$\frac{E}{1200R}=\frac{9.972}{1200\times 8.31\times 10^{-3}}=1$$

$$\therefore\quad k=e^{\frac{E}{1200R}}=e^1=2.7$$

(2)　触媒は活性化エネルギーを小さくして反応速度を大きくする。生体内の化学反応の触媒を酵素という。

(ハ)(2)　生成したナイロン66の繰り返し単位の式量は226.0であるので，重合度nは

$$226.0\times n=3.39\times 10^4 \qquad \therefore\quad n=1.50\times 10^2$$

(3)　繰り返し単位につきアミド結合は2個あり，両端の1つをのぞいた$2n-1$個が重合度nのナイロン66中に含まれるアミド結合の数であるので，重合度150のナイロン66中に含まれるアミド結合は

$$2\times 150-1=299$$

(ニ)(1)　希薄溶液の浸透圧は溶質の種類に無関係で，溶液のモル濃度と絶対温度に比例する。よって浸透圧P〔Pa〕は

$$P=0.10\times 8.3\times 10^3\times(273+32)$$

$$\therefore\quad P=2.53\times 10^5\fallingdotseq 2.5\times 10^5\text{〔Pa〕}$$

(2)　問題文より，除去するのに必要なエネルギーEは，加えた圧力$2P$〔Pa〕と除去した水の体積V〔m^3〕の積である。$1\,m^3=1000\,L$なので

$$E=2\times 2.53\times 10^5\times 1.0\times 10^{-3}$$

$$=5.06\times 10^2\fallingdotseq 5.1\times 10^2\text{〔J〕}$$

(3)　液体の蒸気圧＝外圧のとき沸騰がおこる。そのときの温度を沸点という。よって水の蒸気圧曲線において32℃のときの蒸気圧をみると，0.06×10^5 Paであるとわかる。

(4)　水の密度1.0 g/cm^3より水1.0 L（1000 cm^3）の質量は

$$1.0\times 1000=1000\text{〔g〕}$$

したがって，1.0 Lの水を除去する，つまり水1.0 L蒸発させるのに必要なエネルギーE'は，水の分子量は18.0であるので

$$E'=41\times 10^3\times\frac{1000}{18.0}=2.27\times 10^6\fallingdotseq 2.3\times 10^6\text{〔J〕}$$

2　解答

(イ)(1)84％　(2)26.0 g

(ロ)(1)格子　(2)47 kJ/mol

(ハ)(1)a．1　b．2　c．1　(2)1.65 kg

(ニ)(1)A．*o*　B．*p*　C．*m*（A，Bは順不同）(2)D．6　E．6

(3) 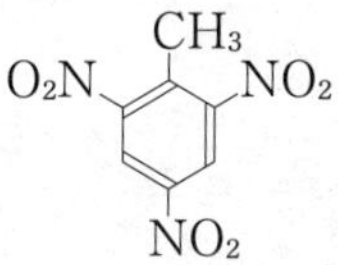

◀解　説▶

≪小問4問≫

(イ)(1)　混合物 **A** のうち，炭酸水素ナトリウムは加熱分解し，炭酸ナトリウムと水蒸気と二酸化炭素になる。

$$2NaHCO_3 \longrightarrow Na_2CO_3 + H_2O + CO_2 \quad \cdots\cdots ①$$

質量が減少したのは水（分子量18.0）と二酸化炭素（分子量44.0）で，それぞれ物質量は等しいので，減少した水と二酸化炭素の物質量は

$$\frac{10.0-6.9}{18.0+44.0}=0.050\,[\text{mol}]$$

①より，反応した炭酸水素ナトリウム（式量84.0）は，水や二酸化炭素の物質量の2倍であるので，反応した炭酸水素ナトリウムの質量は

$$84.0\times0.050\times2=8.4\,[\text{g}]$$

よって混合物 **A** における炭酸水素ナトリウムの質量パーセント濃度は

$$\frac{8.4}{10.0}\times100=84\,[\%]$$

(2)　実験aで得られた6.9 gの固体はすべて炭酸ナトリウム Na_2CO_3（式量106.0）であり，その物質量は

$$\frac{6.9}{106.0}=0.0650\,[\text{mol}]$$

加えた塩酸 HCl の物質量は

$$6\times\frac{40}{1000}=0.24\,[\text{mol}]$$

炭酸ナトリウムと塩酸の反応は

$$Na_2CO_3 + 2HCl \longrightarrow 2NaCl + H_2O + CO_2$$

であるので，炭酸ナトリウムはすべて塩酸と反応したとわかる。発生した

二酸化炭素（分子量 44.0）の質量は

$$\frac{6.9}{106.0}\times 44.0=2.86\,[\mathrm{g}]$$

質量保存の法則より，反応後に残った溶液の質量は

$$22.0+6.9-2.86=26.04\fallingdotseq 26.0\,[\mathrm{g}]$$

(ロ)(2)　水の格子エネルギーを Q〔kJ/mol〕とすると

$$H_2O(固)=H_2O(気)-Q\,\mathrm{kJ}$$

問題文の 2 つの熱化学方程式を加えると

$$H_2O(固)=H_2O(液)-6.0\,\mathrm{kJ}\quad\cdots\cdots①$$

$$H_2O(液)=H_2O(気)-41\,\mathrm{kJ}\quad\cdots\cdots②$$

①＋② より，水の格子エネルギーは

$$H_2O(固)=H_2O(気)-47.0\,\mathrm{kJ}$$

(ハ)(1)　化学反応式中の炭素 C に注目すると，反応前後の原子の数は変化しないので，ジクロロジフルオロメタン CCl_2F_2 の係数が 1 とわかり，その係数が決まると，塩素 Cl に注目して HCl の係数も 2 と決まる。

(2)　問題文の 3 つの反応式をすべて加えて 1 つの式にすると

$$CCl_2F_2+CH_4+2O_2+2CaCO_3 \longrightarrow CaCl_2+CaF_2+2H_2O+4CO_2$$

となり，反応するジクロロジフルオロメタン CCl_2F_2 と炭酸カルシウム $CaCO_3$ の物質量の関係は

$$CCl_2F_2 : CaCO_3=1:2$$

よって，求める炭酸カルシウム（式量 100.0）を x〔kg〕とすると，ジクロロジフルオロメタンの分子量は 121.0 であるので

$$1\times 121.0 : 2\times 100.0=1.00 : x$$

$$\therefore\quad x=1.652\fallingdotseq 1.65\,[\mathrm{kg}]$$

(ニ)(2)・(3)　ジニトロトルエンは次にあげる 6 種類，トリニトロトルエンも次にあげる 6 種類があるが，*o*-，*p*-のニトロ化合物が主生成物となるので，トリニトロトルエンの主生成物は 2,4,6-トリニトロトルエンとなる。

〔ジニトロトルエンの構造異性体〕

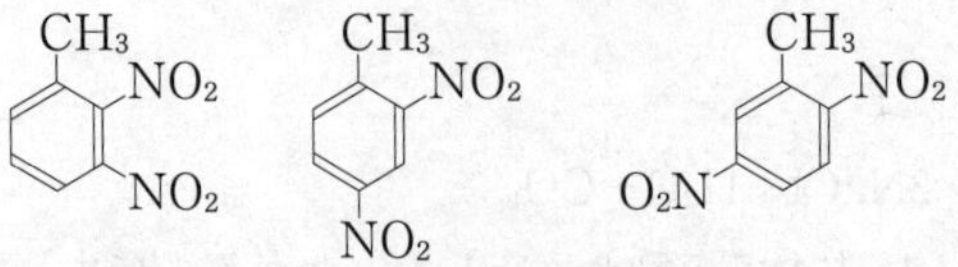

（主生成物）

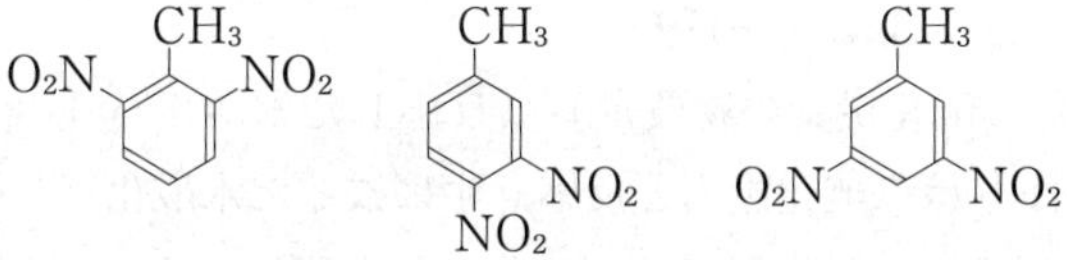

〔トリニトロトルエンの構造異性体〕

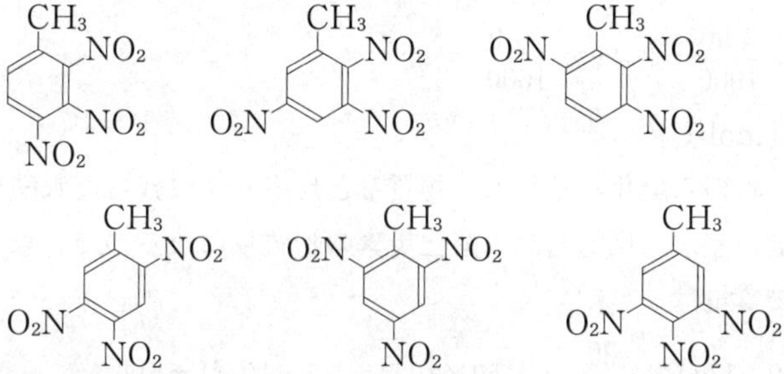

（主生成物）

3 解答

(イ)(1)ア．原子量　イ．原子番号　ウ．118

(2)貴ガスが発見されていなかった。(15 文字以内)

(ロ)(1) 1.5×10^{-4} mol　(2) 0.12%　(3)―(イ)

(ハ)A．6　B．3

(ニ)(1)

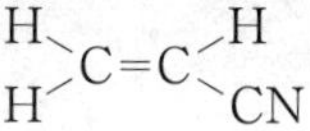

(2) b．3　d．2　(3) 5.28×10^{2}　(4) 40.0%

◀解　説▶

≪小問 4 問≫

(イ)(1)　ロシアのメンデレーエフは，当時知られていた約 60 種類の元素を分類しようとして元素の周期律を発見した。そして，1869 年に性質の似た元素が同じ列にくるようにして，元素を原子量の順に並べた周期表を発表した。現在は元素を原子番号の順番に並べたものとなっている。

(2)　下線部より，2 番目がリチウムで 7 番目が酸素，9 番目がナトリウムであることから，リチウムの前の元素と，酸素とナトリウムの間の元素が発見されていなかったことが推測できる。このことから，貴ガスであるヘリウムとネオンが発見されていなかったことがわかる。

(ロ)(1)　水酸化バリウムと二酸化炭素の反応は次のとおりである。

$$Ba(OH)_2 + CO_2 \longrightarrow BaCO_3 + H_2O$$

したがって，(反応した二酸化炭素の物質量)＝(反応した水酸化バリウムの物質量) である。操作 b は二酸化炭素と反応せずに残った水酸化バリウム水溶液と塩酸の中和反応である。反応せずに残った水酸化バリウム水溶液のモル濃度を x〔mol/L〕とすると

$$1 \times 0.100 \times \frac{8.50}{1000} = 2 \times x \times \frac{10.0}{1000}$$

$$\therefore \quad x = 0.0425 \text{〔mol/L〕}$$

したがって，はじめの水酸化バリウムの物質量と反応せずに残った水酸化バリウムの物質量の差が，反応した二酸化炭素の物質量になるので，求める二酸化炭素の物質量は

$$(0.0500 - 0.0425) \times \frac{20}{1000} = 1.50 \times 10^{-4} \fallingdotseq 1.5 \times 10^{-4} \text{〔mol〕}$$

(2)　(1)で求めた二酸化炭素の物質量を気体の状態方程式に代入する。求める二酸化炭素の体積を V〔L〕とすると

$$1.01 \times 10^5 \times V = 1.50 \times 10^{-4} \times 8.31 \times 10^3 \times (273 + 25)$$

$$\therefore \quad V = 3.67 \times 10^{-3} \text{〔L〕}$$

したがって，教室内の空気の二酸化炭素の体積パーセント濃度は

$$\frac{3.67 \times 10^{-3}}{3.0} \times 100 = 0.122 \fallingdotseq 0.12 \text{〔%〕}$$

(3)　問題文より，(2)で求めた値が基準値の 1000 ppm を超えているので直ちに窓を開けて換気をする必要がある。

(ハ)　第一級アミンには次の 8 種類の構造異性体が存在する。

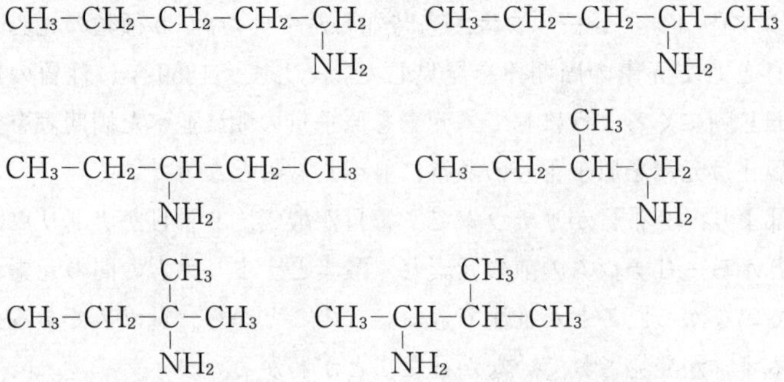

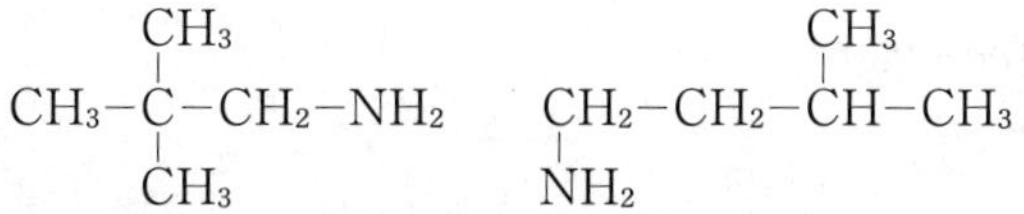

第二級アミンには次の 6 種類の構造異性体が存在する。

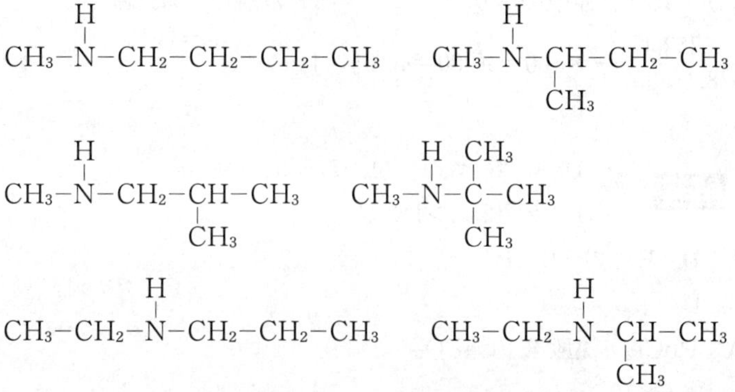

第三級アミンには次の 3 種類の構造異性体が存在する。

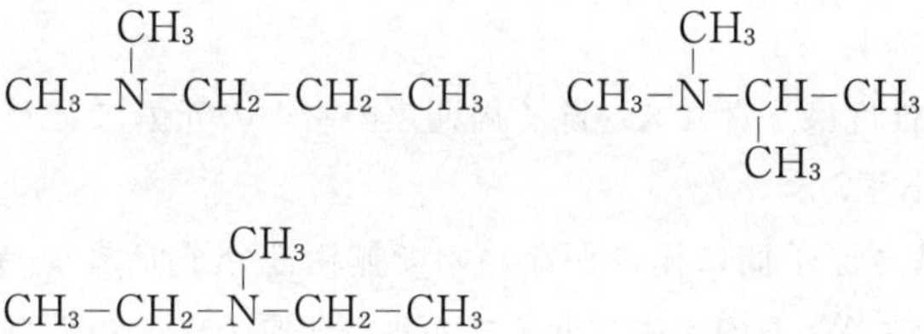

(二)(2)　化学反応式において，アクリロニトリルの係数を 1 とすると，炭素原子と窒素原子の数から，プロピレンとアンモニアの係数も 1 であることがわかり，反応物の水素原子の数から H_2O の係数は 3，酸素原子の数から O_2 の係数は $\frac{3}{2}$ となる。よって，全体を 2 倍すると，a=c=d=2, b=3，e=6 となる。

(3)　アクリロニトリルの分子量は 53.0，塩化ビニルの分子量は 62.5 である。アクリル系繊維の塩素は，塩化ビニルのみに含まれているので，アクリロニトリルの重合度を x，塩化ビニルの重合度を y とすると，分子量が 5.0×10^4 であるので

$$53.0x+62.5y=5.0\times10^4 \quad \cdots\cdots①$$

また，塩素含量の重量比が 25.0% であるので

$$\frac{35.5y}{53.0x+62.5y}\times 100=25.0 \quad \cdots\cdots ②$$

①, ②を解いて

$$x=528.1\fallingdotseq 528,\ \ y=352.1\fallingdotseq 352$$

(4)　(3)より, 共重合体中のポリ塩化ビニル部分の割合（%）は

$$\frac{352.1}{528.1+352.1}\times 100=40.00\fallingdotseq 40.0〔\%〕$$

4　解答

(イ)(1) (a)<(c)<(d)<(b)　(2)―(b), (e), (g)

(ロ)(1)1.2　(2)A>D>C

(ハ)(1)―**A**, **D**, **E**　(2)―**B**, **F**

(ニ)(1)―B, D

(2)沈殿 **A**：$PbCl_2$　沈殿 **E**：$CaCO_3$

(3)炎色　(4)6.5×10^{-2} g

◀解　説▶

≪小問 4 問≫

(イ)(1)　一般に電気陰性度は, 貴ガスを除く周期表の右上の元素ほど大きく, 左下の元素ほど小さい。

(2)　(d)H_2 と(f)Cl_2 は 2 原子間に極性がないので無極性分子である。(e) HCl は 2 原子間に極性があるので極性分子である。3 原子以上からなる分子の極性は分子の形の影響を受ける。(a)CO_2 は分子の形が直線形である。2 つの C=O の共有結合には極性があるが, その極性は正反対の方向を向いているので互いに打ち消しあい, 分子全体として無極性分子となる。また(c)CH_4 も分子の形が正四面体形であり, CO_2 と同様に, 互いに極性を打ち消しあうため, 分子全体として無極性分子となる。(b)NH_3 は分子の形は三角錐形, (g)H_2O は分子の形は折れ線形であるので, 結合の極性は打ち消されず分子全体として極性分子になる。

(ロ)(1)　水素とヨウ素の平衡反応は次のとおりである。

$$H_2 + I_2 \longrightarrow 2HI$$

	H_2	I_2	$2HI$	
はじめ	3.0	2.0	0	〔mol〕
変化量	−1.5	−1.5	+3.0	〔mol〕
平衡時	1.5	0.5	3.0	〔mol〕

濃度平衡定数 K_c は, 容器の体積を V〔L〕とすると

$$K_c=\frac{[HI]^2}{[H_2][I_2]}=\frac{\left(\frac{3.0}{V}\right)^2}{\frac{1.5}{V}\times\frac{0.50}{V}}=12$$

(2) (A) pH 12 ($[H^+]=1.0\times10^{-12}$〔mol/L〕) の水溶液における水酸化物イオン濃度 $[OH^-]$ は水のイオン積 $K_w=[H^+][OH^-]=1.0\times10^{-14}$ より

$$[OH^-]=1.0\times10^{-2}〔mol/L〕$$

(C) 亜鉛メッキに使われた亜鉛 Zn の質量は，密度〔g/cm³〕×体積〔cm³〕で求められるので

$$7.12\times100\times1.00\times10^{-6}\times100=7.12\times10^{-2}〔g〕$$

この電気分解の亜鉛メッキの反応は

$$Zn^{2+}+2e^- \longrightarrow Zn$$

であるので，流れる電子の物質量と亜鉛の物質量は量的関係より

$$e^-:Zn=2:1$$

よって，通電した時間を x〔s〕とすると

$$\frac{2.00\times x}{9.65\times10^4}:\frac{7.12\times10^{-2}}{65.4}=2:1$$

$$\therefore\quad x=1.05\times10^2〔s〕$$

(D) 過酸化水素と過マンガン酸カリウムの反応のイオン反応式は

$$2MnO_4{}^-+5H_2O_2+6H^+ \longrightarrow 2Mn^{2+}+5O_2+8H_2O$$

よって，求める過酸化水素のモル濃度を x〔mol/L〕とすると，化学反応式の係数の量的関係より

$$2:5=0.010\times\frac{15}{1000}:x\times\frac{20}{1000}$$

$$\therefore\quad x=1.875\times10^{-2}〔mol/L〕$$

以上より，空欄に入る数値を比較すると，A(2)>D(1.85)>C(1.05) となる。

(ハ)(1) 一般に $\begin{matrix}X^1\\X^2\end{matrix}\!>C=C<\!\begin{matrix}X^3\\X^4\end{matrix}$ のとき，$X^1\neq X^2$ かつ $X^3\neq X^4$ ならば，1 組の幾何異性体が存在する。**B**，**C**，**F** はともに $CH_2=C-$ の構造となっており，$X^1=X^2=H$ となるので，幾何異性体は存在しない。

(2) 臭素 Br_2 を付加させた構造式は次のようになり，不斉炭素原子 * を

もたないのは **B** と **F** である。

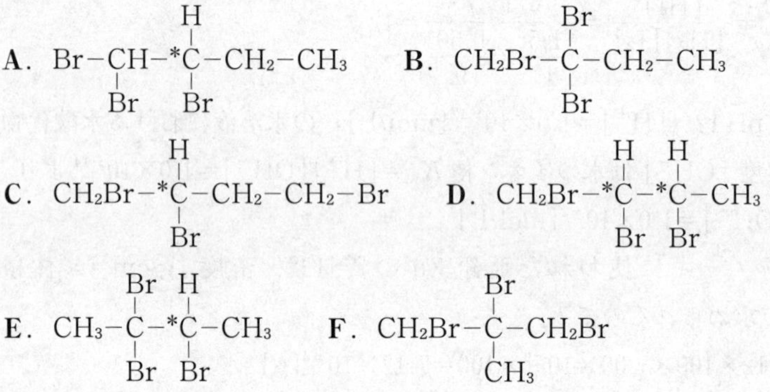

㈡(1)　操作 A～E の沈殿試薬は以下のとおりで，同じものを加えるのは操作 B と操作 D である。

操作 A：HCl　操作 B：H_2S　操作 C：NH_3　操作 D：H_2S

操作 E：$(NH_4)_2CO_3$

(2)　問題文の金属イオンのうち，操作 A：塩酸を加えて生じる沈殿は，AgCl と $PbCl_2$ であるが，追加実験(a)で沈殿がお湯に溶けたので沈殿 **A** は $PbCl_2$ である。また，残った金属イオンのうち，酸性条件で生じる硫化物の黒色沈殿 **B** は追加実験(b)の結果から，CuS であることがわかる。操作 C で過剰のアンモニアを加えても沈殿が溶解しない沈殿 **C** は，酸を加えても塩基を加えても反応する両性水酸化物であるので $Al(OH)_3$ である。操作 D において，塩基性条件で生じる沈殿 **D** は硫化物の白色沈殿である ZnS である。操作 E において生じる炭酸塩の沈殿のうち，1.00×10^{-4} mol で 1.00×10^{-2} g の沈殿を生じる沈殿 **E** は式量が 100 である $CaCO_3$ と推定できる。

(3)　ろ液 **E** にもし金属イオンが含まれているとすると，沈殿させることはできないので，炎色反応による色の変化で金属イオンを推定する。

(4)　沈殿 **A**～**E** の物質量は金属イオンの物質量と同じ 1.00×10^{-4} mol であるので，それぞれの沈殿の質量は以下のとおりである。

沈殿 **A**：$PbCl_2$（式量 278.0）

$$278.0\times1.00\times10^{-4}=2.78\times10^{-2}\,[\mathrm{g}]$$

沈殿 **B**：CuS（式量 95.5）

$95.5\times1.00\times10^{-4}=9.55\times10^{-3}$〔g〕

沈殿 **C**：$Al(OH)_3$（式量 78.0）

$78.0\times1.00\times10^{-4}=7.80\times10^{-3}$〔g〕

沈殿 **D**：ZnS（式量 97.4）

$97.4\times1.00\times10^{-4}=9.74\times10^{-3}$〔g〕

沈殿 **E**：$CaCO_3$（式量 100.0）

$100.0\times1.00\times10^{-4}=1.00\times10^{-2}$〔g〕

よって質量の和は

$(2.78+0.955+0.780+0.974+1.00)\times10^{-2}=6.489\times10^{-2}$

$\fallingdotseq6.5\times10^{-2}$〔g〕

■生物■

1 解答

問1．1－①　2－③　3－⑦　問2．⑤
問3．(1)－⑥　(2)－⑤　問4．②　問5．④

◀解　説▶

≪被子植物の生殖と発生≫

問2．①誤り。減数分裂も体細胞分裂も，DNAの複製は1回しか行われない。

②誤り。二価染色体が現れるのは，減数分裂の第一分裂前期のみである。

③誤り。減数分裂第二分裂や体細胞分裂でも後期に染色体が分かれて両極へ移動する。

④誤り。減数分裂で染色体の乗換えが起こるのは，相同染色体が対合する第一分裂前期である。

⑥誤り。減数分裂では，第一分裂で核相が $2n$ から n に変化する。

問3．(1)　⑥正しい。表1より，花粉管の誘引頻度は，細胞を全く破壊していない条件でも中央細胞を破壊した条件でも100％であることから，中央細胞は花粉管の誘引には全く関与していないと考えられる。

(2)　⑤正しい。タンパク質Xが花粉管を誘引することを確かめるためには，タンパク質Xが機能しない条件で花粉管が誘引されるか確かめればよい。

③・④・⑥誤り。なお，タンパク質Xは花粉管を誘引する物質であるので，胚のうの細胞で転写・翻訳の後に分泌され，花粉管の細胞に受容されると考えられる。タンパク質Xはルアーと名づけられ，助細胞から放出されて花粉管を誘引するはたらきをもつことがわかっている。

問4．遺伝子型が Aa の個体のめしべでは，核相 $2n$ の胚のう母細胞が減数分裂を行って核相 n，遺伝子型 A または a の胚のう細胞になる。この1つの胚のう細胞から核分裂を行って胚のうが生じるため，胚のうにある細胞の遺伝子型は，胚のう細胞の遺伝子型と一致する。よって，可能性がある遺伝子型の組合せは，極核と卵細胞の遺伝子型が一致する，極核 A，A と卵細胞 A，極核 a，a と卵細胞 a の組合せの2通りである。

問5．有胚乳種子として，カキやトウゴマ，単子葉類があげられる。また，無胚乳種子として，マメ科やクリ，アブラナ科，モモなどがある。なお，ワラビはシダ植物であり，種子はつくらない。

2 解答

問1．9－④　10－⑤　11－⑦

問2．(1)－②　(2)－④

問3．⑧　問4．(1)－①　(2)－⑤　問5．(1)－⑥　(2)－③

◀解　説▶

≪細胞の構造≫

問4．(2)　葉緑体は約 5μm，ミトコンドリアは幅約 0.5μm，長さ約 2μm，リボソームは約 20 nm である。

問5．(1)

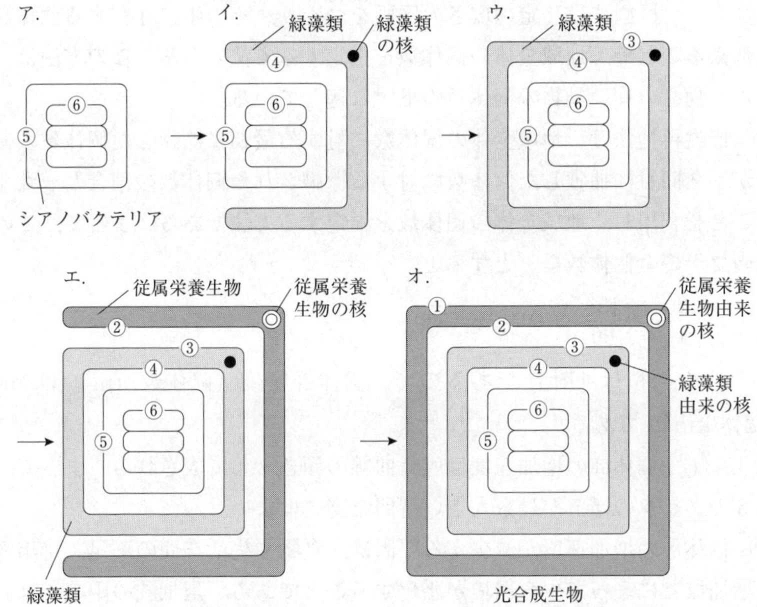

シアノバクテリアの細胞膜は⑤であり，⑥はシアノバクテリアのチラコイド膜であると考えられる(ア)。このシアノバクテリアが緑藻類に取り込まれた(イ)。取り込まれるときに，シアノバクテリアは緑藻類の細胞膜につつまれるため，④は緑藻類由来の細胞膜である(ウ)。次に，この緑藻類が二次共生によって従属栄養生物に取り込まれた(エ)。緑藻類が取り込まれ

るときには緑藻類の細胞膜の外側が従属栄養生物の細胞膜につつまれて細胞内に入るため，③はシアノバクテリアを取り込んだ緑藻類の細胞膜，②は従属栄養生物由来の細胞膜である(オ)。光合成色素はシアノバクテリアのチラコイド膜上に存在するため，⑥が答えとなる。

(2)　(1)より，緑藻類の細胞膜は図1の③である。よって，緑藻類の核は図2の③に存在するはずである。

3 解答

問1．19―⑦　20―⑤　21―⑨
問2．(1)―③　(2)―④
問3．(1)―③　(2)―④　問4．⑥

◀解　説▶

≪個体群≫

問2．(1)　区画法は一定の広さの区画をつくり，その中に存在する個体数を数えることで，地域全体の個体数を推定する方法である。この方法は，植物や動きの遅い動物の個体数の推定に適している。

(2)　標識再捕法は，地域全体の個体数に対する最初に標識した個体数の割合が，2回目に捕獲した個体数に対する標識された個体数の割合と一致することを利用し，地域全体の個体数を推定する方法である。よって，この池のフナの全個体数を x とすると

$$\frac{120}{x}=\frac{15}{100} \quad \therefore \quad x=800$$

この池の面積は 4km^2 であるので，個体群密度（個体数/km^2）は200（個体/km^2）である。

問3．(1)　個体群の増加速度は成長曲線の傾きとして表される。よって，図3のグラフの傾きが最も大きい時間を選べばよい。

(2)　個体群の増加速度が減少する要因は，食物や生活空間の不足，排出物の増加などによって生育環境が悪化することである。選択肢の中で④は食物が増加する条件であるため，④が誤り。

問4．①誤り。図2の結果から，水温を25℃にしてメダカとカダヤシを混合飼育すると，メダカの生存個体数が減少することから，カダヤシがメダカの個体数の減少に影響を与えている可能性が高いことがわかる。

②・③誤り。実験1のリード文よりメダカは汚水中では卵が腐るため個体

数が減少する。

④誤り。図 1 より，水温が 5°C の場合，カダヤシの個体数は減少する。

⑤誤り。図 2 より，25°C で混合飼育すると，メダカの個体数が減少するため，メダカは絶滅する可能性が高い。

4 解答

問 1．27―②　28―⑤　29―⑧

問 2．(1)―③　(2)―④

問 3．①　問 4．⑥　問 5．③　問 6．(1)―③　(2)―④

◀解　説▶

≪血液の循環≫

問 2．(1)　①誤り。血しょうは血液のおよそ 55% を占める。

②誤り。血球の中で最も数が多い細胞は，赤血球である。

④誤り。胸腺で成熟する細胞は，白血球の一種である T 細胞である。

⑤誤り。血しょうには，グリコーゲンでなくグルコースが含まれる。

(2)　①誤り。肺動脈には静脈血が流れる。

②誤り。動脈では静脈よりも発達した筋肉層が見られる。

③誤り。アンモニウムイオンは腸内，腎臓の他に骨格筋や脳など様々な器官で産生される。よって，腎静脈を流れる血液中のアンモニウムが最も高いとはいえない。

④正しい。肝臓でアンモニウムイオンから尿素を合成する。よって，尿素濃度が最も高いのは肝静脈である。

問 5．ヘモグロビンと酸素との親和性が，pH や温度，二酸化炭素濃度などによって変化することをボーア効果という。

問 6．(1)　物理的な溶解量の差による酸素供給量とヘモグロビンによる酸素供給量を血液 100 mL 当たりで比較する。安静時に物理的な溶解量の差によって供給される酸素量は，酸素分圧 1 mmHg ごとに 0.003 mL の酸素が溶解すること，また，動脈と静脈の酸素分圧の差から

$$(100-40)\times 0.003=0.18\,[\mathrm{mL}] \quad \cdots\cdots(\mathrm{i})$$

また，安静時にヘモグロビンによって供給される酸素量は

$$15\times 1.4\times \frac{95-70}{100}=5.25\,[\mathrm{mL}] \quad \cdots\cdots(\mathrm{ii})$$

よって，物理的な溶解量の差による供給量に対するヘモグロビンによる供

給量の割合は

$$\frac{5.25}{0.18}=29.16\cdots\fallingdotseq 29$$

⑵　運動時に血液100 mLが供給する酸素量は，物理的な溶解量の差による供給量とヘモグロビンによる供給量の合計であるので

$$(100-30)\times 0.003+15\times 1.4\times\frac{95-55}{100}$$

$$=0.21+8.4=8.61〔\mathrm{mL}〕\quad\cdots\cdots(\mathrm{iii})$$

と表すことができる。(i), (ii), (iii)から，安静時に対して運動時の酸素供給量の増加の程度は

$$8.61-(0.18+5.25)=3.18〔\mathrm{mL}〕$$

5 解答

問1．②　問2．⑴―⑤　⑵―④　問3．②
問4．⑴―⑧　⑵組成Y：⑥　組成Z：②

◀解　説▶

≪遺伝子組換え≫

問2．⑴　①誤り。DNAを複製する酵素はDNA合成酵素（DNAポリメラーゼ）である。

②誤り。DNAからRNAを合成する酵素はRNA合成酵素（RNAポリメラーゼ）である。

③誤り。生物はタンパク質を複製するしくみをもたない。

④誤り。制限酵素は細菌類などがもともともっているものであり，ウイルス感染などをきっかけにして合成される物質ではない。

⑥誤り。大半の脊椎動物では，体内に細菌などの異物が侵入した際には，血しょう中に抗体が分泌され，異物の表面の構造を認識して結合する。

⑵　塩基は4種類あり，この塩基がランダムに並んでいる場合に6つの特定の塩基配列が出現する確率は

$$\left(\frac{1}{4}\right)^6=\frac{1}{4096}$$

$\frac{1}{4096}$の確率とは，4096塩基に1回切断されることと同義であるので，得られる断片の平均の長さは4096塩基対になる。

問 3．ヒトのような真核生物では，DNA に翻訳されるエキソン部分とスプライシングにより除去されるイントロン部分が存在する。大腸菌ではスプライシングが起こらないため，大腸菌で真核生物のタンパク質を合成する場合には，エキソン部分の塩基配列のみをもつ mRNA から逆転写した cDNA を用いる。

問 4．(1)　図 1 より，遺伝子 X を挿入するプラスミドは，Amp^r 遺伝子と Tet^r 遺伝子の両方をもつことがわかる。遺伝子 X がこのプラスミドに挿入されない場合，このプラスミドをもつ大腸菌はアンピシリンとテトラサイクリンの両方に耐性をもつ。遺伝子 X が制限酵素 A の切断部位に挿入された場合，Amp^r 遺伝子が正常に翻訳されないため，このプラスミドをもつ大腸菌はテトラサイクリン耐性のみをもつ。また，遺伝子 X が制限酵素 B の切断部位に挿入された場合，Tet^r 遺伝子が正常に翻訳されないため，このプラスミドをもつ大腸菌はアンピシリン耐性のみをもつ。実験 2 より，アンピシリン耐性をもつ大腸菌の一部からタンパク質 X が検出され，テトラサイクリン耐性をもつ大腸菌からはタンパク質 X が検出されなかったことから，タンパク質 X を生産する大腸菌がもつプラスミドには，B の部位で遺伝子 X が挿入されていることがわかる。

(2)　アンピシリンを培地に加えた場合，遺伝子 X が挿入されないプラスミドをもつ大腸菌と，制限酵素 B の切断部位で遺伝子 X が挿入されたプラスミドをもつ大腸菌が生き残る。一方で，抗生物質を培地に添加しない場合，プラスミドをもたない大腸菌，遺伝子 X が挿入されないプラスミドをもつ大腸菌，制限酵素 A または B の切断部位で遺伝子 X が挿入されたプラスミドをもつ大腸菌がすべて生き残るため，コロニーの数は増加する。また，生存する大腸菌の中で遺伝子 X が挿入されたプラスミドをもった大腸菌の割合が小さくなるため，タンパク質 X を合成するコロニーの割合は減少する。両方の抗生物質を加えた場合には，遺伝子 X が挿入されなかったプラスミドをもった大腸菌のみが生き残る。そのため，コロニー数は減少し，タンパク質 X を合成するコロニーの割合はゼロになる。

2021年度

問題と解答

■一般入試：前期日程，英語資格・検定試験利用方式

問題編

●前期日程

▶試験科目・配点

学部等	教科	科目	配点
工・システム理工（電子情報システム・機械制御システム・環境システム）・デザイン工・建築	外国語	コミュニケーション英語Ⅰ・Ⅱ・Ⅲ，英語表現Ⅰ・Ⅱ	100 点
	数学	数学Ⅰ・Ⅱ・Ⅲ・A・B	100 点
	理科	「物理（物理基礎，物理）・化学（化学基礎，化学）」	100 点
システム理工（生命科）	外国語	コミュニケーション英語Ⅰ・Ⅱ・Ⅲ，英語表現Ⅰ・Ⅱ	100 点
	数学	数学Ⅰ・Ⅱ・Ⅲ・A・B	100 点
	理科	「物理（物理基礎，物理）・化学（化学基礎，化学）」または「生物（生物基礎，生物）」のいずれかを出願時に選択	100 点
システム理工（数理科）	外国語	コミュニケーション英語Ⅰ・Ⅱ・Ⅲ，英語表現Ⅰ・Ⅱ	100 点
	数学	数学Ⅰ・Ⅱ・Ⅲ・A・B	200 点
	理科	「物理（物理基礎，物理）・化学（化学基礎，化学）」または「生物（生物基礎，生物）」のいずれかを出願時に選択	100 点

▶備　考

- 学科別に実施された３日程分のうち１日程分を掲載。
- 「物理・化学」は物理と化学から各４題，計８題の出題の中から，試験時間中に４題を任意に選択し解答する。物理のみ，または化学のみ解答してもよい。

▶出題範囲

- 数学Ｂ：数列，ベクトル

●英語資格・検定試験利用方式

英語資格・検定試験利用方式は，前期日程の各日程と併願が可能。指定の英語資格・検定試験のいずれかのスコアが基準値以上であることが出願資格となる。

▶試験科目・配点

学部等	教科	科目	配点
工・システム理工（電子情報システム・機械制御システム・環境システム）・デザイン工・建築	数学	数学Ⅰ・Ⅱ・Ⅲ・A・B	100点
	理科	「物理（物理基礎，物理）・化学（化学基礎，化学）」	100点
システム理工（生命科）	数学	数学Ⅰ・Ⅱ・Ⅲ・A・B	100点
	理科	「物理（物理基礎，物理）・化学（化学基礎，化学）」または「生物（生物基礎，生物）」のいずれかを出願時に選択	100点
システム理工（数理科）	数学	数学Ⅰ・Ⅱ・Ⅲ・A・B	200点
	理科	「物理（物理基礎，物理）・化学（化学基礎，化学）」または「生物（生物基礎，生物）」のいずれかを出願時に選択	100点

▶備　考

- 数学，理科は前期日程と同一問題。

英語

（90 分）

I　次の会話の空所に入る最も適切なものを，下の a 〜 d から 1 つ選びなさい。

1. A: Excuse me. Do you know how to get to the post office from here?

   B: Okay. Go straight up this road, and ______________________

   After a couple of blocks, you'll find the post office on the right.

   A: On which street do I turn?

   B: Washington St. There is a gas station at the corner.

   a. take the subway at the station.
   b. take a left at the first intersection.
   c. turn down your radio.
   d. find a parking space somewhere.

2. A: This is ABC travel, James Stevens speaking.

   B: Hi, James. I'm David. ______________________

   A: Thank you for calling, David. Do you have any time preference?

   B: I'm hoping to get there by 9 p.m.

   a. I'm wondering about the forecast in Chicago this weekend.
   b. What do you think is the best reason to go to Chicago this weekend?
   c. I'm calling to book a flight from Orlando to Chicago this weekend.
   d. Can you tell me the departure time of flight 156 to Chicago?

3. A: Are you ready to order now, sir?

B: Yes. I'd like the T-bone steak special.

A: Great choice. You'll love it. ____________________

B: Medium rare, please. Can I have a baked potato instead of French fries?

a. What do you like about your steak?

b. How would you like it prepared?

c. What size steak would you like?

d. When do you want your drink, sir?

4. A: My wife's birthday is coming up next week. What do you think I should get for her?

B: I don't know. A pearl necklace, maybe?

A: Yeah, that's what I got for her last year. She didn't like it.

B: Then I can't help you, my friend. ____________________

a. You are going to the wrong school.

b. You are asking the wrong person.

c. You are choosing the wrong dish.

d. You are reading the wrong book.

5. A: Excuse me, may I see your ID, please?

B: Oh, I forgot to bring it with me today. I'm so sorry.

A: Then ____________________ I'll give you a temporary permit, and you can go in.

B: Oh, thanks a lot. I don't have to return home.

a. you cannot accept our credit card.

b. you won't be able to let me in.

c. you'll have to fill in this form.

d. you have to leave here now.

Ⅱ　次の各文の（　　）に入る最も適切な語（句）を，下の a ～ d から 1 つ選びなさい。

1. (　　) college I attend, I will study English hard and advance to a graduate school.

a. Whichever　b. However　c. Although　d. Any

2. (　　) David or Mary has to attend the next meeting.

a. Both　b. Each　c. Does　d. Either

3. The restaurant refused (　　) his credit card.

a. accept　b. accepting　c. to accept　d. of accepting

4. His dedication to our projects (　　) recognition.

a. deserve　b. deserves

c. are deserving　d. is deserve

5. The earlier you come to the office, (　　) you can leave.

a. early　b. earlier　c. the early　d. the earlier

6. Students went on a field trip (　　) the bad weather.

a. although　b. nonetheless

c. yet　d. despite

7. You are advised to arrive (　　) the airport two hours before your flight.

a. at　b. for　c. on　d. with

8. (　　) remained after the show ended.

a. Little person　b. Little of people

c. Few of person　d. Few people

9. Since most of the audience had no idea about the topic, I had a hard time making myself (　　) in my presentation.

a. to understand　　b. understanding

c. understands　　d. understood

10. My brother has been looking for a job which pays more than $500 (　　).

a. a week　　b. per the week

c. week　　d. per a week

Ⅲ 次の各文の (　　) に入る最も適切な語を，下の a ～ d から 1 つ選びなさい。

1. Under no (　　) will I go to that restaurant ever again.

a. circumstances　　b. occurrences

c. operations　　d. contexts

2. The new TV series was a disappointment. It did not (　　) up to the fans' expectations.

a. lend　　b. loan　　c. live　　d. like

3. The professor was running late because he was caught in a (　　) jam on the highway.

a. transformed　　b. translational

c. traditional　　d. traffic

4. We are going to Okinawa this weekend. In the (　　), we should start preparing for the trip.

a. meantime　　b. degree　　c. contrary　　d. virtue

5. The researchers found that a high (　　) of old people in the area were

healthy.

a. proposition　　b. proportion

c. presentation　　d. pregnancy

6. The car drove off the highway and (　　) into the river.

a. disputed　　b. boasted　　c. released　　d. plunged

7. Internet technologies opened up new ways for people to make a (　　).

a. living　　b. having　　c. eating　　d. taking

8. The (　　) above my right eye took more than a week to heal.

a. burial　　b. budget　　c. bruise　　d. bribe

9. The news that the head coach of the team had resigned came (　　) of the blue.

a. along　　b. out　　c. instead　　d. down

10. Guests are supposed to stop their cars at the hotel entrance and (　　) their luggage from their cars.

a. download　　b. upload　　c. mislead　　d. unload

Ⅳ 次の英文を読み，下の設問に答えなさい。

CROSSING THE PACIFIC

The U.S. Navy and Army made the first attempts to fly to Hawaii.【 1 】 But Charles Lindbergh's historic transatlantic flight in 1927 made many aviators eager to try.

The Navy's Ordeal at Sea

The Navy decided it would be first to make the 2,400-mile flight from the U.S. mainland [ア] Hawaii, an overwater distance never before attempted. It chose Cmdr. John Rodgers, one of its most respected officers, to lead the flight. Two Navy seaplanes took off on August 31, 1925 from the waters near San Francisco. One soon [イ] into trouble; then the other's flight took a desperate turn.

The Army Takes on the Challenge

After the Navy, the U.S. Army Air Corps made the next attempt to reach Hawaii by air. The Army spent years in planning. It [ウ] flight instruments and navigation techniques, made test flights, and set up radio beacons at San Francisco and on Maui to help guide the flyers. For the flight, it chose a *1Fokker C-2. The tri-motor plane could carry plenty of fuel, but it lacked floats, so it could not *2alight on water if something went wrong.

[Excerpted and adapted from 'Crossing the Pacific,'
https://airandspace.si.edu/exhibitions/hawaii-by-air/online/early-flights/crossing-the-pacific.cfm]

注） *1 Fokker C-2　フォッカー C-2（飛行機の機種名）
　　*2 alight　降りて止まる

1.【　1　】に入れるべき文が順不同で下のＡ～Ｄに示されている。論理的な文章を構成するのに最も適切な配列を，下のａ～ｆから１つ選びなさい。

Ａ．In addition, it was a tiny navigational target in a vast ocean.

Ｂ．Hawaii lay about 2,400 landless miles away from San Francisco.

Ｃ．Thus, few planes could find the island after flying that distance without refueling.

Ｄ．However, it was no easy matter.

ａ．Ａ－Ｂ－Ｄ－Ｃ　　ｂ．Ｂ－Ｃ－Ｄ－Ａ

ｃ．Ｂ－Ａ－Ｄ－Ｃ　　ｄ．Ｃ－Ｂ－Ｄ－Ａ

ｅ．Ｄ－Ｂ－Ａ－Ｃ　　ｆ．Ｄ－Ｃ－Ｂ－Ａ

2. 文中の ア ～ ウ に入る最も適切な語を , 下のａ～ｄから１つ選びなさい。

ア	ａ．in	ｂ．by	ｃ．to	ｄ．on
イ	ａ．ran	ｂ．employed	ｃ．despised	ｄ．intended
ウ	ａ．damaged	ｂ．developed	ｃ．deceived	ｄ．decreased

V　次の１～２に対する答えとして最も適切なものを，ａ～ｄから１つ選びなさい。

ABC Electronics is an electronics store selling a variety of items including video games. The graph below shows its monthly sales of video games in the first half of 2017.

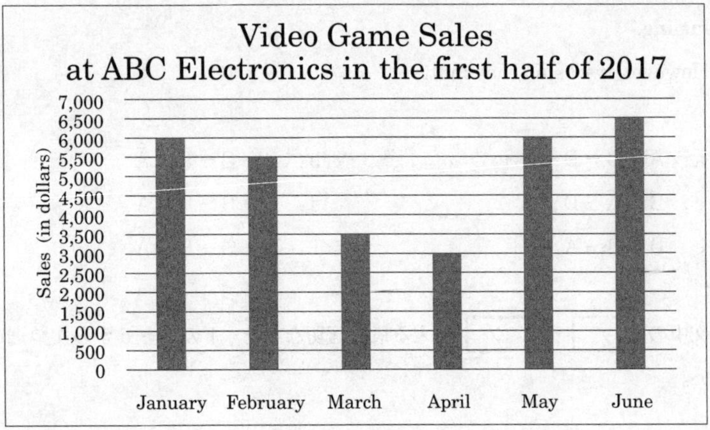

1. Which of the following statements is NOT true of the graph?

　ａ. There was a fall in sales of video games at ABC Electronics from February to March, 2017.

　ｂ. April sales of video games at ABC Electronics were the lowest in the first half of 2017.

　ｃ. Video game sales at ABC Electronics soared from March to April, 2017.

　ｄ. Sales of video games at ABC Electronics doubled from April to May, 2017.

2. In which of the following periods did the largest decrease in sales of video games at ABC Electronics occur in the first half of 2017?

　ａ. From January to February

　ｂ. From February to March

c．From March to April

d．From April to May

Ⅵ　次の1～5の2文の（　　）に同じ綴りの単語を入れて適切な文を完成させなさい。

1. The building is 10 (　　　) high.
   My father told me many (　　　) about our family history.

2. They were forced to (　　　) their village because of a famine.
   A large part of the country is a (　　　) where no one can live.

3. It is better to avoid using technical (　　　) in your explanation unless it is necessary to use them.
   The academic year is divided into three academic (　　　).

4. I want a good and (　　　) computer because mine is slow.
   He quickly grabbed the rope and held (　　　) to it, and then the firefighter pulled him up.

5. There is a single red (　　　) in the vase on the table.
   Over the past three years, the company's sales (　　　) steadily.

Ⅶ 次の各文の下線部にａ～ｇの語（句）を正しく並べかえて入れて，最も適切な文を完成させなさい。ＡとＢにそれぞれ何が入るか，記号で答えなさい。なお文中で大文字で使われるべき語も選択肢では小文字で表記されている。

1. David and I were on the same project team, but he really hated me. Indeed, I was ____ __A__ ____ ____ ____ __B__ ____ .

a. with　　b. the last　　c. he
d. person　　e. wanted　　f. to
g. work

2. The college offers a __A__ ____ ____ ____ ____ ____ __B__ .

a. that　　b. with　　c. may not
d. be familiar　　e. students　　f. variety of
g. courses

3. What do you ____ ____ __A__ ____ ____ __B__ ____ cell phones?

a. think　　b. there no　　c. would
d. like　　e. the world　　f. were
g. be

4. You had ____ __A__ ____ ____ ____ ____ __B__ you try to convince him to let you buy it.

a. your father　　b. better　　c. what
d. costs if　　e. the new car　　f. tell
g. not

5. When he heard that farmers had too much food to sell, he said, " ____ ____ __A__ ____ ____ ____ __B__ around."

a. better　　b. that's　　c. than
d. much　　e. way　　f. other
g. the

Ⅷ　次の英文を読み，下の設問に答えなさい。

A breakthrough approaches for solar power

One of the few parts of the UK economy to have a good April was solar power. *[1]The Met Office says it has probably been the sunniest April on record and the solar power industry reported its highest [ア] production of electricity (9.68 *[2]GW) in the UK at 12:30 on Monday 20 April.

With 16 solar panels on his roof, Brian McCallion, from Northern Ireland, has been one of those (A) benefiting from the good weather. "We have had them for about five years, and we save about £1,000 per year," says Mr McCallion, who lives in Strabane, just by the border. "If they were more efficient we could save more," he says, "and maybe invest in batteries to store it."

That efficiency might be coming. There is a worldwide race, from San Francisco to Shenzhen, to make a more efficient solar cell. Today's average commercial solar panel converts 17-19% of the light energy hitting it (B) to electricity. This is up from 12% just 10 years ago. But what if we could boost this to 30%? More efficient solar cells mean we could get much more than today's 2.4% of global electricity supply from the sun.

Solar is already the world's fastest growing energy technology. Ten years ago, there were only 20 gigawatts of installed solar capacity globally—one gigawatt being roughly the output of a single large power station. [イ] the end of last year, the world's installed solar power had jumped to about 600 gigawatts. "Even with the disruption caused by *[3]Covid-19, we will probably add 105 gigawatts of solar capacity worldwide this year," forecasts London-based research company, IHS Markit.

Most solar cells are made from *4wafer-thin slices of silicon crystals, 70% of which are made in China and Taiwan. But wafer-based crystalline silicon is bumping pretty close to its theoretical maximum efficiency. *5The Shockley-Queisser limit marks the maximum efficiency for a solar cell made from just one material, and for silicon this is about 30%.

However, combining six different materials into what is called a multi-junction cell has been demonstrated to push efficiency as [ウ] as 47%, under concentrated light. Another way to break through this limit is to use lenses to focus the sunlight falling on the solar cell. But this is an expensive way to produce electricity, and is mainly useful on satellites. "Not anything you would see on anybody's roof in the next decade," laughs Dr Nancy Haegel, director of materials science at the National Renewable Energy Laboratory in Boulder, Colorado.

The fastest improving solar technology is called perovskites—named [エ] Count Lev Alekseevich von Perovski, a 19th Century Russian *6mineralogist.

<u>These</u>(C) have a particular crystal structure that is good for solar absorption. Thin films, around 300 nanometers (much thinner than a human hair) can be made inexpensively from solutions—allowing them to be easily applied as a coating to buildings, cars or even clothing. Perovskites also work better than silicon at lower lighting <u>intensities</u>(D), on cloudy days or for indoors.

"You can print them using an inkjet printer," says Dr Konrad Wojciechowski, scientific director at Saule Technologies, based in Wroclaw and Warsaw. "Paint on a *7substrate, and you have a *8photovoltaic device," he says. "With such a cheap, flexible, and efficient material, you could apply it to street furniture to power free smartphone charging, public wifi, and air quality sensors," he explains. He's been working with the Swedish construction <u>firm</u>(E) Skanska to apply perovskite layers in building panels.

According to Max Hoerantner, co-founder of Swift Solar, a San Francisco start-up, there are only about 10 start-up firms in the world [オ] on perovskite technology. Oxford PV, a university spin-off, says it reached 28% efficiency with a commercial perovskite-based solar cell in late 2018, and will have an annual 250-megawatt production line running this year.

Both Oxford PV and Swift Solar make *[9]tandem solar cells—these are silicon panels which also have a thin perovskite film layer. Since they're made from two materials, they are able to break through the Shockley-Queisser limit. The silicon absorbs the red band of the visible light spectrum, and the perovskite the blue bit, giving the tandem bigger efficiency than either material alone.

Current silicon technology is not quite dead (F), though, and there are approaches to make tiny, quick wins in efficiency. One is to add an extra layer to a cell's back to reflect unabsorbed light back through it a second time. This improves efficiency [カ] 1-2%.

(1) Another is to add an outside layer, which lessens losses that occur where silicon touches the metal contacts. It's only a "small *[10]tweak", says Xiaojing Sun, a solar analyst at Wood Mackenzie research—adding 0.5-1% in efficiency—but she says these changes mean manufacturers only need to make small alterations (G) to their production lines.

From such small gains—to the use of concentrated solar and perovskites—solar tech is in a race to raise efficiency and push [キ] costs. "*[11]Spanning this magical number 30%, this is where the solar cell industry could really make a very big difference," says Swift Solar's Max Hoerantner.

[Adapted from 'A breakthrough approaches for solar power', by Padraig Belton, April 30, 2020, BBC News, https://www.bbc.com/news/business-51799503]

(イギリス英語のつづりをアメリカ英語のつづりに変更している)

注) *1 The Met Office 気象庁

*2 GW ギガワット (gigawatt) 電力を表す単位
メガワット (megawatt) の 1000 倍

*3 Covid-19 新型コロナウイルス感染症

*4 wafer-thin slices of silicon crystals
シリコンの結晶体を薄い円盤状にスライスしたもの 水晶 (crystal) の形容詞は crystalline

*5 The Shockley-Queisser limit marks the maximum efficiency for a solar cell made from just one material
「ショックレー・クワイサーの限界」は一種類の素材からできた太陽電池の効率の (理論上の) 限界値を示す

*6 mineralogist 鉱物学者

*7 substrate 基板

*8 photovoltaic device 太陽光発電の機器

*9 tandem solar cells タンデム型太陽電池

*10 tweak 微調整

*11 spanning を達成する助けとなる

設 問

1. 文中の ア ～ キ に入る最も適切な語 (句) を, 下の a～d から 1つ選びなさい。

ア	a. than	b. many	c. less	d. ever
イ	a. By	b. Without	c. For	d. On
ウ	a. long	b. well	c. high	d. deep
エ	a. above	b. after	c. before	d. without

オ	a．working	b．causing	c．missing	d．removing
カ	a．against	b．by	c．along	d．except
キ	a．down	b．between	c．of	d．along

2. 文中の下線部（A）～（G）について，（　　　）に入る最も適切な語（句）を下のａ～ｄから１つ選びなさい。

（A） "those" in this context means (　　　).

a．the industries　　b．the panels

c．the people　　d．the years

（B） "it" refers to (　　　).

a．today's average commercial solar panel

b．a worldwide race

c．global electricity supply from the sun

d．the good weather

（C） "These" refers to (　　　).

a．lenses　　b．satellites

c．solutions　　d．perovskites

（D） "intensities" in this context means (　　　).

a．strengths　　b．situations

c．directions　　d．colors

（E） "firm" in this context means (　　　).

a．building　b．company　c．school　d．garden

（F） "dead" in this context means (　　　).

a．obsolete　　b．obedient

c. abnormal d. sacred

(G) "alterations" in this context means ( ).

a. findings b. changes

c. failures d. losses

3. 下線部(1)を日本語に訳しなさい。

4. 次の a ～ i の文で，本文の内容と合っているものを 4 つ選びなさい。

a. Brian McCallion has saved about £5,000 by using solar panels over the past five years.

b. The average efficiency of commercial solar panels has improved for the last ten years and reached beyond 70% lately.

c. The solar energy industry last year produced as much electricity as one hundred large power stations do each year.

d. A solar cell which consists of multiple materials is less efficient than one made only from silicon wafers.

e. Some solar cells used with lenses are useful in space, but they are expensive.

f. Perovski is the name of an old technology originally invented in the 19th century.

g. A solar cell with perovskites works better than one with silicon does when it's not sunny.

h. Max Hoerantner believes that reaching a certain level of efficiency will have really significant outcomes in the solar power industry.

i. Manufacturers have given up on improving the solar panels by using new technology because it makes no difference at all.

数学

(90 分)

(注)　1・3は空欄に適する解答を，解答用紙の所定の欄に記入してください。2・4は記述式の問題です。解答用紙の所定の欄に答だけでなく，その過程も記入してください。

1. 次の [　　] に適する解答を所定の解答欄に記入せよ。

(1)　5個の数字 0，1，2，3，4 のうちの異なる4個を並べてできる4桁(けた)の整数は，全部で，[(ア)] 個である。これらのうち，隣り合う2つの数字の和がすべて4以上となる整数は，[(イ)] 個である。

(2)　△ABC において，辺 BC，辺 CA，辺 AB の長さを，それぞれ a，b，c で表す。また，∠A，∠B，∠C の大きさを，それぞれ A，B，C で表す。△ABC は，半径3の円に内接し，$4\sin(A+B)\sin C=3$，$a+b+c=3(1+\sqrt{3}+\sqrt{6})$ を満たす。このとき，C は鋭角であり，$c=$ [(ウ)] である。さらに，△ABC の面積は，[(エ)] である。

(3)　方程式

$$\frac{2\log_{27}(x-1)}{\log_8 2}+\log_3(x+3)=\frac{\log_{13}\sqrt{x+9}}{\log_{13}\sqrt{3}}$$

の解は，$x=$ [(オ)] である。

2. 正十二面体は，すべての面が合同な正五角形である，下の図のような正多面体であり，各頂点に3つの正五角形が集まっている。正十二面体の1辺の長さを2とし，点O，A，B，C，Dを下の図に示す正十二面体の頂点とする。$\overrightarrow{OA}=\vec{a}$，$\overrightarrow{OB}=\vec{b}$，$\overrightarrow{OC}=\vec{c}$ とするとき，次の各問いに答えよ。ただし，1辺の長さが2の正五角形において，対角線の長さはすべて $1+\sqrt{5}$ であることを用いてよい。

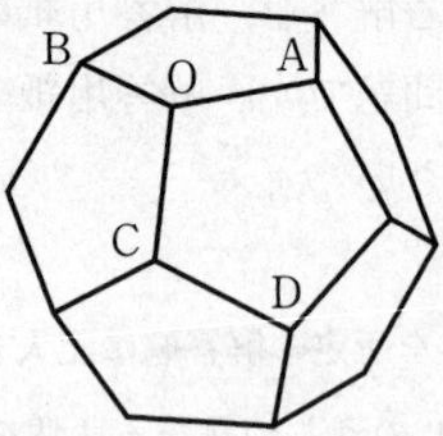

(1)　線分ABの中点をEとするとき，$\overrightarrow{OE}$ を $\vec{a}$，$\vec{b}$ を用いて表せ。

(2)　内積 $\vec{a}\cdot\vec{c}$ の値を求めよ。

(3)　点Eは(1)で定義された線分ABの中点とする。また，点Oから平面ABDに垂線を下ろし，交点をHとする。このとき，$\overrightarrow{OH}$ は実数 t を用いて，$\overrightarrow{OH}=\overrightarrow{OE}+t\,\overrightarrow{OC}$ と表すことができる。t の値を求めよ。

3. 次の □ に適する解答を所定の解答欄に記入せよ。

座標平面において，直交座標$(x,\ y)$に関する方程式 $(x^2+y^2)^2=4(x^2-y^2)$ で表される曲線を C とする。直交座標の原点Oを極，x 軸の正の部分を始線とする極座標$(r,\ \theta)$に関して，曲線 C の極方程式は定数 k を用いて，$r^2=4\cos(k\theta)$ と表される。このとき，$k=$ (ア) である。さらに，a は正の定数とし，2点A，Bの直交座標を，それぞれ$(-a,\ 0)$，$(a,\ 0)$とする。C 上の点Pと2点A，Bとの距離の積PA・PBが常に一定の値であるとき，$a=$ (イ)，PA・PB $=$ (ウ) である。また，点Pが C 上を動くとき，点Pの直交座標を$(x,\ y)$とすると，y^2 の最大値は，(エ) である。y^2 が最大値をとるときの点Pの極座標を$(r,\ \theta)$とすると，$r^2=$ (オ) である。

4.　x の関数

$$f(x)=\frac{\sin(\log x)+\cos(\log x)}{x}$$

を考える。$x>1$ において，関数 $f(x)$ が極大になる x の値の小さい方から順に x_1，x_2，x_3，… とする。このとき，次の各問いに答えよ。ただし，$\log x$ は x の自然対数とする。

(1)　関数 $f(x)$ を微分せよ。

(2)　x_1 を求めよ。

(3)　極限 $\displaystyle\lim_{n\to\infty}\sum_{k=1}^{n}\frac{\{f(x_k)\}^{\frac{1}{n}}\log x_k}{n^2}$ を求めよ。

物理

（物理・化学の任意の 4 題で 90 分）

1. 以下の設問の解答を所定の解答欄に記入せよ。解答中の数値部分は整数または既約分数で答え，平方根は開かなくてよい。なお，導出過程は示さなくてよい。

(A)　図 1 のように，頂角 2θ の円錐が水平面上に固定されている。この円錐は直円錐（頂点と底面の中心を結ぶ直線が底面に垂直）で，中心軸は鉛直方向を向いているとする。

質量 m〔kg〕の小さなおもりを長さ L〔m〕の軽い糸の一端にとりつけ，他端を円錐の頂点にとりつけた。糸と円錐の接続部に摩擦はなく，糸は自由に回転することができるとする。円錐表面上でおもりを角速度 ω〔rad/s〕で等速円運動させた。糸はたるまず，おもりは常に水平面から等しい高さで運動しているとする。円錐の面はなめらかで，おもりと円錐の面の間に摩擦はなく，また空気抵抗もないものとする。重力加速度の大きさを g〔m/s²〕として，以下の問いに答えよ。

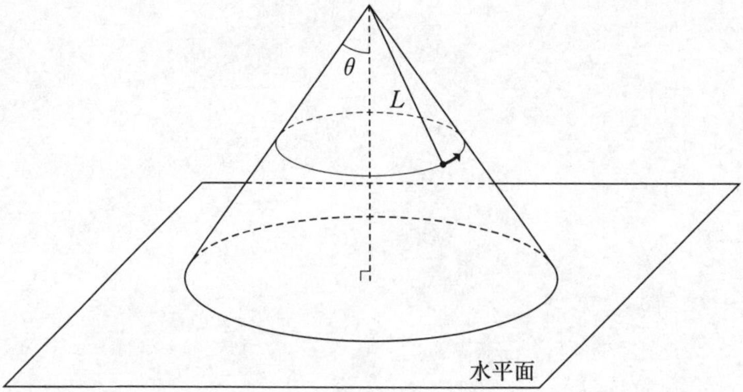

図 1

(イ)　円錐の面とおもりが常に接しているとする。このときの糸の張力の大きさ〔N〕を g，L，m，θ，ω の中から必要なものを用いて表せ。

(ロ)　おもりの角速度がある値 ω_C〔rad/s〕より大きいと，おもりは円錐面から離れて等速円運動する。このときの ω_C〔rad/s〕を g，L，m，θ の中から必要なものを用いて表せ。

(B)　半径 r〔m〕，高さ L〔m〕の円柱状の一様な密度の木片が，図2のように水面から深さ x〔m〕まで水中に浸かり，浮力とつりあって $L-x$〔m〕だけ水から出た状態で浮いて静止している。木片の上面および下面は側面に対して垂直で，上面および下面は常に水平を保ちながら，傾かず，回転もせずに鉛直方向にのみ動くとする。また，水の粘性や水と木片との摩擦は考えないものとし，水面は木片が動くことによって上下せず，静かで波の効果も無視できるものとする。水の密度を w〔kg/m^3〕，木片の密度を $\frac{2w}{3}$〔kg/m^3〕，重力加速度の大きさを g〔m/s^2〕，円周率を π とする。

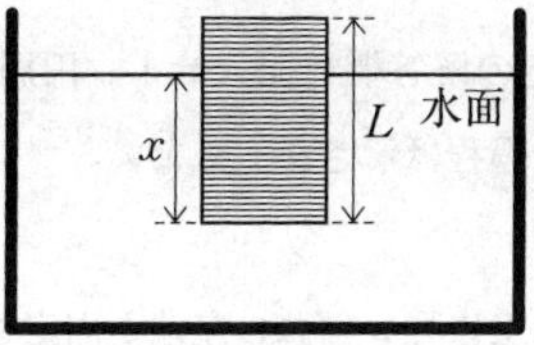

図2

(ハ)　x は，$\frac{2}{3}\times$ [(ハ)]〔m〕と表せる。[(ハ)] に入る式を L を用いて表せ。

(ニ)　静止した状態の木片をわずかに押し下げて静かに手を離したところ，木片は鉛直方向に単振動した。その周期 T〔s〕を g，L，π を用いて表せ。

(C)　真空中で，陰極を加熱して生じさせた初速度0 m/s の電子に対して，加速電圧 V〔V〕で加速して陽極金属に衝突させたところ，図3のようなスペクトルを持つX線が発生した。連続したスペクトルの最小波長を λ_{min}〔m〕，二つの特性X線の波長を λ_1〔m〕，λ_2〔m〕とする。電気素量を e〔C〕，光速を c〔m/s〕，電子の質量を m〔kg〕とする。

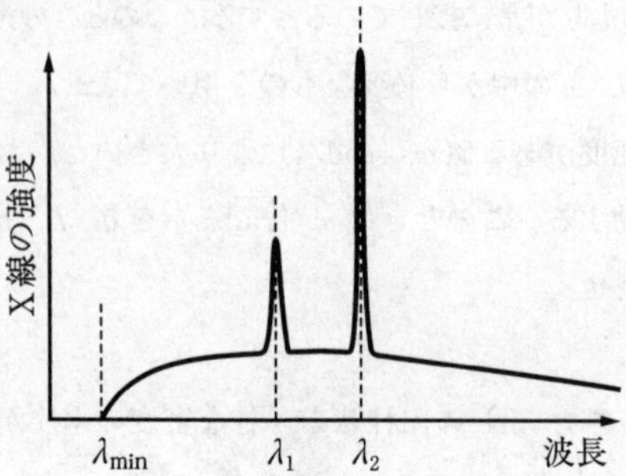

図3

(ホ)　陽極に衝突する直前の電子の速さ〔m/s〕を，e，m，V の中から必要なものを用いて表せ。

(ヘ)　加速電圧 V を大きくしたとき，λ_1，λ_2，λ_{min} はそれぞれどのように変化するか，「大きくなる」，「小さくなる」，「変わらない」で答えよ。

2.　以下の設問の解答を所定の解答欄に記入せよ。円周率を π とする。平方根は開かなくてよい。なお，導出過程は示さなくてよい。

図1のように，水平面の上に軽いばねの左端が固定されていて，ばねの右端には質量 m の小物体Aが接している。このばねのばね定数は k で，ばねと水平面の間の摩擦は無視できるものとする。また，空気抵抗も無視できるものとする。水平面上で，ばねと平行に x 軸をとり，ばねが自然の長さのときの小物体Aの位置を原点Oとし，図1の左方向を x 軸の正とする。ばねの右端よりさらに右側には斜面があり，水平面とはなめらかにつながっている。斜面上には質量 m の小物体Bが置かれている。小物体Aと小物体Bの大きさは無視できるほど小さいとし，小物体A，小物体Bおよびばねの運動は，すべて同一の鉛直面内でおこるとする。また，重力加速度の大きさを g とする。

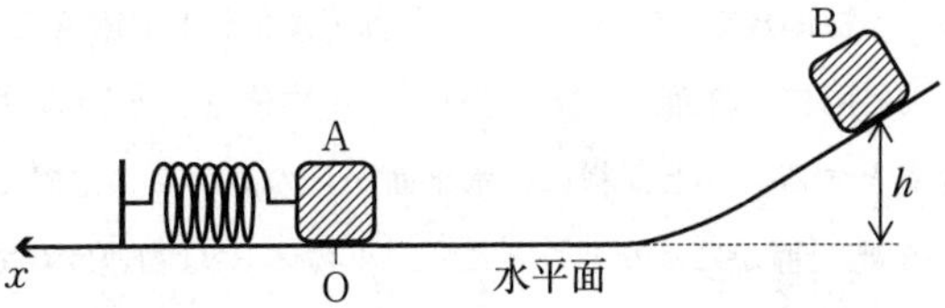

図1

(A)　斜面および水平面と，小物体A，小物体Bとの間の摩擦は無視できるとする。はじめに，小物体Aは原点Oで静止していて，小物体Bは，斜面上で水平面からの高さ h の位置で支えておく。小物体Bの支えを静かにはずしたところ，小物体Bは初速度0で斜面を滑りおりて，斜面および水平面から離れることなく運動し，時刻 $t=0$ で，水平面上の原点Oで小物体Aと非弾性衝突した。小物体Aと小物体Bの間の反発係数（はねかえり係数）を e とし，最初の衝突直後の小物体Aおよび小物体Bの速さをそれぞれ v_A および v_B とする。最初の衝突後，小物体Aと小物体Bは離れて運動していたが，時刻 $t=t_1$ の時に位置 $x=x_1$ で2回目の衝突をした。2回目の衝突直前の小物体Aの速度は0であった。

(イ)　速さ v_A および v_B を，e，g，h を用いて表せ。ただし，π は用いないこと。

(ロ)　時刻 $t=t_1$ で2回目の衝突をしたときの小物体Aの位置 x_1 を，k，m，v_A の中から必要なものを用いて表せ。

(ハ)　解答欄の図に，時刻 $t=0$ から t_1 までの間の小物体Aの位置 x の時間変化を実線で，小物体Bの位置 x の時間変化を点線で描き込み，2回目の衝突までにかかった時間 t_1 を，k，m を用いて表せ。また，直線を描く必要がある場合は，問題冊子の「へリ」を定規のように使うとよい。（解答欄の図は図2と同じ）

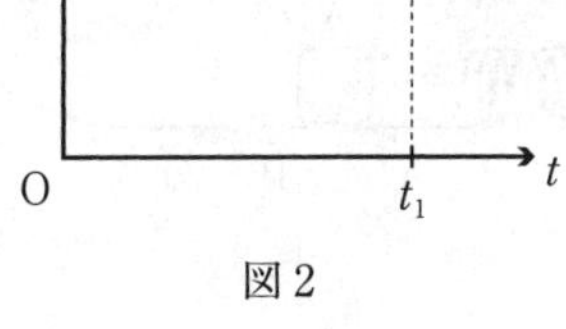

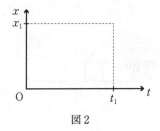

図2

(B)　小物体A，小物体Bを，質量が同じで材質が異なる小物体A′と小物体B′に取り替えた。(A)と同様，斜面および水平面と，小物体A′，小物体B′との間の摩擦は無視できるとする。(A)と同様に，水平面からの高さ h の位置で支えてあった小物体B′の支えを静かにはなしたところ，小物体B′は初速度0で斜面を滑りおりて，斜面および水平面から離れることなく運動し，水平面上の原点Oにある小物体A′と衝突した。衝突後，小物体A′と小物体B′は一体となり，ばねが最も縮んだときに位置 $x = x_2$ まで到達した。

(ニ)　x_2 を g，h，k，m の中から必要なものを用いて表せ。

(C)　小物体A′，小物体B′を，質量が同じで材質が異なる小物体A″と小物体B″に取り替えた。図3(a)のように，水平面上の点Pから点Qまでの領域には摩擦があり，それ以外の領域には摩擦がないものとする。PQ間の距離は ℓ で，摩擦のある面PQと小物体B″との間の動摩擦係数を μ とする。はじめに，小物体A″を手で押してばねを縮め，$x = x_3$ の位置まで押し込んだ状態で，小物体B″をOP間のある位置に静止させておいた。次に小物体A″から静かに手を離したところ，小物体A″は点Oでばねから離れ，小物体B″と弾性衝突した。この衝突の後，小物体B″は摩擦のあるPQ間を通過し，図3(b)のように斜面を登った。小物体B″の最高到達点は，水平面から高さ H の地点であった。

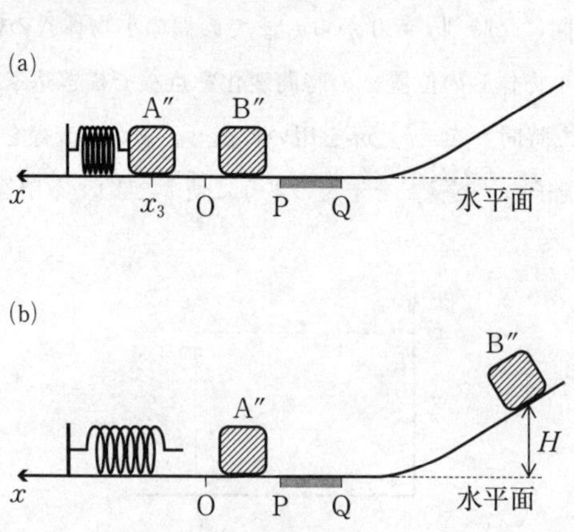

図3

(ホ)　x_3 を，g，H，k，ℓ，m，μ の中から必要なものを用いて表せ。

3.　以下の設問の解答を所定の解答欄に記入せよ。解答中の数値部分は既約分数もしくは有効数字 2 桁で答えよ。ただし，導出過程は示さなくてよい。

図 1 のような，二つの電池 E_1，E_2，4 つの抵抗器 R_1，R_2，R_3，R_4，電流計 A，可変抵抗 VR および二つのスイッチ S_1，S_2 からなる直流回路がある。二つの電池 E_1，E_2 の起電力はそれぞれ 12 V，4.0 V，抵抗器 R_1，R_2，R_3，R_4 の抵抗値はそれぞれ 60 Ω，40 Ω，20 Ω，24 Ω であるとする。電池と電流計の内部抵抗など，抵抗器以外の抵抗は無視できるものとする。

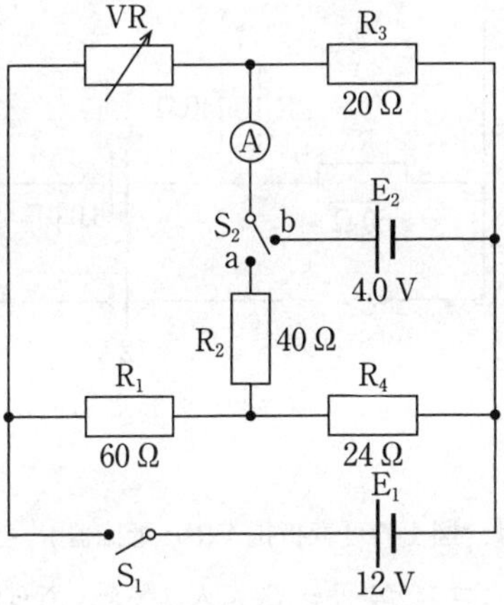

図 1

(A)　スイッチ S_1 を閉じ，スイッチ S_2 を a 側に入れ電流計 A に電流が流れないように可変抵抗 VR の抵抗値を調整した。この状態を状態 I とする。

(イ)　状態 I における可変抵抗 VR の抵抗値〔Ω〕を求めよ。

(B)　スイッチ S_1 を閉じたまま，スイッチ S_2 を b 側に入れ，電流計 A に電流が流れないように可変抵抗 VR の抵抗値を調整した。この状態を状態Ⅱとする。

(ロ) 状態Ⅱのとき，抵抗器 R_3 を流れる電流の大きさ〔A〕を求めよ。

(ハ) 状態Ⅱにおける可変抵抗 VR の抵抗値〔Ω〕を求めよ。

(ニ) 状態Ⅱから，さらに可変抵抗 VR の抵抗値を変化させたところ，電流計 A に図 1 の上から下に向かって 0.20 A の電流が流れた。このときの可変抵抗 VR の抵抗値〔Ω〕を求めよ。

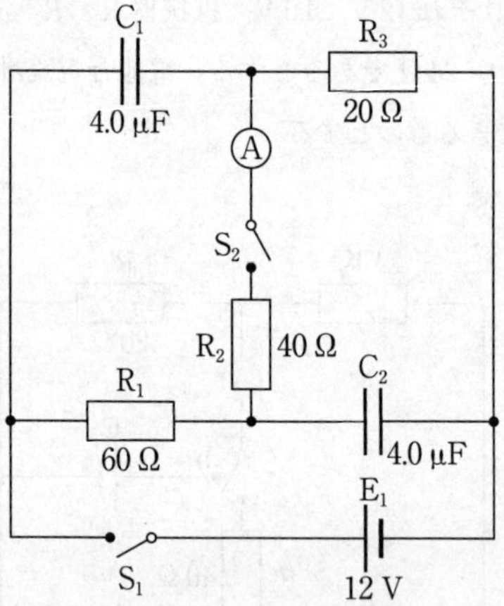

図 2

(C) 図 2 の直流回路は，図 1 の可変抵抗 VR と抵抗器 R_4 をともに電気容量 4.0 μF のコンデンサー C_1 とコンデンサー C_2 に入れ替え，さらに図 1 の電池 E_2 を外したものである。はじめ，スイッチ S_1 とスイッチ S_2 は開いていて，コンデンサーには電気量が蓄えられていないものとする。以下の問いに答えよ。

(ホ) はじめの状態からスイッチ S_2 を閉じ，続いて S_1 を閉じた。S_1 を閉じた瞬間に抵抗器 R_2 を流れる電流の大きさ〔A〕を求めよ。

(ヘ) 設問(ホ)でスイッチ S_2 とスイッチ S_1 を閉じてから十分に時間が経過したときに抵抗器 R_2 を流れる電流の大きさ〔A〕を求めよ。

(ト) 設問(ホ)でスイッチ S_2 とスイッチ S_1 を閉じてから十分に時間が経過したのち，

スイッチ S_1 とスイッチ S_2 を同時に開いた。スイッチ S_1 とスイッチ S_2 を同時に開いた時から，さらに十分に時間が経つまでの間に抵抗器 R_3 で発生した熱量〔J〕を求めよ。

4. 以下の設問の解答を所定の解答欄に記入せよ。解答中に分数が現れる場合は既約分数で答えよ。なお，導出過程は示さなくてよい。

熱を通さない断熱材でできた内側の断面積 S のシリンダー容器（以後，容器と呼ぶ）がある。気体定数を R，重力加速度の大きさを g とする。

(A) 図 1 のように容器を鉛直方向に固定し，熱を通す透熱材（熱をよく通す素材）でできた熱容量の無視できる質量 M のピストンを容器内側の中央に設置して，ピストンの上側と下側にそれぞれ 1 mol ずつ（合わせて 2 mol）の単原子分子の理想気体を入れた。ピストンで密封された上側と下側の理想気体の圧力，体積，温度はともに等しく，その圧力を P_0，体積を V_0，温度を T_0 とする。この状態を状態 1 とする。

次に状態 1 で容器の中央に設置されていたピストンの固定を外すと，ピストンは鉛直下方にゆっくりと距離 a だけ移動して静止した（図 2）。この過程において，ピストンで仕切られた理想気体は常に平衡状態に達しており，ピストン上側の理想気体の圧力は P_1，体積は V_1 で，ピストン下側の理想気体の圧力は P_2，体積は V_2 であった。この状態を状態 2 とする。なお，ピストンと容器の間に摩擦力はなく，ピストンは鉛直方向になめらかに動くことができる。また，ピストンと容器のあいだに隙間はなく，ピストンで仕切られた理想気体は反対側に漏れ出ることはないものとする。

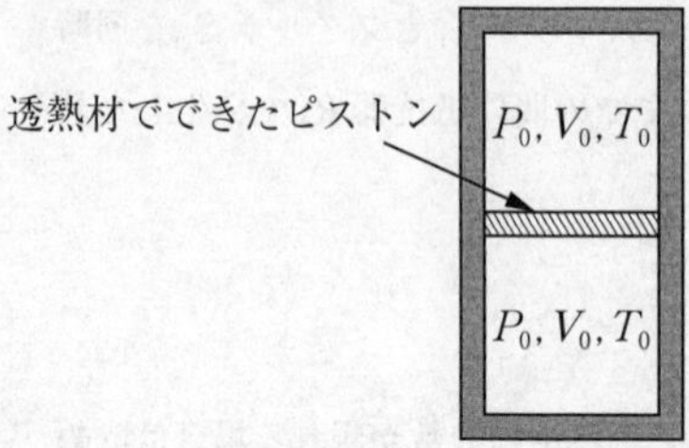

図 1

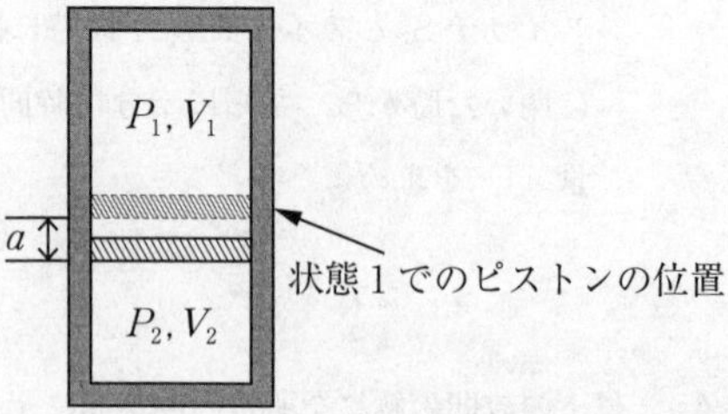

図 2

(イ) 状態 2 におけるピストンの上側と下側の理想気体の体積比 $\dfrac{V_1}{V_2}$ を P_1 と P_2 で表せ。

(ロ) 状態 2 における理想気体の温度 T' は,

$$T' = T_0 + \Delta T$$

と書ける。ΔT を M, g, a, R の中から必要なものを用いて表せ。

(ハ) ピストンを熱容量 $15R$ の透熱材でできたピストンに変え, 他の条件はすべて変えずに容器の中央に設置したピストンの固定を外すと, ピストンは容器の中央から距離 $\dfrac{12}{11}a$ だけゆっくりと鉛直下方に動いて静止した。この過程において, ピストンで仕切られた理想気体は常に平衡状態に達しているものとする。ピストンが鉛直下方に動いて静止した状態における理想気体の温度 T'' は,

$$T'' = T_0 + n\Delta T$$

と書ける。ここで, ΔT は設問(ロ)で求めたものと同じものである。n の値を整数もしくは既約分数で答えよ。ただしピストンの温度は, ピストンと接している理想気体との間の熱の移動によって, 理想気体の温度と常に等しいものとする。

(B) 次に図 3 に示すように容器を水平方向に固定し, ピストンを熱を通さない断熱材でできた質量 M のピストンに取り替え, 状態 1 と同様に, ピストンを容器の中央に設置し, ピストンの左側と右側のそれぞれに 1 mol ずつの単原子分子の理想気体を入れた。ピストンで密封された左側と右側の理想気体の圧力, 体積, 温度はともに等しく, その圧力を P_0, 体積を V_0, 温度を T_0 とする。この状態を状態 3 とする。ピストンと容器の間に摩擦力はなく, ピストンは水平方向になめ

らかに動くことができる。また，ピストンと容器のあいだに隙間はなく，ピストンで仕切られた理想気体は反対側に漏れ出ることはない。

図 4 に示すように，状態 3 からピストンを距離 b だけ左にゆっくりと動かすと，板の左側の理想気体の圧力は P_L，体積 V_L，板の右側の理想気体の圧力は P_R，体積 V_R となった。この状態を状態 4 とする。

断熱変化では，単原子分子の理想気体の圧力 P と体積 V のあいだにポアソンの法則（$PV^{\frac{5}{3}}=$ 一定）が成り立つものとする。

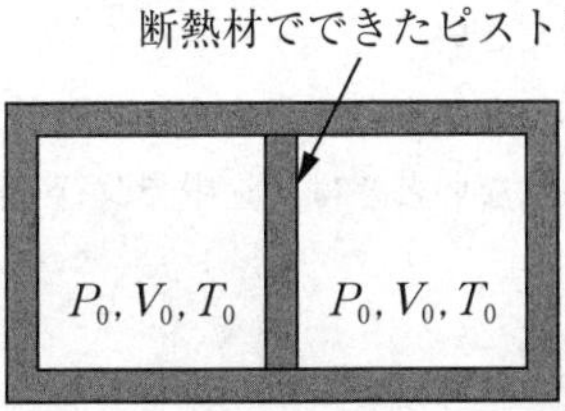

図 3

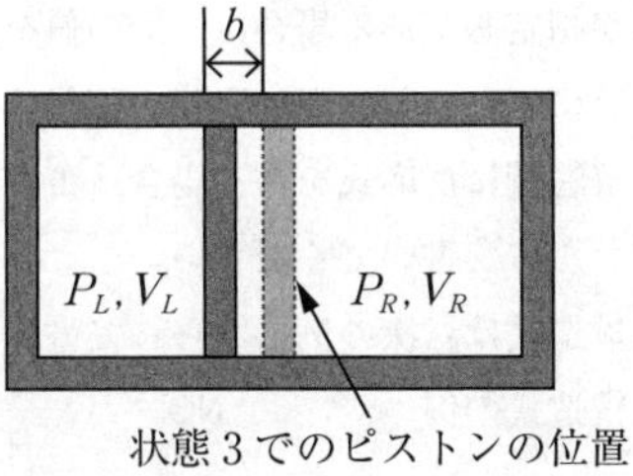

図 4

(ニ)　状態 4 における左右の理想気体の体積比 $\dfrac{V_L}{V_R}$ を P_L と P_R で表せ。

(ホ)　状態 3 から状態 4 の間にピストンの動いた距離 b が十分に小さいとき，左右の理想気体の圧力の差は，

$$P_L - P_R \fallingdotseq \boxed{\quad (ホ) \quad} \frac{Sb}{V_0} P_0$$

と近似できる。 $\boxed{\quad (ホ) \quad}$ に入る値を既約分数で答えよ。式を導く際には，α を任意の実数，x を小さい実数（$|x| \ll 1$）とするとき，

$$(1+x)^{\alpha} \fallingdotseq 1+\alpha x$$

の近似式を用いてよい。

■化学■

（物理・化学の任意の 4 題で 90 分）

(1)　原子量，各種物理定数の値，対数の値，および平方根の値は以下にまとめてあります。これらの数値を用いてください。ただし，各設問の「ただし書き」で数値が指定してある場合は，その値を用いてください。

(2)　特にことわりのない限り，気体は理想気体であるものとします。

(3)　解答欄に反応式を書く場合，1 行に書き切れないときは，途中で改行し，2 行にわたって書いてください。

(4)　構造式は，次の例にならって書いてください。

構造式の例：

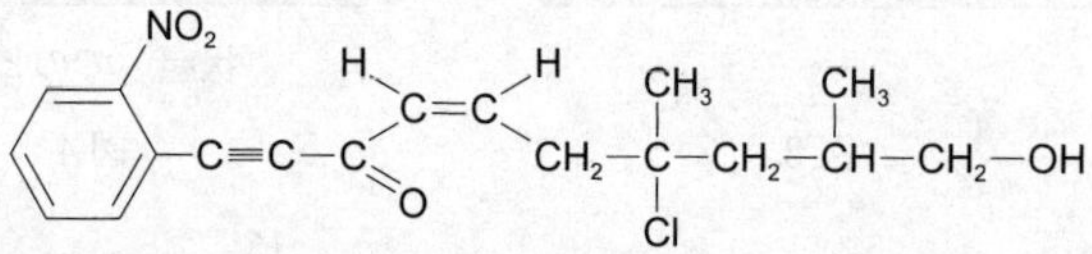

(5)　化学式や構造式で使われている R− という記号は，炭化水素基を表しています。

R を含む構造式の例：$R-CH_2-OH$

(6)　解答欄に酸化数を書く場合，符号（“+”や“−”）をつけて書いてください。

原子量

元素	H	C	N	O	F	Ne	Na	Mg	Al	Si	P	S	Cl
原子量	1.00	12.0	14.0	16.0	19.0	20.0	23.0	24.0	27.0	28.0	31.0	32.0	35.5

Ar	K	Ca	Cr	Mn	Fe	Co	Cu	Zn	Br	Ag	I	Ba	Pb
40.0	39.0	40.0	52.0	55.0	56.0	59.0	63.5	65.4	80.0	108	127	137	207

気体定数　$R = 8.31 \times 10^3\ \mathrm{Pa \cdot L/(K \cdot mol)} = 8.31\ \mathrm{Pa \cdot m^3/(K \cdot mol)}$

$= 0.0821\ \mathrm{atm \cdot L/(K \cdot mol)}$

$= 8.31\ \mathrm{J/(K \cdot mol)}$

理想気体の体積　標準状態（0 ℃，1.013×10^5 Pa(1 atm)），1 mol で 22.4 L

アボガドロ定数　$N_A = 6.02 \times 10^{23}/\mathrm{mol}$

水のイオン積（25 ℃）　$K_W = 1.00 \times 10^{-14}\ (\mathrm{mol/L})^2$

ファラデー定数　$F = 9.65 \times 10^4\ \mathrm{C/mol}$

絶対零度　− 273 ℃

対数値　$\log_{10} 2 = 0.301$　$\log_{10} 3 = 0.477$　$\log_{10} 5 = 0.699$　$\log_{10} 7 = 0.845$

平方根値　$\sqrt{2} = 1.41$　$\sqrt{3} = 1.73$　$\sqrt{5} = 2.24$　$\sqrt{7} = 2.65$

1. **(イ) から (ニ) の各設問に答えよ。選択肢の中からあてはまるものを選ぶ問題では，複数解答もあり得る。**

(イ)　次の文章を読み，設問 (1) ～ (3) に答えよ。

表 1 イは，①～⑱の各元素の電子配置を示したものである。電子殻の列の数字は，各電子殻に収容されている電子の個数を表している。

表 1 イ　各元素の電子配置

	電子殻		
元素	K 殻	L 殻	M 殻
①	1	0	0
②	2	0	0
③	2	1	0
④	2	2	0
⑤	2	3	0
⑥	2	4	0
⑦	2	5	0
⑧	2	6	0
⑨	2	7	0
⑩	2	8	0
⑪	2	8	1
⑫	2	8	2
⑬	2	8	3
⑭	2	8	4
⑮	2	8	5
⑯	2	8	6
⑰	2	8	7
⑱	2	8	8

(1)　第一イオン化エネルギーとは，原子から最外殻電子を 1 個取り去って，1 価の陽イオンにするために必要なエネルギーのことである。表 1 イ中の元素から，第一イオン化エネルギーが最も小さい元素を選び，番号①～⑱とその元素記号を答えよ。

(2)　表 1 イ中の元素から，原子の電子配置が O^{2-} と同じ電子配置をもつ元素を選び，番号①～⑱とその元素記号を答えよ。

(3)　表 1 イ中の元素から，電気陰性度の最も大きな元素を選び，番号①～⑱とその元素記号を答えよ。

(ロ)　下の設問(1), (2)に答えよ。

(1)　次の①～③の記述にあてはまる物質を(a)～(f)の中からすべて選び，記号で答えよ。

①　原子が共有結合のみで結びついて構成されている。極性が大きく，水に溶けて（あるいは混ざり合って）電離する。

②　水によく溶ける（あるいは，水とよく混ざり合う）が，電離しない。

③　分子に極性がなく，水にはほとんど溶解しない（または，水とは混ざり合わない）。

(a)　ヨウ素　　(b)　グルコース　　(c)　エタノール

(d)　トルエン　　(e)　硫酸ナトリウム　　(f)　塩化水素

(2)　塩化ナトリウムを水に溶解させると，電離したイオンと水分子の間には引力が働き，イオンは水分子に囲まれて水溶液中に拡散し，他のイオンと離れた状態で存在する。この現象の名称を漢字 2 文字で答えよ。また，水溶液中で塩化物イオンが水に結びつく様子を示した略図として，最も適切なものを図 1 ロの(a)～(c)の中から選び，記号で答えよ。

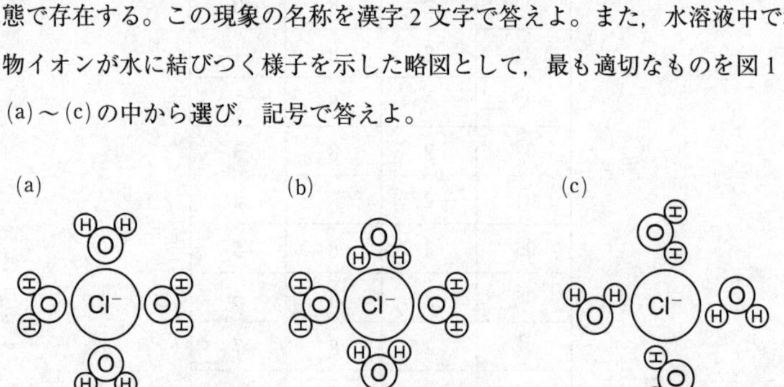

図 1 ロ　水溶液中で塩化物イオンが水に結びつく様子

(ハ)　次の文章を読み，下の設問(1)，(2)に答えよ。

下の写真は，ある大型商業施設の入り口に設置された消毒用途の次亜塩素酸水である。次亜塩素酸水は，図 1 ハに示すように塩化ナトリウム水溶液の電気分解によって得ることができる。

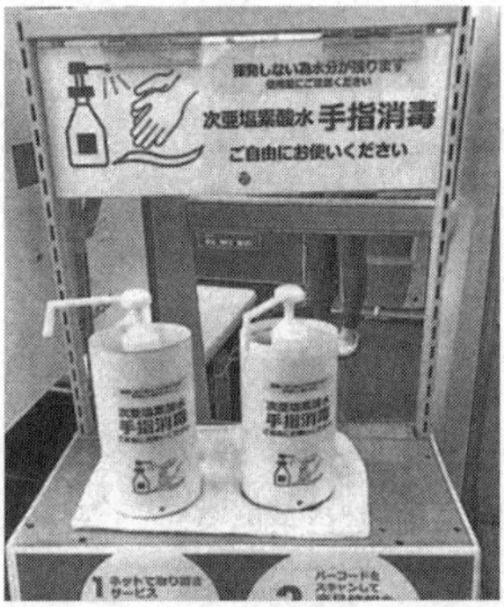

写真　消毒用途の次亜塩素酸水

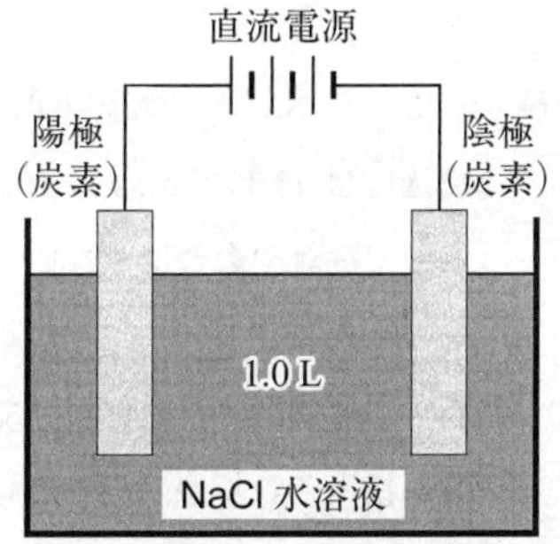

図 1 ハ

(1)　電気分解を行うと陽極で塩素が発生する。この塩素が水と反応して次亜塩素酸が生じるときの化学反応式を書け。

(2)　図 1 ハに示すような塩化ナトリウム水溶液の電気分解装置を用いて，電気分解を 16 分 5 秒行い，105 mg/L の濃度の次亜塩素酸水 1.0 L を得たい。必要な電流〔A〕を有効数字 2 桁で求めよ。ただし，電気分解によって発生した塩素はすべて水と完全に反応するものとし，水溶液の体積は変化しないものとする。

(ニ)　次の文章を読み，設問(1)～(3)に答えよ。

清涼飲料水 X は，特定保健用食品に指定されている。この清涼飲料水 X には天然物由来の血圧降下作用を示すジペプチド A が含まれている。次の実験 1 ～ 6 を行ない，ジペプチド A の構成成分である二つの α-アミノ酸を決定した。

実験 1　ジペプチド A を加水分解したところ，α-アミノ酸 B と α-アミノ酸 C が得られた。

実験 2　ジペプチド A を分解して解析したところ，ジペプチド A のアミノ酸配列は，アミノ基側から B－C の順番で繋がっていることがわかった。すなわち，α-アミノ酸 B のカルボキシ基と α-アミノ酸 C のアミノ基が縮合している。

実験 3　α-アミノ酸 B，C のそれぞれの水溶液に水酸化ナトリウム水溶液を加えて加熱後，酢酸鉛(Ⅱ)水溶液を加えても，どちらも変化がなかった。

実験 4　アミノ酸 B の水溶液に塩化鉄(Ⅲ)水溶液を加えても，呈色しなかったが，アミノ酸 C の水溶液に塩化鉄(Ⅲ)水溶液を加えると，呈色した。

実験 5　中性条件下で α-アミノ酸 B の電気泳動を行うと，ほとんど移動しなかった。

実験 6　このジペプチド A の 0.0136 g を 20 mL の水に溶解した。この水溶液の浸透圧は 15 ℃で 5.54×10^3 Pa であった。ただし，ジペプチド A は水溶液中で電離や会合はしないものとする。

(1)　実験 3 と 4 で行った呈色反応では，側鎖にどのような構造上の特徴をもつアミノ酸が検出されるか。それぞれの実験における呈色反応について，最も適切なものを次の(a)～(g)の中から一つずつ選び，記号で答えよ。

(a)　ベンゼン環　(b)　アミノ基　(c)　硫黄原子　(d)　アルキル基

(e)　カルボキシ基　(f)　フェノール性ヒドロキシ基　(g)　ハロゲン原子

(2)　実験 6 の実験結果に基づき，ジペプチド A の分子量を有効数字 3 桁で求めよ。

(3)　α-アミノ酸 B，C として最も適切な構造を，次の(h)～(o)の中から一つずつ選び，記号で答えよ。

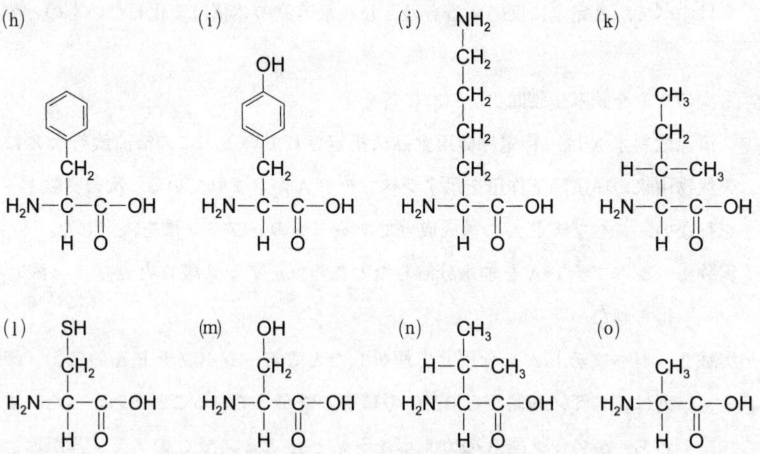

図 1 ニ　アミノ酸の構造

2. **(イ)から(ニ)の各設問に答えよ。選択肢の中からあてはまるものを選ぶ問題では，複数解答もあり得る。**

(イ)　次の文章を読み，下の設問(1)，(2)に答えよ。

Li 原子は，価電子 1 個を放出して，安定な電子配置をもつ Li^+ になりやすく，また，Cl 原子は 1 個の電子を受け取って，安定な電子配置をもつ Cl^- になりやすい。Li^+ と Cl^- は［ A ］力によって引きあって結合する。このようにしてできる結合をイオン結合という。

このような物質では，イオンの間にはたらく結合が強いため，一般に硬く，融点が高い。結晶の状態では電気を通さないが，水に溶かすと陽イオンと陰イオンに分かれ自由に動けるようになるため，電気伝導性を示す。このように物質がイオンに分かれることを電離といい，水に溶けたときに電離する物質を［ B ］という。

(1)　中性の原子が Li^+，Cl^- と同じ電子配置をもつ元素を，それぞれ元素記号で答えよ。

(2)　［ A ］，［ B ］の空欄に入る語句を答えよ。

(ロ)　次の文章を読み，下の設問(1)～(3)に答えよ。

陰イオン界面活性剤である硫酸ドデシルナトリウムは，ドデカノール（$C_{12}H_{25}OH$）と硫酸の反応によって得られた硫酸水素ドデシルを，さらに水酸化ナトリウムと反応させて得られる。硫酸ドデシルナトリウムは常温で水に溶解する。水と空気の界面（水と空気の境界）では，硫酸ドデシルナトリウムは，［ A ］の部分を空気側に，［ B ］の部分を水側に向けて集合する。そのとき，界面活性剤を含む水溶液の表面張力は［ C ］。

(1)　アルコールとオキソ酸の脱水（縮合）反応から得られる化合物の一般名を答えよ。

(2)　酸と塩基の中和反応から得られる電解質の一般名を答えよ。

(3)　空欄［ A ］，［ B ］，［ C ］にもっとも適した語句を次の(a)～(h)の中から一つずつ選び記号で答えよ。

(a)　カルボキシ基	(b)　スルホ基	(c)　フェニル基	(d)　アルキル基
(e)　ヒドロキシ基	(f)　減少する	(g)　増大する	(h)　変化しない

(ハ)　次の文章を読み，下の設問(1)，(2)に答えよ。

図 2 ハのように，容積 5.00 L の容器 A と容積 25.0 L の容器 B の 2 つがコックにより連結されている。コックを閉じた状態で，容器 A には乾燥したメタンを 0.32 g，容器 B には乾燥した空気（体積パーセントで酸素が 20 %，窒素が 80 % とする）を 14.4 g 満たした。コックを開けて，充分に時間が経過して各気体が均一な濃度になった後，メタンを完全燃焼させた。両容器間の連結管，およびコックの容積は無視できるほど小さいものとする。

(1)　燃焼後，容器 A の中にある H_2O の物質量を有効数字 2 桁で求めよ。

(2)　燃焼後，コックを開けたまま容器 A を 327 ℃，B を 127 ℃に保ち，充分な時間静置した。A の中に入っているすべての気体の総物質量を有効数字 2 桁で求めよ。ただし，各容器内の温度は均一であると仮定せよ。

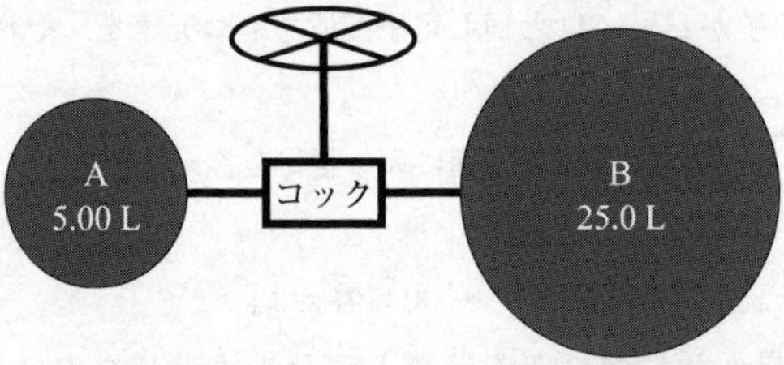

図 2 ハ　2 つの容器 A と B がコックにより連結されている模式図

(ニ)　喘息(ぜんそく)の治療薬として使われるテオフィリンは，茶葉に豊富に含まれることが知られている。そこで，純粋なテオフィリンを紅茶から得る実験を A ～ F の操作で行った。空欄 [①] ～ [⑩] に最も適した語句を答えよ。

A　紅茶の茶葉に熱湯を加え，数分間よく振り混ぜて，目的とする成分物質を溶かし出す。このような操作を [①] という。

B　次に，熱湯に溶けなかった成分と溶けた成分を，目の細かい網に通過させて分離する。このような操作を [②] という。

C　B の操作の後の溶液に，塩化ナトリウムを加え，さらに有機溶媒のジクロロメタンを加えてよく振り混ぜた後，静置して水溶液とジクロロメタンの溶液を上下で分離させる。この操作を実験室で行う場合，一般的に使われるガラス器具が [③] である。

D　シリカゲルの粉末をガラス管に詰めて，操作 C で得られたジクロロメタン溶液を上からゆっくり注ぎ，適切な有機溶媒を連続的に加え，ガラス管中を流下させた。ジクロロメタン溶液に含まれる各成分は，それぞれシリカゲルに［　④　］する性質と溶媒へ［　⑤　］する性質に違いがある。このことから，各成分がガラス管の下端から流出する速さ（時間）には違いが生じる。その結果，複数の成分に分離した。この操作を［　⑥　］とよぶ。

E　D の操作で分離されたテオフィリンの溶液から溶媒を［　⑦　］させて除去すると，固体のテオフィリンが得られる。さらに純度を高めるために，常圧でテオフィリンを加熱すると，液体の状態を経由せずに気体に変わる。このような現象を［　⑧　］という。この気体を冷やして固体にすることにより，高純度のテオフィリンが得られる。

F　D と E の操作のように，取り出した物質から不純物を取り除き，さらに高純度の物質を得る操作を総じて［　⑨　］とよぶ。その中には，固体の物質をいったん溶媒に溶かしたのち，冷却して［　⑩　］を得る再［　⑩　］法もある。

3.　(イ) から (ニ) の各設問に答えよ。選択肢の中からあてはまるものを選ぶ問題では，複数解答もあり得る。

(イ)　次の文章を読み，下の設問 (1) ～ (3) に答えよ。

生物の身体を構成するタンパク質を合成するためには，多くの窒素原子が必要である。窒素は大気の主成分として大量に存在するが，化学的に非常に安定である。そのため，生物が窒素原子を取り込む方法は限られており，雷などの自然現象で生じた窒素化合物を摂取するか，窒素原子を取り込む能力を持つ一部の原核生物の力を借りるなど，自然界では極めて少数の手段で窒素の取り込みを行っている。しかし人類は，水素の単体と窒素の単体を高温高圧下で直接反応させる反応を見出し，窒素肥料を作ることで多くの作物を得ることができるようになった。

(1)　下線部について，最も代表的な反応の名称（工業的製法の名称）を書け。

(2)　下線部の反応の化学反応式を書け。ただし化学反応式中の反応物と生成物は，すべて電子式で書くこと。解答の際は，電子を明瞭に記載すること。

(3)　分子の立体構造に関する考え方として,「中心となる原子に配置される共有電子対, 非共有電子対は, 互いに空間的に最も離れた位置をとる」というものがある。この考え方（電子対反発則, VSEPR 則）を利用して, 下線部の反応で得られる生成物の立体構造の記述として最もふさわしいものを次の(a)～(g)の中から一つ選び, 記号で答えよ。

(a)　三角錐形　(b)　正四面体形　(c)　直線形　(d)　折れ線形

(e)　三方両錐形　(f)　正三角形　(g)　正四角形

(ロ)　次の文章を読み, 下の設問(1)～(3)に答えよ。

周期表の第 2 族に配される金属 M の硫酸塩は, 水溶性である。また, この金属 M の塩は, 天然塩の成分の一つであり, 豆腐の製造に用いる「にがり」の主成分でもある。この金属 M の単体を主成分とした電極で電池を作製することができる。この電池の負極反応は, 金属 M が酸化され陽イオンとなる反応である。一方, 正極反応は, 以下のような電子（e^-）を含む反応式で表され, 空気中の酸素を用いることができる。この電池の電解液は, 塩化ナトリウム水溶液である。

$$O_2 + 2\,H_2O + 4e^- \longrightarrow 4\,OH^-$$

従来この電池には, 金属 M の表面で生成した陽イオンが不溶性の塩を形成することにより, 金属の内部が保護され, 反応が進行しにくくなってしまうという欠点があった。しかし, 現在では技術の改良によりこの欠点が克服され, 緊急時に水を入れることで使用できる電池としても市販されている。

(1)　この金属 M にあてはまる元素を元素記号で書け。

(2)　スマートフォンのバッテリー 1 個の容量が仮に 9.00×10^3 C であるとする。この金属 M の単体 20.0 g から取り出せる電気量〔C〕の全量を充電に使えると仮定すると, 完全に充電できるスマートフォンのバッテリーは何個か, 整数で答えよ。

(3)　設問(2)の電気量が流れる際に消費される酸素の体積（標準状態）は, 最低で何 L か。有効数字 3 桁で答えよ。

(ハ)　次の文章を読み, 下の設問(1), (2)に答えよ。

ニトロベンゼン 49.2 g を, スズ, 塩酸で処理することによって還元した後, 水酸化ナトリウム水溶液を加えることで，芳香族化合物 A を得た。その後，精製した芳香族化合物 A に無水酢酸を反応させ，アセチル化を行うことで，芳香族化合物 B を 30.2 g 得た。

(1)　芳香族化合物 A の分子量を有効数字 2 桁で書け。

(2)　本実験における収率〔%〕を次式のように定義する。本実験における収率〔%〕を有効数字 3 桁で書け。

$$\text{収率〔\%〕} = \frac{\text{得られた芳香族化合物 B の物質量}}{\text{使用したニトロベンゼンの物質量}} \times 100$$

(二)　次の文章を読み，下の設問 (1) ～ (4) に答えよ。

ギ酸とメタノールの混合物に，触媒として濃硫酸を加えて加熱すると，ギ酸メチルが得られる。一方，ギ酸メチルに多量の水と少量の濃硫酸を加えて加熱すると，加水分解が起こり，ギ酸とメタノールが生じる。この二つの反応は互いに逆反応であるため，密閉容器内で反応を行って，長時間放置すると平衡状態に至る。

$$HCOOH(\text{液}) + CH_3OH(\text{液}) \rightleftarrows HCOOCH_3(\text{液}) + H_2O(\text{液}) \quad \text{(A)}$$

(1)　反応 (A) の平衡は温度を変えてもほとんど移動せず，平衡状態におけるギ酸メチルの濃度はほとんど変化しなかった。このことから，反応 (A) の反応熱の符号や大きさについて，考えられることを 12 文字以内で答えよ。

(2)　ギ酸メチルの燃焼熱は 981 kJ/mol である。この値と表 3 ニの生成熱の値を使って，ギ酸メチルの生成熱〔kJ/mol〕を整数値で求めよ。

(3)　(2) で求めたギ酸メチルの生成熱と表 3 ニの生成熱の値を使って，反応 (A) の反応熱〔kJ/mol〕を小数点以下を四捨五入して示せ。

表 3 ニ　生成熱

化合物（状態）	生成熱〔kJ/mol〕
$HCOOH$（液）	425
CH_3OH（液）	239
H_2O（液）	286
CO_2（気）	394

(4) 上述のように硫酸を触媒とするギ酸メチルの加水分解は，可逆な反応である。しかし，硫酸のかわりに水酸化ナトリウム水溶液を用いると，一方向に反応が進行し，不可逆にギ酸メチルの加水分解を行うことができる。このような水酸化ナトリウム水溶液を用いる不可逆な加水分解の名称を答えよ。

4. **(イ)から(ニ)の各設問に答えよ。選択肢の中からあてはまるものを選ぶ問題では，複数解答もあり得る。**

(イ) 次の文章を読み，下の設問(1)，(2)に答えよ。

炭酸ナトリウム Na_2CO_3 と水酸化ナトリウム NaOH を含む水溶液Xが 100 mL ある。この水溶液Xに指示薬Aを加えた後，0.10 mol/L の塩酸を用いて中和滴定をおこなった。水溶液Xにビュレットで 120 mL の塩酸を滴下したところ，指示薬Aが変色した。ここで指示薬Bを加え，さらに塩酸を滴下していったところ，さらに 40 mL の塩酸を加えた時点で指示薬Bが変色した。

(1) 指示薬AおよびBの名称をそれぞれ答えよ。

(2) 水溶液X中の炭酸ナトリウム，および水酸化ナトリウムのモル濃度〔mol/L〕をそれぞれ有効数字2桁で求めよ。

(ロ) 次の文章を読み，下の設問(1)，(2)に答えよ。

2つの反応物AとBから生成物Cが生じる化学反応がある。25℃において，Aのモル濃度［A］だけを0.5倍にすると，Cの生成速度 v は0.5倍になった。また，Bのモル濃度［B］だけを0.5倍にすると，Cの生成速度 v は0.25倍になった。

(1) 反応速度定数を k として，Cの生成速度 v と反応物のモル濃度［A］と［B］の関係を表す反応速度式を書け。

(2) 反応物のモル濃度［A］と［B］をそれぞれ3倍にすると，Cの生成速度 v は何倍になるか，整数で答えよ。

(ハ) ベンゼン環を含み，分子式 C_9H_{10} で表される化合物A，B，Cがある。A，B，Cは，いずれも臭素水に加えると臭素水を脱色した。AとBは互いにシス-トランス異性体の関係にあり，A はシス型である。一方，C を過マンガン酸カリウム水溶液で酸化すると，炭酸水素ナトリウム水溶液に溶けて二酸化炭素を発生する化合物 D が得られた。D を加熱すると，分子内で脱水して酸無水物が得られた。A と C の構造式を書け。

(二)　次の文章を読み，下の設問 (1) ～ (3) に答えよ。

ケイ素は岩石や鉱物の成分元素であり，地殻中における存在量（元素の質量パーセント濃度）は，［ ア ］に次いで多い。単体のケイ素は，電気炉内で，酸化物（SiO_2）を炭素によって還元することで作られる。ケイ素は周期表 14 族の非金属元素であり，価電子を［ イ ］個もつが，これらの電子は単体においては［ ウ ］結合を形成している。ケイ素の単体は半導体の性質を示し，高純度のものはコンピュータの集積回路や光エネルギーを電気エネルギーに変える［ エ ］などにおいて重要な材料として用いられる。炭素の単体にも同じ結晶構造を有する［ オ ］という物質が存在する。

(1)　文章中の［ ア ］～［ オ ］に入る適切な語句や数値を答えよ。

(2)　下線部の反応の化学反応式を書け。

(3)　図 4 ニはケイ素の結晶の単位格子を表している。単位格子の立方体の一辺の長さは 0.543 nm である。ケイ素の結晶 1 cm^3 に含まれる原子の個数を有効数字 2 桁で求めよ。

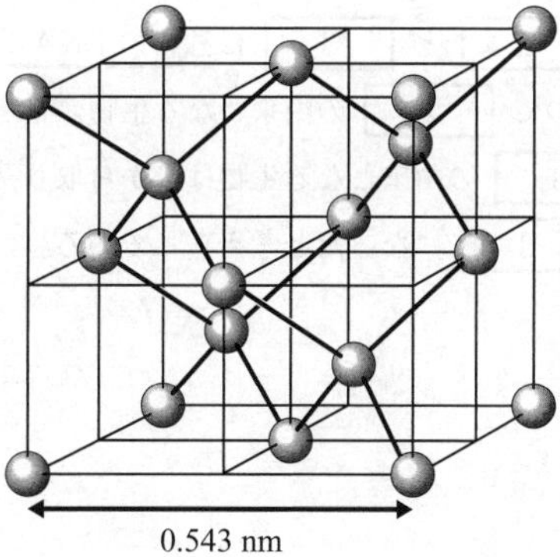

図 4 ニ　ケイ素の結晶の単位格子

生物

（90 分）

1. 細胞の構造と機能に関する次の文章を読んで，以下の問いに答えよ。

生物は多種多様であるが，どの生物も細胞からできている。細胞は細胞膜で包まれており，内部は生命活動を行うために必要な物質や，遺伝情報を担う DNA など多くのもので満たされている。細胞の観察には光学顕微鏡が用いられ，現在までに細胞の詳細な構造や機能が明らかになっている。さらに，光学顕微鏡に(a)接眼ミクロメーターと対物ミクロメーターを装着することで，観察した細胞や細胞内構造物の大きさも測定することができる。

細胞は(b)原核細胞と真核細胞の 2 種に大きく分けることができるが，原核細胞は核を持たず，DNA は核様体という領域に偏在している。一般的な原核細胞の大きさは［ A ］程度であり，このような細胞で出来た生物を原核生物という。

一方，真核細胞は DNA が核の中に存在している。さらに，原核細胞には見られないような細胞小器官があり，細胞の大きさは一般的に［ B ］程度のものが多い。このような細胞でできた生物を真核生物という。また，真核細胞に存在する細胞小器官のうち，［ 2 ］と［ 3 ］は(c)独自の DNA を持ち，二重膜構造をしていることから，かつて［ 2 ］の由来となる生物が宿主となる細胞に先に取り込まれ，その後［ 3 ］の由来となる生物は後から取り込まれたことで，それぞれが［ 2 ］と［ 3 ］になったと考えられている。

問1．文章中の空欄 [A]，[B] に入る数値の組合せとして最も適当なものを，次の①～⑨から1つ選び，番号で答えよ。[1]

	A	B
①	1 nm ～ 10 nm	1 nm ～ 10 nm
②	1 nm ～ 10 nm	1 μm ～ 10 μm
③	1 nm ～ 10 nm	10 μm ～ 100 μm
④	1 μm ～ 10 μm	1 nm ～ 10 nm
⑤	1 μm ～ 10 μm	1 μm ～ 10 μm
⑥	1 μm ～ 10 μm	10 μm ～ 100 μm
⑦	10 μm ～ 100 μm	1 nm ～ 10 nm
⑧	10 μm ～ 100 μm	1 μm ～ 10 μm
⑨	10 μm ～ 100 μm	10 μm ～ 100 μm

問2．文章中の空欄 [2]，[3] に入る細胞小器官とその由来となる生物の組合せとして最も適当なものを，それぞれ次の①～⑨から1つずつ選び，番号で答えよ。[2] [3]

	細胞小器官	**由来となる生物**
①	葉緑体	シアノバクテリア
②	葉緑体	好気性細菌
③	葉緑体	化学合成細菌
④	ゴルジ体	シアノバクテリア
⑤	ゴルジ体	好気性細菌
⑥	ゴルジ体	化学合成細菌
⑦	ミトコンドリア	シアノバクテリア
⑧	ミトコンドリア	好気性細菌
⑨	ミトコンドリア	化学合成細菌

問３．下線部(a)について，光学顕微鏡で接眼ミクロメーターと対物ミクロメーターを用いる場合，取り付ける場所の組合せとして最も適当なものを，次の①～⑨から１つ選び，番号で答えよ。[4]

	接眼ミクロメーター	対物ミクロメーター
①	接眼レンズ	対物レンズ
②	接眼レンズ	ステージ
③	接眼レンズ	レボルバー
④	ステージ	接眼レンズ
⑤	ステージ	対物レンズ
⑥	ステージ	レボルバー
⑦	レボルバー	接眼レンズ
⑧	レボルバー	対物レンズ
⑨	レボルバー	ステージ

問４．下線部(a)について，接眼ミクロメーターと対物ミクロメーター（１目盛り 10 μm）を正しくセットし，40倍の対物レンズと，10倍の接眼レンズで観察すると図１のようであった。また，対物レンズのみ20倍のレンズに変え接眼ミクロメーターで対象物を観察すると図２のようであった。このとき図１の接眼ミクロメーター１目盛りの長さと，図２の対象物の長径の組合せとして最も適当なものを，下の①～⓪から１つ選び，番号で答えよ。[5]

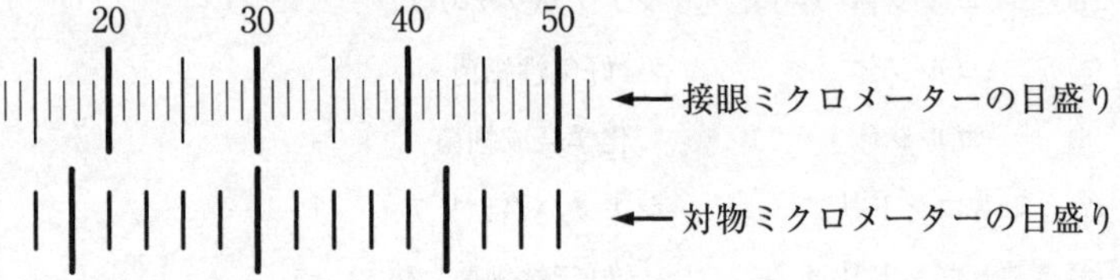

図１

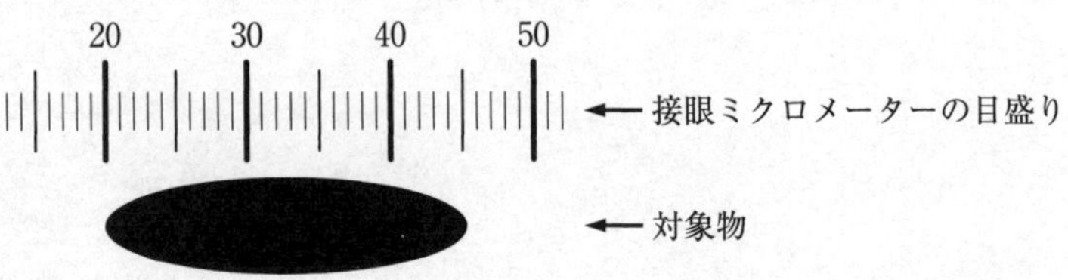

図２

	接眼ミクロメーター 1目盛り（図1）	対象物の大きさ（図2）
①	0.04 μm	0.5 μm
②	0.04 μm	2 μm
③	0.4 μm	5 μm
④	0.4 μm	20 μm
⑤	2.5 μm	31.3 μm
⑥	2.5 μm	125 μm
⑦	4 μm	50 μm
⑧	4 μm	200 μm
⑨	25 μm	313 μm
⓪	25 μm	1250 μm

問5．下線部(b)について，次のⅰ～ⅴの生物のうち，真核生物を過不足なく選んだ組合せとして最も適当なものを，下の①～⑨から1つ選び，番号で答えよ。

[6]

ⅰ　大腸菌　　ⅱ　根粒菌　　ⅲ　肺炎双球菌（肺炎球菌）

ⅳ　硝酸菌　　ⅴ　酵母菌

① ⅰ　　② ⅱ　　③ ⅲ

④ ⅳ　　⑤ ⅴ　　⑥ ⅰ・ⅱ・ⅲ

⑦ ⅲ・ⅳ・ⅴ　　⑧ ⅰ・ⅲ・ⅴ　　⑨ ⅰ・ⅱ・ⅲ・ⅳ・ⅴ

問6．下線部(c)について，1960 年代にアメリカのマーグリスがまとめたこの説は，現在の細胞に残るさまざまな証拠から実際に起こった可能性が高いと考えられている。マーグリスがまとめた説と，下線部(c)以外の証拠として考えられる現象との組合せとして最も適当なものを，次の①～⑨から1つ選び，番号で答えよ。[7]

	マーグリスがまとめた説	証拠として考えられる現象
①	細胞説	分裂して増殖すること
②	細胞説	タンパク質が含まれないこと
③	細胞説	補酵素が含まれないこと
④	（細胞内）共生説	分裂して増殖すること
⑤	（細胞内）共生説	タンパク質が含まれないこと
⑥	（細胞内）共生説	補酵素が含まれないこと
⑦	オペロン説	分裂して増殖すること
⑧	オペロン説	タンパク質が含まれないこと
⑨	オペロン説	補酵素が含まれないこと

2. 生物の進化に関する次の文章を読んで，以下の問いに答えよ。

地球は約 46 億年前に誕生したとされるが，当時の大気には酸素は含まれていなかった。約 30 億年前には現生の [8] や [9] に近縁な生物群が出現し，その繁栄によって大気中の酸素濃度が次第に上昇し始めた。酸素は反応性が高く生体物質を酸化してしまうため，酸素濃度の上昇によってそれまでの生物の多くが絶滅した。一方，酸素を利用できるように進化した生物は，その酸化力を利用して飛躍的な速度で繁殖できるようになった。

酸素濃度は，古生代の後半には現在の濃度に達していたと考えられている。図 1 は大気中の酸素濃度の変化と，30 億年前からの地質時代の概略を示している。なお，縦軸（大気中の酸素濃度）は現在の酸素濃度を 1 とした相対値で表している。また，横軸（時間）は各時代を適宜拡大・縮小している。

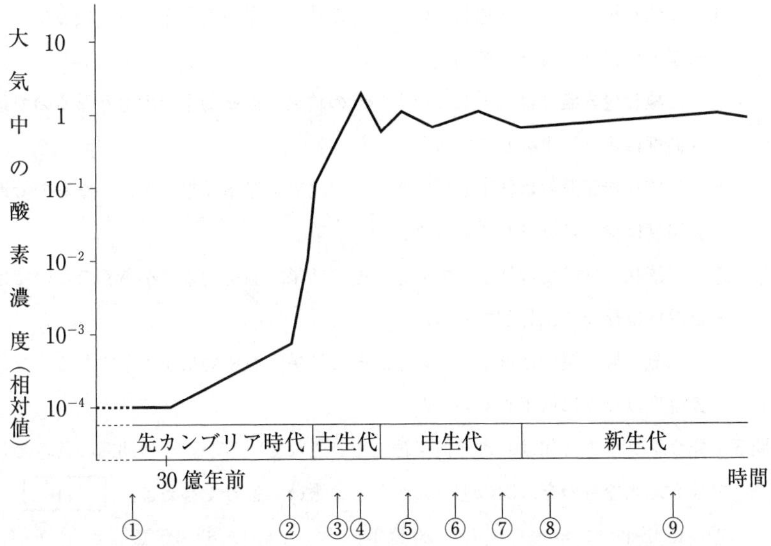

図 1

問 1．文章中の空欄 [8]，[9] に入る生物名として最も適当なものを，次の①～⑨から 2 つ選び，番号で答えよ。なお，解答の順序は問わない。

[8] [9]

① アオサ　　② 紅色硫黄細菌　　③ 酵母

④ コンブ　　⑤ ユレモ　　⑥ 大腸菌

⑦ ネンジュモ　　⑧ ミカヅキモ　　⑨ メタン生成菌

問 2．下線部について，酸素濃度の増加に伴い，二酸化炭素の濃度も変化していったと考えられている。その変化と，それによる影響として最も適当なものを，次の①～⑧から 1 つ選び，番号で答えよ。 [10]

① 二酸化炭素濃度は増加していき，その結果，温室効果が大きくなるので地表温度は徐々に上昇していった。

② 二酸化炭素濃度は増加していき，その結果，温室効果が大きくなるので地表温度は徐々に低下していった。

③ 二酸化炭素濃度は増加していき，その結果，温室効果が小さくなるので地表温度は徐々に上昇していった。

④ 二酸化炭素濃度は増加していき，その結果，温室効果が小さくなるので地表温度は徐々に低下していった。

⑤ 二酸化炭素濃度は低下していき，その結果，温室効果が大きくなるので地表温度は徐々に上昇していった。

⑥ 二酸化炭素濃度は低下していき，その結果，温室効果が大きくなるので地表温度は徐々に低下していった。

⑦ 二酸化炭素濃度は低下していき，その結果，温室効果が小さくなるので地表温度は徐々に上昇していった。

⑧ 二酸化炭素濃度は低下していき，その結果，温室効果が小さくなるので地表温度は徐々に低下していった。

問3．先カンブリア時代はおよそ何年続いたとされているか。その期間の長さとして最も適当なものを，次の①～⑥から1つ選び，番号で答えよ。 [11]

① 15億年　② 20億年　③ 25億年

④ 30億年　⑤ 35億年　⑥ 40億年

問4．地質時代に起こった次の(ア)～(エ)のできごとは，それぞれ図1の①～⑨のどの時点で起こったか。最も適当なものを，図1の①～⑨からそれぞれ1つずつ選び，番号で答えよ。

(ア)－ [12]　(イ)－ [13]　(ウ)－ [14]

(エ)－ [15]

(ア) 鉄イオンの沈殿による縞状鉄鉱層の形成

(イ) 両生類，昆虫類などの動物の陸上化

(ウ) 哺乳類の出現

(エ) 木生シダ類の繁栄による大森林の形成

問5．次のa～iの生物が繁栄した時代は，それぞれどの地質時代であるか。正しい組合せとして最も適当なものを，下の①～⑨から1つ選び，番号で答えよ。

[16]

a アウストラロピテクス　b アノマロカリス　c アンモナイト

d イクチオステガ　e 三葉虫　f 始祖鳥

g ディッキンソニア　h ティラノサウルス　i マンモス

	先カンブリア時代	古生代	中生代	新生代
①	b, g	d, e	c, f, h	a, i
②	b, g	d, e	c, f, h, i	a
③	b, d, g	e	a, c, h	f, i
④	b	d, e, g	c, f	a, h, i
⑤	b, e	c, d, g	f, h, i	a
⑥	b	d, e, g	c, h	a, f, i
⑦	g	b, d, e	c, f, h	a, i
⑧	e, g	b, d	c, f, i	a, h
⑨	g	b, d, e	c, h	a, f, i

問6．地質時代と生物の歴史について説明した文として最も適当なものを，次の①～⑦から１つ選び，番号で答えよ。 17

① 原始大気には，アンモニアや硫化水素が多量に含まれていた。

② 酸素濃度の増加によって，有機物からより多くの ATP が得られるようになった。

③ 古生代の前半には，動物を捕食する捕食者は存在しなかった。

④ オゾン層の形成によって地表に届く赤外線の量が減少し，生物が陸上進出した。

⑤ 恐竜が生存した期間よりも，絶滅してから現在までの期間の方が長い。

⑥ 新生代の初めに最後の氷期が終わり，以後現在までは比較的温暖である。

⑦ 直立二足歩行をする人類は，新生代第四紀に出現した。

3. 光合成に関する次の文章を読んで，以下の問いに答えよ。

植物は，光合成によって二酸化炭素から有機物を合成している。葉緑体で行われる光合成は，チラコイドで起こる反応とストロマで進む反応に大別することができる。葉緑体のチラコイド膜には光合成色素である [18] とタンパク質の複合体である光化学系が存在し，(a)光を利用して ATP と NADPH が合成される。チラコイドで合成された ATP と NADPH は，ストロマで進む [19] 反応で消費される。ストロマでの反応は多段階で回路状になっており，[20] 回路とよばれる。それぞれの過程では，物質の代謝に伴って，エネルギーのやり取りも起こる。

光合成の速さに影響を与える主な環境要因は，光の強さ，二酸化炭素濃度，温度であり，これらの要因が１つでも欠けると光合成速度は制限を受ける。光合成速度を制限する最も不足している要因は限定要因とよばれ，その他の要因が十分であっても，限定要因が適した条件に変化しないと光合成速度は上昇しない。光合成の限定要因を特定するために，他の条件を一定に保ちながら二酸化炭素濃度と光合成速度の関係，および光の強さと光合成速度の関係を調べたところ，図１と図２が得られた。

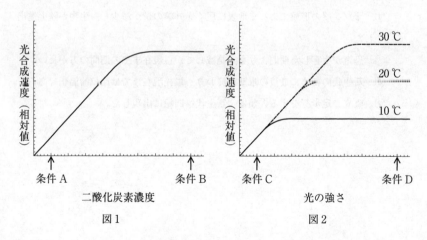

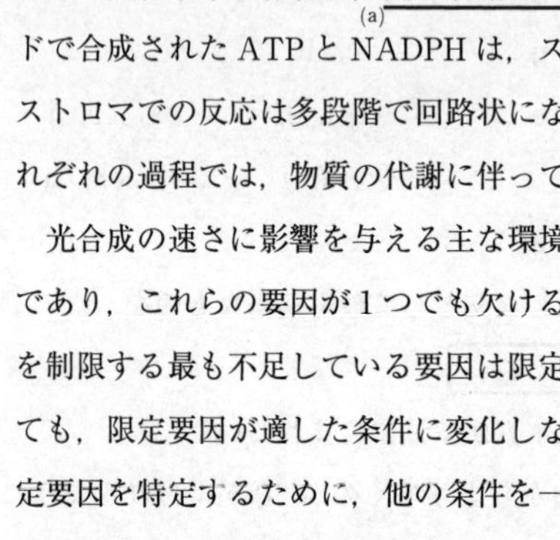

図１

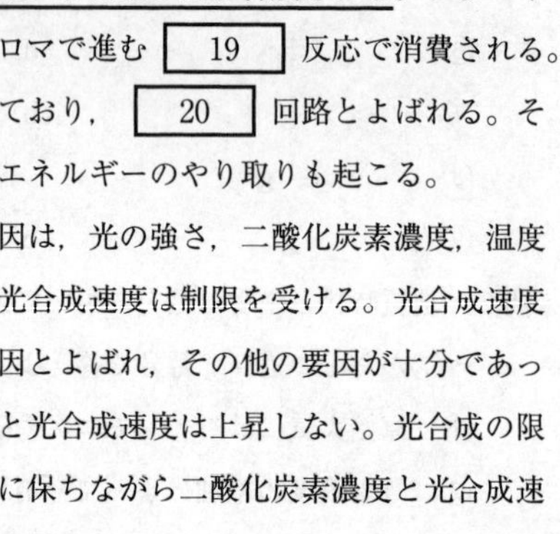

図２

問1．文章中の空欄 18 ～ 20 に入る語句として最も適当なものを，次の①～⑨からそれぞれ1つずつ選び，番号で答えよ。 18 19 20

① 窒素同化　② アントシアン　③ カルビン・ベンソン
④ クエン酸　⑤ 炭酸同化　⑥ フロリゲン
⑦ クロロフィル　⑧ グラナ　⑨ 脱炭酸

問2．下線部(a)について，次の小問に答えなさい。

(1) チラコイドでは，光エネルギーを用いてATPが合成される。葉緑体でのATP合成の説明として最も適当なものを，次の①～⑥から1つ選び，番号で答えよ。 21

① H^+ がチラコイド内からストロマ側に流出する際にATPが合成される。
② H^+ がストロマ側からチラコイド内に流入する際にATPが合成される。
③ 水がチラコイド内からストロマ側に流出する際にATPが合成される。
④ 水がストロマ側からチラコイド内に流入する際にATPが合成される。
⑤ 酸素がチラコイド内からストロマ側に流出する際にATPが合成される。
⑥ 酸素がストロマ側からチラコイド内に流入する際にATPが合成される。

(2) NADPHの説明として最も適当なものを，次の①～⑧から1つ選び，番号で答えよ。 22

① 無機物の還元型補酵素であり，ストロマで消費された後に再利用される。
② 無機物の還元型補酵素であり，ストロマで消費された後は再利用されない。
③ 無機物の酸化型補酵素であり，ストロマで消費された後に再利用される。
④ 無機物の酸化型補酵素であり，ストロマで消費された後は再利用されない。
⑤ 有機物の還元型補酵素であり，ストロマで消費された後に再利用される。
⑥ 有機物の還元型補酵素であり，ストロマで消費された後は再利用されない。
⑦ 有機物の酸化型補酵素であり，ストロマで消費された後に再利用される。
⑧ 有機物の酸化型補酵素であり，ストロマで消費された後は再利用されない。

問3．図1のみから読み取れる，二酸化炭素濃度が条件Aと条件Bのときの限定要因の組合せとして最も適当なものを，次の①～⑥から1つ選び，番号で答えよ。 23

	条件A	条件B
①	二酸化炭素濃度	二酸化炭素濃度
②	二酸化炭素濃度	光の強さ
③	二酸化炭素濃度	特定できない
④	光の強さ	二酸化炭素濃度
⑤	光の強さ	光の強さ
⑥	光の強さ	特定できない

問4．図2のみから読み取れる，光の強さが条件Cと条件Dのときの温度と光合成速度の関係のグラフの組合せとして最も適当なものを，次の①～⑥から1つ選び，番号で答えよ。 24

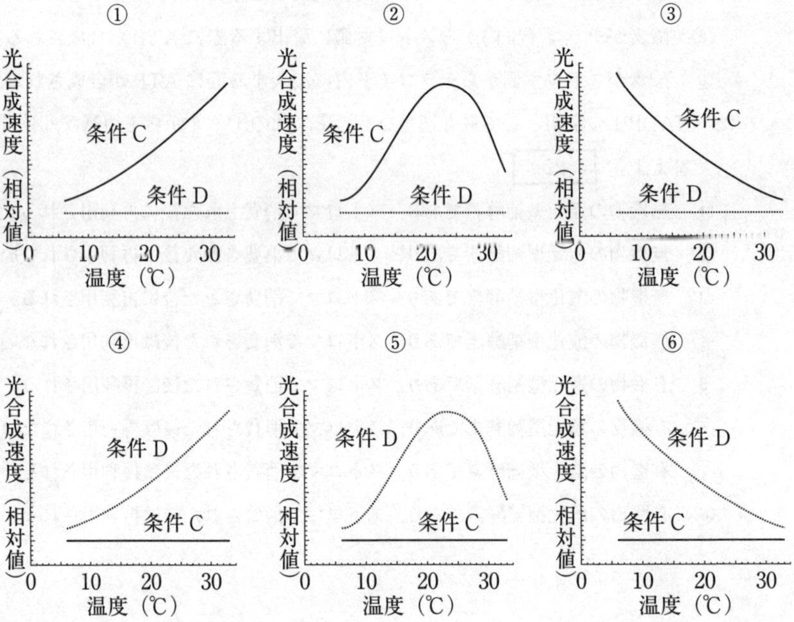

問５．以下の**＜実験＞**について，次の小問に答えなさい。

＜実験＞

ある植物の 100 cm^2 の大きさの葉Ｘ，Ｙにそれぞれ次の処理を施し，３時間後にそれぞれの葉の乾燥重量の変化を調べたところ，次の表１が得られた。ただし，それぞれの葉の光合成速度や呼吸速度は等しく，葉柄への処理の有無は葉の光合成速度や呼吸速度に影響を与えないものとする。

葉Ｘ：茎につけたまま，光を当てた。

葉Ｙ：茎につけたまま，葉を茎につなぐ葉柄を高温の水蒸気で処理することで転流が起こらないようにしてから，光を当てた。

表１

	葉Ｘ	葉Ｙ
重量の変化	＋12.5 mg	＋22.5 mg

(1)　３時間の間に転流によって移動した有機物量として最も適当なものを，次の①～⑥から１つ選び，番号で答えよ。 25

①　10.0 mg　②　12.5 mg　③　20.0 mg

④　22.5 mg　⑤　25.0 mg　⑥　35.0 mg

(2)　この植物の呼吸速度が 4 $mgCO_2$ /100 cm^2・時間であったとすると，この植物の光合成速度（$mgCO_2$ /100 cm^2・時間）として最も適当なものを，下の①～⑥から１つ選び，番号で答えよ。ただし，光合成の反応式は次の式であらわされ，必要に応じて次の原子量を用いること。H＝1　C＝12　O＝16 26

光合成の反応式：$6CO_2 + 12H_2O \longrightarrow C_6H_{12}O_6 + 6O_2 + 6H_2O$

①　4　②　7　③　11

④　15　⑤　20　⑥　25

4. 心臓の収縮に関する次の文章を読んで，以下の問いに答えよ。

ヒトの細胞の大部分は，血液や [27] ，リンパ液などの体液に囲まれており，その温度やグルコース濃度などの条件は細胞の生命活動を維持するのに適した状態に保たれている。この体液環境が維持されるしくみを [28] という。[28] を健全に維持するためには，体液を全身の細胞に行きわたるように循環させることが必要になる。ヒトの体液循環は心臓を中心とした循環系によって維持されており，循環系は動脈や静脈，毛細血管を含む血管系とリンパ管などからなるリンパ系で構成されている(a)。哺乳類の心臓は2心房2心室で構成され，肺循環と体循環をつくり出す動力となっている。心臓の拍動は，自分の意思に関係なく自律神経系やホルモンによって調節されている。自律神経系(b)には交感神経と副交感神経があり，いずれも [29] によって統合的に調節されている。心臓の拍動の仕組みを調べるために，次の**＜実験1＞**，**＜実験2＞**を行った。

＜実験1＞

マウスから心臓を摘出し2つの心房をそれぞれ切り出し，心房筋標本（標本Xと標本Y）を作製した。それぞれの標本を，37℃に保ったリンガー液を満たした容器内に固定し，リンガー液に十分な酸素を通気しながら，それぞれの標本の筋収縮反応を測定したところ，標本Xは自発性の収縮弛緩を示したが（図1），標本Yは全く示さなかった。また，ウシの副腎をすりつぶして得た抽出液aを，標本Xを固定した容器内のリンガー液に加えたところ，標本Xの拍動は増強された。

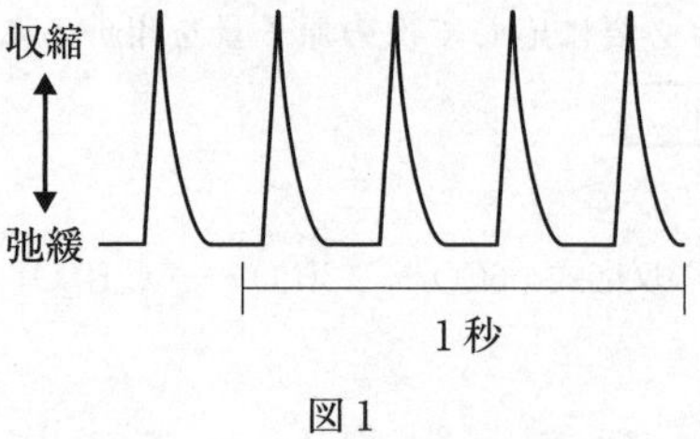

図1

＜実験2＞

マウスから小腸を摘出し粘膜部を取り除いて，小腸筋標本（標本Z）を作製した。標本Zを**実験1**と同様の装置内に固定し，自律神経の末端から放出される神経伝達物質bと神経伝達物質cを投与したところ，神経伝達物質bを投与すると標本Z

は収縮し，その収縮は持続した。この収縮している標本Ｚにさらに神経伝達物質ｃを投与すると，すみやかに弛緩した。

問１．文章中の空欄 [27] ～ [29] に入る語句として最も適当なものを，次の①～⑨からそれぞれ１つずつ選び，番号で答えよ。 [27] [28] [29]

①　相補性　　②　原尿　　③　特異性
④　小脳　　⑤　恒常性　　⑥　細胞液
⑦　組織液　　⑧　間脳　　⑨　大脳

問２．下線部(a)について，次の小問に答えなさい。

(1)　血管系とリンパ系の説明として最も適当なものを，次の①～⑤から１つ選び，番号で答えよ。 [30]

①　動脈は強靭な組織で覆われているため，その太さが変わることはない。
②　静脈や毛細血管には，逆流を防ぐための弁がある。
③　毛細血管は細いため，動脈や静脈に比べて血流速度が大きい。
④　リンパ管の途中にあるリンパ節には，血小板が蓄積している。
⑤　リンパ管は集合し，鎖骨下静脈で血管系と合流する。

(2)　毛細血管を持つ血管系の名称と，それをもつ生物例の組合せとして最も適当なものを，次の①～⑥から１つ選び，番号で答えよ。 [31]

	血管系	生物例
①	開放血管系	ショウジョウバエ
②	開放血管系	タコ
③	開放血管系	マウス
④	閉鎖血管系	ミミズ
⑤	閉鎖血管系	ハマグリ
⑥	閉鎖血管系	ゾウリムシ

問３．下線部(b)について，心臓に連絡する交感神経と副交感神経が中枢神経系から末梢神経系へと分岐する位置の組合せとして最も適当なものを，次の①～⑥から１つ選び，番号で答えよ。 [32]

	交感神経	副交感神経
①	脊髄	中脳
②	脊髄	延髄
③	脊髄	脊髄
④	延髄	中脳
⑤	延髄	延髄
⑥	延髄	脊髄

問４．**＜実験１＞**について，標本Ｘと標本Ｙを取り出した心房と抽出液ａに含まれて標本Ｘの拍動に影響を与えた物質の組合せとして最も適当なものを，次の①～⑥から１つ選び，番号で答えよ。 [33]

	標本Ｘ	標本Ｙ	抽出液ａ
①	右心房	左心房	糖質コルチコイド
②	右心房	左心房	鉱質コルチコイド
③	右心房	左心房	アドレナリン
④	左心房	右心房	糖質コルチコイド
⑤	左心房	右心房	鉱質コルチコイド
⑥	左心房	右心房	アドレナリン

問５．**＜実験２＞**で用いた神経伝達物質ｂと神経伝達物質ｃを標本Ｘに与えた場合，標本Ｘの拍動はそれぞれどのように変化すると考えられるか。次の図①～⑨からそれぞれ１つずつ選び，番号で答えよ。ただし，①は**＜実験１＞**の標本Ｘと同程度の収縮であるとし，縦の矢印の大きさは，どの選択肢でも同じものとする。

神経伝達物質ｂ－ [34]　　神経伝達物質ｃ－ [35]

①

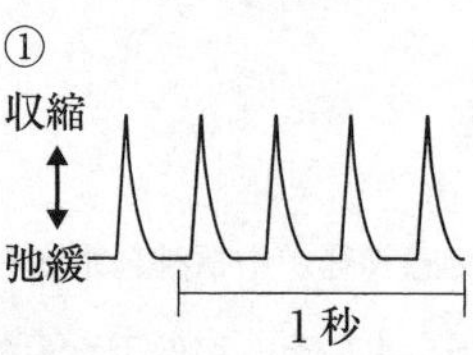

②

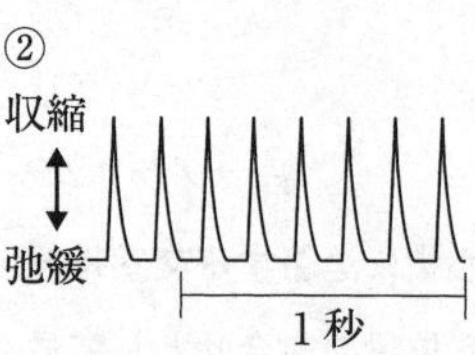

③

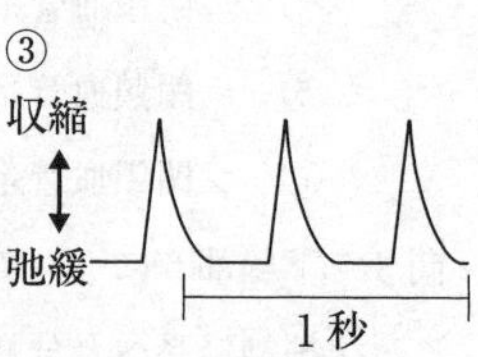

④
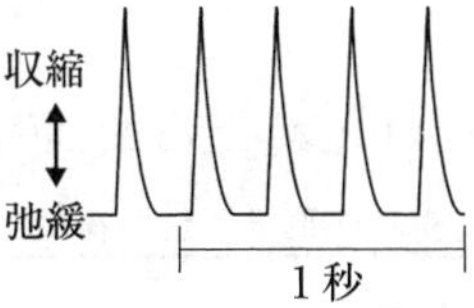

⑤
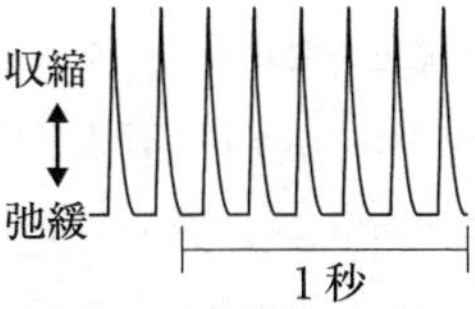

⑥
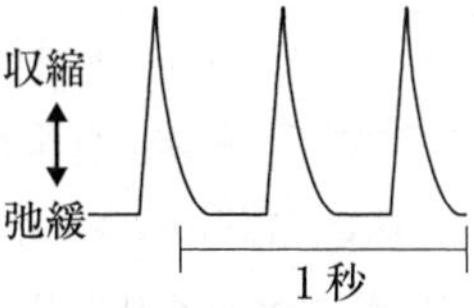

⑦
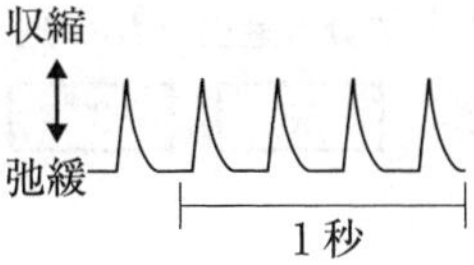

⑧
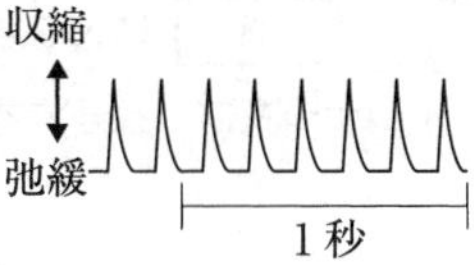

⑨
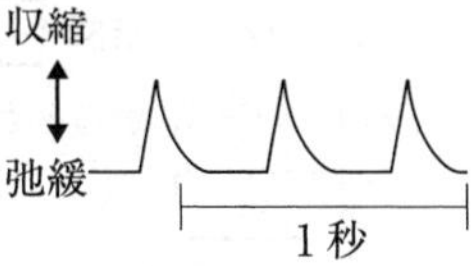

5. 遷移とバイオームに関する次の文章を読んで，以下の問いに答えよ。

植物はその地域に生息する動物や菌類などと相互作用をもちながら，生物の集まりを形成しており，これをバイオームという。陸上バイオームはその地域の植生によって分類され，植生の外観上の様相を［ 36 ］という。また，その地域で占有面積が広く，［ 36 ］を決定づける植物種は［ 37 ］種と呼ばれる。

地球上のある地域がどのようなバイオームの型になるかは，(a)年平均気温と年間降水量に大きく影響される。一般的に年間降水量が多い地域では森林に，樹木が生育できないほど降水量が少ない場合には草原に，さらに極端に降水量の少ない地域は荒原となる。日本は全国的に降水量が多いので，バイオームを決定する主要な要因は気温である。緯度の違いによるバイオームの分布を水平分布といい，(b)標高の違いによるバイオームの分布を垂直分布という。

ある場所の植生が時間とともに変化していく現象を遷移といい，特に溶岩流などによって(c)土壌が失われて裸地となった場所から始まる遷移を一次遷移という。遷移の初期に現れる種を先駆種といい，どのような植物が先駆種となるかは状況によって異なる。一般的には，土壌が無くても生育できる(d)地衣類やコケ植物が先駆種となることが多いが，ススキなどの草本類が侵入することもある。また，ヤシャブシなどは根に窒素［ 38 ］細菌を共生させることで，大気中の窒素を栄養分として取り込むことができるので，これらの木本類が比較的遷移の初期段階に生育することもある。先駆種が定着すると，土壌が発達しはじめ保水力や栄養塩類が増加していき，徐々に荒原から草原へと植生が変化していく。

やがて，周囲から種子が運ばれ，木本類も侵入して低木林となる。この時に現れる種を先駆樹種といい，陽樹であることが多い。(e)高木の陽樹林が形成された後は，陽樹・陰樹混合林（混交林）を経て陰樹林へと遷移が進んでいく。

問１．文章中の空欄 [36] ～ [38] に入る語句として最も適当なものを，次の①～⑨からそれぞれ１つずつ選び，番号で答えよ。 [36] [37] [38]

①　硝化	②　同化	③　優占
④　選択	⑤　生活	⑥　異化
⑦　固定	⑧　相観	⑨　階層

問２．下線部(a)の要因とバイオームの関係を表したものが以下の図１である。これについて，次の小問に答えなさい。

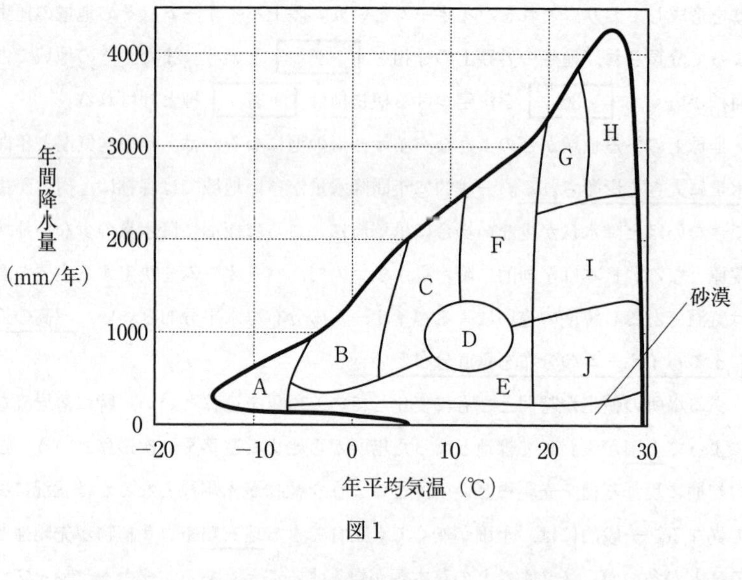

図１

(1)　次の説明に該当するバイオームは図１のどこに位置するか。また，そのバイオームの名称として最も適当なものを，下の①～⓪からそれぞれ１つずつ選び，番号で答えよ。

バイオームの説明

『温帯の中でも冬季が比較的温暖で降水量が多く，夏季は逆に乾燥する地域に広がる。オリーブなど常緑の小さい葉をつける樹木を主体とする。』

バイオームの位置 － 39

① A　② B　③ C　④ D　⑤ E

⑥ F　⑦ G　⑧ H　⑨ I　⓪ J

バイオームの名称 － 40

① サバンナ　② 照葉樹林　③ 熱帯多雨林

④ 針葉樹林　⑤ ステップ　⑥ 雨緑樹林

⑦ 亜熱帯多雨林　⑧ 夏緑樹林　⑨ ツンドラ

⓪ 硬葉樹林

(2) 図1に関する説明として最も適当なものを，次の①～⑥から1つ選び，番号で答えよ。 41

① A～Jのバイオームの中で草原バイオームはIとJのみである。

② Cは落葉樹が主体の森林であり，Fは常緑樹が主体の森林である。

③ バイオーム内の生物多様性が最も高いのはAである。

④ 日本に分布する主要な4つのバイオームはB・C・D・Fである。

⑤ マングローブが見られるのはEとJである。

⑥ 熱帯の乾季と雨季に分かれる地域のバイオームはHである。

問3．下線部(b)について，日本中部における森林限界となる標高の高さと，それより高い位置に生育する高山植物の名称の組合せとして最も適当なものを，次の①～⑨から1つ選び，番号で答えよ。 42

	標高	植物名		標高	植物名
①	700 ～ 800 m	ミズナラ	②	700 ～ 800 m	シラビソ
③	700 ～ 800 m	ハイマツ	④	1600 ～ 1700 m	ミズナラ
⑤	1600 ～ 1700 m	シラビソ	⑥	1600 ～ 1700 m	ハイマツ
⑦	2500 ～ 2600 m	ミズナラ	⑧	2500 ～ 2600 m	シラビソ
⑨	2500 ～ 2600 m	ハイマツ			

問4．下線部(c)について，土壌の層を岩石（母岩）から順に並べたものとして最も適当なものを，次の①～⑥から1つ選び，番号で答えよ。 43

① （岩石）→ 落葉落枝の層 → 腐植土層 → 風化した岩石の層

② （岩石）→ 落葉落枝の層 → 風化した岩石の層 → 腐植土層

③ （岩石）→ 腐植土層 → 落葉落枝の層 → 風化した岩石の層

④ （岩石）→ 腐植土層 → 風化した岩石の層 → 落葉落枝の層

⑤ （岩石）→ 風化した岩石の層 → 腐植土層 → 落葉落枝の層

⑥ （岩石）→ 風化した岩石の層 → 落葉落枝の層 → 腐植土層

問5．下線部(d)の説明として最も適当なものを，次の①～⑤から1つ選び，番号で答えよ。 44

① 主にヒルギ科の植物からなり，塩分の多い土壌からでも水を吸水できる。

② 樹木や岩などの土壌以外のものに根を付着させて生育している。

③ 風で運ばれる小さい種子をつくる植物であり，種子が広い地域に運ばれる。

④ 菌類と藻類の共生体であり，藻類が菌類に有機物を与えている。

⑤ 硝酸イオンを気体の窒素へと変換し，その過程でATPを得ることができる。

問6．下線部(e)の理由として最も適当なものを，次の①～⑥から1つ選び，番号で答えよ。 45

① 陰樹の芽生えは陽樹の芽生えに比べ呼吸速度が大きく，光飽和点が低いので，陽樹林の林床でも生育できるから。

② 陰樹の芽生えは陽樹の芽生えに比べ呼吸速度が小さく，光飽和点が高いので，陽樹林の林床でも生育できるから。

③ 陰樹の芽生えは陽樹の芽生えに比べ呼吸速度が大きく，光飽和点が高いので，陽樹林の林床でも生育できるから。

④ 陰樹の芽生えは陽樹の芽生えに比べ呼吸速度が大きく，光補償点が低いので，陽樹林の林床でも生育できるから。

⑤ 陰樹の芽生えは陽樹の芽生えに比べ呼吸速度が小さく，光補償点が高いので，陽樹林の林床でも生育できるから。

⑥ 陰樹の芽生えは陽樹の芽生えに比べ呼吸速度が小さく，光補償点が低いので，陽樹林の林床でも生育できるから。

解答編

英語

I

解答　1—b　2—c　3—b　4—b　5—c

◀解　説▶

1．A：すみません。ここから郵便局への行き方をご存じですか？

B：わかりますよ。この道をまっすぐ行って，それから最初の交差点で左に曲がってください。数ブロック進むと右手に郵便局が見つかりますよ。

A：どの通りで曲がるのですか？

B：ワシントン通りです。角にガソリンスタンドがありますよ。

郵便局への行き方を聞かれて道を教えている。空所直前に「この道をまっすぐ行って」とあり，直後には「数ブロック進むと右手に郵便局が見つかりますよ」と続いている。その後に「どの通りで曲がるのですか？」と聞いていることから，空所には曲がるという内容が入ると判断できる。したがって，正解は b である。

2．A：こちらは ABC トラベル，ジェームズ＝スティーブンズが承ります。

B：こんにちは，ジェームズ。私はデイビッドと言います。今週末オーランドからシカゴ行きの飛行機を予約するために電話をしています。

A：デイビッドさん，お電話ありがとうございます。ご希望の時間はございますか？

B：午後 9 時までには向こうに着きたいと思っています。

空所の後のやり取りから，目的地に午後 9 時までには到着したいと考えていることがわかる。以上の文脈に当てはまるのは c である。

3．A：お客様，ご注文はお決まりですか？

B：はい。特製 T ボーンステーキをお願いします。

A：すばらしいチョイスですね。お気に召すでしょう。ステーキ（の焼き加減）はどのようにいたしましょうか？

B：ミディアムレアでお願いします。フライドポテトの代わりにベイクドポテトをもらえますか？

空所直後にステーキの焼き加減の希望を伝えていることから，bが正解。aの What do you like about ～? は「～のどういうところが好きですか？」という意味。

4．A：来週妻の誕生日なんだよ。何を買ってあげたらいいと思う？

B：わからないなあ。真珠のネックレスなんかいいんじゃない？

A：ああ，それは去年買ってあげたものだよ。妻は気に入らなかったけどね。

B：じゃあ，役には立てないな。聞く相手を間違えているね。

妻の誕生日プレゼントに何を買ったらいいか，友人にアドバイスを求めている。空所の直前に「じゃあ，役には立てないな」という発言があり，それに続く内容としてふさわしいのはbの「間違った人に質問している」，つまり「聞く相手を間違えている」である。

5．A：すみませんが，身分証を拝見してもよろしいですか？

B：ああ，今日は持ってくるのを忘れたんです。本当に申し訳ありません。

A：では，この書類に記入していただかなければなりません。臨時許可証をお渡ししますので，入れますよ。

B：やれやれ，どうもありがとうございます。これで家に帰らなくてすみます。

身分証の提示を求められ，Bが忘れたと伝えたところ，Aは空所のセリフの後に「臨時許可証をお渡ししますので，入れますよ」と返している。以上の文脈に合うのはcである。

II　解答

1―a　2―d　3―c　4―b　5―d　6―d
7―a　8―d　9―d　10―a

◀解　説▶

1．「どの大学に行っても，英語を一生懸命勉強して大学院に進むつもりだ」

(　　) college が目的語，I が主語，attend が動詞の文。空所に入るのは，接続詞と college を修飾する形容詞の働きをもつ語である。したがって，a が正解。

2.「デイビッドかメアリーのどちらかが次の会議に出席しなければならない」

either *A* or *B*「*A* か *B* のどちらか一方」という意味になる d が正解。この表現が主語になった場合，動詞は *B* に合わせることにも注意。

3.「そのレストランは彼のクレジットカードを受け付けるのを拒んだ」

refuse は後ろに不定詞を伴うので，c が正解。refuse to *do*「〜するのを拒む」

4.「私たちの計画に対する彼の献身は表彰に値する」

主語が 3 人称単数形なので，a と c は不適。選択肢の deserve「〜に値する」は通常進行形では用いないので，b が正解。

5.「早く出社すればするほどますます早く退社することができる」

The + 比較級〜, the + 比較級…「〜すればするほどますます…」の表現になる d が正解。

6.「学生たちは悪天候にもかかわらず遠足に行った」

空所の直後には名詞が続いていることから，前置詞 despite「〜にもかかわらず」の d が正解。

7.「フライトの 2 時間前には空港に着くことをお勧めいたします」

arrive at 〜「〜に着く」

8.「ショーが終わった後，残っている人はほとんどいなかった」

little は形容詞で不可算名詞を修飾，few も形容詞で可算名詞を修飾する。共に a little〔few〕of 〜 という形で用いることはできるが，little〔few〕of 〜 という形で用いることはできないため，b と c は不適。person は可算名詞なので，little で修飾している a も不適。正解は d である。

9.「聴衆のほとんどがその議題について何も知らなかったので，プレゼンテーションで私の考えをわかってもらうのに苦労した」

make *oneself* understood「自分の言葉〔考え〕を理解してもらう，自分の意思を伝える」

10.「私の兄〔弟〕は週に 500 ドル以上稼げる仕事をずっと探している」

a day〔week / month / year〕= per day〔week / month / year〕「〜に

つき」(per の後には冠詞はつかないことに注意)

Ⅲ 解答

1—a　2—c　3—d　4—a　5—b　6—d
7—a　8—c　9—b　10—d

◀解　説▶

1.「私はどんなことがあってもあのレストランには二度と行かない」

under〔in〕no circumstances「(どんな状況にあっても) 決して～ない」

2.「その新しい連続テレビ番組は期待外れだった。それはファンの期待にこたえていなかった」

live up to ～「～ (期待などに) こたえる」

3.「幹線道路の交通渋滞に巻き込まれたので，その教授は遅れそうだった」

because 以下は教授が遅れそうな理由となっている。この文脈に合うのは，「交通渋滞に巻き込まれた」という意味になる d である。

4.「私たちは今週末沖縄に行くことになっている。それまでの間，旅の準備を始めたほうがよい」

文脈から「それまでの間」という意味になる a が正解。

5.「研究者たちはその地域の高齢者の大部分が健康であるということを見出した」

各選択肢は，a.「提案」，b.「部分」，c.「提示」，d.「妊娠」という意味。文脈から b が正解。

6.「その車は幹線道路から外れて，川に突っ込んだ」

各選択肢は，a.「論争した」，b.「自慢した」，c.「解放した，公開〔発売〕した」，d.「突っ込んだ」という意味。文脈から d が正解。

7.「インターネットの技術は，人々が生計を立てる新しい方法を切り開いた」

make a living「生計を立てる」

8.「私の右目の上のあざが治るまで 1 週間以上かかった」

各選択肢は，a.「埋葬」，b.「予算」，c.「あざ」，d.「賄賂」という意味。文脈から c が正解。

9.「そのチームのヘッドコーチが辞職したという知らせは，前触れもなくやって来た」

out of the blue「前触れもなく」

10.「客はホテルの入り口に車を停めて，車から荷物を降ろすことになっている」

各選択肢は，a.「～をダウンロードする」，b.「～をアップロードする」，c.「(人を) 誤った方向に導く」，d.「(積み荷などを) 降ろす」という意味。文脈から d が正解。

Ⅳ　解答　1―e　2. ア―c　イ―a　ウ―b

◆全　訳◆

≪飛行機での太平洋横断≫

アメリカ合衆国の海軍と陸軍は，ハワイへの初飛行を試みた。しかしそれは，決して簡単なことではなかった。ハワイはサンフランシスコから陸続きではなく，約 2,400 マイル離れたところに位置していた。さらにそれは広大な海の中のごく小さい飛行目標であった。したがって，燃料補給なしでそれだけの距離を飛行した後に，その島を見つけられる飛行機はほとんどなかったのだ。しかし，1927 年のチャールズ＝リンドバーグの歴史的な大西洋横断飛行により，たくさんの飛行士たちが挑戦したいと熱望するようになった。

海上で起きた海軍の試練

海軍は，アメリカ合衆国本土からハワイまで，それまで一度も試みられたことがなかった海上距離 2,400 マイルの飛行を，自分たちが初めて行おうと決意した。海軍は，最も尊敬されていた士官の一人であったジョン＝ロジャース海軍中佐を，その飛行を指揮する者として選んだ。2 機の海軍飛行艇がサンフランシスコ近くの海域から 1925 年 8 月 31 日に離陸した。1 機がすぐにトラブルに見舞われ，その後もう 1 機は絶体絶命の状況に陥った。

陸軍による挑戦

海軍の後，アメリカ合衆国陸軍航空隊が，飛行機でハワイへ到達しようとする次の試みに挑んだ。陸軍は計画に数年を費やした。航空計器とナビゲーション技術を開発し，テスト飛行をし，飛行士たちを誘導するのに役立てるためにサンフランシスコとマウイ島に無線標識を設置した。その飛行には，フォッカー C-2 を選んだ。エンジンを 3 基搭載したその飛行機は，十分な燃料を運ぶことができたが，フロートがなかったので，何か問題が起こっても水上に降りて止まることができなかった。

◀解　説▶

1．A は In addition とあることから，前の文に追加していると判断できる。In addition に続く文が「それは広大な海の中のごく小さい飛行目標であった」となっているので,「それ」が何を指しているかを考えると，B の Hawaii のことだとわかる。C は最初に Thus「したがって」とあることから，C の前には理由となる文があり，その結果として C の文（「燃料補給なしでそれだけの距離を飛行した後に，その島を見つけられる飛行機はほとんどなかったのだ」）が続くと判断できる。以上のことから，B→A→C の順が確定する。残る D は「しかしそれは，決して簡単なことではなかった」という意味で，文中の it は第 1 段第 1 文（The U.S. Navy …）の to fly to Hawaii を指すと考えられ，なぜ簡単なことではなかったかの具体的内容が B と A で説明されている。以上のことから，e の D→B→A→C が正解である。

2．ア．「アメリカ合衆国本土からハワイまで」という内容になる c が正解。

イ．run into trouble で「問題にぶつかる，困ったことになる」という意味になる。

ウ．空所を含む部分は,「航空計器とナビゲーション技術を（　　）」というもので，陸軍が太平洋横断のためにどういう準備をしたかの具体的内容である。b の「開発した」が適切。

V　解答　1－c　2－b

◀解　説▶

「ABC エレクトロニクスはテレビゲームを含むさまざまな商品を販売している電器店である。下のグラフは 2017 年上半期のテレビゲームの月別売り上げを示している」

1．「以下の文の中でこのグラフに当てはまらないものはどれか？」

a.「2017 年の 2 月から 3 月にかけて，ABC エレクトロニクスではテレビゲームの売り上げが落ちた」 グラフよりこれは正しいので不適。

b.「ABC エレクトロニクスの 4 月のテレビゲームの売り上げは，2017 年の上半期で最低であった」 グラフより正しいので不適。

c.「ABC エレクトロニクスのテレビゲームの売り上げは，2017 年の 3 月から 4 月にかけて急に伸びた」 グラフより急に伸びたのは 4 月から 5 月なので正しくない。これが正解。

d.「ABC エレクトロニクスのテレビゲームの売り上げは，2017 年の 4 月から 5 月にかけて 2 倍になった」 グラフでは 4 月の売り上げが 3,000 ドル，5 月の売り上げが 6,000 ドルとなっており正しい。したがって，不適である。

2.「2017 年上半期における ABC エレクトロニクスのテレビゲームの売り上げの最大の減少が生じたのは，次のどの期間か？」
グラフより，一番売り上げが減ったのは 2 月から 3 月である。したがって，b が正解。

VI 解答

1. stories　2. desert　3. terms
4. fast　5. rose

◀解　説▶

1.「その建物は 10 階建てだ」
「父は私に家族の歴史についてたくさんの話をしてくれた」

第 1 文では「(建物の) 階」という意味の名詞で用いられており，10 stories high で「10 階建て」という意味になる。第 2 文では「物語」という意味の名詞で用いられている。

2.「彼らは飢饉のために村から立ち退くことを余儀なくされた」
「その国の大部分は誰も住むことができない砂漠である」

第 1 文は「～から立ち退く」という意味の動詞，第 2 文は「砂漠」という意味の名詞で用いられている。

3.「使う必要がない限り，説明の中で専門用語を使うのを避けるほうがよい」
「学校の年度は 3 学期に分かれている」

第 1 文は「専門用語」という意味の名詞，第 2 文は「学期」という意味の名詞で用いられている。

4．「自分のものは遅いので，サクサク動く良品のコンピュータが欲しい」
「彼は素早くロープをつかみ，（ロープに）しっかりとしがみつくと，消防士が彼を引っ張り上げた」

第 1 文の fast は「速い」という意味の形容詞。これは because 以下に mine is slow と書かれていることがヒントとなる。第 2 文の fast は「しっかりと」という意味の副詞である。hold fast to ～ で「～にしっかりとしがみつく」という意味になる。

5．「テーブルの上の花瓶には一輪の赤い薔薇がある」
「ここ 3 年にわたって，その会社の売り上げは着実に上がった」

第 1 文の rose は「薔薇」という意味の名詞，第 2 文の rose は「上がる」という意味の動詞 rise の過去形である。

Ⅶ　解答

（A，B の順に）1－d，g　2－f，b　3－c，f
4－g，d　5－a，e

◀解　説▶

1．（… Indeed, I was）the last person he wanted to work with(.)
「デイビッドと私は同じプロジェクトチームにいたが，彼は本当に私を嫌っていた。実は，私は彼が最も一緒に働きたくない人物だった」

the last *A*（that）S V「最も S V（しそうに）ない *A*」

2．（The college offers a）variety of courses that students may not be familiar with(.)
「その大学は，学生たちにはなじみがないであろうさまざまな課程を提供している」

a variety of ～「さまざまな～」 be familiar with ～「～になじみがある」

3．（What do you）think the world would be like were there no（cell phones?）
「携帯電話がなければ世界はどのようなものになると思いますか？」

What be S like?「S はどのようなものですか？」の表現が仮定法の What would S be like? の形になり，さらに Do you think とくっついて，What do you think S would be like?「S はどのようなものになると思い

ますか？」という形になっている。後半は仮定法 if there were no cell phones の if が省略され，were there no cell phones と語順が倒置されている。

4．(You had) better not tell your father what the new car costs if (you try to convince him to let you buy it.)

「もしあなたがその新車を買うのを許してくれるように父親を説得しようとするのなら，その値段がいくらなのかは言わないほうがいいよ」

had better not *do*「～しないほうがよい」 cost は S cost (*A*) *B* で「S は (*A* に) *B* (金額・費用が) かかる」という意味になる。本問は *A* が省略されて，*B* の部分が what になり，間接疑問文 what the new car costs という形になっている。

5．(When he heard that farmers had too much food to sell, he said, ") That's much better than the other way (around.")

「農場経営者たちが食べ物がたくさんありすぎて売りさばくことができないということを聞いて，彼は『逆よりははるかにいいですね』と言った」

the other way around〔round〕「逆に」

VIII 解答

1．ア－d　イ－a　ウ－c　エ－b　オ－a　カ－b　キ－a

2．(A)－c　(B)－a　(C)－d　(D)－a　(E)－b　(F)－a　(G)－b

3．全訳下線部参照。

4．a・e・g・h

◆全　訳◆

≪太陽光発電の画期的な方法≫

イギリス経済で 4 月に好調だった数少ない部門の一つが，太陽光発電であった。気象庁は，おそらく記録上最も晴れた 4 月であったと述べており，太陽光発電業界は 4 月 20 日月曜日の 12:30 の時点で，イギリスにおける過去最高の発電量（9.68 ギガワット）となったことを報じた。

北アイルランド出身のブライアン＝マッキャリオンは，自宅の屋根に 16 枚のソーラーパネルがあり，これまで好天から恩恵を受けている人の一人であった。「ソーラーパネルを設置して約 5 年になりますが，1 年に約1,000ポンド節約できています」と,国境のすぐそばのストラバンに住むマッキャリオン氏は語る。「それらがもっと効率的であれば,私たちはもっと節約することができるでしょうし,蓄電するためにバッテリーを買うかもしれませんね」と彼は言う。

そうした効率性が実現しつつあるかもしれない。より効率的な太陽電池を作るために,サンフランシスコから深圳(しんせん)に至るまで,世界規模での競争が行われているのだ。今日の平均的な市販のソーラーパネルは,パネルに当たる光エネルギーの17〜19%を電気に変換する。これはわずか10年前の12%から増加している。しかし,これを30%に引き上げることができたらどうなるだろうか? 現在世界の電力供給の2.4%を太陽から受けているが,より効率的な太陽電池があれば,それよりもはるかに多く(の電力)を得ることができるだろう。

太陽光発電は,すでに世界で最も急速に成長しつつあるエネルギー技術である。10年前は,世界の太陽光発電設備容量はわずか20ギガワットであった。ちなみに,1ギガワットは,おおよそ1基の大型発電所の発電量である。昨年末までに,世界の太陽光発電設備(容量)は約600ギガワットにまで急増した。「新型コロナウイルス感染症による混乱があるとしても,今年はおそらく世界中で太陽光発電容量が105ギガワット増加するでしょう」とロンドンを拠点とする調査会社,IHSマークイット社は予測する。

ほとんどの太陽電池は,シリコンの結晶体を薄い円盤状にスライスしたものから作られており,その70%は中国と台湾で作られている。しかし,薄い円盤状の結晶シリコンは,理論上の最大効率にかなり近づいている。「ショックレー・クワイサーの限界」は,1種類の素材からできた太陽電池の効率の(理論上の)限界値を示すもので,シリコンの場合,これは約30%である。

しかし,6つの異なる材料を組み合わせていわゆる多接合(太陽)電池にすると,集中光の下では効率を47%にまで押し上げることが実証されている。この限界値を突破する別の方法は,太陽電池に当たる太陽光を集中させるためにレンズを使うというものである。しかし,これは電気を作るには費用のかかる方法であり,主に衛星において有用である。コロラド州ボールダーにある国立再生可能エネルギー研究所の材料科学部長であるナンシー＝ヘッゲル博士は「これから10年のうちに，誰かの家の屋根の上に載っているのを目にするようなものではありません」と笑う。

最も急速に進歩している太陽光技術は，ペロブスカイトと呼ばれるが，これは19世紀のロシアの鉱物学者である，レフ＝アレクセイビッチ＝フォン＝ペロブスキー伯爵にちなんで名付けられたものである。

これらは，太陽光を吸収するのに適した特殊な結晶構造をもっている。約300ナノメートル（人間の髪の毛よりもはるかに細い）の薄いフィルムは，溶液から安価に作ることができ，建物，車，さらには衣類にさえコーティングとして簡単に塗れるのだ。ペロブスカイトはまた，曇りの日や屋内のような低照度（の状態）で，シリコンよりも効率良く機能する。

「インクジェットプリンターを使用して，ペロブスカイトを印刷することができるのです」とヴロツワフとワルシャワに拠点を置くサウレテクノロジーズ社の科学部長であるコンラート＝ヴォイチェホフスキー博士は言う。「基板に塗れば，太陽光発電の機器ができます」と彼は言う。「このように安価で，柔軟性があり，効率的な素材があれば，ストリートファニチャー（街路設備：街灯，ベンチ，ポストなどのこと）にそれを塗り，無料のスマートフォン充電，公共Wi-Fi，大気質センサーに電力を供給することができるでしょう」と彼は説明する。彼はスウェーデンの建設会社であるスカンスカ社と協力して，建築用パネルにペロブスカイト層を塗布することに取り組んできた。

サンフランシスコの新興企業，スウィフトソーラー社の共同創設者であるマックス＝ヘーレントナーによると，ペロブスカイト技術に取り組んでいる新興企業は世界で10社ほどしかないという。大学のスピンオフ（企業分割）によって設立されたオックスフォードPV社は，2018年後半にペロブスカイトを主材料とする市販の太陽電池で28%の効率を達成し，今年は年間250メガワットの生産ラインを稼働させると述べている。

オックスフォードPV社とスウィフトソーラー社は，どちらもタンデム型太陽電池を製造しているが，これは薄いペロブスカイト塗膜層を併せもつシリコンパネルである。それは2種類の素材から作られているため，「ショックレー・クワイサーの限界」を突破することができる。シリコンが可視光スペクトルの赤色波長帯を吸収し，ペロブスカイトが青色波長帯を吸収することで，タンデム型太陽電池は，どちらか一方の素材のみを用いた太陽電池よりも効率が良くなるのだ。

とはいえ，現在のシリコンを使った技術が完全に通用しないわけではなく，わずかではあるが手早く効率を上げる方法がある。1つは，吸収されなかった光を再び反射し返すためのもう1つの層を，太陽電池の背面に追加することである。これにより効率が1～2％向上する。

もう1つ（の方法）は，外層を1つ追加することで，これにより，シリコンが金属接点に触れる箇所で発生する損失が減少する。ウッドマッケンジー社リサーチ部門の太陽光発電アナリスト，シャオジン＝スンは，これは0.5～1％効率を上げる「ちょっとした微調整」にすぎないが，こうした変更があっても，（太陽電池の）メーカーは，生産ラインをわずかに修正するだけで済むのだと語る。

このような効率の微増から，集光型太陽電池とペロブスカイトの使用に至るまで，太陽光技術は効率を高め，コストを下げる競争下にある。「この魔法の数字，30％を達成する助けとなること，こうした中で，太陽電池業界は極めて大きな変化を真に生み出すことができるでしょう」とスウィフトソーラー社のマックス＝ヘーレントナーは言う。

◀解　説▶

1．ア．空所直前に最上級の語があり，文脈的にも，最上級を強調するdのever「今までに」が正解。

イ．by the end of last year「昨年末までに」となるaが正解。

ウ．47％という数字があるので，cのhighが正解。as many as ～「～もの（多くの）」と同じように，as high as 47％で「47％もの高さの」つまり「47％にまで」という意味になる。

エ．「～にちなんで」という意味になる，bのafterが正解。

オ．work on ～「～に取り組む」という意味になるaのworkingが正解。

カ．差異を表すbのbyが正解。

キ．空所を含む部分は，「効率を上げコストを（　　　）する競争下にある」という意味。この文脈に合うのは，「コストを下げる」という意味になる，aのdownである。

2．(A)下線部thoseは直後のbenefitingと主語と動詞の関係にある。では誰〔何〕が好天から恩恵を受けているかというと，ソーラーパネルを設置している家の人たちである。したがって，cが正解である。

(B)下線部を含む部分はconvert *A* to *B*「*A*を*B*に変換する」という形になっている。*A*にあたるのは17-19% of the light energy hitting itで，この部分はthe light energyが主語，hittingが動詞，itが目的語という関係になっている。では，光のエネルギーが何に当たって*B*の電気に変換されているかと考えれば，ソーラーパネルなので，aが正解である。

(C)下線部を含む文は，「これらは，太陽光を吸収するのに適した特殊な結晶構造をもっている」という意味。太陽光を吸収するのは太陽電池であり，これは直前の第7段（The fastest improving …）に書かれているペロブスカイトを指しているので，正解はdである。ちなみに，第8段の最終文にPerovskites also work … とあり，alsoがあることから，この最終文はそれより前の内容に説明を追加していると判断できる。この部分からも，下線部Theseがペロブスカイトを指しているとわかる。

(D)intensityは「強さ，度合い」という意味。この意味がわからなくても，直後にon cloudy days or for indoorsとあることから，下線部を含むlower lighting intensitiesの部分は，光が弱いというような内容であると判断できるだろう。以上のことから，aのstrengths「強さ」が正解。

(E)firmは「会社」という意味なので，bのcompanyが正解。なお，このfirmという語は続く第10段でも出ており，ここもヒントになる。

(F)この文の主語はtechnologyであり，技術が「死んでいる」というのは，「使われていない，通用しない」というような意味だと考えられる。選択肢の中で一番ふさわしいのは，aのobsolete「廃れた，時代遅れの」である。

(G)alterationは動詞alterの名詞形で「変更」という意味。したがって，bが正解。

3．Anotherが主語，isが動詞，to add an outside layerが不定詞の名詞的用法で補語となっており，「もう1つ（の方法）は，外層を1つ追加することである」となる。続くwhich lessens lossesは関係代名詞の非制限用法なので，whichは前後のつながりから接続詞の意味を考えて訳出する。whichは直前のto add an outside layerが先行詞の無生物主語なので，「これにより損失が減少する」というような工夫をしたい。損失が発生する場所を示すwhere以下は，siliconが主語，touchesが動詞，the metal contactsが目的語となっている。metal contact「金属接点」とは金属製の接点，すなわち，電気回路で接触により電流を通じる部分のこと。「シリコンが金属接点に触れる箇所で発生する損失が減少する」と訳すとよいだろう。

4．a．「ブライアン＝マッキャリオンは，この5年間ソーラーパネルを使うことで約5,000ポンド節約した」

第2段第2文（“We have had …）に「ソーラーパネルを設置して約5年になりますが，1年に約1,000ポンド節約できています」とあることから正解。

b．「市販のソーラーパネルの平均効率は，ここ10年で向上し，最近では70％以上に達している」

第3段第3・4文（Today's average commercial … 10 years ago.）より不適。

c．「太陽エネルギー業界は昨年，100基の大型発電所が毎年作り出すのと同じ量の電気を作り出した」

第4段第2文（Ten years ago, …）に，「1ギガワットは，おおよそ1基の大型発電所の発電量である」とあり，100基の発電所ならば，100ギガワットの発電量になる。しかし，同段第3文（ イ the end …）に「昨年末までに，世界の太陽光発電設備（容量）は約600ギガワットにまで急増した」とあるので不適。

d．「複数の材料からなる太陽電池は，シリコンの薄い基板だけで作られた太陽電池よりも効率が悪い」

第6段第1文（However, combining six …）より不適。

e．「レンズを用いた太陽電池の中には，宇宙で有用なものもあるが，費用が高い」

第6段第3文（But this is …）より正解。

f．「ペロブスキーは元々，19世紀に発明された古い技術の名称である」

第7段（The fastest improving …）より不適。

g．「ペロブスカイトを使っている太陽電池は，日が照っていないとき，シリコンを使っている太陽電池よりも効率良く機能する」

第8段最終文（Perovskites also work …）より正解。

h．「マックス＝ヘーレントナーは，特定の水準の効率を達成することで，太陽光発電業界において真に重要な成果を得られるものと信じている」

最終段最終文（Spanning this magical …）より正解。

i．「差は全くないので，メーカーは新しい技術を使ってソーラーパネルを改良するのをあきらめてしまった」

第 12・13 段で，少しでも効率を上げるためのさまざまな改良例が挙げられていることから，不適。

数学

1 解答

(1)(ア) 96　(イ) 16　(2)(ウ) $3\sqrt{3}$　(エ) $\dfrac{6\sqrt{3}+9\sqrt{2}}{2}$　(3)(オ) $\sqrt{6}$

◀解　説▶

≪4 桁の整数の個数，正弦定理・余弦定理・三角形の面積，対数方程式≫

(1)　5 個の数字 0，1，2，3，4 のうちの異なる 4 個を並べてできる 4 桁の整数は，千の位の数字の決め方が 0 以外の 4 通り，残りの位の数字の決め方が ${}_4\mathrm{P}_3$ 通りあるので，全部で

$$4\times{}_4\mathrm{P}_3=4\times4\cdot3\cdot2=96 \text{ 個} \quad \to(ア)$$

これらのうち，隣り合う 2 つの数字の和がすべて 4 以上となる整数を考える。

0 を含むものは，一の位の数字が 0，十の位の数字が 4 であり，上 2 桁の数字は 13，31，23，32 の 4 個。

0 を含まないものは，1 と 2 が隣り合わなければよいので，余事象を考えて

$$4!-3!\times2!=12 \text{ 個}$$

よって，求める整数の個数は

$$4+12=16 \text{ 個} \quad \to(イ)$$

(2)

$$4\sin(A+B)\sin C=3 \quad \cdots\cdots①$$

$$a+b+c=3(1+\sqrt{3}+\sqrt{6}) \quad \cdots\cdots②$$

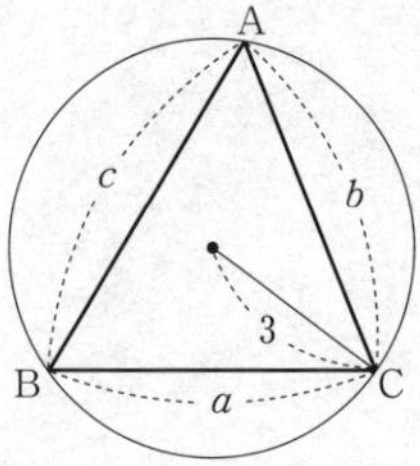

$A+B+C=180°$ より　$A+B=180°-C$

よって，①より

$$4\sin(180°-C)\cdot\sin C=3$$

$$4\sin C\cdot\sin C=3$$

$$\sin^2 C=\frac{3}{4}$$

$\sin C>0$ より　$\sin C=\dfrac{\sqrt{3}}{2}$

C は鋭角なので　$C=60°$

また，△ABC に正弦定理を用いると

$$\frac{c}{\sin C}=2\cdot 3$$

$$\therefore\quad c=6\cdot\frac{\sqrt{3}}{2}=3\sqrt{3}\quad\to(ウ)$$

すると，このとき，②より

$$\begin{aligned}a+b&=3(1+\sqrt{3}+\sqrt{6})-c\\&=3(1+\sqrt{3}+\sqrt{6})-3\sqrt{3}\\&=3(1+\sqrt{6})\end{aligned}$$

また，△ABC に余弦定理を用いると

$$c^2=a^2+b^2-2ab\cdot\cos C$$

$$(3\sqrt{3})^2=a^2+b^2-2ab\cdot\cos 60^\circ$$

$$\begin{aligned}27&=a^2+b^2-2ab\cdot\frac{1}{2}\\&=a^2+b^2-ab\\&=(a+b)^2-3ab\\&=\{3(1+\sqrt{6})\}^2-3ab\\&=9(7+2\sqrt{6})-3ab\end{aligned}$$

よって　　$9=3(7+2\sqrt{6})-ab$

$$\begin{aligned}\therefore\quad ab&=3(7+2\sqrt{6})-9\\&=12+6\sqrt{6}\end{aligned}$$

よって，△ABC の面積は

$$\begin{aligned}\frac{1}{2}\cdot a\cdot b\cdot\sin C&=\frac{1}{2}\cdot(12+6\sqrt{6})\cdot\frac{\sqrt{3}}{2}\\&=\frac{6\sqrt{3}+9\sqrt{2}}{2}\quad\to(エ)\end{aligned}$$

(3)　$$\frac{2\log_{27}(x-1)}{\log_8 2}+\log_3(x+3)=\frac{\log_{13}\sqrt{x+9}}{\log_{13}\sqrt{3}}\quad\cdots\cdots①$$

真数条件より　　$x-1>0$　かつ　$x+3>0$

$\therefore\quad x>1\quad\cdots\cdots②$

このとき，$\sqrt{x+9}$ において，$x+9\geqq 0$ もみたす。

よって，①を解くと

$$2\cdot\frac{\log_3(x-1)}{\log_3 27}\cdot\frac{\log_2 8}{\log_2 2}+\log_3(x+3)=\frac{\log_3\sqrt{x+9}}{\log_3 13}\cdot\frac{\log_3 13}{\log_3\sqrt{3}}$$

$$2\cdot\frac{\log_3(x-1)}{3}\cdot\frac{3}{1}+\log_3(x+3)=2\log_3\sqrt{x+9}$$

$$\log_3(x-1)^2+\log_3(x+3)=\log_3\sqrt{x+9}^{\,2}$$

$$\log_3(x-1)^2(x+3)=\log_3(x+9)$$

$$(x-1)^2(x+3)=x+9$$

$$(x^2-2x+1)(x+3)=x+9$$

$$x^3+x^2-6x-6=0$$

$$x^2(x+1)-6(x+1)=0$$

$$(x^2-6)(x+1)=0$$

$$\therefore\quad x=\pm\sqrt{6},\ -1$$

よって，②より，求める解は　　$x=\sqrt{6}$　→(オ)

2 解答

(1)　$\overrightarrow{\mathrm{OE}}=\dfrac{\vec{a}+\vec{b}}{2}$

$=\dfrac{1}{2}\vec{a}+\dfrac{1}{2}\vec{b}$

……(答)

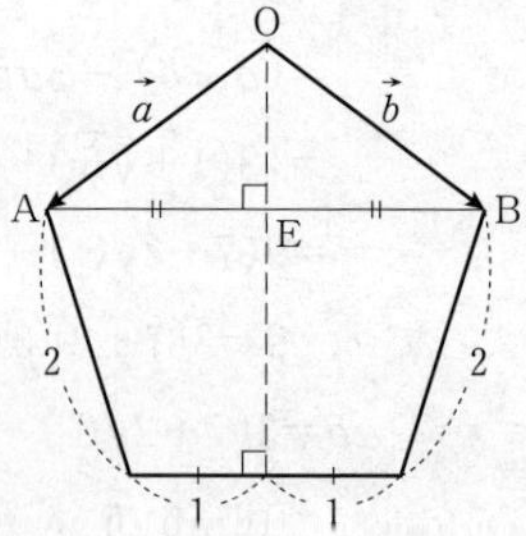

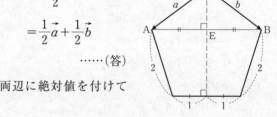

(2)　$\overrightarrow{\mathrm{AC}}=\vec{c}-\vec{a}$ より，両辺に絶対値を付けて2乗すると

$$|\overrightarrow{\mathrm{AC}}|^2=|\vec{c}-\vec{a}|^2$$

$$=|\vec{c}|^2-2\vec{a}\cdot\vec{c}+|\vec{a}|^2$$

$$(1+\sqrt{5})^2=2^2-2\vec{a}\cdot\vec{c}+2^2$$

$$6+2\sqrt{5}=8-2\vec{a}\cdot\vec{c}$$

$\therefore\quad \vec{a}\cdot\vec{c}=1-\sqrt{5}$　……(答)

同様に，$\vec{a}\cdot\vec{b}=\vec{b}\cdot\vec{c}=1-\sqrt{5}$ である。

(3)　$\overrightarrow{\mathrm{OH}}$ を実数 t を用いて，$\overrightarrow{\mathrm{OH}}=\overrightarrow{\mathrm{OE}}+t\overrightarrow{\mathrm{OC}}$ と表したとき，(1)より

$$\overrightarrow{\mathrm{OH}}=\frac{1}{2}\vec{a}+\frac{1}{2}\vec{b}+t\vec{c}$$

$\overrightarrow{OH}$ は平面 ABD に垂直なので　$\overrightarrow{OH}\perp\overrightarrow{AD}$

$\overrightarrow{AD}=\dfrac{1+\sqrt{5}}{2}\vec{c}$ であり，$\overrightarrow{OH}\cdot\overrightarrow{AD}=0$ が成り立つので

$$\left(\frac{1}{2}\vec{a}+\frac{1}{2}\vec{b}+t\vec{c}\right)\cdot\frac{1+\sqrt{5}}{2}\vec{c}=0$$

$$(\vec{a}+\vec{b}+2t\cdot\vec{c})\cdot\vec{c}=0$$

$$\vec{a}\cdot\vec{c}+\vec{b}\cdot\vec{c}+2t|\vec{c}|^2=0$$

$$(1-\sqrt{5})+(1-\sqrt{5})+2t\cdot 2^2=0$$

$\therefore\quad t=\dfrac{\sqrt{5}-1}{4}$　……(答)

◀解　説▶

≪中点を表す位置ベクトル，内積の計算，垂線の足を表す位置ベクトル≫

(1)　線分 PQ を $m:n$ に内分する点を M とすると

$$\overrightarrow{OM}=\frac{n\cdot\overrightarrow{OP}+m\cdot\overrightarrow{OQ}}{m+n}$$

が成り立ち，特に点 M が線分 PQ の中点となるとき，$m=n=1$ として

$$\overrightarrow{OM}=\frac{\overrightarrow{OP}+\overrightarrow{OQ}}{2}$$

である。

(2)　$\vec{p}\cdot\vec{p}=|\vec{p}||\vec{p}|\cos 0°=|\vec{p}|^2$ であるから

$$\begin{aligned}|\vec{c}-\vec{a}|^2&=(\vec{c}-\vec{a})\cdot(\vec{c}-\vec{a})\\&=\vec{c}\cdot\vec{c}-\vec{c}\cdot\vec{a}-\vec{a}\cdot\vec{c}+\vec{a}\cdot\vec{a}\\&=|\vec{c}|^2-2\vec{c}\cdot\vec{a}+|\vec{a}|^2\end{aligned}$$

となる。

(3)　$\vec{p}\perp\vec{q}$ であるとき

$$\vec{p}\cdot\vec{q}=|\vec{p}||\vec{q}|\cos 90°=0$$

となる。

3　**解答**　(ア) 2　(イ) $\sqrt{2}$　(ウ) 2　(エ) $\dfrac{1}{2}$　(オ) 2

◀解　説▶

≪極座標，極方程式≫

$C:(x^2+y^2)^2=4(x^2-y^2)$

直交座標の原点Oを極，x 軸の正の部分を始線とする極座標 $(r,\ \theta)$ に関して，$(x,\ y)=(r\cos\theta,\ r\sin\theta)$ とおくと，曲線 C の方程式 $(x^2+y^2)^2=4(x^2-y^2)$ は

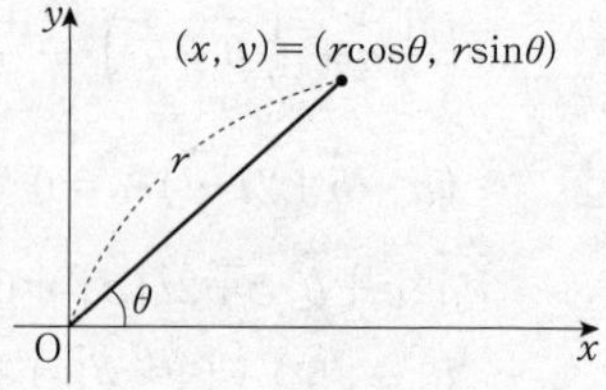

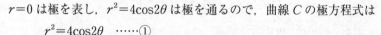

$$\{r^2(\cos^2\theta+\sin^2\theta)\}^2$$
$$=4\cdot r^2(\cos^2\theta-\sin^2\theta)$$
$$r^4=4r^2\cos2\theta$$
$$r^2(r^2-4\cos2\theta)=0$$

よって　　$r=0$　または　$r^2=4\cos2\theta$

$r=0$ は極を表し，$r^2=4\cos2\theta$ は極を通るので，曲線 C の極方程式は

$$r^2=4\cos2\theta \quad \cdots\cdots①$$

よって，曲線 C の極方程式を定数 k を用いて，$r^2=4\cos(k\theta)$ と表したとき，$k=2$ である。→(ア)

また，曲線 C の方程式 $(x^2+y^2)^2=4(x^2-y^2)$ について，両辺に $4(x^2+y^2)+4$ を加えて

$$(x^2+y^2)^2+4(x^2+y^2)+4=4(x^2-y^2)+4(x^2+y^2)+4$$
$$\{(x^2+y^2)+2\}^2=8x^2+4$$
$$\{(x^2+y^2)+2\}^2-(2\sqrt{2}x)^2=4$$
$$\{(x^2+y^2)+2+2\sqrt{2}x\}\{(x^2+y^2)+2-2\sqrt{2}x\}=4$$
$$\{(x+\sqrt{2})^2+y^2\}\{(x-\sqrt{2})^2+y^2\}=4$$
$$\sqrt{(x+\sqrt{2})^2+y^2}\cdot\sqrt{(x-\sqrt{2})^2+y^2}=2$$

よって，曲線 C は，2点 $(-\sqrt{2},\ 0)$，$(\sqrt{2},\ 0)$ からの距離の積が常に2となる点の集まりである。

ゆえに，a は正の定数とし，2点A，Bの直交座標を，それぞれ $(-a,\ 0)$，$(a,\ 0)$ とすると，C 上の点Pと2点A，Bとの距離の積 PA・PB が常に一定の値であるとき，$a=\sqrt{2}$，PA・PB$=2$ である。

→(イ)，(ウ)

また，点 P が C 上を動くとき，点 P の直交座標を $(x,\ y)$ とすると，$y=r\sin\theta$ と表せるので

$$\begin{aligned} y^2 &= r^2\sin^2\theta \\ &= 4\cos2\theta\cdot\frac{1-\cos2\theta}{2} \quad (\because\ ①) \\ &= 2\cos2\theta-2\cos^2 2\theta \\ &= -2\left(\cos2\theta-\frac{1}{2}\right)^2+\frac{1}{2} \end{aligned}$$

$-1\leqq\cos2\theta\leqq1$ なので，y^2 は $\cos2\theta=\dfrac{1}{2}$ のとき，最大値 $\dfrac{1}{2}$ をとり，このとき，点 P の極座標を $(r,\ \theta)$ とすると，$r^2=4\cos2\theta=4\cdot\dfrac{1}{2}=2$ である。

→(エ)，(オ)

別解 (イ)・(ウ)　C 上の点 $\mathrm{P}(x,\ y)$ と 2 点 A，B との距離の積 PA・PB が常に一定の値であるとき

$$\mathrm{PA}\cdot\mathrm{PB}=\sqrt{\{x-(-a)\}^2+(y-0)^2}\cdot\sqrt{(x-a)^2+(y-0)^2}$$

$$\begin{aligned} (\mathrm{PA}\cdot\mathrm{PB})^2 &= \{(x+a)^2+y^2\}\cdot\{(x-a)^2+y^2\} \\ &= (x^2+y^2+2ax+a^2)\cdot(x^2+y^2-2ax+a^2) \\ &= (x^2+y^2)^2-2a^2(x^2-y^2)+a^4 \end{aligned}$$

$$(x^2+y^2)^2=2a^2(x^2-y^2)+(\mathrm{PA}\cdot\mathrm{PB})^2-a^4$$

点 P は C 上にあるので

$$(x^2+y^2)^2=4(x^2-y^2)$$

したがって

$$\begin{cases} 2a^2=4 \\ (\mathrm{PA}\cdot\mathrm{PB})^2-a^4=0 \end{cases}$$

これより　　$a=\sqrt{2}$，PA・PB$=2$

4 解答

(1)　$f(x)=\dfrac{\sin(\log x)+\cos(\log x)}{x}$

$$f'(x)=\frac{\{\sin(\log x)+\cos(\log x)\}'\cdot x-\{\sin(\log x)+\cos(\log x)\}\cdot x'}{x^2}$$

$$=\frac{\left\{\cos(\log x)\cdot\frac{1}{x}-\sin(\log x)\cdot\frac{1}{x}\right\}\cdot x-\{\sin(\log x)+\cos(\log x)\}\cdot 1}{x^2}$$

$$=-\frac{2\sin(\log x)}{x^2}\quad\cdots\cdots(答)$$

(2)　$x>1$ において，$f'(x)=0$ をみたす x の値を求めると，正の整数 k を用いて，$\log x=k\pi$ すなわち $x=e^{k\pi}$ と表せる。m を正の整数とすると

　$2m-1\leqq k\leqq 2m$ のとき

　$(2m-1)\pi\leqq k\pi\leqq 2m\pi$ より，$\sin(\log x)\leqq 0$ なので　　$f'(x)\geqq 0$

　$2m\leqq k\leqq 2m+1$ のとき

　$2m\pi\leqq k\pi\leqq(2m+1)\pi$ より，$\sin(\log x)\geqq 0$ なので　　$f'(x)\leqq 0$

よって，$f'(x)$ の符号は，$k=2m$ のとき，すなわち $x=e^{2m\pi}$ の前後で正から負に変わるので，$f(x)$ は，$x=e^{2m\pi}$ で極大になる。

よって　　$x_1=e^{2\pi}$　……(答)

(3)　(2)より

$$\lim_{n\to\infty}\sum_{k=1}^{n}\frac{\{f(x_k)\}^{\frac{1}{n}}\log x_k}{n^2}$$

$$=\lim_{n\to\infty}\frac{1}{n^2}\sum_{k=1}^{n}\left\{\frac{\sin(\log x_k)+\cos(\log x_k)}{x_k}\right\}^{\frac{1}{n}}\cdot\log x_k$$

$$=\lim_{n\to\infty}\frac{1}{n^2}\sum_{k=1}^{n}\left\{\frac{\sin(\log e^{2k\pi})+\cos(\log e^{2k\pi})}{e^{2k\pi}}\right\}^{\frac{1}{n}}\cdot\log e^{2k\pi}$$

$$=\lim_{n\to\infty}\frac{1}{n^2}\sum_{k=1}^{n}\left(\frac{\sin 2k\pi+\cos 2k\pi}{e^{2k\pi}}\right)^{\frac{1}{n}}\cdot 2k\pi$$

$$=\lim_{n\to\infty}\frac{1}{n^2}\sum_{k=1}^{n}\left(\frac{1}{e^{2k\pi}}\right)^{\frac{1}{n}}\cdot 2k\pi$$

$$=\lim_{n\to\infty}\frac{1}{n^2}\sum_{k=1}^{n}\frac{1}{e^{2\pi\cdot\frac{k}{n}}}\cdot 2k\pi$$

$$=\lim_{n\to\infty}\frac{1}{n}\sum_{k=1}^{n}\frac{2\pi\cdot\frac{k}{n}}{e^{2\pi\cdot\frac{k}{n}}}$$

$$=\int_0^1\frac{2\pi x}{e^{2\pi x}}dx$$

$$=\int_0^1 2\pi x\cdot e^{-2\pi x}dx$$

$$=\left[2\pi x\cdot\frac{e^{-2\pi x}}{-2\pi}\right]_0^1-\int_0^1 2\pi\cdot\frac{e^{-2\pi x}}{-2\pi}dx$$

$$=-e^{-2\pi}+\left[\frac{e^{-2\pi x}}{-2\pi}\right]_0^1$$

$$=-e^{-2\pi}+\left(-\frac{e^{-2\pi}}{2\pi}+\frac{1}{2\pi}\right)$$

$$=-\frac{1}{e^{2\pi}}-\frac{1}{2\pi e^{2\pi}}+\frac{1}{2\pi}$$

$$=\frac{e^{2\pi}-2\pi-1}{2\pi e^{2\pi}}$$ ……(答)

◀解　説▶

≪微分の計算，極値，区分求積法≫

(2)　関数 $f(x)$ が $x=\alpha$ において極大値をとるための条件は，$f'(x)$ の符号が $x=\alpha$ の前後で正から負に変化することである。

(3)　$\lim_{n\to\infty}\frac{1}{n}\sum_{k=1}^{n}f\left(\frac{k}{n}\right)=\int_0^1 f(x)dx$ である。

物理

1　解答

(A)(イ) $mg\cos\theta + m\omega^2 L\sin^2\theta$〔N〕

(ロ) $\sqrt{\dfrac{g}{L\cos\theta}}$〔rad/s〕

(B)(ハ) L　(ニ) $2\pi\sqrt{\dfrac{2L}{3g}}$〔s〕

(C)(ホ) $\sqrt{\dfrac{2eV}{m}}$〔m/s〕

(ヘ) λ_1：変わらない　λ_2：変わらない　$\lambda_{\min}$：小さくなる

◀解　説▶

≪小問3問≫

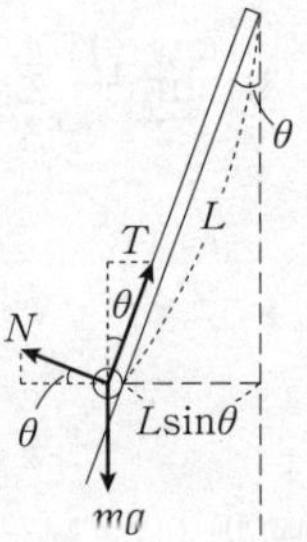

(A)(イ)　糸の張力の大きさを T〔N〕, おもりが円錐の面から受ける垂直抗力を N〔N〕とする。

おもりに作用する鉛直方向の力を考えて

$$0 = T\cos\theta + N\sin\theta - mg \quad \cdots\cdots ①$$

おもりに作用する水平方向の力を考えて, 円運動の運動方程式より

$$m\omega^2 L\sin\theta = T\sin\theta - N\cos\theta \quad \cdots\cdots ②$$

①, ②より, T, N を求めると

$$T = mg\cos\theta + m\omega^2 L\sin^2\theta \text{〔N〕}$$

$$N = mg\sin\theta - m\omega^2 L\sin\theta\cos\theta \quad \cdots\cdots ③$$

(ロ)　③より, $N<0$ となる ω を求めると

$$\omega^2 L\cos\theta > g$$

$\omega>0$ を考慮して

$$\omega > \sqrt{\frac{g}{L\cos\theta}}$$

これより　　$\omega_C = \sqrt{\dfrac{g}{L\cos\theta}}$〔rad/s〕

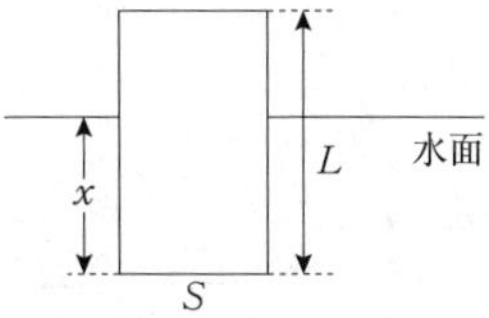

(B)(ハ)　木片の底面積を S〔m^2〕とすると，木片の重さは

$$SL\times\frac{2\omega}{3}g$$

である。一方，浮力の大きさは

$$Sx\times\omega g$$

であるから，力のつり合いより

$$Sx\times\omega g=SL\times\frac{2\omega}{3}g \qquad \therefore \quad x=\frac{2}{3}\times L〔\mathrm{m}〕$$

(ニ)　木片をわずかに $\varDelta x$ だけ押し下げて手を離したとき，木片の加速度を a とすると，下向きを正として

$$SL\times\frac{2\omega}{3}a=SL\times\frac{2\omega}{3}g-S(x+\varDelta x)\times\omega g$$

(ハ)の結果より，$x=\frac{2}{3}L$ を用いて

$$a=-\frac{3g}{2L}\varDelta x$$

よって，単振動の角振動数は $\sqrt{\frac{3g}{2L}}$ となるから，その周期 T〔s〕は

$$T=\frac{2\pi}{\sqrt{\frac{3g}{2L}}}=2\pi\sqrt{\frac{2L}{3g}}〔\mathrm{s}〕$$

(C)(ホ)　求める電子の速さを v〔m/s〕とすると，加速電圧が V〔V〕であるから

$$\frac{1}{2}mv^2=eV \qquad \therefore \quad v=\sqrt{\frac{2eV}{m}}〔\mathrm{m/s}〕$$

(ヘ)　λ_{min} は加速電圧に反比例する。また，λ_1，λ_2 は陽極（対陰極）の金属の種類で決まり，加速電圧に関係しない。

参考　最小波長 λ_{min} は

$$\lambda_{\mathrm{min}}=\frac{hc}{eV}$$　（h：プランク定数，c：光の速さ）

2　解答

(A)(イ) $v_{\mathrm{A}}=\frac{1+e}{2}\sqrt{2gh}$　$v_{\mathrm{B}}=\frac{1-e}{2}\sqrt{2gh}$

(ロ) $v_A\sqrt{\dfrac{m}{k}}$

(ハ)

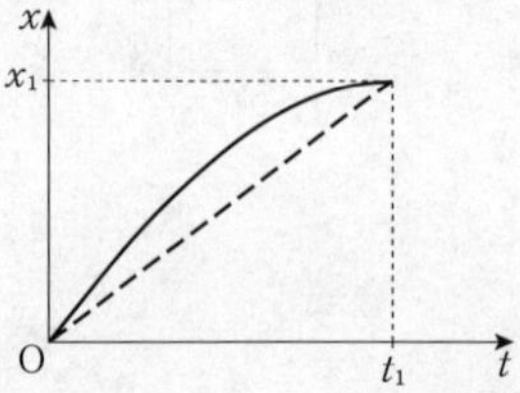

$t_1=\dfrac{\pi}{2}\sqrt{\dfrac{m}{k}}$

(B)(ニ) $\sqrt{\dfrac{mgh}{k}}$　(C)(ホ) $\sqrt{\dfrac{2mg}{k}(H+\mu l)}$

◀解　説▶

≪水平面と斜面での物体の運動, ばねの弾性エネルギー, 衝突, 単振動, 仕事とエネルギー≫

(A)(イ)　衝突直前の小物体 B の速さを v とすると, 力学的エネルギー保存則より

$$mgh=\frac{1}{2}mv^2 \qquad \therefore \quad v=\sqrt{2gh}$$

衝突直後の小物体 A, B の速さ v_A, v_B はそれぞれ右図のようになる。

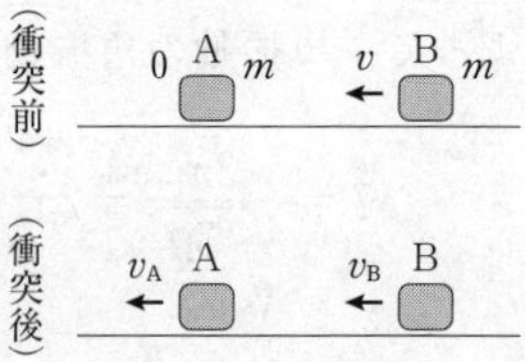

運動量保存則とはねかえりの係数の式より

$$\begin{cases} mv_A+mv_B=mv \\ -e=\dfrac{v_A-v_B}{0-v} \end{cases}$$

この 2 式より v_A, v_B を求め, 先に求めた $v=\sqrt{2gh}$ を用いると

$$v_A=\frac{1+e}{2}v=\frac{1+e}{2}\sqrt{2gh}$$

$$v_B=\frac{1-e}{2}v=\frac{1-e}{2}\sqrt{2gh}$$

(ロ)　ばねがはじめて最短になったときを考えて, 力学的エネルギー保存則より

$$\frac{1}{2}kx_1{}^2=\frac{1}{2}mv_A{}^2 \qquad \therefore \quad x_1=v_A\sqrt{\frac{m}{k}}$$

(ハ)　単振動の周期の $\dfrac{1}{4}$ を考えて

$$t_1=\frac{1}{4}\times 2\pi\sqrt{\frac{m}{k}}=\frac{\pi}{2}\sqrt{\frac{m}{k}}$$

(B)(ニ)　衝突直後の小物体 A′（または小物体 B′）の速さを v' とすると，運動量保存則より

$$mv'+mv'=mv \qquad \therefore \quad v'=\frac{v}{2}$$

力学的エネルギー保存則より

$$\frac{1}{2}kx_2{}^2=\frac{1}{2}\times(2m)v'^2$$

$$\therefore \quad x_2=\sqrt{\frac{2m}{k}}\times v'=\sqrt{\frac{2m}{k}}\times\frac{v}{2}$$

$$=\sqrt{\frac{2m}{k}}\times\frac{\sqrt{2gh}}{2}=\sqrt{\frac{mgh}{k}}$$

(C)(ホ)　摩擦力のする仕事を考えて，仕事とエネルギーの関係より

$$\frac{1}{2}kx_3{}^2-\mu mgl=mgH \qquad \therefore \quad x_3=\sqrt{\frac{2mg}{k}(H+\mu l)}$$

3 解答

(A)(イ) 50 Ω

(B)(ロ) 0.20 A　(ハ) 40 Ω　(ニ) 20 Ω

(C)(ホ) 0.30 A　(ヘ) 0.10 A　(ト) 4.0×10^{-6} J

◀解　説▶

≪ホイートストンブリッジ回路，CR 直流回路，ジュール熱≫

(A)(イ)　右図のように，電流を i_1〔A〕，i_2〔A〕とし，求める抵抗値を r〔Ω〕とすると，電流計 A に電流が流れないことから

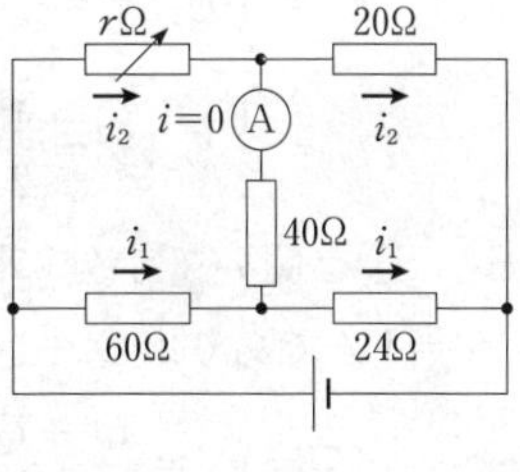

$$i_1\times60=i_2\times r,\ \ i_1\times24=i_2\times20$$

よって

$$\frac{60}{24}=\frac{r}{20} \qquad \therefore \quad r=50〔\Omega〕$$

(B)(ロ)　電流計 A に電流が流れないから，R_3 の両端の電位差は 4.0 V である。よって，求める電流を i_3〔A〕とすると

$$i_3\times20=4.0 \qquad \therefore \quad i_3=0.20〔A〕$$

(ハ)　VR に流れる電流の大きさは $i_3=0.20$〔A〕に等しいから，求める抵抗

値を R〔Ω〕とすると

$$i_3 \times R = 12 - 4.0 \qquad \therefore \quad R = 40\text{〔Ω〕}$$

(ニ)　このとき，VR には $i_3 + 0.20 = 0.40$〔A〕の電流が流れるから，求める抵抗値を R'〔Ω〕とすると

$$0.40 \times R' = 12 - 4.0 \qquad \therefore \quad R' = 20\text{〔Ω〕}$$

(C)(ホ)　S_1 を閉じた瞬間，コンデンサーには電荷がないため導線として扱うことができる。このとき，R_2 の両端に 12 V の電圧が加わるから，求める電流の大きさを i_4〔A〕とすると

$$i_4 \times 40 = 12 \qquad \therefore \quad i_4 = 0.30\text{〔A〕}$$

(ヘ)　このとき，C_1，C_2 を流れる電流は 0 A であるから，R_2 を流れる電流の大きさを i_2'〔A〕とすると，R_1，R_2，R_3 の直列直流回路を考えて

$$i_2' \times (60 + 40 + 20) = 12 \qquad \therefore \quad i_2' = 0.10\text{〔A〕}$$

(ト)　C_1，C_2 の電気容量を C_1〔μF〕，C_2〔μF〕とおくと，いずれも 4.0 μF である。(ホ)で S_2 と S_1 を閉じてから十分に時間が経過したとき，C_1，C_2 の電圧を V_1〔V〕，V_2〔V〕，蓄える電気量を Q_1〔μC〕，Q_2〔μC〕，静電エネルギーを U_1〔μJ〕，U_2〔μJ〕とすると，それぞれ値は以下のようになる。

$$V_1 = 0.10 \times (60 + 40) = 10\text{〔V〕}$$

$$V_2 = 0.10 \times (40 + 20) = 6.0\text{〔V〕}$$

$$Q_1 = C_1 \times V_1 = 4.0 \times 10 = 40\text{〔μC〕}$$

$$Q_2 = C_2 \times 6.0 = 4.0 \times 6.0 = 24\text{〔μC〕}$$

$$U_1 = \frac{1}{2} C_1 V_1{}^2 = \frac{1}{2} \times 4.0 \times 10^2 = 2.0 \times 10^2\text{〔μJ〕}$$

$$U_2 = \frac{1}{2} C_2 V_2{}^2 = \frac{1}{2} \times 4.0 \times 6.0^2 = 72\text{〔μJ〕}$$

S_1，S_2 を開いて十分に時間が経過したとき，C_1，C_2 の電圧 V_1'，V_2' が $V_1' = V_2'$ であり，$Q_1 + Q_2 = (C_1 + C_2) V_1'$ であるから

$$V_1' = V_2' = \frac{Q_1 + Q_2}{C_1 + C_2} = \frac{40 + 24}{4.0 + 4.0} = 8.0\text{〔V〕}$$

また，C_1，C_2 に蓄えられた静電エネルギー U_1'〔μJ〕，U_2'〔μJ〕は

$$U_1' = \frac{1}{2} C_1 V_1'^2 = \frac{1}{2} \times 4.0 \times (8.0)^2 = 128\text{〔μJ〕}$$

$$U_2'=\frac{1}{2}C_2V_2'^2=\frac{1}{2}\times4.0\times(8.0)^2=128[\mu J]$$

これらより静電エネルギーの変化 $\Delta U[\mu J]$ は

$$\Delta U=(U_1'+U_2')-(U_1+U_2)=-16[\mu J]$$

R_1 と R_3 を流れる電流は共通である。抵抗で発生する熱量 Q は，電流 i，抵抗値 R および時間 t を用いて $Q=i^2Rt$ と表されるから，この場合，Q は R に比例することになる。つまり，R_3 で発生する熱量を q〔J〕とすると，R_1 で発生する熱量は，R_1 の抵抗値が R_3 の 3 倍であることから $3q$〔J〕となる。エネルギー保存則より

$$3q+q+\Delta U=0 \qquad \therefore \quad q=4.0[\mu J]=4.0\times10^{-6}[J]$$

4 解答

(A)(イ) $\frac{P_2}{P_1}$ (ロ) $\frac{Mga}{3R}$ (ハ) $\frac{2}{11}$

(B)(ニ) $\left(\frac{P_R}{P_L}\right)^{\frac{3}{5}}$ (ホ) $\frac{10}{3}$

◀解　説▶

≪気体の変化，熱力学第一法則，断熱変化≫

(A)(イ)　ピストンの上側と下側の気体の温度が等しいから

$$P_1V_1=P_2V_2 \qquad \therefore \quad \frac{V_1}{V_2}=\frac{P_2}{P_1}$$

(ロ)　ピストンで仕切られた理想気体は常に平衡状態に達しているから，熱力学第一法則より

$$Mga=\frac{3}{2}\times2R\Delta T \quad \cdots\cdots①$$

$$\therefore \quad \Delta T=\frac{Mga}{3R}$$

(ハ)　ピストンの落下による仕事はピストンの温度上昇にも使われることから

$$Mg\times\frac{12}{11}a=\frac{3}{2}\times2Rn\Delta T+15Rn\Delta T \quad \cdots\cdots②$$

①，②より

$$n=\frac{2}{11}$$

(B)(ニ) ポアソンの法則より

$$\begin{cases} P_0 V_0^{\frac{5}{3}} = P_L V_L^{\frac{5}{3}} & \cdots\cdots ③ \\ P_0 V_0^{\frac{5}{3}} = P_R V_R^{\frac{5}{3}} & \cdots\cdots ④ \end{cases}$$

③，④より

$$\frac{V_L}{V_R} = \left(\frac{P_R}{P_L}\right)^{\frac{3}{5}}$$

(ホ) ③より

$$P_L = P_0\left(\frac{V_0}{V_L}\right)^{\frac{5}{3}} = P_0\left(\frac{V_0}{V_0 - Sb}\right)^{\frac{5}{3}}$$

$$= P_0\left(\frac{1}{1 - \frac{Sb}{V_0}}\right)^{\frac{5}{3}} = P_0\left(1 - \frac{Sb}{V_0}\right)^{-\frac{5}{3}}$$

$$\fallingdotseq P_0\left(1 + \frac{5}{3}\cdot\frac{Sb}{V_0}\right)$$

同様に，④より

$$P_R \fallingdotseq P_0\left(1 - \frac{5}{3}\cdot\frac{Sb}{V_0}\right)$$

$$\therefore \quad P_L - P_R \fallingdotseq \frac{10}{3}\cdot\frac{Sb}{V_0}P_0$$

化学

1 解答

(イ)(1)番号：⑪　元素記号：Na

(2)番号：⑩　元素記号：Ne

(3)番号：⑨　元素記号：F

(ロ)(1)①—(f)　②—(b)，(c)　③—(a)，(d)

(2)現象名：水和　記号：(c)

(ハ)(1) $Cl_2 + H_2O \rightleftarrows HCl + HClO$

(2) 4.0×10^{-1} A

(ニ)(1)実験３：(c)　実験４：(f)　(2)294

(3) α-アミノ酸 **B**：(k)　α-アミノ酸 **C**：(i)

◀解　説▶

≪小問４問≫

(イ)(1)　１族の元素は価電子が１個であるので，電子１個を放出し１価の陽イオンになりやすく，第一イオン化エネルギーが小さい。同族では周期が大きいほど，最外殻電子から原子核までの距離が大きくなり，電子を放出しやすくなる。したがって，①～⑱の元素の中では⑪の Na が最も小さい。

(2)　O^{2-} は酸素原子が電子を２つ受け取って，⑩の Ne と同じ安定な電子配置になっている。

(3)　電気陰性度は原子が共有電子対を引きつける強さであり，①～⑱の元素の中では⑨の F が最大である。

(ロ)(1)①　(f)の HCl は原子が共有結合のみで結びついて構成されており，水に溶けて水素イオン H^+ と塩化物イオン Cl^- に電離する。

②　(b)の $C_6H_{12}O_6$ と(c)の C_2H_5OH はヒドロキシ基 −OH をもつため，水によく溶けるが，電離はしない。

(2)　水分子 H_2O は極性分子であり，分子中の酸素原子 O がいくらか負の電荷 (δ^-) を，水素原子 H がいくらか正の電荷 (δ^+) を帯びている。水に塩化ナトリウムのようなイオン結晶を入れると，結晶表面の Na^+ には水分子の O 原子が，Cl^- には水分子の H 原子がそれぞれ静電気力によって引きつけられる。そして，水分子に囲まれたこれらのイオンは水の中へと引きこまれる。このような溶質粒子が水分子に取り囲まれる現象を水和という。

(ハ)(1)　塩素は水と反応して次亜塩素酸 HClO と塩化水素 HCl を生じる。

(2)　次亜塩素酸の分子量は 52.5 であるので，105 mg/L の濃度の次亜塩素酸水 1.0 L 中の次亜塩素酸 HClO の物質量〔mol〕は

$$\frac{105\times10^{-3}\times1.0}{52.5}=2.0\times10^{-3}\,[\mathrm{mol}]$$

この電気分解の陽極の反応は

$$2Cl^- \longrightarrow Cl_2+2e^-$$

であるので，流れる電気量は化学反応式の量的関係より

$$2.0\times10^{-3}\times2=4.0\times10^{-3}\,[\mathrm{mol}]$$

よって，求める電流を x〔A〕とすると

$$\frac{x\times(60\times16+5)}{9.65\times10^4}=4.0\times10^{-3}\,[\mathrm{mol}]$$

$$\therefore\quad x=4.0\times10^{-1}\,[\mathrm{A}]$$

(ニ)(1)　実験 3 は硫黄の検出反応であり，アミノ酸に硫黄原子が含まれている場合，酢酸鉛(Ⅱ)の水溶液を加えると，硫化鉛(Ⅱ) PbS の黒色沈殿が生じる。実験 4 はフェノール類の検出反応であり，タンパク質を構成するアミノ酸にフェノール性 −OH が含まれていると，紫色に呈色する。

(2)　ジペプチド **A** の分子量を M_A とすると，水溶液のモル濃度 c〔mol/L〕は

$$c=\frac{0.0136}{M_A}\div\frac{20}{1000}=\frac{0.68}{M_A}\,[\mathrm{mol/L}]$$

ファントホッフの法則より，それぞれ値を代入すると

$$5.54\times10^3=\frac{0.68}{M_A}\times8.31\times10^3\times(273+15)$$

$$\therefore\quad M_A=293.7\fallingdotseq294$$

(3)　実験 4 の結果から，α-アミノ酸 **C** はフェノールをもつ(i)のチロシンである。また，α-アミノ酸 **B** の分子量を M_B とすると，(2)の結果より

$$M_B+181-18=294\qquad\therefore\quad M_B=131$$

よって，α-アミノ酸 **B** の側鎖 R の分子量は 57 となるので，その分子量に該当するのは(k)のイソロイシンとなる。

2 解答

(イ)(1)Li^+：He　Cl^-：Ar

(2)A．静電気　B．電解質

(ロ)(1)エステル　(2)塩

(3)A―(d)　B―(b)　C―(f)

(ハ)(1)6.7×10^{-3} mol　(2)6.1×10^{-2} mol

(ニ)①抽出　②ろ過　③分液ろうと　④吸着　⑤溶解

⑥クロマトグラフィー　⑦蒸発　⑧昇華　⑨精製　⑩結晶

◀解　説▶

≪小問 4 問≫

(ロ)(1)　アルコールとオキソ酸の縮合反応から得られる化合物をエステルという。例えば，グリセリンに濃硫酸と濃硝酸の混合物を作用させてニトログリセリンが生じる反応もエステル化である。

(2)　酸の水素イオン（オキソニウムイオン）と塩基の水酸化物イオンが反応して水が生じる反応を中和といい，そのとき得られる電解質を塩という。

(3)　界面活性剤は疎水基と親水基を適当なバランスでもつ物質で，水の表面張力を小さくするはたらきがある。陰イオン界面活性剤である硫酸ドデシルナトリウムは，疎水基であるアルキル基の部分を空気側に，親水基である硫酸エステル基 $-OSO_3^-$ の部分を水側に向けて集合する。

(ハ)(1)　メタン CH_4（分子量 16）0.32 g の物質量は

$$0.32\div16=0.020\,[\mathrm{mol}]$$

また，空気のみかけの分子量は，窒素：酸素＝4：1 であるので

$$28\times\frac{4}{5}+32\times\frac{1}{5}=28.8$$

よって，空気 14.4 g の物質量は

$$14.4\div28.8=0.50\,[\mathrm{mol}]$$

そのうち，窒素は 0.40 mol，酸素は 0.10 mol である。

メタンの燃焼の化学反応式と量的関係は以下のとおりである。

$$CH_4 + 2O_2 \longrightarrow CO_2 + 2H_2O$$

	CH_4	$2O_2$	CO_2	$2H_2O$	
はじめ	0.020	0.10	0	0	〔mol〕
変化量	−0.020	−0.040	+0.020	+0.040	〔mol〕
反応後	0	0.060	0.020	0.040	〔mol〕

容器Ａと容器Ｂ合わせて 0.040 mol の水蒸気が発生している。容器Ａと容器Ｂの体積比は 5.00：25.0＝1：5 であるので，容器Ａの中にある水蒸気の物質量は

$$0.040 \times \frac{1}{6} = 0.00666 \fallingdotseq 0.0067〔mol〕$$

⑵　燃焼後，コックを開けたまま容器Ａと容器Ｂの温度を変えると，２つの容器内の圧力が等しくなるように気体が移動する。容器Ａの混合気体の物質量の合計を n_A，容器Ｂの混合気体の物質量の合計を n_B とおく。気体の状態方程式より，容器内の圧力を P，気体定数を R とすると

容器Ａ：$P \times 5.00 = n_A \times R \times (273+327)$　　$\therefore \quad n_A = \frac{5P}{600R} = \frac{P}{120R}$

容器Ｂ：$P \times 25.0 = n_B \times R \times (273+127)$　　$\therefore \quad n_B = \frac{25P}{400R} = \frac{P}{16R}$

よって，物質量の比は

$$n_A : n_B = 16 : 120 = 2 : 15$$

となる。燃焼後の混合気体の物質量は，⑴の反応後の気体の物質量と未反応の窒素 N_2 の物質量の和であるので

$$\underset{(O_2)}{0.060} + \underset{(CO_2)}{0.020} + \underset{(H_2O)}{0.040} + \underset{(N_2)}{0.40} = 0.52〔mol〕$$

よって，容器Ａの中に入っているすべての気体の総物質量〔mol〕は

$$0.52 \times \frac{2}{17} = 0.0611 \fallingdotseq 0.061〔mol〕$$

㈡　A．目的の物質だけを溶かす溶媒を使い，その溶媒に目的とする成分物質を溶かし出す操作を抽出という。

B．粒子の大きさの違いを利用して，液体と沈殿物を分離する操作をろ過という。

C．溶液の中に溶けている物質について，目的の物質だけを溶かす溶媒を使い，その溶媒に目的とする成分物質を溶かし出したとき，二層に分かれた溶液から上層と下層の溶液を分離させるには分液ろうとを用いる。

D．紙やカラムなど，吸着剤への吸着のしやすさと，展開溶媒への溶解のしやすさの違いにより，各成分の移動速度が異なることを利用して分離する操作を，クロマトグラフィーという。

E．テオフィリンのような昇華性をもつ物質を加熱により気体にして，それを冷却して気体から固体にすることで，昇華性のある物質を精製する操作を昇華という。

F．物質から不純物を取り除き，純度を高める操作を精製という。その中には温度による溶解度の違いを利用した再結晶法などがある。

3 解答 (イ)(1)ハーバー・ボッシュ法

(2) $:\mathrm{N}\vdots\vdots\mathrm{N}: + 3\mathrm{H}:\mathrm{H} \longrightarrow 2\mathrm{H}:\overset{\mathrm{H}}{\overset{\cdot\cdot}{\underset{\cdot\cdot}{\mathrm{N}}}}:\mathrm{H}$

(3)―(a)

(ロ)(1)Mg　(2)17 個　(3)9.33 L

(ハ)(1)93　(2)55.9%

(ニ)(1)大きさは 0 に近い値である（12 文字以内）

(2)379 kJ/mol　(3)1 kJ/mol　(4)けん化

◀解　説▶

≪小問 4 問≫

(イ)(1)　高温高圧下で空気中の窒素と水素から四酸化三鉄 Fe_3O_4 を触媒としてアンモニア NH_3 をつくる工業的製法を，ハーバー・ボッシュ法という。

(3)　電子対反発則の考え方を利用すると，容易にアンモニア NH_3 は三角錐形，メタン CH_4 は正四面体形，水 H_2O は折れ線形となる。

(ロ)(1)　「にがり」の主成分は塩化マグネシウム $MgCl_2$ であるので，金属 **M** は 2 族の元素である Mg となる。

(2)　この電池の負極の反応は以下のとおりである。

$$\mathrm{Mg} \longrightarrow \mathrm{Mg^{2+}} + 2e^-$$

Mg の原子量は 24.0 であるので，マグネシウム 20.0 g から取り出せる電気量 Q〔C〕は

$$Q=2\times\frac{20.0}{24.0}\times9.65\times10^4=1.60\times10^5\text{〔C〕}$$

求めるスマートフォンのバッテリーの個数を x 個とすると

$$1.60\times10^5=9.00\times10^3\times x \qquad \therefore \quad x=17.77\fallingdotseq17.8$$

よって，完全に充電できるバッテリーは 17 個となる。

(3)　正極の反応式より，(2)の電気量が流れる際に消費される酸素の物質量はマグネシウムの物質量の $\frac{1}{2}$ であるので，求める酸素の体積は

$$22.4\times\frac{1}{2}\times\frac{20.0}{24.0}=9.333\fallingdotseq9.33\text{〔L〕}$$

(ハ)(1)　ニトロベンゼン $C_6H_5NO_2$ をスズと塩酸で還元した後，水酸化ナトリウム水溶液を加えると，アニリン $C_6H_5NH_2$ が得られる。その分子量は

$$12\times6+1\times5+14+1\times2=93$$

(2)　アニリンに無水酢酸を反応させてアセチル化し，アセトアニリド $C_6H_5NHCOCH_3$（分子量 135）を得る。求める収率を x〔%〕とすると

$$x=\frac{30.2\div135}{49.2\div123}\times100=55.92\fallingdotseq55.9\text{〔\%〕}$$

(ニ)(1)　反応(A)の平衡は温度を変えてもほとんど移動せず，平衡状態におけるギ酸メチルの濃度はほとんど変化しなかったことから，反応熱は小さい値であることがわかる。

(2)　ギ酸メチルの生成熱を Q_1〔kJ/mol〕とすると，熱化学方程式は以下のとおりである。

$$2\text{C(黒鉛)}+2H_2\text{(気)}+O_2\text{(気)}=HCOOCH_3\text{(液)}+Q_1\,\text{kJ}$$

ギ酸メチルの燃焼熱の熱化学方程式は

$$HCOOCH_3\text{(液)}+2O_2=2CO_2\text{(気)}+2H_2O\text{(液)}+981\,\text{kJ} \quad \cdots\cdots①$$

①の式と，CO_2(気)，H_2O(液) の生成熱から

$$Q_1=-981+394\times2+286\times2=379\text{〔kJ/mol〕}$$

(3)　反応(A)の反応熱を Q_2〔kJ/mol〕とすると

$$HCOOH\text{(液)}+CH_3OH\text{(液)}=HCOOCH_3\text{(液)}+H_2O\text{(液)}+Q_2\,\text{kJ}$$

(反応熱)＝(生成物の生成熱の総和)－(反応物の生成熱の総和) であるので，(2)で求めたギ酸メチルと表 3 ニの生成熱の値を代入すると

$Q_2=(379+286)-(425+239)=1$〔kJ/mol〕

(4)　エステルの強塩基を加えて加熱すると，加水分解が起こり，カルボン酸の塩とアルコールが生成する。この反応をけん化といい，不可逆反応である。

4　解答

(イ)(1)**A**．フェノールフタレイン　**B**．メチルオレンジ

(2)炭酸ナトリウム：4.0×10^{-2} mol/L

水酸化ナトリウム：8.0×10^{-2} mol/L

(ロ)(1) $v=k[\mathrm{A}][\mathrm{B}]^2$　(2)27 倍

(ハ)**A**． 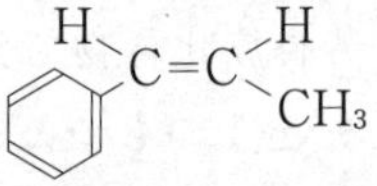　**C**． 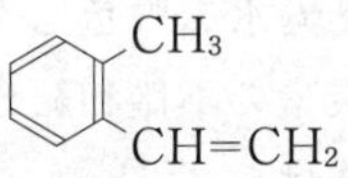

(ニ)(1)ア．酸素　イ．4　ウ．共有　エ．太陽電池　オ．ダイヤモンド

(2) $SiO_2+2C \longrightarrow Si+2CO$

(3) 5.0×10^{22} 個

◀解　説▶

≪小問 4 問≫

(イ)(1)　一段階目の反応は下の 2 つが起こり（㋐の反応が先に起こる），生じた炭酸水素ナトリウムの加水分解により弱塩基性を示すので，フェノールフタレインの変色（赤色→無色）で確認できる。

㋐ $NaOH+HCl \longrightarrow NaCl+H_2O$

㋑ $Na_2CO_3+HCl \longrightarrow NaHCO_3+NaCl$

二段階目の反応で生じた二酸化炭素の影響で溶液は弱酸性となるので，メチルオレンジの変色（黄色→赤色）で確認できる。

$NaHCO_3+HCl \longrightarrow NaCl+H_2O+CO_2$

(2)　水酸化ナトリウムの物質量を x〔mol〕，炭酸ナトリウムの物質量を y〔mol〕とすると

$$x+y=0.10\times\frac{120}{1000}\quad\cdots\cdots①$$

$$y=0.10\times\frac{40}{1000}\quad\cdots\cdots②$$

①，②を解いて

$x=8.0\times10^{-3}$〔mol〕, $y=4.0\times10^{-3}$〔mol〕

水溶液 **X** は 100 mL あるから，それぞれのモル濃度〔mol/L〕は，水酸化ナトリウムが 8.0×10^{-2} mol/L，炭酸ナトリウムが 4.0×10^{-2} mol/L となる。

(ロ)(1)　反応速度式 $v=k[\mathrm{A}]^a[\mathrm{B}]^b$ に問題文の条件を代入していくと，$a=1$，$b=2$ であるとわかる。

(2)　(1)の反応速度式より，[A] だけを 3 倍にすると反応速度は 3 倍，[B] だけを 3 倍にすると反応速度は 3^2 倍となるので，両方の濃度を 3 倍にすると反応速度は 3^3 倍で 27 倍となる。

(ハ)　化合物 **A**，**B**，**C** は臭素水を脱色したこと，芳香族化合物で分子式 C_9H_{10} であることから，炭素の不飽和結合 −C=C− を 1 つもつことがわかる。また，化合物 **A**，**B** はシス-トランス異性体であり，上記のように炭素数が 9 である芳香族化合物であることから，不飽和結合の炭素原子の双方向にベンゼン環とメチル基 $-CH_3$ をもつことがわかり，化合物 **A** はシス型であることから〔解答〕のような構造が推定できる。化合物 **C** を過マンガン酸カリウム水溶液で酸化するとカルボキシ基 −COOH をもつ化合物 **D** ができ，さらに加熱すると分子内で脱水して酸無水物が得られたことから，化合物 **C** はベンゼン環の隣り合った 2 つの炭素原子にそれぞれ炭化水素基がくっついている構造であることがわかる。よって，化合物 **C** は〔解答〕のような構造となる。

(ニ)(1)　地殻を構成する元素は割合が多い順に，酸素，ケイ素，アルミニウム，鉄となる。ケイ素の単体はダイヤモンドと同じ共有結合結晶で正四面体構造をとる。

(2)　ケイ素の単体は天然には存在せず，電気炉内でけい砂（主成分 SiO_2）を炭素で還元して得られる。

(3)　ケイ素の結晶の単位格子中に含まれるケイ素原子は

$$\underset{(頂点)}{\frac{1}{8}\times8}+\underset{(面)}{\frac{1}{2}\times6}+\underset{(格子の中)}{1\times4}=8 \text{ 個}$$

ケイ素の結晶 1 cm^3 に含まれる原子の個数を x 個とすると

$$8 : (0.543\times10^{-7})^3=x : 1$$

$$\therefore\ x=4.99\times10^{22}\fallingdotseq5.0\times10^{22} \text{ 個}$$

生物

1 解答

問１．⑥　問２．２―⑧　３―①
問３．②　問４．⑧　問５．⑤　問６．④

◀解　説▶

≪細胞の構造，顕微鏡≫

問２．動物細胞と植物細胞が両方ともミトコンドリアをもち，植物細胞のみが葉緑体をもつことから，先に好気性細菌が取り込まれ，真核生物が多様化した後でシアノバクテリアが取り込まれたと考えられている。

問４．40 倍の対物レンズと 10 倍の接眼レンズで観察した場合，接眼ミクロメーター５目盛りと対物ミクロメーター２目盛りが一致しているので，接眼ミクロメーター１目盛りの長さは

$$\frac{2\times10[\mu\mathrm{m}]}{5}=4[\mu\mathrm{m}]$$

である。また，対物レンズを 20 倍に変えると，40 倍の場合と比較して顕微鏡の倍率は $\frac{1}{2}$ 倍になる。このとき，視野の長さは２倍になるので，接眼ミクロメーター１目盛りの長さは $4[\mu\mathrm{m}]\times2=8[\mu\mathrm{m}]$ になる。図２より，対象物は接眼ミクロメーター 25 目盛り分であるので，対象物の長径は $8[\mu\mathrm{m}]\times25=200[\mu\mathrm{m}]$ となる。

問５．原核生物は細菌類と古細菌類に分類され，根粒菌や肺炎双球菌，硝酸菌なども原核生物の一種である。

2 解答

問１．⑤，⑦　問２．⑧　問３．⑥
問４．(ア)―②　(イ)―③　(ウ)―⑤　(エ)―④
問５．⑦　問６．②

◀解　説▶

≪生物の出現と繁栄≫

問１．ユレモとネンジュモはともにシアノバクテリアが集まった生物である。また，アナベナも同様にシアノバクテリアである。

問 2．①～④誤文。シアノバクテリアの光合成による二酸化炭素の消費などによって大気中の二酸化炭素濃度が低下することで，地表温度が低下して地球の全球凍結へとつながったと考えられている。

⑤～⑦誤文。二酸化炭素には温室効果があるため，二酸化炭素濃度が低下すると地表温度が低下する。

問 4．(ア)縞状鉄鉱層の形成は，シアノバクテリアが繁栄した約 25 億年前の地層で観察される。

(イ)動物の陸上進出は，古生代のデボン紀に起こった。

(ウ)哺乳類は中生代の三畳紀に出現した。

(エ)木生シダ類は古生代の石炭紀に繁栄した。

問 5．b のアノマロカリスは，バージェス動物群の一種で，大型の節足動物である。c のアンモナイトは中生代に，e の三葉虫は古生代に繁栄し，両者とも示準化石として有名である。g のディッキンソニアはエディアカラ生物群の一種である。

問 6．①誤文。現在では，原始大気には水蒸気や二酸化炭素，窒素が多く含まれていたと考えられている。

③誤文。古生代の初期に出現したバージェス動物群の中には，捕食者から身を守るための硬い殻をもつ生物が発見されている。

④誤文。生物に有害である紫外線をオゾン層が遮ることで，生物の陸上進出が可能になった。

⑤誤文。恐竜が生存した期間は中生代である 2.5 億年前から 6600 万年前までの間である。新生代から現在までは 6600 万年であるので，恐竜が生存した期間の方が絶滅してから現在までの期間よりも長い。

⑥誤文。新生代の後期に最後の氷期が終わった。

⑦誤文。直立二足歩行をする人類は，およそ 600 万年～700 万年前の新生代新第三紀に出現したと考えられている。

3　解答

問 1．18―⑦　19―⑤　20―③

問 2．(1)―①　(2)―⑤

問 3．③　問 4．④　問 5．(1)―①　(2)―④

◀解　説▶

≪光合成と呼吸，光合成の限定要因≫

問2．(1)　②誤文。電子伝達系で電子が伝達される際に H^+ がチラコイド内に運搬され，チラコイド内の高濃度の H^+ が ATP 合成酵素を通ってストロマ側に移動するときに ATP が合成される。

③～⑥誤文。ATP が合成される際に移動するのは，水や酸素ではなく H^+ である。

(2)　⑤正文。有機物である NADP（ニコチンアミドアデニンジヌクレオチドリン酸）の還元型が NADPH である。NADPH は補酵素として反応に関わるため，分解されず，再利用される。

問3．図 1 より，条件 A 付近の二酸化炭素濃度では，二酸化炭素濃度を上げると光合成速度が増加するため，二酸化炭素濃度が限定要因であるとわかる。条件 B 付近の二酸化炭素濃度では，二酸化炭素濃度が増加しても光合成速度が増加しないことから，二酸化炭素濃度以外の要因（具体的には光の強さか温度）が限定要因になっていると考えられる。

問4．光の強さが条件 C のとき，図 2 では，温度が異なっても同じ光合成速度を示すことから，どの温度でも同じ値を示す（傾きが 0）グラフを選ぶ。また，光の強さが条件 D のとき，図 2 では，温度が上がると光合成速度も増加する。よって，温度が上がるほど光合成速度が増加する右肩上がりのグラフを選ぶ。

問5．(1)　転流が起こると有機物が葉以外の場所へ移動するため，葉 X では葉に蓄積された有機物量が転流で移動した分だけ少なくなる。一方，転流を抑制した葉 Y では，余った有機物がすべて葉に蓄積された。このように考えると，(葉 Y での増加した重量)－(葉 X での増加した重量)＝(転流された有機物量) となる。

(2)　葉 Y のみかけの光合成量は 3 時間で 22.5 mg である。これを光合成速度〔$mgCO_2/100\,cm^2$・時間〕で示すと

$$\frac{22.5\times6\times44}{180\times3}=11〔mgCO_2/100\,cm^2・時間〕$$

このときの呼吸速度は $4\,mgCO_2/100\,cm^2$・時間 なので，真の光合成速度は

$$11+4=15〔mgCO_2/100\,cm^2・時間〕$$

4 **解答**　問１．27―⑦　28―⑤　29―⑧
問２．(1)―⑤　(2)―④
問３．②　問４．③　問５．34―③　35―②

◀解　説▶

≪自律神経系，心臓の構造と機能≫

問２．(1)　①誤文。動脈は筋肉層が発達して静脈より厚い管壁をもつが，動脈の太さは幹部と末梢で異なる。

②誤文。毛細血管は一層の内皮細胞からなり，弁はない。

③誤文。毛細血管は動脈より血流速度が小さい。

④誤文。リンパ節にはＴ細胞やＢ細胞などのリンパ球が蓄積する。

(2)　毛細血管をもつ血管系を閉鎖血管系と呼び，脊椎動物やミミズなどの環形動物にみられる。

問３．副交感神経は中脳，延髄，仙髄から体の各部につながるが，そのうち延髄から出た副交感神経が心臓へとつながる。

問４．実験１のリード文に，「標本Ｘは自発性の収縮弛緩を示した」とあるので，標本Ｘは洞房結節を含む右心房であることがわかる。また，抽出液ａを加えると「標本Ｘの拍動は増強された」とあるので，拍動を増加させるアドレナリンが抽出液ａに含まれていたと考えられる。糖質コルチコイドと鉱質コルチコイドに拍動を増加させるはたらきはない。

問５．小腸のはたらきは副交感神経によって促進され，交感神経によって抑制されるため，投与すると標本Ｚが収縮した神経伝達物質ｂが，副交感神経末端から放出されるアセチルコリンであるとわかる。また，標本Ｚが弛緩した神経伝達物質ｃは，交感神経の末端から分泌されるノルアドレナリンである。また，標本Ｘである右心房は自発性をもち，自律神経系によって調節されるのは，拍動の大きさではなく拍動数である。以上より，神経伝達物質ｂを与えると標本Ｘの拍動数が減少し，神経伝達物質ｃを与えると標本Ｘの拍動数が増加する。④～⑨は収縮の大きさが①と比べて変化しているため誤りである。

5 **解答**　問１．36―⑧　37―③　38―⑦
問２．(1)39―④　40―⓪　(2)―②
問３．⑨　問４．⑥　問５．④　問６．⑥

◀解　説▶

≪遷移，バイオーム≫

問２．(2)　①誤文。草原バイオームはＥのステップとＪのサバンナである。

③誤文。樹種がとても多く，バイオーム内の生物多様性が最も高いのはＨの熱帯多雨林である。

④誤文。日本に分布する主要なバイオームはＢの針葉樹林，Ｃの夏緑樹林，Ｆの照葉樹林，Ｇの亜熱帯多雨林である。

⑤誤文。マングローブが見られるのはＨの熱帯多雨林とＧの亜熱帯多雨林である。

⑥熱帯の乾季と雨季に分かれる地域に成立するバイオームはＩの雨緑樹林である。

問５．①誤文。マングローブの特徴の説明である。

②誤文。着生植物の説明である。

③誤文。風散布型の種子を作る植物の説明である。

⑤誤文。脱窒素細菌の説明である。

問６．①・③・④・⑤誤文。陰樹の芽生えは陽樹の芽生えに比べて呼吸速度が小さく光補償点が低いため，光が弱い林床でも生育することができる。

②誤文。高木層が形成された森林の林床は光が弱い環境であり，光飽和点については議論していない。なお，陰樹の芽生えより陽樹の芽生えの方が，光飽和点が高い。

MEMO

MEMO

MEMO

教学社 刊行一覧

2024年版 大学入試シリーズ（赤本）

378大学555点
全都道府県を網羅

国公立大学（都道府県順）

全国の書店で取り扱っています。店頭にない場合は，お取り寄せができます。

1 北海道大学（文系−前期日程）
2 北海道大学（理系−前期日程） 医
3 北海道大学（後期日程）
4 旭川医科大学（医学部〈医学科〉） 医
5 小樽商科大学
6 帯広畜産大学
7 北海道教育大学
8 室蘭工業大学／北見工業大学
9 釧路公立大学
10 公立千歳科学技術大学
11 公立はこだて未来大学 総推
12 札幌医科大学（医学部） 医
13 弘前大学 医
14 岩手大学
15 岩手県立大学・盛岡短期大学部・宮古短期大学部
16 東北大学（文系−前期日程）
17 東北大学（理系−前期日程） 医
18 東北大学（後期日程）
19 宮城教育大学
20 宮城大学
21 秋田大学 医
22 秋田県立大学
23 国際教養大学 総推
24 山形大学 医
25 福島大学
26 会津大学
27 福島県立医科大学（医・保健科学部） 医
28 茨城大学（文系）
29 茨城大学（理系）
30 筑波大学（推薦入試） 医 総推
31 筑波大学（前期日程） 医
32 筑波大学（後期日程）
33 宇都宮大学
34 群馬大学 医
35 群馬県立女子大学
36 高崎経済大学
37 前橋工科大学
38 埼玉大学（文系）
39 埼玉大学（理系）
40 千葉大学（文系−前期日程）
41 千葉大学（理系−前期日程） 医
42 千葉大学（後期日程） 医
43 東京大学（文科） DL
44 東京大学（理科） DL 医
45 お茶の水女子大学
46 電気通信大学
47 東京医科歯科大学 医
48 東京外国語大学 DL
49 東京海洋大学
50 東京学芸大学
51 東京藝術大学
52 東京工業大学
53 東京農工大学
54 一橋大学（前期日程） DL
55 一橋大学（後期日程）
56 東京都立大学（文系）
57 東京都立大学（理系）
58 横浜国立大学（文系）
59 横浜国立大学（理系）
60 横浜市立大学（国際教養・国際商・理・データサイエンス・医〈看護〉学部）
61 横浜市立大学（医学部〈医学科〉） 医
62 新潟大学（人文・教育〈文系〉・法・経済科・医〈看護〉・創生学部）
63 新潟大学（教育〈理系〉・理・医〈看護を除く〉・歯・工・農学部） 医
64 新潟県立大学
65 富山大学（文系）
66 富山大学（理系） 医
67 富山県立大学
68 金沢大学（文系）
69 金沢大学（理系） 医
70 福井大学（教育・医〈看護〉・工・国際地域学部）
71 福井大学（医学部〈医学科〉） 医
72 福井県立大学
73 山梨大学（教育・医〈看護〉・工・生命環境学部）
74 山梨大学（医学部〈医学科〉） 医
75 都留文科大学
76 信州大学（文系−前期日程）
77 信州大学（理系−前期日程） 医
78 信州大学（後期日程）
79 公立諏訪東京理科大学 総推
80 岐阜大学（前期日程） 医
81 岐阜大学（後期日程）
82 岐阜薬科大学
83 静岡大学（前期日程）
84 静岡大学（後期日程）
85 浜松医科大学（医学部〈医学科〉） 医
86 静岡県立大学
87 静岡文化芸術大学
88 名古屋大学（文系）
89 名古屋大学（理系） 医
90 愛知教育大学
91 名古屋工業大学
92 愛知県立大学
93 名古屋市立大学（経済・人文社会・芸術工・看護・総合生命理・データサイエンス学部）
94 名古屋市立大学（医学部） 医
95 名古屋市立大学（薬学部）
96 三重大学（人文・教育・医〈看護〉学部）
97 三重大学（医〈医〉・工・生物資源学部） 医
98 滋賀大学
99 滋賀医科大学（医学部〈医学科〉） 医
100 滋賀県立大学
101 京都大学（文系）
102 京都大学（理系） 医
103 京都教育大学
104 京都工芸繊維大学
105 京都府立大学
106 京都府立医科大学（医学部〈医学科〉） 医
107 大阪大学（文系） DL
108 大阪大学（理系） 医
109 大阪教育大学
110 大阪公立大学（現代システム科学域〈文系〉・文・法・経済・商・看護・生活科〈居住環境・人間福祉〉学部−前期日程）
111 大阪公立大学（現代システム科学域〈理系〉・理・工・農・獣医・医・生活科〈食栄養〉学部−前期日程） 医
112 大阪公立大学（中期日程）
113 大阪公立大学（後期日程）
114 神戸大学（文系−前期日程）
115 神戸大学（理系−前期日程） 医
116 神戸大学（後期日程）
117 神戸市外国語大学 DL
118 兵庫県立大学（国際商経・社会情報科・看護学部）
119 兵庫県立大学（工・理・環境人間学部）
120 奈良教育大学／奈良県立大学
121 奈良女子大学
122 奈良県立医科大学（医学部〈医学科〉） 医
123 和歌山大学
124 和歌山県立医科大学（医・薬学部） 医
125 鳥取大学 医
126 公立鳥取環境大学
127 島根大学 医
128 岡山大学（文系）
129 岡山大学（理系） 医
130 岡山県立大学
131 広島大学（文系−前期日程）
132 広島大学（理系−前期日程） 医
133 広島大学（後期日程）
134 尾道市立大学 総推
135 県立広島大学
136 広島市立大学
137 福山市立大学 総推
138 山口大学（人文・教育〈文系〉・経済・医〈看護〉・国際総合科学部）
139 山口大学（教育〈理系〉・理・医〈看護を除く〉・工・農・共同獣医学部） 医
140 山陽小野田市立山口東京理科大学 総推
141 下関市立大学／山口県立大学
142 徳島大学 医
143 香川大学 医
144 愛媛大学 医
145 高知大学 医
146 高知工科大学
147 九州大学（文系−前期日程）
148 九州大学（理系−前期日程） 医
149 九州大学（後期日程）
150 九州工業大学
151 福岡教育大学
152 北九州市立大学
153 九州歯科大学
154 福岡県立大学／福岡女子大学
155 佐賀大学 医
156 長崎大学（多文化社会・教育〈文系〉・経済・医〈保健〉・環境科〈文系〉学部）
157 長崎大学（教育〈理系〉・医〈医〉・歯・薬・情報データ科・工・環境科〈理系〉・水産学部） 医
158 長崎県立大学 総推
159 熊本大学（文・教育・法・医〈看護〉学部）
160 熊本大学（理・医〈看護を除く〉・薬・工学部） 医
161 熊本県立大学
162 大分大学（教育・経済・医〈看護〉・理工・福祉健康科学部）
163 大分大学（医学部〈医学科〉） 医
164 宮崎大学（教育・医〈看護〉・工・農・地域資源創成学部）
165 宮崎大学（医学部〈医学科〉） 医
166 鹿児島大学（文系）
167 鹿児島大学（理系） 医
168 琉球大学 医

2024年版　大学入試シリーズ（赤本）

国公立大学 その他

169 〔国公立大〕医学部医学科 総合型選抜・学校推薦型選抜 医 総推
170 看護・医療系大学〈国公立 東日本〉
171 看護・医療系大学〈国公立 中日本〉
172 看護・医療系大学〈国公立 西日本〉
173 海上保安大学校／気象大学校
174 航空保安大学校
175 国立看護大学校
176 防衛大学校 総推
177 防衛医科大学校（医学科） 医
178 防衛医科大学校（看護学科）

※No.169〜172の収載大学は赤本ウェブサイト（http://akahon.net/）でご確認ください。

私立大学①

北海道の大学（50音順）

201 札幌大学
202 札幌学院大学
203 北星学園大学・短期大学部
204 北海学園大学
205 北海道医療大学
206 北海道科学大学
207 北海道武蔵女子短期大学
208 酪農学園大学（獣医学群〈獣医学類〉）

東北の大学（50音順）

209 岩手医科大学（医・歯・薬学部） 医
210 仙台大学 総推
211 東北医科薬科大学（医・薬学部） 医
212 東北学院大学
213 東北工業大学
214 東北福祉大学
215 宮城学院女子大学 総推

関東の大学（50音順）

あ行（関東の大学）

216 青山学院大学（法・国際政治経済学部－個別学部日程）
217 青山学院大学（経済学部－個別学部日程）
218 青山学院大学（経営学部－個別学部日程）
219 青山学院大学（文・教育人間科学部－個別学部日程）
220 青山学院大学（総合文化政策・社会情報・地球社会共生・コミュニティ人間科学部－個別学部日程）
221 青山学院大学（理工学部－個別学部日程）
222 青山学院大学（全学部日程）
223 麻布大学（獣医、生命・環境科学部）
224 亜細亜大学
225 跡見学園女子大学
226 桜美林大学
227 大妻女子大学・短期大学部

か行（関東の大学）

228 学習院大学（法学部－コア試験）
229 学習院大学（経済学部－コア試験）
230 学習院大学（文学部－コア試験）
231 学習院大学（国際社会科学部－コア試験）
232 学習院大学（理学部－コア試験）
233 学習院女子大学
234 神奈川大学（給費生試験）
235 神奈川大学（一般入試）
236 神奈川工科大学
237 鎌倉女子大学・短期大学部
238 川村学園女子大学
239 神田外語大学
240 関東学院大学
241 北里大学（理学部）
242 北里大学（医学部） 医
243 北里大学（薬学部）
244 北里大学（看護・医療衛生学部）
245 北里大学（未来工・獣医・海洋生命科学部）
246 共立女子大学・短期大学
247 杏林大学（医学部） 医
248 杏林大学（保健学部）
249 群馬医療福祉大学・短期大学部 新
250 群馬パース大学 総推
251 慶應義塾大学（法学部）
252 慶應義塾大学（経済学部）
253 慶應義塾大学（商学部）
254 慶應義塾大学（文学部） 総推
255 慶應義塾大学（総合政策学部）
256 慶應義塾大学（環境情報学部）
257 慶應義塾大学（理工学部）
258 慶應義塾大学（医学部） 医
259 慶應義塾大学（薬学部）
260 慶應義塾大学（看護医療学部）
261 工学院大学
262 國學院大學
263 国際医療福祉大学 医
264 国際基督教大学
265 国士舘大学
266 駒澤大学（一般選抜T方式・S方式）
267 駒澤大学（全学部統一日程選抜）

さ行（関東の大学）

268 埼玉医科大学（医学部） 医
269 相模女子大学・短期大学部
270 産業能率大学
271 自治医科大学（医学部） 医
272 自治医科大学（看護学部）／東京慈恵会医科大学（医学部〈看護学科〉）
273 実践女子大学 総推
274 芝浦工業大学（前期日程〈英語資格・検定試験利用方式を含む〉）
275 芝浦工業大学（全学統一日程〈英語資格・検定試験利用方式を含む〉・後期日程）
276 十文字学園女子大学
277 淑徳大学
278 順天堂大学（医学部） 医
279 順天堂大学（スポーツ健康科・医療看護・保健看護・国際教養・保健医療・医療科・健康データサイエンス学部） 総推
280 城西国際大学 新
281 上智大学（神・文・総合人間科学部）
282 上智大学（法・経済学部）
283 上智大学（外国語・総合グローバル学部）
284 上智大学（理工学部）
285 上智大学（TEAPスコア利用方式）
286 湘南工科大学
287 昭和大学（医学部） 医
288 昭和大学（歯・薬・保健医療学部）
289 昭和女子大学
290 昭和薬科大学
291 女子栄養大学・短期大学部
292 白百合女子大学
293 成蹊大学（法学部－A方式）
294 成蹊大学（経済・経営学部－A方式）
295 成蹊大学（文学部－A方式）
296 成蹊大学（理工学部－A方式）
297 成蹊大学（E方式・G方式・P方式）
298 成城大学（経済・社会イノベーション学部－A方式）
299 成城大学（文芸・法学部－A方式）
300 成城大学（S方式〈全学部統一選抜〉）
301 聖心女子大学
302 清泉女子大学
303 聖徳大学・短期大学部
304 聖マリアンナ医科大学 医
305 聖路加国際大学（看護学部）
306 専修大学（スカラシップ・全国入試）
307 専修大学（学部個別入試）
308 専修大学（全学部統一入試）

た行（関東の大学）

309 大正大学
310 大東文化大学
311 高崎健康福祉大学 総推
312 拓殖大学
313 玉川大学
314 多摩美術大学
315 千葉工業大学
316 千葉商科大学
317 中央大学（法学部－学部別選抜）
318 中央大学（経済学部－学部別選抜）
319 中央大学（商学部－学部別選抜）
320 中央大学（文学部－学部別選抜）
321 中央大学（総合政策学部－学部別選抜）
322 中央大学（国際経営・国際情報学部－学部別選抜）
323 中央大学（理工学部－学部別選抜）
324 中央大学（6学部共通選抜）
325 中央学院大学
326 津田塾大学
327 帝京大学（薬・経済・法・文・外国語・教育・理工・医療技術・福岡医療技術学部）
328 帝京大学（医学部） 医
329 帝京科学大学 総推
330 帝京平成大学 総推
331 東海大学（医〈医〉学部を除く－一般選抜）
332 東海大学（文系・理系学部統一選抜）
333 東海大学（医学部〈医学科〉） 医
334 東京医科大学（医学部〈医学科〉） 医
335 東京家政大学・短期大学部 総推
336 東京経済大学
337 東京工科大学
338 東京工芸大学
339 東京国際大学
340 東京歯科大学
341 東京慈恵会医科大学（医学部〈医学科〉） 医
342 東京情報大学
343 東京女子大学
344 東京女子医科大学（医学部） 医
345 東京電機大学
346 東京都市大学
347 東京農業大学
348 東京薬科大学（薬学部） 総推
349 東京薬科大学（生命科学部） 総推
350 東京理科大学（理学部〈第一部〉－B方式）
351 東京理科大学（創域理工学部－B方式・S方式）
352 東京理科大学（工学部－B方式）
353 東京理科大学（先進工学部－B方式）
354 東京理科大学（薬学部－B方式）
355 東京理科大学（経営学部－B方式）
356 東京理科大学（C方式、グローバル方式、理学部〈第二部〉－B方式）

2024年版　大学入試シリーズ（赤本）

私立大学②

357 東邦大学（医学部） 医
358 東邦大学（薬学部）
359 東邦大学（理・看護・健康科学部）
360 東洋大学（文・経済・経営・法・社会・国際・国際観光学部）
361 東洋大学（情報連携・福祉社会デザイン・健康スポーツ科・理工・総合情報・生命科・食環境科学部）
362 東洋大学（英語〈3日程×3カ年〉） 新
363 東洋大学（国語〈3日程×3カ年〉） 新
364 東洋大学（日本史・世界史〈2日程×3カ年〉） 新
365 東洋英和女学院大学
366 常磐大学・短期大学 総推
367 獨協大学
368 獨協医科大学（医学部） 医

な行（関東の大学）

369 二松学舎大学
370 日本大学（法学部）
371 日本大学（経済学部）
372 日本大学（商学部）
373 日本大学（文理学部〈文系〉）
374 日本大学（文理学部〈理系〉）
375 日本大学（芸術学部）
376 日本大学（国際関係学部）
377 日本大学（危機管理・スポーツ科学部）
378 日本大学（理工学部）
379 日本大学（生産工・工学部）
380 日本大学（生物資源科学部）
381 日本大学（医学部） 医
382 日本大学（歯・松戸歯学部）
383 日本大学（薬学部）
384 日本大学（医学部を除く−N全学統一方式）
385 日本医科大学 医
386 日本工業大学
387 日本歯科大学
388 日本社会事業大学 新 総推
389 日本獣医生命科学大学
390 日本女子大学
391 日本体育大学

は行（関東の大学）

392 白鷗大学（学業特待選抜・一般選抜）
393 フェリス女学院大学
394 文教大学
395 法政大学（法〈法律・政治〉・国際文化・キャリアデザイン学部−A方式）
396 法政大学（法〈国際政治〉・文・経営・人間環境・グローバル教養学部−A方式）
397 法政大学（経済・社会・現代福祉・スポーツ健康学部−A方式）
398 法政大学（情報科・デザイン工・理工・生命科学部−A方式）
399 法政大学（T日程〈統一日程〉・英語外部試験利用入試）
400 星薬科大学 総推

ま行（関東の大学）

401 武蔵大学
402 武蔵野大学
403 武蔵野美術大学
404 明海大学
405 明治大学（法学部−学部別入試）
406 明治大学（政治経済学部−学部別入試）
407 明治大学（商学部−学部別入試）
408 明治大学（経営学部−学部別入試）
409 明治大学（文学部−学部別入試）
410 明治大学（国際日本学部−学部別入試）
411 明治大学（情報コミュニケーション学部−学部別入試）
412 明治大学（理工学部−学部別入試）
413 明治大学（総合数理学部−学部別入試）
414 明治大学（農学部−学部別入試）
415 明治大学（全学部統一入試）
416 明治学院大学（A日程）
417 明治学院大学（全学部日程）
418 明治薬科大学 総推
419 明星大学
420 目白大学・短期大学部

ら・わ行（関東の大学）

421 立教大学（文系学部−一般入試〈大学独自の英語を課さない日程〉）
422 立教大学（国語〈3日程×3カ年〉）
423 立教大学（日本史・世界史〈2日程×3カ年〉）
424 立教大学（文学部−一般入試〈大学独自の英語を課す日程〉）
425 立教大学（理学部−一般入試）
426 立正大学
427 早稲田大学（法学部）
428 早稲田大学（政治経済学部）
429 早稲田大学（商学部）
430 早稲田大学（社会科学部）
431 早稲田大学（文学部）
432 早稲田大学（文化構想学部）
433 早稲田大学（教育学部〈文科系〉）
434 早稲田大学（教育学部〈理科系〉）
435 早稲田大学（人間科・スポーツ科学部）
436 早稲田大学（国際教養学部）
437 早稲田大学（基幹理工・創造理工・先進理工学部）
438 和洋女子大学 総推

中部の大学（50音順）

439 愛知大学
440 愛知医科大学（医学部） 医
441 愛知学院大学・短期大学部
442 愛知工業大学 総推
443 愛知淑徳大学
444 朝日大学 総推
445 金沢医科大学（医学部） 医
446 金沢工業大学
447 岐阜聖徳学園大学・短期大学部 総推
448 金城学院大学
449 至学館大学 総推
450 静岡理工科大学
451 椙山女学園大学
452 大同大学
453 中京大学
454 中部大学
455 名古屋外国語大学 総推
456 名古屋学院大学 総推
457 名古屋学芸大学 総推
458 名古屋女子大学・短期大学部 総推
459 南山大学（外国語〈英米〉・法・総合政策・国際教養学部）
460 南山大学（人文・外国語〈英米を除く〉・経済・経営・理工学部）
461 新潟国際情報大学
462 日本福祉大学
463 福井工業大学
464 藤田医科大学（医学部） 医
465 藤田医科大学（医療科・保健衛生学部）
466 名城大学（法・経営・経済・外国語・人間・都市情報学部）
467 名城大学（情報工・理工・農・薬学部）
468 山梨学院大学

近畿の大学（50音順）

469 追手門学院大学 総推
470 大阪医科薬科大学（医学部） 医
471 大阪医科薬科大学（薬学部） 総推
472 大阪学院大学 総推
473 大阪経済大学 総推
474 大阪経済法科大学 総推
475 大阪工業大学 総推
476 大阪国際大学・短期大学部 総推
477 大阪産業大学 総推
478 大阪歯科大学（歯学部）
479 大阪商業大学 総推
481 大阪成蹊大学・短期大学 総推
482 大谷大学 総推
483 大手前大学・短期大学 総推
484 関西大学（文系）
485 関西大学（理系）
486 関西大学（英語〈3日程×3カ年〉）
487 関西大学（国語〈3日程×3カ年〉）
488 関西大学（文系選択科目〈2日程×3カ年〉）
489 関西医科大学（医学部） 医
490 関西医療大学 総推
491 関西外国語大学・短期大学部 総推
492 関西学院大学（文・社会・法学部−学部個別日程）
493 関西学院大学（経済・人間福祉・国際学部−学部個別日程）
494 関西学院大学（神・商・教育・総合政策学部−学部個別日程）
495 関西学院大学（全学部日程〈文系型〉）
496 関西学院大学（全学部日程〈理系型〉）
497 関西学院大学（共通テスト併用日程・英数日程）
498 畿央大学 総推
499 京都外国語大学・短期大学 総推
500 京都光華女子大学・短期大学部 総推
501 京都産業大学（公募推薦入試） 総推
502 京都産業大学（一般選抜入試〈前期日程〉）
503 京都女子大学 総推
504 京都先端科学大学 総推
505 京都橘大学 総推
506 京都ノートルダム女子大学 総推
507 京都薬科大学 総推
508 近畿大学・短期大学部（医学部を除く−推薦入試） 総推
509 近畿大学・短期大学部（医学部を除く−一般入試前期）
510 近畿大学（英語〈医学部を除く3日程×3カ年〉） 新
511 近畿大学（理系数学〈医学部を除く3日程×3カ年〉） 新
512 近畿大学（国語〈医学部を除く3日程×3カ年〉） 新
513 近畿大学（医学部−推薦入試・一般入試前期） 医 総推
514 近畿大学・短期大学部（一般入試後期） 医
515 皇學館大学 総推
516 甲南大学 総推
517 神戸学院大学 総推
518 神戸国際大学 総推
519 神戸女学院大学 総推
520 神戸女子大学・短期大学 総推
521 神戸薬科大学 総推
522 四天王寺大学・短期大学部 総推
523 摂南大学（公募制推薦入試） 総推
524 摂南大学（一般選抜前期日程）
525 帝塚山学院大学 新 総推
526 同志社大学（法、グローバル・コミュニケーション学部−学部個別日程）
527 同志社大学（文・経済学部−学部個別日程）
528 同志社大学（神・商・心理・グローバル地域文化学部−学部個別日程）
529 同志社大学（社会学部−学部個別日程）

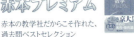